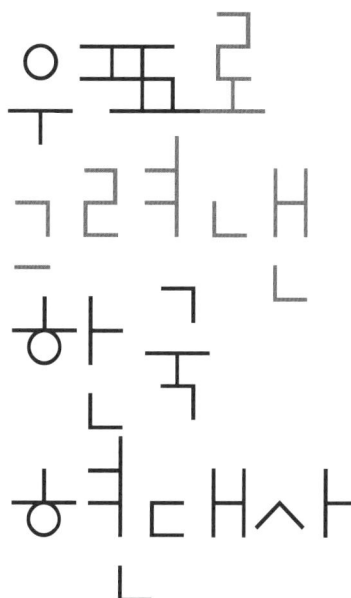

우표로 그려낸 한국 현대사

나이토 요스케 지음 | 이미란 옮김

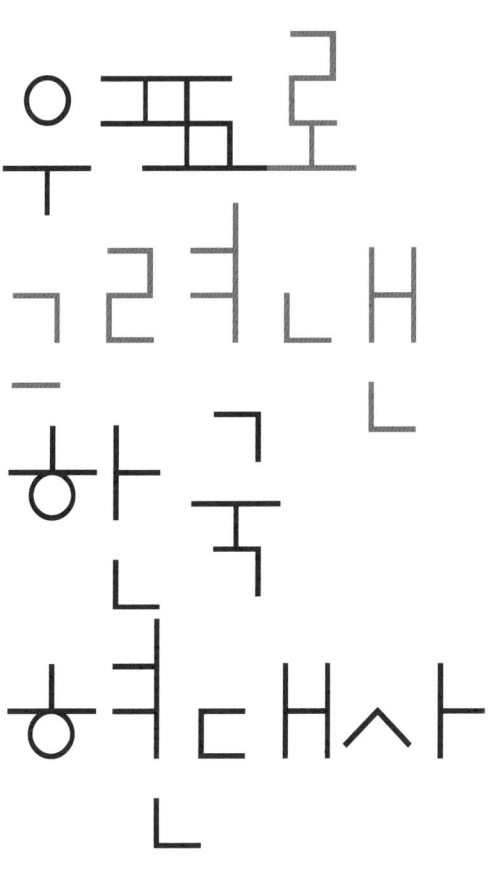

우표로 그려낸 한국 현대사

한 일본인.

우표. 수집가의.

눈에. 비친.

역사의. 순간.

181. 장면.

한울
아카데미

KANKOKU GENDAISI KITTEDE TADORU 60NEN
by Yosuke Naito

Copyright ⓒ 2008 by Yosuke Naito
All Rights reserved.
Korean translation edition ⓒ 2012 by Hanul Publishing Group
Korean translation published under license from FUKUMURA SHUPPAN INC.(Japan)

이 책은 저작권자와의 독점계약으로 도서출판 한울에서 출간되었습니다.
저작권법에 의해 한국 내에서 보호를 받는 저작물이므로
무단전재와 복제를 금합니다.

이 도서의 국립중앙도서관 출판시도서목록(CIP)은 e-CIP홈페이지(http://www.nl.go.kr/ecip)와 국가자료 공동목록시스템(http://www.nl.go.kr/kolisnet)에서 이용하실 수 있습니다. (CIP제어번호: 2012002245)

한국어판 서문

『우표로 그려낸 한국현대사(韓国現代史: 切手でたどる60年)』가 한국에서 번역·출판되어 매우 기쁩니다. 최근 선진국에서는 우편사업을 '민영화'하는 경향이 있지만(단, 우편사업의 주체가 국가의 통제를 완전히 벗어나 단순한 민간 기업이 되는 경우는 소수입니다), 근대 이후 국민국가에서는 기본적으로 우편물은 국가가 맡아왔습니다. 따라서 우편요금 선납증지로서 (원칙적으로) 국가의 이름으로 발행하는 것이 우표의 본질이며, 우표를 발행하는 정부가 우표를 통해 자신의 정치적 정통성과 정책, 이데올로기 등을 표현하려고 하는 것은 지극히 자연스러운 것입니다.

이 책에서는 이러한 '국가 미디어'로서 우표의 일면에 주목하여 1945년 해방부터 2008년 이명박 정부 출범까지의 우표나 우편물을 통해 60여 년의 한국현대사를 그리고자 했습니다. 이 시대의 사회적·정치적 격동의 흔적은 당연히 우표에도 제대로 각인되어 있기 때문에, 그것들을 꼼꼼하게 읽어 풀어 가면 동시대의 한국과 그 현대사를 구체적인 감촉으로 함께 실감할 수 있지 않을까 생각했습니다.

물론 외국인인 저의 한국과 그 역사에 대한 이해는, 한국인 독자 여러

분들과 비교하면 표층적인 것일 수밖에 없다는 것은 잘 알고 있습니다. 반면 외국인이기에, 좋든 나쁘든, 한국인으로서의 '상식'에서 자유로울 수 있다는 입장을 최대한 활용하여 한국현대사를 이해할 수 있도록 노력했습니다.

 이 책을 통해 한국인도 몰랐던 사실을 보여준다기보다 자국이기 때문에 한국인이 미처 깨닫지 못했던 한국현대사의 여러 모습을 여러분 앞에 제시할 수 있다면, 그리고 아이의 놀이나 일부 호사가의 취미라 여겨지기 쉬운 우표가 역사자료로서 실로 심오하고 흥미 있는 것임을 이해하시는 데 보탬이 된다면 글 쓰는 사람으로서 이보다 기쁜 일은 없을 것입니다.

2012년 5월 5일
한일 공통의 '어린이날'에
나이토 요스케

머리말

　이 책의 대부분은 2002년 2월 8일부터 2007년 3월 30일까지 한일 경제 전문지인 ≪동양경제일보≫에 연재했던 「우표로 보는 한국현대사」 가운데 중요하다고 생각하는 기사를 뽑은 것이다.
　2001년, 『북한사전: 우표로 알아보는 조선민주주의인민공화국』을 간행했을 때 ≪동양경제일보≫와 인터뷰를 한 것이 계기가 되어 2001년 3월 9일부터 12월 20일까지 「우표로 보는 북한」이란 제목의 칼럼을 부정기적으로 연재했다. 처음 약속이 연내 십수 회 정도의 칼럼을 쓰는 것이었으므로 연말쯤 무사히 연재를 마쳤다. 그런데 연재 종료 후 편집부로부터 우표에 관한 칼럼이 계속되기를 희망하는 독자들의 요청이 쇄도하므로 이번에는 한국을 주제로 연재해주기 바란다는 의뢰가 들어왔다. 이 책의 모태가 되는 「우표로 보는 한국현대사」는 이렇게 해서 시작되었다.
　애초의 기획은 1년 정도의 기간에 1945년 해방부터 '현재'까지를 망라하는 것이었으나 실제로 연재를 시작하고 보니 1950년 한국전쟁 발발에 이른 시점에서 이미 반년 이상이 지나가 버렸다. 다행히 편집부로부터 '기간의 구애 없이 연재를 계속해도 상관없다'는 허락을 받아, 되도록 많은 우표를 다루면서 그 역사적 배경을 하나하나 살펴보기로 했다.

연재가 2, 3년 계속되면서 몇몇 출판사로부터 책자로 만들자는 제안이 들어오기도 했으나 정작 주요한 연재가 여전히 남아 있어서 구체적인 이야기로는 연결되지 못했다. 결국, 2007년에 들어서면서 연재횟수도 200회를 넘어섰고, 또 3월에는 '노무현 정권의 발족'을 쓰기에 이르러 마침내 연재를 완결시킬 수 있었다. 매주 금요일 발행에 맞춰 수요일 오전 중에 원고를 넘기는 생활이 거의 5년 동안 이어졌다. 2007년은 연말에 한국의 대통령 선거가 있었고, 2008년 들어 일찌감치 새 대통령이 취임하므로 연재기사에 노무현 시대의 5년에다가 이명박 대통령의 취임 기념 우표를 집어넣어 마무리함으로써 마침내 책으로 만들 엄두를 낼 수 있게 되었다. 지인이 소개한 후쿠무라 출판(福村出版)의 미야시타(宮下基幸) 씨에게 도움을 받았다. 또 연재를 마친 후 추가·보완한 원고를 잡지 ≪표현자≫(제15~18호: 2007년 11월~2008년 5월호)에 「우표 속의 일본과 한국」이라는 글로 기고했는데, 이 가운데서 발췌한 내용도 해방 직후 부분에 첨가되어 있음을 밝힌다.

≪동양경제일보≫에 연재를 시작한 지 어언 6년 반이 흘러 마침내 책자로 탄생하게 된 이 책에 도움을 주신 많은 분께 감사를 드린다. 우선 연재 당시 담당 편집장인 아베(阿部信行) 씨에게는 연재와 관련된 것은 물론, 취재 등에 필요한 현지 관계자를 소개받는 등 여러 가지 면에서 많은 신세를 졌다. 또 우표박물관의 학예원인 다베(田邊龍太) 씨께도 우표의 도판 건으로 번거로움을 끼쳤다. ≪표현자≫에서는 도미오카(富岡幸一郎) 씨, 마에다(前田雅之) 씨, 그리고 편집부의 니시베(西部智子) 씨께서 도와주셨다. 책으로 만드는 데 발 벗고 나서주신 후쿠무라 출판의 미야시타 씨, 편집 실무 면에서 애써주신 준게쓰사(閏月社)의 도쿠미야(德宮

峻) 씨에 대한 감사도 빼놓을 수 없다. 내용과 한국어의 가타카나 표기에 대해서는 구로다(黑田貴史) 씨와 구치미(朽見太郎) 씨로부터 지도를 받았다. 지도와 표지는 후쿠무라 출판의 소가(曾我亮) 씨가 제작해주셨다. 졸필이지만, 이렇게 여러분의 이름을 들어 감사의 마음을 나타내는 것으로 끝을 맺는다.

  2008년 6월 6일 현충일(나라를 위해 목숨을 바친 병사들을 추모하기 위해서 정한 한국의 공휴일)에 서울의 국립묘지에서 춤을 추며 노니는 하얀 나비(한국에서는 나비에 죽은 사람의 혼이 옮아 있다고 해서 현충일 기념식장에서 하얀 나비를 풀어놓는 경우가 있다)에 상념을 실어 보내며.

나이토 요스케

일러두기
이 책은 나이토 요스케(內藤陽介)의 『韓国現代史: 切手でたどる60年』(福村出版, 2008)을 저본으로 번역했으나, 지면 관계상 저자와의 합의하에 해방 전사(前史)를 다룬 2개 챕터와 노태우 시대 중 1개 챕터는 제외했음을 밝힌다.

차례

한국어판 서문 _ 5
머리말 _ 7

제1장 미군정 시대 / 17

1945년 8월 15일 ‖ 맥아더의 일반명령 제1호 ‖ 미군정의 개막 ‖ 일본 식민지 시대의 잔재 ‖ 모스크바 협정 ‖ 남한 최초의 우표와 엽서 ‖ 해방 1주년 ‖ 김일성과 태극기 ‖ 10월 인민항쟁 ‖ 남북연석회의 ‖ 남한의 단독선거와 제주도 4·3사건 ‖ 국회 개원 ‖ 런던올림픽 ‖ 헌법 공포 ‖ 초대 대통령 이승만
〈칼럼〉 한국우정의 뿌리

제2장 이승만 시대 / 49

대한민국의 성립 ‖ 조선민주주의인민공화국의 성립 ‖ 국제연합, 한국을 유일의 정통정부로 인정 ‖ 흐지부지 끝나버린 친일파 청산 ‖ 토지개혁 ‖ 제2회 총선거 ‖ 한국전쟁 발발 ‖ 개전 시의 한국 ‖ 서울 함락 ‖ 서울의 인민군 ‖ 유엔군의 파견 ‖ 인천상륙작전과 방호산 ‖ 한국·유엔군, 서울을 탈환하다 ‖ 유엔군, 평양으로 ‖ 유엔군, 압록강에 도착 ‖ 중국인민지원군의 참전 ‖ 중국과 북한의 혈맹관계 ‖ 원폭 투하를 둘러싼 트루먼의 발언 ‖ 12월 후퇴와 맥아더의 해임 ‖ 개성에서 휴전교섭 개시 ‖ 일본의 재무장과 샌프란시스코 강화조약 ‖ 판문점에서의 휴전협상 ‖ 전쟁 중의 대통령 선거 ‖ 아이젠하워 정권의 발족 ‖ 스탈린의 서거 ‖ 한국전쟁의 휴전 ‖ 이승만라인 ‖ 한미상호방위조약의 조인 ‖ 전후부흥과 재벌의 탄생 ‖ 사사오입 개헌 ‖ 이승만 3선 ‖ 한미우호통상항해조약 ‖ 부흥경기의 종언 ‖ 4·19혁명
〈칼럼〉 연하우표

제3장 윤보선·장면 시대 / 119

아이젠하워 대통령 방한 ‖ 허정의 과도정권 ‖ 제2공화국의 발족 ‖ 민주당의 내분과 정국의 혼란 ‖ 5·16쿠데타의 배경 ‖ 박정희의 5·16쿠데타
〈칼럼〉 북한우표와 한국우표의 구별

제4장 박정희 시대 / 133

박정희 군사정권의 발족 ‖ 제1차 5개년계획 ‖ 원자력 개발 시작 ‖ 대일 국교 정상화 교섭 재개 ‖ 군정에서 제3공화국으로 ‖ 배상문제와 청구권 ‖ 한일기본조약 조인 ‖ 베트남 파병 ‖ 한강의 기적 ‖ 박정희 정권과 학생운동 ‖ 존슨 대통령 방한 ‖ 1960년대의 대서독 관계 ‖ 박정희의 재선 ‖ 1·21사태와 푸에블로호 사건 ‖ 통일혁명당 사건 ‖ 헌법 개정을 위한 여론 호도 ‖ 요도호 사건 ‖ 경부고속도로 개통 ‖ 박정희, 3선을 향하여 ‖ 향토예비군과 안보논쟁 ‖ 새마을운동 ‖ 박정희 3선 ‖ 알맹이 없는 남북적십자회담 ‖ 1971년의 국가비상사태 선언 ‖ 7·4 남북공동성명 ‖ 10월 유신과 신체제의 발족 ‖ 6·23 외교선언 ‖ 북한의 조국통일 5대 방침 ‖ 포항제철소 ‖ 김대중 사건 ‖ 소양강댐의 완공 ‖ 유신체제하의 인권탄압 ‖ 서울, 지하철 1호선의 개통 ‖ 문세광 사건 ‖ 포드 대통령 방한 ‖ 민방위대 창설 ‖ 꿈의 핵무장 계획 ‖ 수출 100억 달러 돌파 ‖ 유신체제하의 대통령 재선 ‖ 1978년의 국회정세 ‖ 카터 대통령의 방한 ‖ 박정희 암살
〈칼럼〉 항공우표

제5장 전두환 시대 / 219

최규하 대통령 취임 ‖ 숙군 쿠데타와 광주 민주화운동 ‖ 전두환 정권의 탄생 ‖ 제5공화국의 발족 ‖ 평화통일정책자문회의 ‖ 아세안 순방 ‖ 안보경협론 ‖ 서울올림픽 유치 결정 ‖ 한미수교 100년과 부산 미문화원 방화사건 ‖ 아프리카 외교 ‖ 한일 역사교과서 문제의 발단 ‖ 한국 자동차의 수출공세 ‖ 랑군 폭탄 테러 사건 ‖ 소련의 대한항공기 격추와 레이건 대통령 방한 ‖ 로마교황 방한 ‖ 88올림픽 고속도로의 개통 ‖ 전두환 대통령 방일 ‖ 서울국제무역박람회 ‖ 1985년의 전두환 대통령 방미 ‖ 광복 40주년과 이산가족 재회 ‖ 한국 IMF 8조국에 ‖ 1986년의 한일관계 ‖ 강남개발 ‖ 올림픽을 앞두고 유연해진 정부 ‖ 6·29선언 ‖ 대한항공기 폭파사건
〈칼럼〉 우편작업의 기계화

제6장 노태우 시대 / 273

노태우 정권의 발족 ‖ 새마을 비리 ‖ 헌법재판소의 설치 ‖ 서울올림픽 개막 ‖ 북한의 올림픽 훼방책 ‖ 세계청소년학생축전과 임수경 사건 ‖ 한소 국교 수립과 북한 ‖ 남북통일축구 ‖ 철마는 달리고 싶다 ‖ 남북 국제연합 동시가입 ‖ 황영조의 바르셀로나 금메달 ‖ 한중 국교수립
〈칼럼〉 부가금 우표

제7장 김영삼 시대 / 299

문민정권 시대의 개막 ‖ '역사 바로 세우기' 정책 ‖ 대전엑스포 ‖ 성장하는 환경보호운동 ‖ 북한의 벼랑 끝 외교 ‖ 1994년 위기와 전쟁기념관 ‖ 김일성 사망 ‖ KEDO의 설립 ‖ 광복 50년 ‖ 5·18특별법과 형벌불소급의 원칙 ‖ 2002년 FIFA 월드컵 개최 결정 ‖ 한글 전용파와 한자 부활파의 대립 ‖ OECD 가입과 저작권 문제 ‖ 광주비엔날레 ‖ 금융위기
〈칼럼〉 한국우표 참고자료 ①

제8장 김대중 시대 / 331

김대중 정권의 발족 ‖ IMF체제하에서의 개혁 ‖ 김대중 정권의 IT전략 ‖ 낙선운동 ‖ 대포동 발사 ‖ OPLAN 5027-98 ‖ 금강산 관광개발 ‖ 베를린 선언 ‖ 남북정상회담 ‖ 비전향장기수의 송환 ‖ 제3차 아시아유럽정상회의 개최 ‖ 김대중의 노벨평화상 수상 ‖ 인천국제공항 개항 ‖ 세계도자기엑스포 ‖ 제1차 여성정책 기본계획 ‖ 2002 FIFA 월드컵 개최 ‖ 재등장한 독도 우표 ‖ 고이즈미 총리의 방북 ‖ 더해가는 반미감정
〈칼럼〉 한국우표 참고자료 ②

제9장 노무현 시대 / 371

노무현의 등장 ‖ 노무현 정권의 발족 ‖ 대통령 탄핵소추와 독도 우표 ‖ 고건 대통령 권한대행 ‖ 고구려 동북공정 파문 ‖ 대일 강경책으로의 전환 ‖ APEC 부산정상회담 ‖ 황우석 사건 ‖ 과거청산과 '친일파' 처벌 ‖ 한미FTA ‖ 제2차 남북정상회담 ‖ 이명박 정권의 발족
〈칼럼〉 우편요금의 변천

주요 참고문헌 _ 398

제1장
미군정 시대 1945~1948

1946년 발행된 '해방우표' 가운데 하나로 태극문양을 그린 1원짜리 우표

1945년 제2차 세계대전 종결

1946년 북한 임시인민위원회 수립

1947년 트루먼 독트린 발표, 냉전시대 개막

1948년 북한에서 남북연석회의 개최

　　　　제주도 4·3사건

　　　　남한에서 단독선거 시행, 헌법 공포

1945년 8월 15일

1945년 8월 15일에 목포에서 발송되었던 엽서

1945년 8월 15일 일본 천황의 항복방송(히로히토 천황이 종전조서를 육성으로 읽어나간 방송)으로 일본의 침략지역에도 종전이 공표되었다. 앞서 일본정부는 8월 10일, 연합국에 대해 포츠담 선언을 수락한다는 방침을 타전했고, 일부 국가와 지역에서는 12일경 그 사실이 전해졌다. 그러나 한반도에서는 8월 15일이 될 때까지 그런 사정을 알고 있었던 사람은 거의 없었다.

예를 들어 위의 엽서를 한번 보자. 이것은 '광복의 날'인 1945년 8월 15일에 한반도 서남단의 도시인 목포에 있던 조선인 병사가 보낸 것이다. 조선에서는 1938년 2월 공표한 「육군특별지원병령」에 기초해 같은 해부터 지원병제도가 시행되었다. 지원 자격은 ① 17세 이상, ② 소학교 졸업 또는 동등 이상의 학력을 가진 자, ③ 사상이 건전함은 물론 신체 강건하며, ④ 군대에 들어가도 일가의 생계에 지장이 없는 자로서, 모집 첫해에는 400명 모집에 약 2,900명이 지원했다. 이후 1944년에 도입된 징병제에 따라 병역을 한 사람을 포함하면 약 21만 명의 조선인이 일본제국의 육·해군으로서 동원되었고, 그 가운데 약 6,400명이 사망했다.

그런데 이 엽서는 야마키 다쓰로(山木達郎)가 부친인 박동기 앞으로 보낸 것이다. 양측이 부자지간이라는 것은 뒷면에 "부모님께서도 건승하시길 기원합니다"라는 문장으로 짐작할 수 있다.

'일본 지배하에서 조선인은 창씨개명에 의해 일본식 이름을 강요당했다'라는 식의 기술이나 발언을 접할 때가 있는데, 엄밀하게 말하면 이것은 부정확한 것이다. '창씨(創氏)'는 부부의 성이 다른 조선에서 일본과 같은 가족단위의 호적을 만들기 위한 성씨를 작성한 것인데, 이것은 강제되었다. 본관이나 족보를 목숨 다음으로 소중하게 여긴 당시 조선인에게 일본식 '성(姓)'의 강요는 괴로운 일이었을 것이다.

그러나 '개명(改名)'은 좀 다르다. 일본식 이름으로의 '개명'은 제도적으로 보자면 본인의 자유의지에 따른 것이며, 절차를 밟을 때는 수수료도 징수하도록 했다. 물론 군이나 면, 리와 같은 행정 말단에서는 담당지역의 조선인에 대해 일본식 이름을 쓰도록 압력을 가하는 관리도 없었던 것은 아니다.

따라서 이 엽서처럼 '일본병사'로서 일본식 이름을 가진 아들이 조선 이름의 아버지에게 엽서를 쓰는 것은 결코 드문 일이 아니었다. 그런데 엽서에는 "군무에 몸과 마음을 바쳐 일하고 힘쓸 것이니 안심하십시오"라는 문구가 보인다. 이것으로 보아 발신사는 선생이 끝난 것을 눈치 채지 못했고, 자신의 군대생활이 당분간 계속될 것이라 여기고 있었다는 것을 추측할 수 있다.

이 엽서의 발신자가 지원병 조건에 딱 들어맞는 '사상이 건전한' 인물인지 어떤지는 알 수 없지만 1945년 8월 15일 오전까지 조선인 대부분이 전쟁을 계속하고 있는 것으로 생각하고 있었고, 이 엽서는 그런 생활의 한 단면을 드러내고 있다.

맥아더의 일반명령 제1호

일본으로부터 소련 점령하의 평양으로 보내졌으나 배달 불능으로 발송인에게 되돌아온 우편물

제2차 세계대전 중인 1943년 11월, 미국과 영국, 중국의 수뇌였던 루스벨트와 처칠, 장제스는 "조선인민이 노예상태에 있음을 유의해서 마땅히 취할 순서를 밟아 조선을 자유, 독립의 나라로 만든다"고 결의한 카이로 선언을 발표했다. 나중에 소련도 이것을 승인함에 따라 조선의 독립은 연합국 측의 궁극적 목표 가운데 하나가 된다.

그러나 일본의 항복은 1946년 이후나 가능하다고 오판하며 오키나와를 최전선에 두기 위한 규슈 상륙작전의 준비에 여념이 없었던 미국은 일본이 항복한 1945년 8월에 이르도록 카이로 선언에서 제창한 '마땅히 취할 순서'에 대해, 조선을 신탁통치하에 둔다는 것 외에는 그 어떤 구체적인 계획도 세우지 못했다. 반면 8월 9일 만주의 관동군에게 선전포고를 하고 공격을 시작한 소련은 13일 조선의 북부인 청진항 공격작전을 개시하고, 16일에는 이곳을 접수한다.

여러 정황으로 보아 미국이 조선에 발도 디디지 못한 채, 소련이 한반도 전역을 점령할 가능성도 충분했다고 여겨진다. 미국과 소련이 조선을 공동관리한다는 계획을 실행하는 데에서 서울을 포함한 될 수 있는 한 넓은 지역을 점령해야 한다고 생각한 미국은, 일본은 미국이 단독으로,

조선은 북위 38도 선을 기준으로 미국과 소련이 분할점령하자고 소련에 제안했다. 소련은 쿠릴 열도를 점령한다는 조건으로 미국의 제안을 받아들였다.

같은 해 9월 2일, 도쿄 만에 정박 중이던 미 군함 미주리호 선상에서는 일본의 항복문서가 조인되었다. 연합국 최고사령관인 맥아더는 일본군의 항복을 수리하는 담당국을 지정하기 위한 「연합국 최고사령관 총사령부 일반명령 제1호」(「일반명령 제1호」)를 발표하고 한반도에서 북위 38도 선 이북은 소련 극동군 사령관이, 그 이남은 합중국 태평양 육군부대 최고사령관이 각각 일본군의 항복을 수리하라고 지시했다. 38도 선은 본래 조선의 자립을 위한 잠정적인 선이었지만, 소련은 이곳을 봉쇄하고 북한의 위성국화를 시작했다. 실제로 소련은 38도 선을 아주 엄격하게 봉쇄해서 사람이나 물건뿐만 아니라 우편물의 교환조차도 제한했다.

일본의 경우, 전쟁의 종결과 함께 패전국 일본으로부터 해외로 향하는 우편물의 취급이 정지됨에 따라 일본과 한반도 사이의 우편망이 일시적으로 끊어졌다. 1945년 11월 16일부터는 개인 편지의 경우 안부와 소식에 관한 엽서로 한정한다는 제한을 두어 일본에서 국외로 향하는 우편물 취급이 재개되었다. 그러나 소련 점령지역으로 향하는 우편물은 대상에서 제외되어 일본에서는 1948년 8월까지 우편물을 발송할 수 없었다.

앞쪽에 소개된 사진의 봉투는 종전 직전인 1945년 8월 9일에 아이치 현 오시마(大島)에서 평양으로 보낸 우편물로, 봉투 위에 "본 우편물은 송달불능으로 반송한다"는 내용의 설명 도장이 찍혀서 돌아왔다.

이처럼 우편 교환조차도 여의치 않은 폐쇄적인 상황 속에서 38도 선 이북에는 친소련적 위성국가의 건설이 급속도로 진행되었고, 한반도 분단의 현대사가 시작되었다.

미군정의 개막

광복 직후였던 1945년 9월 28일에 일본 도야마 현으로부터 수원으로 보내졌으나 반송된 우편물

　일본의 무조건 항복으로 당시 조선총독 아베 노부유키(阿部信行)와 조선군 사령관 고쓰키 요시오(上月良夫)는 조선총독부 건물에 일장기 대신 태극기를 게양했다고 한다.

　긴 세월 동안 이민족의 지배하에 있었던 한국인은 일본의 패전이 곧 식민 지배로부터의 해방을 의미한다고 여겼으나 현실은 그렇지 않았다. 왜냐하면 광복 전까지 한국은 '일본'의 일부였고, 그 처분은 연합국의 자유로운 재량에 맡겨야 한다는 것이 공통 인식이었기 때문이다. 심하게 말하면 「일반명령 제1호」에 따라 남한에 진주한 미군에게 남한과 오키나와는 그들이 직접 군정을 시행하는 점령지라는 점에서 본질적으로 차이가 없었다.

　이런 점을 상징적으로 보여주는 것이 위 사진의 우편물이다. 이것은 광복 직후인 1945년 9월 28일 도야마(富山) 현 데마치〔出町: 현 도나미(礪波市)〕에서 미군정하의 수원으로 보내진 것이다. 일본에서 구식민지를 포함한 해외로 가는 우편물은 종전과 함께 정지되었다가 1945년 11월 16일에 재개되었는데 그 사이 해당 우편물은 일본 국내의 우편국에 보관되어 있었다. 이 우편물 역시 보관 중이다가 해외우편이 재개된 후 수원으로 보내졌다. 사진상으로는 잘 읽히지 않지만, 봉투의 왼쪽 아래를 보면 이 우편물이 수원에 도착했을 때 우체국에서 찍힌 1946년 2월 14일자 소인을 희미하게나마 확인할 수 있다.

그러나 우편물이 수원에 도착했을 때는 벌써 수신인이 일본으로 귀국한 후였기 때문에 발신인에게로 반송 처리되었다. 이 우편물은 데마치와 수원을 왕복하면서 미군에게 두 번 검열을 받았다. 봉투의 네 귀퉁이가 개봉되어 있는 것은 조선에 도착했을 때 일단 개봉·검열한 것을 셀로판 테이프로 봉한 후 나중에 조선에서 나갈 때 또다시 개봉·검열하고 봉함했기 때문이다. 왼편에 붙여진 봉함용 테이프는 수원에 도착했을 때 찍힌 소인의 위에서부터 접착된 것이었는데, 이로 미루어 이 부분이 조선에서 돌려보내질 때 검열을 받은 흔적임을 확인할 수 있다.

그런데 봉함용 테이프에는 "OPENED BY US ARMY EXAMINER(합중국 육군의 검열관이 개봉했다)"라는 글귀가 있는데 이 테이프는 본래 미 육군의 내부 검열용이었던 것이 우체국에서 전용된 것이다. 덧붙이자면 똑같이 미국의 점령하에 있던 일본 국내에서도 우편물에 대한 개봉·검열은 일상적으로 이루어졌지만, 그때 사용되었던 테이프에는 "OPENED BY MIL. CEN-CIVIL MAILS(민간의 우편물을 군사검열관이 개봉했다)"라고 표시되었던 것이 일반적이었다. 이것은 일본에 대한 점령이 일본정부를 통한 간접통치의 형식으로 이루어졌음을 반영하는 것이라고 말할 수 있겠다.

점령의 형식을 둘러싸고 나타나는 일본과 남한의 차이는 훗날 두 나라의 역사에 커다란 영향을 미치게 되는데, 그 일단이 우편물에도 흔적으로 남아 있는 것이다.

일본 식민지 시대의 잔재

1946년 4월, 서울 광화문우편국에서 수리한 우편요금의 수령증 원부. 일본 식민지 시대의 우표가 그대로 사용되었다.

    서울에 입성한 미국 제24군(사령관은 존 R. 하지 중장)은 군정 개시 제 일성으로 1945년 9월 9일 아베 노부유키 총독을 포함한 모든 일본인과 조선인을 현직에 그대로 두고 조선총독부의 기능 또한 종래대로 유지할 것이라고 발표했다. 점령정책과 관련해서 구체적인 구상이 없었던 하지에게 점령당국이 일본정부를 통해서 점령정책을 수행한다는 일본형 간접통치를 예로 삼아 따라 하면 문제가 없을 것이라는 의식이 있던 것으로 여겨진다. 또한 9월 6일에 이루어진 '조선인민공화국'의 수립 선언 등 독립을 향한 각종의 움직임을 공산주의자의 선동에 의한 것이라고 이해했던 그가 사회질서를 유지한다는 점령의 대원칙을 지키기 위해 일단은 미군의 주둔에 협조적이었던 일본인 지배기구를 활용하면 편리할 것으로 판단했다는 것은 결코 이상한 일이 아니다.

    그러나 이런 하지의 대응은 즉각적인 독립을 염원하고 있던 조선인들의 감정을 거스르는 것으로 미군에 대한 신뢰를 급격히 떨어뜨리는 결과를 가져왔다. 이런 정황 속에서 미국 국무부와 맥아더는 별도의 지시를 내렸고, 9월 12일에 하지는 처음 계획을 변경하여 조선총독부를 폐지하고 아베 총독 이하 일본인 관리를 해임했으며, 아널드 소장을 장관으로 하는 군정청을 새로 설치해 점령행정을 담당하는 기관으로 삼았다.

그렇지만 군정청의 기본 시스템은 옛 총독부의 것을 그대로 계승했고, 일본인 식민지 관료 가운데 추방 후에 군정청의 비공식적인 고문 역할로 존재하는 사람도 적잖이 있었다. 또 일본인 관리 추방 후 군정청 부장직에 취임한 인물 중 다수는 옛 총독부 관리였다. 이처럼 미군정은 기본적으로 식민지 시대의 통치기구를 계승하여 출발했고, 이런 상황은 우편행정 면에서도 뚜렷하게 관찰된다. 예를 들면, 1945년 8월 15일 이후로도 일본 식민지 시대의 우편제도가 그대로 유지되어 우편국에서는 예전처럼 식민지 시대의 우표가 그대로 발매되어 사용되

1946년 3월, 통영으로부터 서울로 보내진 우편물에도 일본우표가 붙여져 있다.

었다. 앞쪽에 소개된 사진은 해방 후인 1946년 4월에 서울의 광화문우편국에서 수리된 우편요금의 영수증 원부이다. 표면에는 한 통에 2전인 엽서를 한꺼번에 36통 판매한 요금으로 72전을 징수했다고 기재되어 있고, 판매된 만큼의 우표〔일본 식민지 시대의 가쇄(이미 있는 우표 위에 문자 등을 인쇄하는 일)하지 않은 우표〕가 이면에 부착되었고 소인까지 찍혀 있다. 일본어 표기가 있는 것으로 보아 식민지 시대의 것으로 단정할 수 있겠다. 또 소인의 경우 연호는 서력으로 바뀌었지만, 그 외에는 식민지 시대의 것을 그대로 답습하고 있다.

'해방'으로부터 8개월이나 지났음에도 우표와 용지는 물론 소인까지 그대로라는 것은 왜곡되긴 했지만 '전전(戰前)'의 부정에서 시작된 전후 일본과 달리 많은 부분에서 식민지 시대를 이어받으며 출발한, 즉 식민지 시대와의 단절을 이루어내지 못한 채 시작된 한국현대사의 일면을 상징적으로 보여주고 있다고 해도 틀린 말은 아니리라.

모스크바 협정

신탁통치에 반대한다는 탄원서가 적힌 엽서로 수신처는 미소공동위원회이다. 오른쪽 사진은 이 엽서의 뒷면이다.

일본의 항복으로부터 약 4개월이 흐른 1945년 12월 27일, 전후 처리를 협의하기 위해 모스크바에 모인 미·영·소 3국의 외상은 이른바 모스크바 협정을 맺고 다음날 3국의 수도에서 동시에 발표했다. 이 가운데 조선과 관련된 부분(제3부)은 다음과 같다.

① 조선을 독립국으로서 재건하는 것을 전제로 한 민주주의임시조선정부를 수립한다.
② 동 정부의 수립을 지원하고 필요한 제 방책을 작성하기 위해 미소 양군의 대표는 공동위원회(미소공동위원회)를 설치한다. 동 위원회는 각종 제안을 작성함에 있어 조선의 민주적인 제 정당 및 제 단체와 협의해야 한다. 동 위원회의 권고는 미소 양국의 최종결정에 앞서 미·영·중·소 4개국 정부에 의해 고려되어야 한다.
③ 5년간이라는 한정을 두고 4개국에 의한 신탁통치를 시행한다. 공동위원회는 민주주의임시조선정부와 협의해서 신탁통치에 관한 제 방침을 작성한다.
④ 조선에 진주중인 미·소 양군의 대표자 회의를 2주 이내에 소집한다.

이 가운데 조선의 신탁통치를 정한 ③항은 즉각적인 독립을 기대하고 있던 조선인들에게 커다란 충격을 안겼다. 협정의 내용이 발표된 12월 28일, 서울에서 신탁통치반대국민총동원위원회가 결성되는 등 미군 점령하의 남한에서는 대대적인 반탁(신탁통치 반대)운동이 일어났다. 이에 반해 소련 점령하에 있었던 북한에서는 신탁통치를 통해 남한의 위성국화를 도모하려 하는 소련의 의중을 눈치 챈 김일성이 신탁통치를 소련에 의한 '후견'이라며 지지했고, 이에 이끌린 남한의 좌익진영이 신탁통치 찬성으로 돌아서면서 남북한 간 또는 좌·우익 간의 격렬한 대립양상이 나타났다.

소용돌이의 와중에서 1946년 1월부터 시작된 미·소 양군의 대표자에 의한 예비회담은 아무런 성과도 내지 못한 채 2월 5일에 종료되었다. 이에 따라 소련은 미국과의 합의에 의한 남북통일정부의 수립은 무리라고 판단, 3일 후인 2월 8일 사실상 북한 단독정부가 되는 북조선임시인민위원회를 수립하고 위성국으로서 북한에서의 국가 건설에 착수했다. 같은 해 3월 20일 마침내 제1차 미소공동위원회가 개최되었지만, 위원회는 협정을 정하는 '민주적 제 정당 및 제 단체'의 범위를 둘러싸고 이견을 보이며 대립, 5월 8일에는 무기휴회가 선언되었다. 위원회는 이듬해인 1947년 5월 21일에 재개되나 역시 임시정부에의 참가문제를 둘러싼 조정에 난항을 겪다가 같은 해 10월 21일에 최종적으로 결렬되고 만다. 결국 미국은 한국문제를 국제연합으로 이관하게 된다.

앞쪽에 소개된 사진의 엽서는 미소공동위원회 앞으로 보내진 것으로 신탁통치를 반대하고 자주독립을 요구하는 탄원서이다. 반탁운동이 활발했던 남한에서는 이처럼 공동위원회로 보내는 탄원 엽서가 대량으로 쏟아져 나왔다. 이는 남한의 반탁 열기를 잘 보여주는 자료이다.

남한 최초의 우표와 엽서

(왼쪽) 남한에서 발행된 가쇄 우표
(오른쪽) 해방엽서와 해방우표

반탁투쟁(신탁통치 반대투쟁)의 폭풍이 휘몰아치며 어수선했던 1946년 2월 1일, 남한에서는 마침내 해방 후 최초의 우표(사진 참조)가 발행되었다. 하지만 이 시기에 발행된 우표는 일본 식민지 시대의 우표에 한글로 '조선우표'라는 글자와 액면가를 가쇄(인쇄한 위에 다시 인쇄하는 것)한 임시적인 것이었다.

1946년 5월에 이르러서야 마침내 '해방을 기념하는' 오리지널 디자인의 기념우표('해방우표'라고 칭함)가 발행되었다. 이와 더불어 일반인이 가지고 있던 일본우표에 대한 사용금지 조치가 6월 30일자로 내려졌다.

해방우표는 명목상으로는 기념우표였지만 실질적으로는 통상우표로 사용하겠다는 계획이었으므로, 6종 합쳐서 총 1억 매 정도 찍어낼 준비를 하고 있었다. 그러나 이 정도 양의 우표를 단기간에 차질 없이 생산해낼 만한 인쇄소가 당시 남한에는 없었다. 따라서 우표를 디자인한 김종현이 서울에서 그린 원화를 기초로 해서 일본의 인쇄국에서 원판을 만들어 인쇄하는 방법을 택했다.

남한에서 제일 처음 만들어진 우표는 해방우표가 발행되고 5개월 정도가 지난 1946년 10월에 나온 통상우표로 경화인쇄소에서 제작되었다.

엽서의 경우 해방우표와 같은 디자인의 '해방엽서'가 일본의 인쇄국에 발주되었다. 그런데 당시의 남한에서 엽서요금은 5전이었는데 일본 측에서 용지의 확보에 어려움을 겪으면서 엽서 제작에 예상 외로 시간이 오래 걸렸다. 그 사이에 남한에서는 인플레이션이 급속도로 진행되었고 1946년 8월에는 엽서요금이 25전으로 치솟았다. 결국 요금 개정보다 늦게 나온 액면가 5전짜리 해방엽서는 실제로 사용되지도 못한 채 창고에 처박히게 된다. 다급해진 남한 우편행정(체신부)은 일본 식민지 시대 엽서의 인면(금액이 인쇄되어 있는 부분)을 그대로 유효화시키고 그 위에 수납인(차액분 만큼의 요금을 징수했다고 알려주는 도장)을 찍어 판매하는 방법으로 고비를 넘겼다.

그러나 인플레이션은 멈출 줄 몰랐고, 1947년 4월에는 엽서요금이 무려 50전에 이르게 된다. 그때까지 유통되던 식민지 시대 엽서의 재고도 바닥이 드러나기 시작하자 남한 우편행정은 급기야 창고에 잠자고 있던 해방엽서에 수납인을 찍어 발행·사용토록 한다는 결정을 내리게 된다. 1947년 7월 31일, 마침내 일본 식민지 시대 엽서에 대한 사용금지령이 내려졌다.

이후 해방엽서는 잇단 요금 개정 때마다 새로운 수납인을 찍는 방법으로 대한민국의 성립(1948년 8월)과 한국전쟁(1950년 6월~1953년 7월)을 거치는 6년여의 세월 동안 사용되다가 1953년 연말 인면에 두 마리의 기러기가 나는 디자인의 새로운 엽서가 나오면서 역사 속으로 사라졌다.

해방 1주년

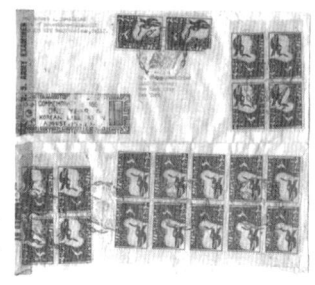

해방 1주년 기념우표가 잔뜩 붙여져 있는 봉투와 이것을 부분적으로 확대한 사진

　모스크바 협정(1945년 12월 발표)에서 나온 신탁통치에 대한 찬반을 놓고 남북한 간, 좌·우익 간에는 격렬한 대립이 일어났다. 이런 상황 속에서 소련은 미국과의 협의로 통일임시정부를 수립하는 것은 불가능하다고 판단하기 시작했다. 한반도 전체가 무리라면 자신들의 점령하고 있는 북쪽만이라도 위성국화하겠다는 작정으로 1946년 2월 8일 북조선임시인민위원회를 수립한다. 그 결과 한반도는 1945년 8월 '해방'된 지 겨우 반년 만에 남북분단을 향해 치닫게 된다.

　훗날 남북의 분단이 고착화될 것이라고 내다본 사람은 이 단계에서는 소수였다고 여겨진다. 예를 들어, 해방 1주년에 맞추어 발행된 기념우표에는 작은 가지를 입에 문 비둘기와 한반도(남북한 전체)를 그려 넣음으로써 한반도 전역이 해방되었음을 알리는 것은 물론 통일조선의 독립이라는 이상을 담아냈다. 위의 사진은 미국행 우편물로 해방 1주년 기념우표 20매가 붙여진 편지이다. 찍힌 소인은 해방 1주년 기념 스탬프로, 조각난 쇠사슬(식민지 지배로부터의 해방을 나타냄)을 배경으로 태극기를 치켜든 청년이 그려져 있다.

　한편 앞에서도 언급해지만, 종전과 동시에 연합군의 점령하에 놓였던 옛 '대일본제국'의 식민지에서는 해외와의 우편물 교환이 정지되었는데, 미군 점령 하에 있던 남한도 예외는 아니었다. 남한 발 외국행의 우편물이 전면적으로 해금된 것은 1947년 8월에 이르러서이다. 다만, 미국행 우편물에 한해서는 조금 앞선 1946년 9월에 교환이 재개되었다. 따라서 사진의 우편물이 나온 1946년 8월 15일의 단계에서는 아직 미국과의 우편교환이 재개되

해방 1주년 기념 그림엽서

지 않았다. 하지만 이 우편물의 발신인이 미군 관계자였던 덕분에 예외적으로 접수되었던 것으로 여겨진다. 한편 당시 미국으로 보내는 편지의 기본요금은 10원이었다.

또 해방 1주년에는 기념우표와 나란히 기념 관제 그림엽서도 발행되었다. 이 엽서의 그림면에는 한복을 입고 태극기를 들며 행진하는 사람들의 모습이 그려져 있다. 식민지 시대의 상징이라 할 수 있는 일장기를 밟고 있는 그들의 발 언저리에는 식민지 지배로부터의 해방을 상징하듯 조각조각 잘린 쇠사슬이 군데군데 뒹굴고 있다. 또한 인면(엽서의 액면가가 인쇄된 부분)에는 도요토미 히데요시의 조선 출병 당시 일본을 격퇴하는 데 활약했던 거북선이 디자인되어 있다.

식민지 지배의 종언과 조선의 해방·독립을 등가로 그려낸 이 디자인은 당시 조선인의 반일감정을 직선적으로 표현한 것이기도 하겠지만, 모스크바 협정에서 나온 신탁통치안에 대한 강한 반발과 이견을 드러내고 있다는 점도 간과해서는 안 될 것이다.

김일성과 태극기

북한 최초의 우표

이쯤에서 잠깐 소련 점령하에 있던 북한의 상황에 대해 간단히 살펴보자. 나치 독일과 피비린내 나는 전쟁을 체험한 소련은 제2차 세계대전이 끝난 후 주변을 울타리 역할을 하는 위성국이나 우호국으로 공고히 함으로써 자국의 방위를 도모해간다는 세계전략을 수립했다. 북한도 당연히 이 방침 안에 있었다. 최대 목표는 소비에트체제화를 통한 위성국 건설이었다.

1945년 12월의 모스크바 협정에서 조선의 신탁통치안이 제안되자 남한에서는 대규모의 반탁투쟁이 일어났고, 이것을 지켜본 소련은 미국과의 협의에 의한 남북통일정부 수립은 무리라고 판단, 자신들의 점령하에 있는 북한에 '민주기지'로의 단독정권을 창출하는 방향으로 정책을 선회했다. 1946년 2월 8일, 당면한 개혁을 추진하기 위해 '통일정부' 수립까지 잠정적인 중앙권력기구를 둔다는 미명하에 '북조선임시인민위원회'를 수립했다. 이 위원회는 사실상의 북한 단독정부로서 남북분단의 단초가 된다.

북조선임시인민위원회가 성립되자 우정기관으로 북조선임시인민위원회 체신국(국장은 조영렬)이 발족했다. 1946년 3월에는 북한 최초의 우표인 무궁화가 그려진 20전짜리와 금강산이 그려진 50전짜리가 발행되어 남북은 우표부문에서도 분단의 길을 걷기 시작했다. 같은 해 5월, 미소공동위원회가 결렬되자 북한 측은 미국의 남한 점령을 '제국주의적 식민지 정책'이라면서 공공연하게 비난하고, 8월에 치러진 북조선노동당 창당대회에서 혁명의 기본방침으로 북한에서의 단독정권 수립과 남한의 '민주화'를 채택했다.

이때까지만 해도 북한 측은 단독정부의 수립이라는 본심은 숨긴 채 겉으로나마 남북통일정부 수립을 목표로 한다는 자세를 허물지 않고 있었다. 이것을 보여주기라도 하려는 듯 1946년 8월 15일, 해방 1주년을 기념해 발행한 기념우표에 태극기를 배경으로 해서 김일성과 무궁화를 그려 넣었다.

북한에서 발행된 해방 1주년 기념우표. 태극기와 무궁화, 김일성의 얼굴이 인쇄되어 있다.

두말할 필요도 없이 이 우표에 그려진 국기와 국화는 대한제국 이래 이어져 온 것으로, 남한은 이를 국기와 국화로 채택하고 있었다. 남북통일정부의 수립을 목표로 한다는 허울을 계속 유지해나가는 이상, 그들도 국기와 국화에 관한 한 남한과 공동으로 보조를 맞춰나갈 수밖에 없었던 것이다.

남북분단이 확대 시행되어감에 따라 1947년 11월, 남한과의 차별을 선명히 하기 위해 북한은 은밀하게 별도의 국기를 제작하기 시작한다. 1948년, 마침내 '남홍색기'라 불리는 독자적인 국기를 앞세운 '조선민주주의인민공화국'이 탄생하고, 한반도의 분단은 확고한 역사적 사실이 되고 만다.

10월 인민항쟁

박헌영의 체포를 취소하라는 탄원서로 하지 미군정 사령관에게 보내진 것이다.

남한에 진주한 미군의 점령행정은 혼란 그 자체였다. 점령당국은 일본 식민지 시대의 관리를 유임시키겠다고 내세우다 맹렬한 반발에 부딪혀 그 방침을 철회할 수밖에 없었다. 또 식민지 시대의 공출과 배급제도를 폐지하고 자유시장경제를 도입했지만, 그 결과 발생한 것은 하이퍼인플레이션이었다. 당황한 군정청은 1946년 2월에 공출·배급제도를 부활시켰지만 불붙은 인플레이션을 잡기에는 역부족이었다. 게다가 일본과 만주 등지에서 귀국한 사람들과 공산주의 지배를 피해서 북한에서 넘어온 사람들이 대거 유입됨에 따라 실업자가 100만 명을 넘어섰고, 각지에서는 파업이 빈발했다.

한편 '통역정치'의 폐단이 심해지면서 군정청과 연결된 일부 한국인들 사이에 부정과 부패가 만연했다. 미국 점령행정에 대한 주민들의 불만은 점점 높아갔고, 좌익세력은 이런 불만의 틈새에서 세력을 키워나갔다. 이런 와중의 1946년 8월, 군정청은 철도·운수부문의 종업원 25%에 대한 해고와 월급제에서 일급제로의 전환을 발표했고 많은 노동자가 이에 격분했다. 9월 23일 박헌영을 필두로 한 공산주의자들의 지휘하에 철도노동자 파업이 일어났고 이에 동조하는 노동자와 시민이 늘어나면서 남한 전역은 총동맹파업 상태에 돌입하게 된다.

군정청이 이 상황을 무력으로 제압하려 하면서 10월 1일에는 경찰관의 발포에 의해 대구역 앞에 모인 시위대 가운데 사상자가 나왔다. 미국에 대한 일반시민들의 분노가 극에 달하면서 총파업은 폭동으로 변질되어 남한 전역을 덮치는데, 이는 10월 인민항쟁이라고 불리게 된다. 인민항쟁은 결국 비상계엄령을 선포한 미군에 의해 11월 중순께 거의 진압되었다. 이후 좌익진영은 비합법적인 활동밖에는 할 수 없었다. 점령행정의 실패는 확실했고, 남한 내의 반미감정은 울분이 되어 쌓여갔다.

앞쪽 사진의 편지는 인민항쟁의 흥분이 채 가라앉지 않았던 1947년 1월 말에 하지 사령관 앞으로 보내진 것으로, 박헌영의 체포령 취소를 요구하는 진정서이다. 박헌영은 제2차 세계대전 이전부터 활동한 조선 토착 공산주의자로 해방 후 재건된 조선공산당의 지도자였다. 당시 좌익진영 사이에서 그의 영향력은 절대적이었다. 해방 당시 그는 미군을 '해방자'로 규정했지만 1946년 말에 이를 철회했다. '적'으로 규정한 미국 제국주의에 대한 '정당방위로서의 역공격'을 부르짖으면서 반미활동을 전개해나가던 그는 총파업 직전인 9월 6일에 군정청에 의해 지명수배되었다. 이 때문에 9월 총파업과 10월 인민항쟁 때는 지하에 은신한 채 좌익진영에 지시를 내렸다. 10월 하순 미군에 의한 체포망이 좁혀오자 북한으로 탈출, 이후에도 '안전지대'인 북한에서 남한의 좌익진영을 지휘했다. 1948년 9월 조선민주주의인민공화국이 성립된 후에는 김일성 밑에서 부수상·외상을 맡기도 했지만, 한국전쟁 후 '미국의 스파이'라는 죄목으로 숙청당한다. 사진의 탄원서가 부쳐질 당시 박헌영은 이미 북한으로 몸을 피한 후였다. 그러나 이 발신자처럼 박헌영이 통일조선의 지도자가 될 것이라고 기대하고 있던 좌익 인사들의 수는 여전히 적지 않았다.

그러나 이런 통일한국에 대한 염원은 동서냉전이라는 국제정세 속에서 무참히 스러져갔다.

남북연석회의

북한이 발행한 연석회의 50주년 기념우표

1947년 3월, 트루먼 독트린이 발표되면서 동서냉전의 시대가 본격적으로 도래했다. 당시의 국제정세를 교묘히 이용해나가면서 미군정하의 남한에서 정치적 영향력을 급속히 확대한 인물은 훗날 한국의 초대 대통령이 된 이승만이었다.

이승만은 해방 전 미국에서 독립투사로서 활약한 것을 인정받고 남한 대표민주의원(미 군정청의 자문기관)의 의장에 취임했지만 오랜 망명생활 탓으로 한국 내에서의 정치적 기반은 아주 취약했다. 따라서 그는 미국 측에는 자신이 강경한 반공주의자라는 점을 내세우는 한편, 국내에서는 미국이 가장 지지하는 정치가라는 인상을 심어주기 위해 애썼다. 이를 위해 1946년에 도미해 국무부에 서울의 군정청이 '친공'이라고 비난하고, 조속히 총선거를 시행해 남반부만의 독자적인 정부를 수립해야 한다고 호소했다.

1946년 5월을 마지막으로 무기한 휴회 상태였던 미소공동위원회는 1947년 5월에 재개되었으나 역시 결렬되고 만다. 해결책을 찾지 못한 미국은 1947년 9월 17일 제2회 국제연합 총회에 한반도 문제를 상정했고, 국제연합은 임시조선위원회를 설치하고 1948년 3월 말까지 동 위원회의 감시하에 총선거를 시행한다는 결의를 채택했다. 그러나 북한의 소비에트화를 거의 달성한 소련은 한반도로부터 미·소 양군이 동시에 철수해야 한다고 주장하며 국제연합위원회가 선거 감시를 목적으로 38도 선 이북으로 넘어오는 것을 거절했다. 이로 인해 국제연합총회 중간위원회는 1948년 2월 '선거가 가능한 지역'에서의 선거 시행을 결의했고, 같은 해 5월 남한만의 단독선거가 시행된다.

북한 측은 남한에서의 단독선거가 시행되기 전인 1948년 4월 한반도 대표자가 함께 하는 회의로서 '전 조선 정당·사회단체 대표자 연석회의'(이하 연석회의)를 소집하는데, 여기에는 남북의 56개 정당·사회단체의 대표자 695명이 참가했다. 이 가운데 38도 선을 넘어온 남측 인사는 김구를 필두로 한 395명이었다.

4월 30일에 발표한 공동성명은 외국 군대의 즉시·동시 철퇴, 전 조선 정치회의의 소집에 의한 임시정부의 수립, 남북통일의 총선거 시행과 헌법의 제정, 남한 단독선거의 정통성 부인 등 당시 소련의 주장을 추인하는 내용뿐으로, 어떠한 구체적인 성과도 내지 못했다. 결국 남북통일정부 수립을 위한 최후의 기회로 여겨졌던 연석회의는 실패로 끝났다. 이렇게 해서 남북분단은 마침내 초읽기 단계로 돌입한다.

현재의 북한정부는 그 직접적인 정통성의 근거로서 1948년 8월 최고인민회의 대의원선거에서 탄생한 최고인민회의(대의원선거가 형식적으로 남한대표까지 포함하고 있었으므로 전 한국의 대표로 구성된 것으로 되어 있음)를 내세우고 있다. 최고인민회의 대의원선거는 연석회의에서 나온 공동성명에 기초한 것으로, 같은 해 6월에 시행된 남한만의 단독선거의 무효를 선언하면서 그 결과 시행한 것이다. 그렇기 때문에 연석회의는 북한에게 한국의 존재를 비합법적이라고 주장할 수 있는 근거가 되는 중요하고 의미 있는 역사적 사실이다. 1998년에는 연석회의 개최 50주년 기념 우표가 발행되었다.

남한의 단독선거와 제주도 4·3사건

1948년 총선거 기념우표가 붙여진 미국행 우편물 봉투로, 우표의 발행일과 봉투에 찍힌 소인의 날짜를 같게 만든 기념품이다.

1948년 5월 10일 미군정하의 남한에서는 제1회 총선거가 시행된다. 1947년 9월에 설치된 국제연합의 임시조선위원회는 1948년 3월 말까지 한반도에서 총선거를 시행하기로 했지만, 소련은 선거감시단이 38도 선을 넘어오는 것을 거부했고 이 때문에 '선거가 가능한 지역', 즉 남한만의 선거가 치러진다. 제1회 총선거를 '단독선거'라 부르는 것은 이런 이유 때문이다. 총선거가 시행될 당시 남한의 인구는 2,000만 명 정도로, 선거 전날인 5월 9일까지 선거등록을 마친 사람은 전 유권자의 80%에 조금 못 미치는 783만 7,504명이었다. 선거는 1구 1인의 단순 소선거구제로 총 정원수는 200명이었다.

일본의 식민지 지배하에 있던 조선과 그 밖의 '외지'에서는 오랜 세월 선거구가 설정되어 있지 않았고, 그 결과 주민들 역시 선거권을 갖지 못했다. 해방 직전인 1945년 4월이 되어서야 비로소 조선·사할린·타이완에서 남자 주민에 한해 선거권이 부여되었지만 선거가 시행되기도 전에 전쟁이 끝나버렸다.

따라서 1948년의 총선거는 조선 역사상 최초의 본격적인 선거라 할 수 있는 것으로, 이것을 기념하고 알리기 위한 우표가 투표 당일인 1948년 5월 10일에 발행되었다. 두 종류로 디자인된 이 우표 가운데 20원짜리와 50원짜리에는 투표하는 남녀가 그려져 있는데, 이것은 식민지 시대에는 인정받지 못했던 여성에게도 참정권이 부여되었다는 사실을 강조하기 위해서였다.

그러나 끝까지 남북통일정부의 수립을 주장했던 김구와 김규식은 단독선거가 남북분단을 고착화할 것이라는 이유를 들어 선거를 거부했고, 총선거를 둘러싼 국내정세는 매우 불안정한 양상을 보였다.

단독선거를 거부했던 김구의 초상이 그려진 우표

한편, 조선시대에 정치범의 유형지였다는 이유로 제주도와 그 지역 주민에게는 일본 식민지 시대를 거쳐 미군정에 이르기까지 본토와의 차별이 계속되었다. 이런 차별의 배경 속에서 1947년 3월 1일, 3·1 독립운동 28주년 기념식 후 벌어진 시위에서 시위대에 군정청 경관이 발포해 6명이 사망하는 사태가 발생했다. 3월 10일부터 제주도 내에서는 총파업이 일어났고, 이것을 '빨갱이'에 의한 소요로 본 군정청과 이승만 등 본토의 보수파들은 무력진압을 선택한다. 제주도민들의 불만을 등에 업은 남한노동당 제주도위원회의 좌익세력들은 1948년 4월 3일 경찰지서와 우파 인사들에 대한 일제습격을 단행했다. 이른바 제주도 4·3사건이다.

일반 도민들과 본토로부터 파견 나온 경관대의 가족들까지 말려들게 되면서 상황은 악화를 거듭했고, 점차 당시 남과 북에서 좌·우익 간 대립의 최대 논점이었던 5월 10일 단독선거의 저지를 주장하는 것으로 변질되어갔다. 결국 봉기를 조종하던 지도부는 조선국방경비대(현재의 한국군)와 경찰, 서북청년단(북한에서 남한으로 도망 온 반공·우익청년 조직) 등 치안부대에 의해 단기간에 진압되었지만 잔존 세력은 1957년까지 산악지역에서 게릴라전을 전개하며 저항을 계속했다. 최종집계에 따르면 8만 명의 도민이 희생되었다고 한다.

국회 개원

국회 개원 기념우표

　남한만의 단독선거였던 1948년 5월 10일 총선거의 투표율은 90.8%로 제주도의 2개 선거구를 제외하고 198명이 당선되었다. 이 가운데 53석을 획득하면서 제1당의 위치를 차지한 것은 대한독립촉성국민회(1946년 2월에 미 군정청의 지원을 받아서 결성된 이승만계 조직)이고, 29석을 얻은 한국민주당(한민당)이 그 뒤를 이었다.

　한민당은 해방 후 우후죽순처럼 결성된 조선민족당·한국국민당·조선국민당·대한민국임시정부환국환영준비위원회 등 각 단체가 통합해서 결성한 것으로, 정치적으로는 지주와 자산가의 이익을 대변하고 있었지만 이승만과는 불가분의 관계를 유지하고 있었다.

　선거가 끝나자 국제연합의 임시조선위원회는 선거의 성공을 발표했고 이것이 받아들여져서 5월 31일 국회가 개원하게 되었다. 이 국회는 대한민국의 정식 성립에 앞서 헌법을 제정하는 것을 최대의 목적으로 삼았으므로 제헌국회라고 불린다. 국회는 먼저 이승만을 의장으로 선출한 다음, 6월 10일에는 국회의 조직과 운영방법 등을 정식으로 정한 국회법을 제정했다. 국제연합의 임시조선위원회는 이 국회법의 성립을 받아들이고, 6월 25일 정식으로 남한국회의 성립을 인정했다.

　국회의 개원에 즈음해 남한우정은 기념우표를 발행했다. 태극문양 아래로 국회의사당을 그린 것으로 인면의 아래쪽에는 국회의 개원일에 해당하는 '1948년 5월 31일'이라는 날짜가 들어가 있다. 이 우표가 실제로 발행된 것은 인면에 새겨진 날짜보다 한 달 가량 늦은 7월 1일이다. 5월 31일, 실제로 국회 개원이 확인된 후(당시의 혼란을 고려할 경우 선거가 연기될 가능성도 충분히 있었을 것임) 제작에 들어가는 바람에 이런 시차가 생겼을 것으로 보인다. 그런데 우표에 들어가 있는 의사당 건물은 옛 조선총독부 청사이다.

옛 조선총독부 청사는 조선의 왕궁인 경복궁의 일부를 허물고 정문인 광화문과 근정전 사이에 건설된 것으로 준공은 1926년, 설계를 맡은 이는 일본에서 사무실을 열었던 독일인 건축가 게오르그 데 라란데이다. 미군이 진주한 후에는 군정청에 접수되어 사무실로 사용되었고 제헌국회의 의사당으로도 이용되었다. 그 후 1948년 8월에 대한민국 정부가 발족하면서 중앙청(정부청사)이 되었고, 국회의사당의 기능은 옛 경성부민관(현 서울특별시의회 의사당)으로 이전되었다. 1972년 이후에는 국립중앙박물관으로 이용되다가 해방 50년째인 1995년 굴욕적인 식민지 시대의 잔류물을 그대로 둘 수 없다는 주장에 따라 첨탑부분을 제외하고 해체되었다. 1948년의 시점에서는 옛 총독부 청사를 능가하는 건축물이 없었으므로 철거해야 한다는 논의 자체가 일어나지 않았고, 잡음 없이 국회와 정부청사로서의 활용이 결정될 수 있었던 것으로 보인다.

옛 총독부 청사가 우표에 들어간 것은 일본 식민지 시대를 포함해서 이때가 처음으로, 이후에도 서울의 상징으로서 우표에 종종 등장한다.

런던올림픽

남한에서 발행한 런던올림픽 기념우표

　제2차 세계대전 후 최초의 하계올림픽이었던 런던올림픽은 1948년 7월 29일 개막했다. 남한에서도 이 대회에 대표팀을 파견했는데 이것은 '조선'이라는 이름을 건 최초의 올림픽 참가였다. 조선인 선수가 국제대회에 본격적으로 참가한 것은 식민지 시대인 1932년에 치러진 로스앤젤레스올림픽으로 이때 '일본대표'로서 마라톤에 처음 출전한 김은배는 6위로 입상했다.

　조선인 선수가 세계적인 주목을 받게 된 것은 1936년 베를린올림픽인데, 마라톤에 출전한 손기정 선수가 2시간 29분 29초 2의 기록으로 금메달을 획득했고, 남승룡 선수도 동메달을 따내는 등 좋은 성적을 올렸다. 손 선수의 금메달 획득은 조선의 민족감정을 크게 고무시켰다. ≪동아일보≫는 그의 가슴에 달린 일장기를 지운 사진을 게재해서 무기정간 처분을 받았다. 이것 말고도 베를린올림픽에 참가한 일본대표팀 축구선수들 가운데 적지 않은 조선계 선수들이 포함되어 있었다는 사실 또한 간과해서는 안 될 것이다.

　해방으로 국제 스포츠계에서도 '조선'은 독립된 존재로서 인식되기 시작했지만, 남북분단이 고착화되는 상황 속에서 전 조선을 망라한 통일된 스포츠 조직을 결성한다는 것은 사실상 불가능한 일이었다. 런던올림픽은 이런 와중에서 개최되었고 이로 인해 '조선'의 올림픽 대표를 둘러싸고서도 여러 가지 혼란이 야기되었다. 결국 미군정하의 남한이 'KOREA'

팀을 구성, '조선'의 대표를 파견했다.

당시 이승만은 국제연합의 결의에 기초해서 남한 단독선거를 시행하는 등 소련 점령하의 북한지역을 제외한 대한민국의 수립을 목표로 준비를 진행해나갔다. 그런 정

런던올림픽 기념우표(영국에서 발행되었음)

치적인 맥락에서 파악하자면, 런던에의 대표팀 파견도 대한민국으로 이어지는 정부야말로 조선의 정통정부임을 국내외에 알리려는 의도하에 이루어진 것이라 할 수 있겠다. 게다가 남한우정은 7월 29일인 런던올림픽 개막일보다 2개월 가까이 이른 6월 1일에 기념우표를 발행했다. 6월 1일이라는 발행일은 위에서도 언급했다시피 국제연합에서 단독선거의 시행기일을 5월 중이라고 정한 것에 기초해서 설정된 날짜라고 여기는 것이 타당해 보인다. 그들의 주장에 따르자면 (단독)선거의 결과 한국을 대표하는 정통의회가 탄생했고, 그러므로 이 회의가 이루어지는 지역이야말로 올림픽 대표팀을 파견할 수 있다는 것이다.

한편 1946년 2월에 북조선임시인민위원회를 발족시킨 이래 단독정권 수립을 착착 진행해나갔던 북한은 남한의 이러한 일련의 움직임을 남북분단을 도모했던 자신들의 행위를 덮는 면죄부로 삼으려고 함과 동시에, "남측이 먼저 분단을 획책했으므로 어쩔 수 없이 우리도 독자적인 정부를 수립했다"고 주장하면서 면피 수단으로 이용했다. 북한은 이렇게 남측의 움직임에 대해 항의는 하면서도 이것을 방해하기 위한 직접적인 행동은 취하지 않았다.

헌법 공포

(왼쪽) 헌법 공포 기념우표(10원)
(오른쪽) 헌법 공포 기념우표(4원)

　대한민국 수립을 눈앞에 둔 1948년 7월 17일, 정부조직법과 함께 전문과 103조의 조문으로 구성된 헌법이 공포된다. 이른바 '제헌헌법'(제1공화국 헌법)이다. 이미 같은 달 10일에 제헌국회가 군정 종료 후 국호를 '대한민국'으로 한다고 정식으로 결정했으므로 대한민국은 사실상 이 시점에서 탄생했다고 해도 좋을 것이다.
　원래 헌법의 초안에서 대한민국의 정체(政體)는 국무총리를 두는 의원내각제였다. 그러나 제헌국회 의장이었던 이승만이 미국식 대통령제를 강경하게 주장해 조정에 난항을 겪었다. 8월 15일로 예정된 신국가 발족에 맞추기 위해서 대통령 밑에 국무총리를 두고, 대통령은 국회의원의 간접선거로 선출한다는 타협안이 나오게 되었고, 마침내 이 안을 채택하는 것으로 매듭을 짓게 된다.
　헌법의 전문은 아래와 같이 건국의 이념을 담고 있다.

　　유구한 역사와 전통에 빛나는 우리들 대한국민은 기미 3·1운동으로
　대한민국을 건립하여 세계에 선포한 위대한 독립정신을 계승하여 이제
　민주독립국가를 재건함에 있어서 정의인도와 동포애로써 민족의 단결
　을 공고히 하며 모든 사회적 폐습을 타파하고 민주주의 제 제도를 수립
　해 정치·경제·사회·문화의 모든 영역에서 각인의 기회를 균등히 하고

능력을 최고도로 발휘케 하며 각인의 책임과 의무를 완수케 하여 안으로는 국민생활의 균등한 향상을 기하고 밖으로는 항구적인 국제평화의 유지에 노력하여 우리들과 우리들의 자손의 안전과 자유와 행복을 영원히 확보할 것을 결의하고 우리들의 정당 또 자유로이 선거된 대표로서 구성된 국회에서 단기 4281년 7월 12일 이 헌법을 제정한다.

한국우정은 국회의 개원에 이어 헌법 공포에 맞춰서도 기념우표를 발행했다. 이 기념우표의 경우도 국회 개원 때와 마찬가지로 우표상의 날짜는 7월 17일(헌법이 공포된 날)로 되어 있지만 실제 발행일은 8월 1일이었다. 그런데 국회 개원 기념우표는 날짜가 서력으로 표기되었는데, 헌법 공포 기념우표의 날짜는 헌법상의 날짜에 맞춘 '단기(檀紀) 4281년'이다. 단기는 한국의 건국신화에 등장하는 시조 단군에 기원을 둔 것인데, 『삼국유사』와 『동국통감』 등의 역사서에서 그 근거를 찾을 수 있다. 단군왕검의 즉위를 기원으로 하는 단군력은 서력에 2333년을 더하면 된다. 대한민국이 단기 사용에 법적인 근거를 부여하고 공적으로 사용한 것은 정부가 성립된 후인 1948년 9월 이후로, 이 기념우표는 그 선구적인 사례라고 해도 좋겠다.

어찌 되었든 "유구한 역사와 전통에 빛나는 우리들 대한국민"이 미군정의 종료에 맞춰 서력을 폐지하고 단기를 사용한 것은 자국의 전통과 민족주의를 더욱 전면에 내세울 필요가 있다는 판단에서 나온 결과라고 할 수 있다.

초대 대통령 이승만

이승만이 그려진 초대 대통령 취임 기념우표

헌법이 제정되고 바야흐로 초대 대통령을 선출하게 되었다. 제헌국회는 이승만계의 대한독립촉성국민회가 53석으로 제1당이 되었지만, 이것은 전체 의석인 198석 가운데 4분의 1에 불과했다. 그런 까닭에 이승만은 다수파 공작을 추진해 제2당인 한국민주당(한민당)과 손을 잡고 7월 20일 염원하던 초대 대통령에 선출된다.

이승만은 1875년 3월, 지금은 북한(조선민주주의인민공화국) 땅이 된 황해도 평산군에서 조선왕실과도 이어지는 명문가의 아들로 태어났다. 전쟁 전에는 주로 하와이에서 독립운동가로서 활약했고, 중일전쟁 당시에는 미국의 대중지원정책에 관여하면서 조선 독립에 대한 지원을 호소했다. 특히 1941년 3월에 발표한 저서『나의 일본관(Japan inside out: the challenge of today)』은 1941년 말 제2차 세계대전이 발발하면서 시선을 끌게 된다. 이승만은 자칭 '대한민국임시정부 대통령'이라고 밝히면서 일본을 '극악무도한 자들'로 규정하고 조선의 독립을 호소하는 등 적극적인 로비활동을 전개했다.

해방 후인 1945년 10월, 이승만은 미군정하에 있던 남한으로 귀국했다. 1946년 5월 미소공동위원회가 무기 휴회된 시점에서는 남한대표민주의원(미 군정청의 자문기관)의 의장으로서 동서냉전이라는 국제정세를 주시하면서 미국과의 파이프라인을 최대한 활용해 자신의 세력을 확대해나갔다.

그런데 이승만의 초대 대통령 취임을 기념해 1948년 8월 5일 발행한 우표에서 그의 옷차림이 한복이라는 점이 흥미롭다. 앞에서 언급했다시피 긴 세월 동안 이승만은 미국에 거점을 두고 독립운동을 전개했다. 그 경력으로 국제적인 지명도를 획득했고 미국이 가장 지지하는 정치가로서의 인상을 국내에 심으면서 권력을 장악했다. 지금 남아 있는 그의 사진 또한 한복 차림새보다 양복 차림새가 압도적으로 많다.

이승만은 민족독립을 달성한 신생국가의 수장으로서 그의 권력기반이었던 미국과의 관계가 '사대주의'라는 부정적인 이미지를 줄 위험성을 수반하고 있다는 점을 인식하고 있었다. 우표에 전통적인 한복 차림을 한 자신의 초상화를 넣은 것은 조선왕실과도 혈연관계가 있는 명문가 출신의 민족주의자로 자신을 연출하려 했음을 알 수 있다.

이승만 대통령의 취임식이 7월 24일이었으므로 이 우표의 발행일인 8월 5일은 12일 후가 된다. 국회에서 간접선거가 치러진 7월 20일부터 계산하면 보름 후이다. 어느 쪽이든 정치일정을 고려한다면 우표 제작 기간이 매우 촉박했다. 아마도 대체적인 디자인이 준비된 상태에서 대통령이 선출된 날짜만 확인해서 집어넣고 바로 인쇄기를 돌리는 방식을 택했을 것이다.

그러나 어떤 피치 못할 이유가 있다 하더라도 사전에 대통령 취임 우표를 준비해놓았다는 것은 공정한 선거로 선출된 대통령으로서의 정통성에 의문을 불러일으키는 것이다. 뒷날 도를 더한 이승만 정권의 독재적 성향은 이때 이미 국민 앞에 그 모습을 드러냈다고 할 수 있으리라.

칼럼　한국우정의 뿌리

오랜 세월 쇄국정책을 고수했던 조선은 1875년 9월에 일어난 한일 간의 무력충돌인 강화도 사건에 의해 개국을 강요당하고 1876년 2월 일본 측의 치외법권 등을 인정한 대일본조선수호조규(한일수호조약, 병자수호조약)를 체결한다.

그 결과 일본은 부산에 거류지를 획득, 다음 해인 1877년에는 거류지 안에 일본의 우편국을 개설하고 일본우표를 들여와서 사용했다. 이 일본 우편국의 활동이 조선에서 근대우편제도가 시행된 첫 사례였다.

1884년에 발행된 조선 최초의 우표.

한편 개항 후 조선에서는 근대화 개혁이 시작되고 그 일환으로서 1884년 3월 일본에서 배워온 근대우편제도의 시행을 목표로 우정국이 창설되는데, 그 총책임자인 우정국 총변(郵征局 總弁)에는 홍영식이 임명되었다. 우정국에 사용된 '정(征)'은 '세를 받는다'는 뜻으로, '세금을 받아 우편서비스를 시행한다'는 의미인 '우정'은 홍영식이 창작한 단어이다.

이런 홍영식의 노력에 힘입어 같은 해 11월 18일에는 한성(서울)에 총국이, 인천에는 분국이 개국했고, 일본에서 제작된 조선 최초의 우표도 2종 발행되었다.

12월 4일, 우정국의 개업식 전에 맞춰 개화파는 쿠데타(갑신정변)를 감행하나 청의 개입으로 실패하고 홍영식도 살해된다. 그 결과 조선의 우편사업은 역적에 의한 개화사업으로서 12월 8일 쫓기듯 폐업하고 만다.

1895년 7월 22일, 조선은 우편사업을 재개하지만, 1904년부터 1905년에 걸친 러일전쟁 등 일본에 의한 식민지화가 진행되는 과정에서 1905년 7월 1일부로 일본에 접수된다. 이후 1945년 해방까지 한국의 독자적인 우정은 자취를 감추었다.

제2장
이승만 시대 1948~1960

서울의 남대문이 그려진 50원짜리
통상우표. 1949년 7월 1일 발행.

1948년 대한민국 정부 수립(제1공화국)

조선민주주의인민공화국 성립

1949년 중화인민공화국 성립

1950년 한국전쟁발발

1951년 샌프란시스코강화조약

1952년 사사오입 개헌

1953년 한국전쟁 휴전

1956년 한미우호통상항해조약

1960년 4·19혁명

대한민국의 성립

대한민국 정부 수립 기념우표

1948년 8월 15일 해방 3주년에 맞춰 대한민국 정부가 수립되고 다음 날인 16일 오전 0시를 기해 미군에 의한 군정이 종료된다. 새 정부의 주요 구성원은 아래와 같다.

    대통령   이승만
    부대통령 이시영
    국무총리 이범석
    내무부 장관 윤치영
    외무부 장관 장택상

8월 15일 서울의 정부청사 앞에서 거행된 정부 수립 행사에는 도쿄에서 온 더글러스 맥아더 연합국 최고사령관도 내빈으로 참석했다. 대한민국 대통령으로 취임한 이승만은 그 자리에서 대한민국 정부의 수립을 선언한 후 "아무리 강대한 국가라고 할지라도 …… 약한 주변 국가의 영토를 점령하는 일은 용서될 수 없다"며 북한에서 위성국 건설에 박차를 가하고 있던 소련을 비난했다.

새 정부 수립에 맞춰 한국 체신부(우정)는 2종의 기념우표를 발행했다. 4원짜리 우표에는 '비둘기'(동서양을 막론한 통신의 상징이다)와 '서운

(瑞雲)'(상서로운 구름)을, 5원짜리 우표에는 '무궁화'를 넣었다.

그런데 기념우표의 발행에 즈음해서 체신부가 작성한 증정용 우표 시트에 인쇄된 기념우표의 발행일은 헌법 공포 기념우표와 초대 대통령 취임 기념우표에서처럼 단기가 사용되지 않고 '대한민국 30년'으로 되어 있다. 이것은 상하이에서 임시정부가 수립된 해인 1919년으로부터 기산한 햇수이다.

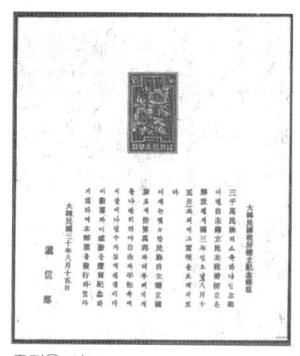
증정용 시트

대한민국임시정부는 국제사회로부터 정통적인 망명정부로 폭넓게 인식되지는 않았지만, 식민지 시대부터 민족투쟁에 몸바쳐온 임시정부 관계자들은 해방된 지 얼마 안 된 한국사회에서 존경을 받고 있었고, 그들 중에는 정치적 유력자가 된 사람들도 적지 않았다. 당시 체신부가 기념우표의 발행에 '대한민국력'을 도입한 것은 그런 정황을 계산에 넣은 것이라고 할 수 있겠다.

그러나 새 정부는 시작부터 여러 가지 모순과 대립을 안고 있었고, 이로 말미암아 정계는 커다란 혼란에 빠지게 된다.

조선민주주의인민공화국의 성립

조선민주의인민공화국 정부 수립 기념우표

남한에서 대한민국이 1948년 8월 15일에 정식으로 성립하자 소련군 점령하의 북한에서는 8월 25일 총선거를 시행하고 9월 8일에는 조선민주주의인민공화국의 성립을 선언했다. 다음날인 9일에는 김일성이 수상에 취임한다. 한반도의 남북분단이 확정된 것이다.

1948년 5월의 남한 단독선거로부터 남북한 각각의 정부가 성립되기까지의 경위를 역사적인 사건만으로 쫓다 보면 남북분단을 발안한 것이 남측이라는 인상을 받는 사람이 적지 않을 것이다. 그러나 남북의 분단과 양 정부의 성립에 관해 최초로 발안한 쪽은 1946년 2월 북조선임시인민위원회를 수립한 북측이라는 점을 확실히 해둘 필요가 있다.

북측은 같은 해 5월 미소공동위원회가 결렬되자 미국의 남한 점령을 제국주의적 식민지 정책이라고 비난하고, 8월의 북조선노동당 창당대회에서 북한에서의 단독정권 수립 및 남한의 '민주화'를 혁명의 기본방침으로 정한 바 있다. 이러한 북측의 기본방침은 머지않아 민주기지노선(한반도가 미·소의 분할점령하에 놓인 상태에서 우선 북한을 정치적·경제적·군사적으로 강화해 그 영향력으로 북한 주도의 통일을 실현하는 것을 목표로 하는 혁명노선)으로 정리된다.

예를 들어보자. 북한의 1948년 헌법에는 "아직 토지개혁이 시행되지 않고 있는 조선 내의 지역에 대해서는 최고인민회의가 규정하는 기일에 이것을 시행한다"(제7조)는 규정이 있는데, 이것은 '아직 토지개혁이 시행되지 않고 있는 조선 내의 지역', 즉 남한을 북한이 흡수하겠다고 선언한 것이라고 간주할 수 있다. 그리고 이런 민주기지노선의 최종적인 귀결이 1950년 6월에 발발한 북한의 남침에 의한 한국전쟁이라는 것은 새삼 말할 필요조차 없을 것이다.

1948년 9월 북한우정이 정부 수립을 기념해서 발행한 우표(우표상의 표기는 9월 9일이지만 실제로 우표가 발행된 것은 열흘 후인 19일)에는 지도 중 한국령의 상당한 부분이 국기 등에 의해 거침없이 가려지고 있을 뿐만 아니라 별빛조차 북한 안에만 비치고 있다. 이것은 결과적으로 북한이 앞에 설명한 민주기지노선 위에 성립된 나라라는 사실을 스스로 우표 위에서 고백하고 있는 것이다.

우표에 들어가 있는 북한 국기에 대해서도 살펴보자. 남북통일정부의 수립이 어려워지자 1947년 11월 김일성은 북조선인민위원회 제3차 대회에서 태극기를 대신할 새로운 국기의 제정을 지시했다. 이에 따라 평양 미술대학의 초대학장을 맡고 있던 김주경이 새 국기의 디자인을 맡았다. 1948년 헌법은 "조선민주주의인민공화국의 국기는 가로로 중앙은 붉고, 그 상하는 흰색과 청색으로 3색의 띠가 있으며, 기 옆쪽의 붉은 띠 가운데의 흰색 원 안에는 붉은 오각형의 별이 있다"(제102조)고 규정했는데, 이 색 때문에 '남홍색기'라고도 불린다. 애초 국기에는 별이 아니라 사회주의의 상징으로서 쟁기를 넣을 예정이었지만, 김일성의 지시로 별이 들어가게 되었다고 한다.

국제연합, 한국을 유일의 정통정부로 인정

(왼쪽) 국제연합 한국위원회 환영 기념우표
(오른쪽) 국제연합 한국 승인 15주년 기념우표

1948년 8월과 9월 차례로 남북한 정부가 성립됨으로써 한반도의 분단이 확정되었다. 당시 국제사회의 맥락에서 이 사실은 어떤 의미를 가지는 것이었을까. 한국정부의 성립을 앞둔 1948년 5월 10일 남한에서 단독선거가 시행되고, 선거감시를 위해서 유엔이 파견한 임시조선위원회는 선거가 성공리에 종료되었음을 선언한다. 같은 해 6월 25일 남한의회는 선거에 의해 성립된 정통의회로 인정받는다.

이것을 받아들여서, 남북한 정부가 성립된 후인 1948년 9월 24일 개최된 유엔 총회 본회의에서는 한반도 문제의 심의를 제1위원회(군축·안전보장)에 보내기로 한다. 제1위원회에서는 ① 임시조선위원회의 보고를 승인한다, ② 새로운 조선위원회를 설치한다, ③ 총회에서는 대한민국을 조선의 정통정부로 한다, ④ 새로이 설치되는 조선위원회는 한반도 통일을 원조한다는 것을 미국, 오스트레일리아, 중국(중화인민공화국이 아닌 중화민국 국민당 정부)의 3개국 공동결의안으로 제출했다.

이에 소련은 임시조선위원회의 감시하에 처러진 남한의 단독선거는 정치적 구속과 억압 속에서 시행된 부당한 것이라고 규정하고 ① 원래 한반도 문제는 모스크바 협정에서 처리해야 하는 것이었고 유엔 총회는 조선에 관해서 행동을 취할 권리가 없으며, ② 대한민국은 대일본협력자

(부역자)와 미군에 의해 구성된 괴뢰정권이고, ③ 남북 쌍방의 대표(그들의 주장에 따르면)로 이루어진 조선민주주의인민공화국이야말로 조선인민의 의사를 대표하며, ④ 바로 이 조선인민의 대표가 유엔에 초청되어야 한다는 등의 결의안을 제출하며 항의했다.

그러나 결국 1948년 12월 8일 유엔 총회는 소련의 결의안을 부결하고 3개국 공동결의안을 채택했다. 이에 따라 12월 12일, ① 임시조선위원회의 보고를 승인한다, ② 대한민국 정부는 임시조선위원회가 관찰한 선거로 수립된 조선의 유일한 합법적인 정부이다, ③ 임시조선위원회의 임무를 계승하는 조직으로서 조선위원회를 설치한다는 것을 골자로 한 '총회결의 195(Ⅲ)'가 채택되었다. 이렇게 해서 유엔 차원에서 한국은 한반도의 정통정부로서 인정받게 되었고, 1949년 2월 12일 새로운 조선위원회는 서울에서 활동을 개시했다.

한국 체신부는 유엔 조선위원회의 활동 개시에 맞춰 국제연합 마크와 비둘기를 넣은 '국제연합 한국위원회 환영'이라는 제목의 기념우표를 발행해, 우표로서 자신들의 주장과 일치하는 내용의 총회결의를 채택해준 '국제사회'에 대한 감사의 뜻을 전했다.

한편 북측은 국제연합의 결정을 격렬히 비난은 했으나, 훗날 그랬듯이 무시무시한 선전우표를 발행해 대대적인 반국제연합 캠페인을 펼치지는 않았다. 제아무리 북한이지만 건국 초기에 국가의 공인 미디어라고도 할 수 있는 우표를 통해 어설프긴 하지만 그래도 국제사회의 다수를 대표하는 기관으로서 공인된 국제연합을 매도한다는 것은 망설여지는 일이었을지도 모른다.

흐지부지 끝나버린 친일파 청산

(왼쪽) 철도 50년 기념우표
(오른쪽) 철도 100년 기념 우표

대한민국이 성립되고 얼마 지나지 않은 9월 7일, 국회는 미군정 시대에는 터부시되었던 '친일파'에 대한 처벌법(반민법)을 제정했다. 이 법은 국회가 중심이 되어 일제 지배하에서 악질적인 반민족행위를 저질렀던 사람들을 조사해 공민권 정지 등의 처벌을 내리는 것을 목적으로 제정된 것이다. 10월 22일에는 그 집행기관으로서 국회의원 10명으로 구성된 '반민족적행위특별조사위원회(반민특위)'가 발족했다.

반민특위는 '친일파' 559명을 검찰로 송치, 그 가운데 221명을 기소했다. 그러나 이러한 반민특위의 활동에 대한 이승만 정권의 대응은 소극적이었다. 원래 강경한 반공주의를 기치로 내걸었던 이승만에게는 체제에 위협을 가져오는 것은 '친일파'가 아닌 '공산주의자'로, 공산주의자의 적발이 더 우선되어야 하는 것이었다.

또 이승만 정권의 내부와 그 지지자 중에는 '친일파' 관료와 지주가 중요한 자리를 차지하고 있었다. 특히 실무경험이 있는 관리·관료들은 거의 예외 없이 일본의 식민지 지배하에서 직업훈련을 쌓아온 사람들이었으므로 '친일파'라고 무조건 일소한다면 평소에도 지체되기 일쑤였던 행정업무에 더 큰 혼란이 초래되는 결과를 불러일으킬 것이 틀림없었다. 이런 이유로 국민 여론 및 반민특위의 의욕과는 별개로 친일파에 대한 처벌은 점차 흐지부지되고 만다.

실제로 지역의 유력자를 등에 업은 경찰이 반민특위의 활동을 방해하는 사건이 발생했을 뿐만 아니라, 1949년 5월과 6월 사이에는 국회 프락치 사건(한국으로부터 미군의 철수와 남북협상 등을 요구하던, 이승만에 비판적인 김약수 등 소장파 의원 14명이 체포·투옥된 사건)이, 6월 6일에는 6·6사건(반민특위 내에 공산주의자가 있다는 이유로 경찰이 위원회를 습격, 다수를 체포한 사건)이 일어나 반민특위의 활동은 커다란 타격을 입게 되었다. 결국 6·6사건 이후 반민법의 공소시효는 1949년 8월 말까지로 단축되었고, 7명(그 가운데 5명은 집행유예)이 유죄판결을 받는 것으로 종결되었다. 반민법 문제가 마무리 절차를 밟아가던 1949년 9월 18일 체신부는 '철도 50년'을 기념하는 우표를 발행했다.

한국 최초의 철도인 경인철도(서울·인천 간)는 1899년에 개통되었다. 그러나 이 철도는 조선인이 만든 것이 아니라 미쓰이(三井)·미쓰비시(三菱)·시부사와(澁澤) 등 일본의 대자본이 모인 경인철도합자회사가 거액의 국가자금을 원조 받아 개통한 것이다. '친일파'에 대한 척결이 철저히 이루어졌다면 일본인의 '업적'을 기리는 이런 우표는 절대 발행되지 않았을 것이다. 그러므로 비록 일본인의 손으로 건설되었다는 것을 대놓고 드러내지는 않았을지라도, 한국이 철도 50년 기념우표를 발행했다는 사실 자체는 식민지 시대의 청산을 요구하면서도 식민지 시대의 잔재 위에 세워질 수밖에 없었던 한국의 딜레마를 상징적으로 보여주고 있다는 느낌이 든다.

토지개혁

(왼쪽) 1949년에 발행된 우표로 농부의 모습이 그려져 있다.
(오른쪽) 같은 시기에 북한에서 발행된 우표로 역시 농부의 모습이 그려져 있다.

해방 당시 남한은 인구의 70%가 농민이었고, 경지면적은 207만 정보(1정보는 3,000평)였다. 이 가운데 소작농은 60%, 자작농은 28%, 일본인 소유가 13%였다.

제2차 세계대전 후 토지개혁은 세계적인 조류가 되었다. 미 군정청은 1945년 9월 식민지 시대에 토지의 매수 및 지주경영을 시행하던 일본의 국제회사 동척(동양척식주식회사)을 신한공사로 개편, 일본의 소유로 있던 토지를 접수하고 관리했다. 그 후 1948년 3월 신한공사의 토지를 농민에게 나눠주기 위해서 중앙토지행정처를 신설, 일본인 소유였던 토지를 연평균 생산고의 세 배 가격으로 한국인에게 매각했다. 이전부터 한국인 지주의 소유였던 토지에 대한 분배는 정치적인 이슈가 되어 진척을 보지 못했다.

그러나 일본에서는 GHQ에 의한 농지개혁의 결과 부재지주가 일소되었고, 소련 점령하에 있던 북한은 1946년 3월의 토지개혁으로 일본인과 친일파가 소유했던 땅과 5정보 이상의 조선인 지주의 소유지, 이에 더해 모든 소작지를 몰수해 토지가 없는 농민에게 무상으로 분배했다. 이에 따라 한국정부도 어떤 식으로든 토지개혁(농지개혁)을 시행해 자작농을 늘려야 한다는 중압감 속에 놓이게 된다.

결국 이승만 정권은 1949년 9월 유상몰수·유상분배를 원칙으로 하는 농지개혁법을 제정, 자작농의 창설 및 토지자본의 산업자본화를 도모하기 위해 연 수확량의 150%를 보상가격으로 하는 지가증권을 지주에게 교부한다는 농지개혁을 단행했다. 그러나 다음 해 발발한 한국전쟁에 의해 결국 보상은 흐지부지되었고, 전쟁에 따른 경지의 황폐화라는 외적인 요인까지 더해져 농지개혁은 지주층을 몰락시키기만 했을 뿐 목표를 거의 달성하지 못하고 끝나고 말았다.

앞쪽 사진의 우표는 한국의 농지개혁이 시작될 무렵인 1949년 7월 1일에 발행된 5원짜리 통상우표로, 수확에 땀을 흘리는 농민의 모습이 그려져 있다. 아마도 농지개혁으로 신생 한국의 경제건설을 담당할 자작농층이 탄생할 것이라는 기대를 담아서 이런 디자인을 채택했을 것이다. 한편, 농지개혁으로 토지를 소유하게 된 농민이라는 모티브는 북한의 우표에도 사용되었는데 인쇄물로서 한국의 것과 비교하자면 조잡하기 이를 데 없다.

건국 초기에는 농지개혁만이 아니라 경제개혁에서도 한국은 실패했다는 평가가 일반적인 데 반해 북한 쪽은 성공을 거두었다. 그 결과 북한은 경제적으로 한국을 한참 능가했다고 여겨지는데, 확실히 미시적 측면에서 보면 이런 관측이 맞을지도 모른다. 그러나 극단적으로 군사경제에 치중했던 북한이 일반 국민의 생활향상에도 개혁의 성공에 상응하는 관심을 기울였는가 하는 점에서는 의심스럽기 그지없다.

결국 실패로 끝난 이승만 정권의 농지개혁을 옹호하려는 것은 아니지만, 농지개혁의 성과를 대대적으로 선전했던 북한의 농민이 농지개혁에 실패한 한국의 농민보다 훨씬 조잡한 우표를 사용할 수밖에 없었다는 사실은 공교롭게도 훗날 양국의 상황을 암시하고 있는 것 같아서 매우 흥미롭다.

제2회 총선거

제2회 총선거 기념우표

1948년 8월 대한민국 성립부터 1950년 6월 한국전쟁까지 신생 한국은 정치·사회·경제 모든 면에서 혼란을 거듭하고 있었다. 정권 발족 이전인 1948년 4월부터 제주도에서는 좌익폭동이 발생했고, 같은 해 10월에는 폭동진압을 위해 출격명령을 받은 국군부대가 여수·순천에서 반란을 일으켰다. 이 반란은 해를 넘기지 않고 진압되었지만, 그 후에도 일부는 각지에서 게릴라 투쟁을 전개했다.

이승만 정권은 당면한 혼란을 힘으로 눌러 해결하려 했다. 일례로 성립된 지 얼마 안 된 국군 안에서는 과거 일본군계·만주군계·중국군계·독립군계가 파벌을 형성해 대립하고 있었는데, 이승만 정권은 '공산분자 일소'라는 명목으로 국군의 10%에 해당하는 8,000명을 숙청, 군부의 주도권을 장악했다. 또 정부에 대해 비판적이었던 거물 정치가 김구는 1949년 이승만파의 육군 장교에 의해 암살당했다. 이러한 강권적인 정치 행태에 경제실정까지 더해져 국내정세는 참담하기 그지없었다. 즉, 정부 수립 이듬해인 1949년의 국가예산은 세출액의 60%가 적자세출이었다. 이로 인해 한국은행의 지폐가 증발해 물가는 미군정 시대 말기의 두 배까지 뛰어올랐다. 반면 공업생산은 전력난·원료난으로 1944년의 18.6%로 뒷걸음질쳤다.

설상가상으로 정부 수립 전 1억 7,000만 달러 이상이었던 미국의 경제

지원이 1억 1,600만 달러로 줄어들었다. 한국의 정치·경제 상황에서 위기를 감지한 미국 국무부는 1950년도 하반기에 한국에 대한 6,000만 달러의 추가 원조안을 의회에 제출하지만, 야당이었던 공화당의 반대로 부결되고 만다. 결국 1950년 4월 미 국무부는 한국정부가 재정정책을 재정비하고 인플레이션 억제에 진지하게 임하지 않는 이상 군사경제원조는 재검토할 수밖에 없다는 경고를 날리게 된다. 이런 상황에서 1950년 5월 국회는 임기만료를 눈앞에 두고 총선거를 시행한다. 선거에서 승리할 자신이 없었던 이승만 정권은 국내의 치안 악화를 명목으로 선거를 연기하려고 했지만 미국은 헌법 규정대로 5월 중에 선거를 시행하지 않을 경우 원조를 중지하겠다고 압력을 가했다. 결국 예정대로 5월 30일 투표가 시행되었다.

한편 이 선거에 즈음해서도 제1회 총선거(단독선거) 때와 마찬가지로 기념우표가 발행되었다. 우표의 아랫부분에는 '4283'(1950년을 단기로 기산한 것)을 큰 글자로 넣고 중앙청의 아래로는 '5·30'이라는 투표날짜를 야무지게 집어넣었다. 미군정 시대에 우표상의 날짜와 우표의 발행일이 다른 경우는 있었지만, 우표상의 기념날짜와 우표가 기념하고자 하는 행사의 날짜가 달랐던 경우는 없었다. 미국으로부터 강한 압력을 받고 있던 이승만 정권은 '5·30'이라는 날짜를 넣음으로써 무슨 일이 있더라도 예정대로 선거를 시행하겠다는 의지를 표시해야 했을 것이다.

선거 결과 여당인 이승만파는 210석 가운데 30석만을 획득하는 참패를 맛보았다. 대신 지난 총선을 분단을 고착화시키는 선거라며 거부했던 중간파가 130석을 확보하는 약진을 보였다. 이러한 국민의 불만 앞에서 이승만 정권은 퇴장을 종용당하는 것처럼 보였는데, 바로 그 순간 운명의 1950년 6월 25일이 다가왔다.

한국전쟁 발발

(왼쪽) 북한의 '해방 5주년' 기념우표 가운데 하나로, 북한과 소련의 국기, 해방탑이 그려져 있다.
(오른쪽) 역시 북한의 '해방 5주년' 기념우표 가운데 하나로, 트랙터를 그려 넣어서 농업근대화를 자랑하고 있다.

 1950년 6월 25일, 한국전쟁이 발발했다. 한국전쟁이 북한군의 무력침공으로 시작되었다는 사실은 현재 일본에서도 상식으로 정착되어 있지만 예전에는 꼭 그런 것만도 아니었다. 일본에서는 이른바 진보지식인과 구사회당의 영향으로 북한은 정의의 사회주의국가로, 한국은 군사독재국가로 보는 논조가 일정한 영향력을 행사하고 있었기 때문이다.
 그러나 북한의 우표를 주의 깊게 관찰해보면 북한이 사전에 주도면밀한 준비를 거듭하고 남침을 감행했다는 사실을 알아차릴 수 있는 단서를 적잖이 발견할 수 있다. 왼쪽 사진의 우표를 보자. 이것은 1950년에 4종 세트로 발행된 '해방 5주년' 기념우표 가운데 한 장으로 '소련에 의한 북조선의 해방에 감사한다'며 세웠던 해방탑과 양국의 국기가 그려져 있다. 이 디자인이 한국(북한)은 소련군에 의해 일본 식민지 지배로부터 해방된 것이라는 당시 북한 당국의 역사인식을 반영해주고 있다는 것은 다시 말할 필요조차 없겠다.
 그런데 일본의 식민지 지배로부터의 해방은(그것이 누구에 의해 이루어졌는가 하는 논쟁은 접어두고) 남북 양측에 국가의 원점으로서 극도로 중요한 의미가 있다. 그러므로 양국은 매년 8월 15일에 이를 경축하는 기념식을 성대하게 치른다. 그러나 해방 5주년이었던 1950년에는 6월 25일에 한국전쟁이 발발했기 때문에 8월 15일에 기념행사를 거행하는 것은 사실상 불가능한 일이었다. 실제로 한국에서는 해방 5주년 기념우표가 발행되지 않았다. 반면에 북한은 해방 기념일보다 2개월 가까이 이른 6월 20일에 해방 5주년 기념우표를 발행했다.

북한 당국이 해방 5주년 기념우표를 본래의 해방 기념일보다도 2개월이나 빨리 발행한 것은 실제 해방 기념일인 8월 15일에 기념우표를 발행하는 것이 곤란하다는 사실을 그들 자신이 사전에 인식하고 있었기 때문이라고 생각하는 것이 타당할 것이다. 그리고 그들의 이런 '예상'은 우표의 발행으로부터 겨우 5일 후인 6월 25일에 한국전쟁이 발발함으로써 현실로 적중했다.

그러므로 북한이 발행한 해방 5주년 기념우표는 북한이 용의주도하게 무력남침을 개시했다는 사실을 짐작하게 해주는 상황증거라고도 할 수 있다. 북한 당국은 한국전쟁을 한국이 도발했다는 자신들의 주장이 허무맹랑하다는 것을 자신들이 찍어낸 우표를 통해 결과적으로 고백하고 있는 셈이다.

개전 시의 한국

한국전쟁으로 인해 배달되지 못하고 발신인에게 반송된 우편물

북한군이 38도 선 전역에 걸쳐서 남침을 개시한 1950년 6월 25일, 한국 측은 속수무책으로 당하는 것 이외의 어떠한 준비도 되어 있지 않았다. 먼저 한국군을 살펴보면 4월과 6월에는 고급간부의 인사이동이 있었고, 6월 중순에는 부대의 개편이 시행되어 조직의 변화에 따른 어수선한 분위기가 이어졌고, 이것이 수습되기까지 다소 시간이 필요한 상황이었다. 6월 18일에는 수리를 목적으로 한국군 각 부대 약 3분의 1 정도의 무기와 차량이 인천시내에 있는 부평무기보급처로 모이는 바람에 38선 지역의 한국군 장비도 허술해져 있었다.

게다가 북한의 남침에 대비해 6월 11일부터 발령되었던 비상경계령이 북한 측의 침공이 없다는 이유로 6월 24일 오전 0시를 기해 해제되고 말았다. 때문에 대부분의 부대에서는 장병들의 외출과 휴가를 허용했고, 38선 인접지역에서도 소수 부대만이 경비에 임하고 있었다. 수도 서울에서도 6월 24일 밤에는 육군회관 낙성 기념 파티가 심야까지 거행되어 한국군의 최고 간부와 미군 고문 등은 만취상태에서 북한이 남침했다는 소식을 접해야 했다.

자다가 날벼락을 맞은 격이었던 한국군의 대응은 혼란 그 자체로, 한국 육군본부는 북한군이 남침한 지 2시간가량이 지난 오전 6시 30분이 되어서야 전군에 대한 비상소집을 발령했다. 전날 밤의 연회 탓으로 간부들의 집합은 지체되었고(연락불통이었던 사람도 적지 않았다고 한다) 육군 작전국장인 장창국조차 9시 30분이 지나서야 육군본부에 도착했다. 심지어 대통령 이승만에게 북한의 남침이 정식으로 보고된 것은 오전 10시로, 전쟁 대처 방안을 논의하기 위한 국무회의가 시작되었을 때 시간은 이미 오후 2시를 가리키고 있었다.

한편 국민들은 오전 7시에 라디오를 통해 북한 남침이라는 속보를 접했으나, 국방부가 정식담화를 통해 남침을 알린 것은 오후 1시나 되어서였다. 국방부는 담화에서 북한군이 순조롭게 남침을 계속해 서울까지 위협하고 있었음에도 국민의 불안을 잠재운다는 이유로 한국군이 북한군을 '후퇴시키고 추격 중'이라고 발표함으로써 결과적으로 수많은 국민의 판단 착오를 일으켰다.

이쯤에서 이러한 한국전쟁 초기의 혼란스런 상황을 잘 보여주는 한 통의 편지를 소개하고자 한다. 이 우편물은 한국전쟁이 발발하고 나서 이틀 후였던 1950년 6월 27일, 오사카에서 서울로 보내진 것으로 전쟁의 혼란 속에 한국과 외국의 우편교환이 불가능해짐에 따라 "조선으로 향하는 우편물은 모두 송달 정지되었으므로 반송합니다"라는 설명의 글이 첨부되어 발신인에게 돌아온 것이다.

한국전쟁의 틈을 타 일본은 미군을 주력으로 하는 유엔군의 후방기지로서 경기특수를 누리면서 한국의 희생 위에 전후 경제부흥 달성의 기틀을 마련할 수 있었다. 그런 의미에서 오사카발 서울행의 이 봉투에는 한국전쟁의 발발과 동시에 일본의 경제부흥을 알리는 신호가 각인되어 있다고 볼 수도 있으리라.

서울 함락

서울 해방을 기념하기 위해 북한이 발행한 우표

남침을 개시한 북한군은 기습공격의 기세를 몰아 진격을 계속해 3일 후인 1950년 6월 28일, 마침내 서울에 입성하게 된다. 당시 북한군의 수도 침공에 대항해서 한국군의 채병덕 참모총장은 한강을 가로지르던 한강대교와 광진교, 복선 철교 2개와 단선 철교 1개를 폭파하라고 명령, 북한군의 진격을 조금이라도 지체시키고자 했다.

그러나 이 작전은 서울 강북 한국군 부대의 후퇴와 서울시민의 피난을 고려하지 않은 것이었다. 그런 이유로 일단 폭파를 연기한다는 결정이 내려졌음에도 혼란의 와중에서 사령부와 현장 사이의 연락에 차질이 생겼다. 그 결과 한강대교와 2개의 철교가 예정대로 폭파되고 말았다. 이 폭파로 인해 다리 위에 있던 수백 명의 장병과 시민이 희생당했을 뿐만 아니라 서울의 외곽을 방위하고 있던 한국군 주력부대도 사기를 잃고 우왕좌왕하다가 붕괴했다. 한국 측은 극도의 혼란 속에 개전한 지 불과 3일 만에 서울을 북한군에게 내어주고 만다.

당시 서울 함락 후 북한군이 즉시 한강을 건너 순식간에 남하할 것이라는 예상이 일반적이었다. 그러나 북한군은 6월 28일에서 30일 사이의 사흘 동안은 정치범 체포와 죄수들의 석방, 중앙청에서의 전승축하연회 개최 등으로 허비했고, 7월 1일과 2일 양일간은 한강철교를 수리하고 복구하는 데 투자하느라 지체했다. 그 결과 한국 측에 5일간이라는 시간을 주고 말았다. 북한이 진군을 멈추었던 3일간은 '의문의 3일간'이라고 불리는데, 그 이유를 둘러싸고 전문가들 사이에서도 여러 가지 이견이 있다.

남조선노동당의 호응봉기(북한 측은 개전에 맞춰 남측의 인민이 남침에 호응해서 반이승만 일제봉기를 일으킬 것이라고 선전하고 있었다)를 기다렸다는 설과 한국 측이 한강 이남에서 반격준비를 완료하고 있다고 북한이 오판하고 있었다는 설, 또 서울 점령이 너무 순조롭게 진행되어서 다른 작전과의 보조를 맞추기 위해 시간조정을 했다는 설 등이 주요 내용이다.

작전상의 판단과는 별개로 북한 수뇌부가 서울 점령 후 곧바로 전승축하연을 개최한 것으로부터 당시 북한군 사이에는 서울을 점령함으로써 실질적인 전쟁은 종결되었다는 낙관적인 분위기가 강했다는 사실을 짐작할 수 있다. 이처럼 서울을 해방시키는 것이 바로 '조국해방전쟁'(북한에서 한국전쟁을 부르는 명칭)의 승리라고 오판한 그들은 앞쪽의 사진과 같은 기념우표를 발행했다.

이 우표는 서울 함락으로부터 겨우 12일 후인 7월 10일에 발행된 것으로 북한 국기가 걸린 중앙청이 그려져 있다. 원래 오리지널 디자인의 우표를 제작하는 데는 통상 아무리 적게 걸려도 1개월 이상이 소요된다. 그러므로 이 우표는 1950년 6월 28일이라는 날짜 부분만 제외시켜 놓고 개전 전부터 제작 작업이 시작되었을 것이라고 생각해도 좋을 것이다.

개전 전부터 준비되었던 것이라고밖에 생각할 수 없는 이 우표에는 전승축하연회가 그러하듯이 서울 함락을 전쟁의 실질적인 끝으로 본 북한 측의 낙관적인 분위기가 엿보인다.

서울의 인민군

'조선민주주의인민공화국'이란 글자가 가쇄된 한국우표

개전 3일 만인 1950년 6월 28일, 북한은 수도 서울(당시 북한 헌법에는 형식적이지만 서울을 수도로 규정하고 있었다)을 함락시킨다. 점령하의 수도에서 행정책임을 맡을 서울시 인민위원회 위원장으로는 북한 사법체계상 남조선노동당(남로당) 계열이었던 이승엽이 취임했다. 남로당은 미군이 점령했던 1946년 11월 서울에서 조선공산당·신민당·인민당의 3당이 합당해서 결성한 좌익정당(위원장은 조선공산당의 위원장이었던 박헌영)으로서 미 군정청과 이승만 정권의 극심한 탄압을 피해 지도부를 북으로 이전했다. 이후 1949년 6월에 김일성의 북조선노동당과 합당, 현재의 조선노동당으로 탄생했다.

이런 경위로 인해 서울시 인민위원회 위원장에는 남로당 계열의 인물이 올라갔지만, 부위원장에는 평양시 인민위원회 부위원장이었던 박창식(소련계)이 임명된 것으로 보아, 실질적으로는 서울의 평양화를 지향했다는 사실을 감지할 수 있다.

그들은 점령 후 얼마 지나지 않은 6월 30일, 정당·사회단체에 등록을 요구하며 구성원과 역원의 명부 제출을 의무화시켰다. 또 한국정부 관계자에 대해서 '자수'를 촉구하고 서울시민에게 '반동분자'의 적발을 강요했다. 그뿐만 아니라 오후 9시부터 오전 4시까지의 외출금지령, 반(反)북한 선전에 대한 엄벌 방침 등을 포고했다. 신문과 잡지에 대해서도 남조선노동당의 기관지였던 ≪해방일보≫와 ≪조선인민보≫, 조선노동당 중앙위원회(평양) 기관지였던 ≪노동신문≫을 제외하고는 발행을 정지시켰다.

이런 와중에 발행된 ≪해방일보≫ 제1호에는 "반역자들을 처벌해 인민의 정권기관인 인민위원회를 부활"하자고 촉구하는 김일성의 연설과 그의 서울 해방 축하메시지가 게재되었다. ≪해방일보≫는 다음날인 3일자 지면에 조선민주주의인민공화국 헌법의 전문을 실었고, 그 다음날인 4일에는 원래의 남로당위원장인 박헌영(이때 박헌영은 북한의 부수상 겸 외상이었으나 ≪해방일보≫는 이것을 은폐했다)의 연설을 게재하여, 남쪽의 인민이 북한 측에 서서 이승만 정권에 무장봉기를 일으킬 것을 촉구했다.

서울을 점령한 북한 측은 현지에서 우편을 이용하기 위해 한국우표를 접수해 '조선민주주의인민공화국'이라는 문자를 가쇄해서 발행했다. 이러한 우표는 북한 점령 지역에서 사용되었는데 북한군의 점령이 단기간에 끝남으로써 지금 남아 있는 것들의 대부분은 미처 사용하지 못한 것들이다. 북한 측이 점령지역에서 이런 우표를 발행했다는 것은 한국의 주권을 부정하고 그들의 지배를 눈에 보이는 형태로 인민에게 알리고자 의도한 것이었다.

그러나 북한 측이 제아무리 '해방군'이라고 강조해도 서울시민에게는 초대받지 않은 침략자일 뿐이었다. 박헌영 등의 무장봉기 촉구에도 이에 상응하는 움직임이 거의 없었다는 것이 그 증거라 하겠다. 이렇게 해서 9월 28일에 유엔군이 서울을 탈환하기까지의 약 3개월간, 서울시민은 북한군의 점령하에서 속수무책으로 면종복배(面從腹背)의 생활을 계속하게 된다.

유엔군의 파견

유엔군에 대한 감사의 마음을 전하기 위해 한국이 발행한 우표 가운데 하나로, 미국이 등장하고 있다.

　북한군의 기습공격으로 시작된 한국전쟁은 한반도라는 동서냉전의 최전선에서 발생한 사건이었으므로, 국제사회는 이를 방치할 수 없었다. 유엔 안전보장이사회(안보리)는 1950년 6월 25일 오후 2시(유엔본부가 위치한 뉴욕시각. 한국시각으로는 26일 오전 2시), 북한의 남침을 침략행위로 규정하고, 북한에 38도 선 이북으로 철병을 요구한다. 그러나 북한군은 이를 무시한 채 남침을 계속해 6월 28일에 서울을 점령한다.

　미 대통령 트루먼은 극동 해·공군에 38선 이남의 북한군에 대한 공격을 명령하고, 안보리도 "북한의 침공을 격퇴하기 위해 가맹국은 한국이 필요로 하는 군사원조를 제공한다"는 결의를 채택, 미국의 군사개입을 추인한다. 사실 이 시점에서 트루먼은 지상군을 본격적으로 투입해 한국전쟁에 전면적으로 개입하는 것에 대해 신중한 입장이었다. 북한의 침략행위는 저지해야 하지만, 그로 인해 소련의 개입을 야기하여 '제3차 세계대전'을 일으키는 일만은 피해야 하기 때문이었다.

　반면에 점령지 일본의 총사령관으로서 도쿄에 있던 맥아더는 6월 29일, 함락 직후의 서울을 한강 이남에서 시찰하고 본국 정부에게 지상군의 본격적인 투입을 주장했다. 맥아더의 보고를 받아들인 트루먼은 다음 날인 30일, 지상군의 투입을 결단하게 된다. 급히 한반도에 파견된 미군 제24사단(개전 당시 규슈에 주둔 중이었다)은 준비부족 탓도 있고 해서 7월 5일에 치러진 오산 전투에서 북한 측에게 어이없게 패배하고 만다.

이런 상황 속에서 안보리는 7월 7일, 유엔군의 창설을 결의하고 그 사령관의 임명을 트루먼에게 위임, 다음날인 8일에 맥아더가 연합군 사령관으로 취임한다. 이러한 일련의 안보리 결의는 소련이 결석한 상태(소련은 전년에 성립된 중화인민공화국을 중국의 정통정부로서 국제연합이 대표권을 주어야 한다고 주장, 이것이 부결되자 항의하는 의미로 안보리 출석을 거부하고 있었다)에서 채택된 것이었다. 이 때문에 훗날 이른바 진보적 지식인들이 유엔군 창설에 대해 세계여론을 반영한 것이 아니라고 비난할 수 있는 빌미를 주고 말았다.

그러나 당시의 국제연합 가맹국이었던 59개국 가운데 유엔군의 파견을 찬성한 나라는 52개국으로 압도적인 다수를 차지했다. 또 미국 이외에도 영연방 5개국을 포함한 총 21개국(이 중에는 병원선만 파견한 덴마크나 당시 국제연합 미가맹국으로서 적십자만 파견한 이탈리아도 포함되어 있었다)이 군사를 파견했다는 사실을 고려할 때 연합군 파병은 당시 국제여론을 반영한 것이라고 보아도 좋을 것이다.

나아가 유엔군의 파병에 감사하기 위해 전황이 안정을 찾아가던 1951년 9월 이후, 한국우정은 연합군 참가 각국의 국기와 태극기를 나란히 한 우표를 발행해 연합군 병사 등에게 대량으로 배포했다. 이러한 우표 중에는 뉴질랜드의 국가명이 NEW ZEAIND(바른 표기는 NEW ZEALAND)로 되어 있는 것과 이탈리아의 국기가 옛 왕정 시대의 것으로 틀리게 그려져 있는 것 등이 있어서 전시의 혼란을 짐작하게 해준다.

인천상륙작전과 방호산

방호산을 찬양하는 북한의 우표. 현재 북한 당국은 이 우표를 발행한 적조차 없는 것으로 하고 있다. 그러나 실제로 우편물에 사용됨으로써 그 자취를 남기고 있다.

개전 3일 후인 1950년 6월 28일, 수도 서울을 손에 넣은 북한군은 파죽지세로 남침을 계속해 7월 4일에는 수원을, 20일에는 대전을 차례차례 점령했다. 서울에서 후퇴한 한국정부는 7월 17일, 부산에 이전했다. 8월에 들어서면서 한국과 연합군은 최종방위선으로 여겨졌던 부산교두보(한반도 남동부인 마산과 낙정리, 영덕을 잇는 남북 153km, 동서 90km의 방어선)에서 공방을 거듭하며 배수의 진을 쳤다. 북한은 두 차례에 걸쳐 맹공을 시도했지만 이미 보급이 부족하여 실패하고 말았다.

한편 부산에서는 병력과 물자가 차례차례 보강되어 유엔군은 서서히 전력을 회복하고 있었다. 이런 상황에서 연합군 총사령관인 더글러스 맥아더는 북한군의 후방인 인천으로의 상륙작전을 기습적으로 감행해 완벽한 승리를 이끌어낸다. 9월 15일, 미국 제1해병사단 소속 1개 대대가 인천시내의 월미도에 상륙을 개시, 연합군은 다음날인 16일까지 인천을 손에 넣고, 서울을 향해 진격하기 시작했다. 북한 측의 상륙부대에 대한 진압은 실패로 끝나고, 연합군은 17일에 김포비행장을 접수한다.

부산교두보를 지키기 위해 낙동강 전선 사수에 총력을 기울이던 미국 제8군은 인천상륙에 발맞춰 공세로 전환, 대구, 김천, 대전, 수원에서 일거에 북한군을 격퇴하는 작전을 개시한다. 9월 21일 이후로 퇴로를 차단당한 북한군은 한꺼번에 무너졌다. 당시 낙동강 전선에 투입되었던 약 10만 명의 북한군 가운데 유엔군의 포위망을 뚫고 북으로 넘어간 병사는

2만 5,000~3만 5,000명 정도, 태백산맥 등지로 숨어들어 게릴라군이 된 병사는 1만~2만 명 정도에 이를 것으로 추측된다. 9월 말까지 투항해 포로가 된 병사는 약 1만 명 정도로, 나머지 4만 명 정도는 도주한 것으로 여겨진다. 북한군의 병력은 이렇게 해서 반 정도로 줄어들었고 철수작전은 참담한 실패로 끝이 났는데, 이 와중에서 이례적인 활약상을 보인 사람이 북한군 제6사단장 방호산이었다.

그는 해방 전 중국공산당 계열의 조선의용군에 투신했고, 해방 후에도 조선의용군 제1지대정치위원으로서 남만주에서 중국의 국공내전에 참가했다. 중화인민공화국의 성립 후 북한으로 귀국한 그는 중국으로부터 귀국한 조선인으로 편성된 북한군 제6사단의 지휘권을 쥐었고, 한국전쟁에서는 개성공방전에서 기습공격에 성공해 북한군 최초로 한강 도하에 성공했다. 하동에서는 1개 대대 규모의 한국군을 괴멸시켰고, 대전전투에서는 미국 제24사단의 딘 사단장을 체포하는 등 혁혁한 전과를 올렸다. 1950년 9월의 철수작전에서는 휘하에 있는 제6사단의 희생을 최소한으로 줄였을 뿐만 아니라 철수하면서 점령행정을 담당하기 위해 파견되었던 북한의 문관 8,000명을 데리고 돌아갔다. 이러한 공적을 인정받아 이후 사단장으로 발탁되었으며, 북한 최고의 영예인 '이중영웅(二重英雄)'의 칭호를 얻게 되었다. 또한 1952년 4월에는 그의 공을 기리기 위한 우표가 발행되었다.

그러나 휴전 후, 방호산은 김일성과 연안파(해방 이전 중국공산당 중앙의 지도하에서 항일투쟁을 전개하던 그룹) 사이의 권력투쟁에 말려들면서 1956년에 요양을 명목으로 중국으로 탈출해야 하는 신세가 되었다. 그 결과 방호산의 이름은 북한 정사에서 사라지고 우표 또한 북한우정의 공식 카탈로그에서 빠지게 되었다.

한국·유엔군, 서울을 탈환하다

(왼쪽) 서울에서 벌어진 공방전을 다루고 있는 북한의 우표
(오른쪽) 서울 탈환 15주년 기념우표

인천에 상륙한 미국 해병사단은 신속하게 서울에의 진격을 개시하고 제5해병연대에 김포비행장을, 제1해병연대에 영등포를 각각 공격하라고 명령했다. 제5해병연대는 1950년 9월 18일 김포비행장 점령을 완수하고, 다음날인 19일부터 한강도하 작전을 개시해 20일에는 도하에 성공한다.

한편 영등포에서 북한의 격렬한 저항으로 고전을 거듭하던 제1해병연대는 9월 22일 이 지역을 점령하는 데 성공한다. 한강도하에 성공한 제5해병연대는 21일부터 서울시내를 목표로 진군을 계속했다. 그러나 수도(1972년까지 북한 헌법은 평양을 잠정수도로 서울을 정식수도로 규정함)를 방위하던 북한군 제25여단에는 과거 중국공산당의 군대였던 팔로군으로 참전, 일본군 등과의 전투경험이 풍부한 역전의 용사가 다수 포진하고 있었고, 이들의 저항 앞에서 제5해병연대는 많은 병사를 잃고 말았다. 치열한 공방전 끝에 25일에 이르러서야 미군은 간신히 서울 서쪽과 남산을 손에 넣을 수 있었다. 그러나 그 후로도 북한의 거센 저항이 계속되었으므로 서울시내에서는 격렬한 시가전이 벌어졌다.

이때 북한 측이 저항하는 모습은 1966년에 북한이 발행한 우표에 담겨 있다. 우표에는 바리케이드를 쌓고 저항하는 북한군 병사와 부상병을 구조하는 여성, 물자를 운송하는 소년의 모습 등이 힘 있는 터치로 그려져 있다. 북한으로서는 서울의 전 인민이 힘을 합쳐서 미군에 대항했다고 표현하고 싶었을 것이다. 또 화면의 왼쪽 뒤편 자욱한 포연 너머로 서울의 중앙청을 배치해, 누가 보더라도 첫눈에 이 전쟁이 서울을 무대로 한 것임을 알아차리도록 했다.

북한 측의 치열한 저항은 서울 사수가 곤란하게 된 후, 주력부대에 후퇴할 수 있는 시간을 만들어주기 위한 것이었다. 결국 미군은 9월 28일에 서울을 탈환하는 데 성공, 중앙청에는 다시금 태극기가 휘날리게 되었다. 이때 촬영된 유명한 사진은 수도 탈환으로부터 15주년째인 1965년 9월, 한국의 기념우표에 바탕으로 사용된다. 한국은 북한과는 달리 한국전쟁의 직접적인 전투장면을 우표에 싣는 경우가 많지 않지만, 이 장면만은 각별한 것으로 받아들여지고 있다.

이 우표가 발행된 1965년 6월에는 한국을 한반도 유일의 합법적 정부로 인정한 한일기본조약이 조인되었다. 물론 그 정통성을 국제적으로 부인당한 북한은 이 조약이 남북의 분단을 영구히 고착시키는 것이라며 맹렬히 반발했다. 이런 배경을 고려해볼 때, 이 해에 수도 서울의 공방전을 제재로 한 우표를 발행했다는 사실은 남북이 모두 자신들이야말로 서울의 정통적 지배자, 즉 한반도의 정통정부임을 내외에 부각시키려는 의도를 가지고 있었다고 추측할 수 있다.

'역사'는 과거의 사건으로 머무는 것이 아니라 현재의 정치적인 맥락 속에서 항상 상응하는 의미로서 읽히는 것이다.

유엔군, 평양으로

한국전쟁의 발발로 인해 평양까지만 배달되고 정작 수신인에게 까지는 배달되지 못한 우편물

유엔군(실질적으로는 미군)이 한국전쟁에 개입했을 때, 그 목적은 북한군을 38도 선 이북으로 후퇴시키는 것이었다. 1950년 9월 28일, 연합군이 서울을 탈환하자 미국정부는 북한이 후퇴한 다음의 방침을 놓고 38선을 돌파할 것인가 말 것인가로 의견이 갈라졌는데, 최종적인 판단은 연합군 사령관인 맥아더에게 맡겨졌다. 그 결과 연합군은 북한군의 격멸을 주창하는 맥아더의 생각에 따라 움직이게 된다.

이런 가운데 10월 1일, 한국 제1군단이 동해안에서 38도 선을 무너뜨리자 맥아더는 북한에 항복을 권유하고, 다음날인 2일에는 연합군에게 38도 선을 넘어 북진할 것을 명령한다. 유엔 안보리는 7일에 연합군의 북진을 추인, 연합군은 19일에 평양을 장악한다. 그런데 미군은 평양을 점령하면서 현지에 남겨져 있던 북한 측의 문서를 대량 압수했다. 거기에는 당시의 우편물도 적잖이 포함되어 있었다. 위 사진의 우편물 역시 미군 관계자가 평양에서 가져온 것으로 재미있는 역사의 한 장면이 담겼다. 이 봉투는 1950년 6월 15일, 사할린에 잔류 중이던 조선인이 한국으로 보낸 것인데, 발신인의 주소는 '本斗郡内幌町炭山内'로 되어 있다.

1945년 이전, 일본의 식민지였던 조선에서는 많은 사람이 광부로 가라후토(樺太, 사할린의 일본식 명칭)에 동원되었다. 종전과 함께 새로이 사할린의 지배자가 된 소련은 현지에 남아 있는 조선인의 노동력을 중시해, 미군정하에 있던 남한으로의 귀국을 막았다. 일본정부도 조선인은 과거의 일본국민일 뿐이라고 생각하며 귀환에 대한 책임을 져야 한다는 인식이 희박했다. 그래서 사할린의 일본인 철수 교섭이 한창일 때조차도 잔류 조선인 문제는 거의 거론되지 않았다. 식민지 시대에 사할린에 동원된 조선인들은 이렇게 해서 귀국을 금지당한 채 소련령이 된 사할린에 억지로 남겨지게 되었다. 여기에서 소개한 봉투도 발신인의 주소로 보건대 그런 '사할린 유민' 가운데 한 사람이 쓴 것임이 틀림없다.

봉투 이면에 찍힌 도장으로 보건대 6월 27일에 블라디보스토크에 도착했고 그곳에서 다시 한국의 수신인에게 보내지는 것이 마땅했으나, 편지가 블라디보스토크에 도착하기 이틀 전에 한국전쟁이 시작되는 바람에 한국령 내의 배달이 불가능해지면서 평양에 도착한 7월 1일(이면에 이 날짜의 소인이 찍혀져 있다)부터 보관되고 있었다. 그 후 평양이 연합군에게 점령당했을 때 이 봉투도 다른 서류들과 함께 압수되었으나 자료로서의 특별한 가치는 없었으므로 시중으로 흘러나와 필자의 손에 들어오게 되었다.

이 봉투에는 동서냉전과 남북한의 대립은 물론 일본의 전후책임에 대한 불감증으로 사할린에 남겨져야 했던 조선인들의 온갖 고통까지 고스란히 농축되어 있다고 해도 과언이 아닐 것이다. 미군이 평양을 점령하고 대량의 문서를 압수하면서, 결과적으로 이렇게 살아 있는 역사를 이야기해주는 우편물의 보존에 기여했다는 것은 그들의 행위에 대한 시비를 가리는 것과는 별개로 기억해둘 만한 가치가 있는 것으로 생각한다.

유엔군, 압록강에 도착

100원짜리 국토통일 기념우표

　한국군 제1사단이 평양을 공략한 1950년 10월 19일 이후에도 연합군의 기세는 수그러들지 않았다. 10월 1일에 38선을 돌파하면서 연합군의 북진한계선(맥아더라인)은 정주·녕원·함흥을 잇는 선으로 정해졌다. 그러나 평양 함락이라는 새로운 국면을 맞이하면서 이 선을 더욱 전진시키기로 결의한 맥아더는 선천·고인동·평원·풍산·성진을 잇는 새로운 한계선을 정하고 진격을 명령했다. 새 맥아더라인은 중국과 한반도의 국경인 압록강까지 불과 60km를 남겨둔 것이었다.

　평양 함락으로부터 불과 5일이 지난 10월 24일, 맥아더는 압록강으로의 맹추격을 지시했다. 맥아더가 새로이 설정한 맥아더라인을 폐지하고 국경선인 압록강까지 진격을 명령한 것은, 압록강까지 도달할 때 비로소 전쟁이 끝나는데, 바야흐로 그때가 눈앞에 다가왔다는 정세판단에 기초한 것이었다. 10월 26일, 한국군 제6사단 제7연대는 마침내 초산에 진출함으로써 압록강에 도달했다. 그러나 이미 그 전날인 10월 25일, 연합군은 서부전선에서 중국군과 본격적인 전투를 치르고 있었다. 이렇게 해서 한국전쟁은 남북한과 미국에 중국까지 가세한 새로운 국면으로 접어들었다.

　많은 사람이 한국이 압록강에 도착하는 단계에서 전쟁은 종결될 것이라고 예상했고, 한국은 이런 분위기를 반영해 11월 20일에 '국토통일' 기념우표를 발행했다. 이 우표는 100원짜리 2종, 200원짜리 1종, 합계 3종으로 100원짜리 중 하나에는 대통령 이승만이 들어가 있고, 다른 하나에는 백두산의 천지에서 펄럭이는 태극기가 그려져 있다.

200원짜리 국토통일 기념우표

백두산 천지로부터 동(東)으로는 두만강, 서(西)로는 압록강이라는 중국과 한반도의 국경을 나누어주는 두 개의 큰 강이 흐르고 있다. 통일된 한반도를 의미하는 말로 '백두에서 한라까지'라는 표현이 사용되곤 하는데, 백두산을 우표에 그려 넣은 디자인은 한국의 '국토통일'을 상징하는 데 아주 적절한 것이었다.

한편 200원짜리 우표에는 한반도 전체를 사이에 두고, 연합군기와 태극기를 나란히 그려 넣었다. 이 디자인은 한국군과 연합군의 협력에 의해 국토통일이 달성되었다는 사실을 되새기겠다는 뜻으로 보인다.

우표의 액면가 100원은 같은 해 12월부터 시작되는 우편요금의 인상(편지의 기본요금이 전시 인플레이션 때문에 30원에서 100원으로 올랐다)을 반영해서 설정된 것이었다.

사실 이들 우표가 실제로 발행된 1950년 11월 20일 당시, 연합군과 한국군은 새로이 참전한 중국군의 인해전술 앞에서 수세를 면치 못하고 있었다. 그러므로 이 '국토통일' 우표는 매우 시의적절하지 못하게 발행되었다는 것을 알 수 있다.

중국인민지원군의 참전

한국전쟁 중 중국인민지원군이 발송한 우편물

중국군(중국인민지원군)의 참전으로 한국전쟁은 미국과 중국을 중심으로 전개되기 시작한다. 사실 한국전쟁이 발발할 당시, 중국은 전쟁에 개입할 의사가 거의 없었다. 김일성은 전쟁을 시작하기 전 소련에는 면밀한 계획을 밝히고 지원을 요청했지만, 중국에는 개전 1개월 전에야 전쟁계획이 있다는 것을 통고했을 뿐이었다. 개전 후에도 북한의 작전상 문제점을 계속 지적했던 중국의 의견은 무시당했고, 결국 북한은 인천상륙작전으로 대패를 맛보게 된다. 1950년 10월 1일, 한국군이 38도 선을 넘어서 북진을 시작하자 위기를 느낀 북한은 외상 박헌영을 중국으로 보내 출병을 요청했다. 당연한 결과겠지만, 중국 측은 즉답을 주지 않았다.

그러나 유엔군의 진격으로 북한이라는 국가가 궤멸할 가능성마저 떠오르자 중국은 한반도의 정세가 자국의 안전보장과 깊이 관련되는 문제임을 자각하게 된다. 여기에서 마오쩌둥은 다음과 같은 5개 사항을 역설하며 참전에 소극적인 간부들을 설득했다.

① 한국전쟁 발발 후인 6월 27일의 트루먼 성명은 한반도·타이완·인도차이나, 세 곳에서의 군사개입을 결정한 것으로 중국은 이 세 방향의 포위망에 대해 반격해야 할 필요가 있다.

② 미군이 압록강 남안을 제압하고 북한이라는 완충국이 없어지면 중국은 동북부(만주)의 공업시설을 지키기 위해 대병력을 주둔시키지 않을 수 없다. 그러나 현재의 중국 국력으로는 불가능하다.
③ 미국과의 교전을 피할 수 없다면, 일본과 독일이 부흥하지 않은 빠른 단계에서 하는 편이 좋다. 또 국가건설이 진척되지 않았을 때 하는 것이 전쟁의 피해를 최소한으로 줄이는 것이다.
④ 한국전쟁의 종결 전에 참전하지 않으면, 이후 한반도에 출병할 대의 명분을 잃게 된다.
⑤ 미국의 전략적인 중점은 유럽에 있으므로 한반도에 투입될 병력은 제한적이다.

이렇게 해서 중국은 10월 8일 '입술이 없으면 이가 시리다(脣亡齒寒)'라는 논리로 한국전쟁에 참전할 것을 결정한다. 그러나 마오쩌둥 역시 미국과의 전면전은 무슨 수를 써서라도 피해야 했으므로, 어디까지나 미군의 압록강 진출을 저지하는 것이 참전의 최우선 목적이었다. 또한 출병의 범위도 국경 부근으로 한정할 필요가 있었다.

중국군은 이 때문에 실제로는 정규군이면서도 형식적으로는 민간 의용군인 것처럼 위장하는 방식을 취했는데, 한국전쟁에 파견된 중국군의 명칭이 인민의용군 혹은 인민지원군으로 되어 있는 것은 이런 연유이다.

앞쪽의 사진은 중국인민지원군 병사가 쓴 봉투인데, 우표가 붙여져 있지 않다는 점에 주목해주기 바란다. 요금이 무료인 군사우편물로 취급되었다는 말인데, 이 사실은 지원군이 무료 군사우편을 이용할 수 있을 정도로 조직이 잘 정비되었다는 것, 즉 실질적으로 국가를 배경으로 해서 파견되었다는 사실을 웅변해주고 있다고 하겠다.

중국과 북한의 혈맹관계

(왼쪽) 북한이 발행한 해방 6주년 우표
(오른쪽) 북한의 동독행 우편물로 1952년 발행된 '북중우호' 우표가 붙여져 있다.

한국전쟁에 개입한 중국인민지원군과 연합군의 전투는 1950년 10월 25일, 소규모적인 조우전(遭遇戰)으로서 시작되었다. 항일전쟁·국공내전의 경험으로 게릴라전이 뛰어났던 중국은 인해전술을 전개, 북을 울리고 나팔을 불며 큰소리를 내지르는 가운데 파상공세를 반복해 연합군을 포위하고 갈라놓았다.

11월 8일 맥아더는 중국의 진입과 보급을 저지하기 위해 중국과 한반도의 국경인 압록강에 놓인 다리를 폭파했고, 11월 24일에는 또다시 압록강을 향한 공세(크리스마스까지는 전쟁을 종결시킨다는 낙관적 견해에 따라 '크리스마스 공세'라고 불렀다)를 펼쳤다. 그러나 중국 측의 인해전술로 연합군은 총체적으로 무너졌고, '12월 후퇴'라 불리는 기록적인 패배를 당하면서 38도 선까지 밀려 내려오고 말았다. 그 결과 연합군은 한반도의 군사적 통일이라는 전쟁 목표를 포기하고, 개전 당시 내걸었던 전쟁 전 상태로의 복원이라는 전쟁 목표로 돌아선다.

한편, 중국의 참전으로 국가로서의 명맥을 유지하게 된 북한은 이후 중국와의 관계를 '피의 맹약', '피의 우의'라 할 정도로 중시하면서 소련과 동일한 맹방으로 삼는다.

전선은 교착상태에 빠지고 후방에서는 약간의 여유가 생겨날 즈음이던 1951년 8월, 북한은 중국·북한·소련 3국의 노동자를 그려 넣은 해방 6주년 기념우표를 발행해 중국과의 우호관계를 널리 알렸다. 1년 전 해방 5주년 기념우표에서는 소련에 의한 조선 해방을 모티브로 삼아 강조했을 뿐 중국이란 존재는 완전히 무시되었다는 것을 고려할 때 커다란 변화라고 할 수 있겠다.

이 우표의 발행 이후 휴전협정이 조인된 1953년 7월까지 발행된 북한 우표를 통람해보면, 소련에 관해서는 종래 해오던 관례에 따라 1952년 8월의 해방 7주년 기념우표에서 다루고 있을 뿐이다. 반면 중국에 대해서는 1951년 11월 '최종승리를 위해서'(중국과 북한 양국의 국기와 양군의 병사가 그려져 있다), 1952년 4월 '방호산 장군'(한국전쟁의 영웅으로, 중국인민해방군의 조선인 부대가 귀국하여 편성된 조선인민군 제6사단 사단장), 1952년 6월 '북중우호'(중국과 북한, 양국의 국기와 양군의 병사가 그려져 있다. 앞쪽의 사진은 이 우표가 붙여진 동독행 우편물) 등 '피의 우의'를 부각시키는 우표를 세 번이나 발행했다.

이처럼 당시의 북한우표를 관찰해보면, 김일성 정권이 중국과의 우호관계를 강조한 것과는 반대로 국가가 멸실될 위기에서 도움의 손을 내밀지 않았던 '종주국' 소련에 대해서는 거리를 두기 시작했다는 것을 알 수 있다. 소련에게 배신당한 경험이야말로 북한이라는 국가로 하여금 '주체사상'을 기치로 내걸고 쇄국체제로 머물게 한 근원이 되었다는 것은 이후의 역사가 명확히 보여주고 있다.

원폭 투하를 둘러싼 트루먼의 발언

미국의 핵무기 사용을 경계하는 내용의 도장이 찍힌 우편물

중국인민지원군의 참전과 그들의 인해전술은 한국군과 연합군에게 커다란 타격을 주었다. 이런 와중인 1950년 11월 30일, 미국 대통령 트루먼은 정례 기자회견 후 질의응답 과정에서 '보유한 모든 병기'를 사용할 용의가 있고 "원폭의 사용에 대해서도 항상 적극적으로 고려하고 있다"고 말했다.

미국이 한반도에서의 원폭 사용을 검토하기 시작한 것은 1950년 9월경이라고 전해지는데, 이 시기는 인천상륙작전 직전으로 연합군은 동해로 쫓겨나기 일보 직전의 위급한 상황에 부닥쳐 있었다. 미군 최강의 병기인 핵을 사용해 전세를 역전시키겠다고 생각한 것은(그 옳고 그름은 별개로) 자연스러운 일이었다. 전략핵 폭격을 실제로 실행하기 위해서 구체적인 작전계획을 작성한 것은 존스홉킨스 대학 연구자들이 중심이 된 프로젝트팀이다. 그들이 만든 최초의 보고서 「한국에 대한 핵폭탄의 전술적 사용」은 1950년 12월 말 극동군사령부에 제출되었고, 이후 1951년 3월의 최종 보고서 「핵병기의 전술적 사용」에 이르기까지 전황에 따라서 다양한 보고서가 작성되었다.

트루먼의 발언은 이런 배경에서 나온 것으로, 기자회견 후 대통령보도관은 핵무기의 사용을 경솔하게 결정하는 일은 없을 것이라면서 대통령의 발언을 수습하려고 했지만 핵무기의 사용이 현실화될 수도 있다는 인상을 지우기에는 역부족이었다. 특히 서방의 여러 나라는 미국이 한국에서 핵을 사용할 경우, 소련이 그 보복으로 유럽을 공격할 우려가 있다고 보았으므로 민감하게 반응하는 모습을 보였다. 사태는 영국 총리 애틀리가 급거 방미하여 트루먼과 회담을 갖고 핵을 사용하지 않겠다는 언질을 받아내고 나서야 진정 국면으로 접어들기 시작했다.

미국이 이처럼 순순히 핵무기의 사용을 단념한 배경에는 전술한 프로젝트팀의 연구 결과, 당시의 기술로는 한국전쟁과 같이 목표물이 심하게 이동하는 경우 전략핵폭탄이 그다지 유용성이 없는 것으로 밝혀졌기 때문이다.

한편, 동유럽 진영의 비난은 드세기 짝이 없었다. 미국의 참전을 '한반도 침략'으로 몰아가던 동구의 여러 나라는 유일한 핵보유국인 미국이 최후의 병기를 한반도에서 사용하려고 하는 것이야말로 야만적인 '미 제국주의'의 본성을 드러낸 것이라고 주장했다. 이들은 제3차 세계대전 발발에 대한 두려움이 컸던 유럽 각국들을 대상으로 '반핵'이라는 명분하에 반미감성을 부추겼다.

폴란드를 예로 들자면 "핵무기를 먼저 사용하는 나라는 인도주의의 이름으로 심판받아 마땅할 것"이라는 슬로건이 들어간 도장을 우편물에 찍었다. 일본의 경우에도 진보지식인의 영향력이 늘어난 탓으로 미국과 그 꼭두각시 이승만 정권이라는 북한의 선전이 무비판적으로 수용되고 있었는데, 한반도에 대한 일본의 이러한 편견은 트루먼의 발언으로 인해 더욱 심해졌다.

12월 후퇴와 맥아더의 해임

맥아더가 아직 일본에 있을 때 그에게 발송된 우편물이다. 맥아더는 이 우편물을 받지 못하고 일본을 떠났고, 이 우편물은 다시 맥아더가 있는 미국으로 보내졌다.

1950년 12월, 한국군과 유엔군은 중국인민지원군의 공격으로 무너지면서 2주 만에 38도 선 이남으로 후퇴, 총 3만 6,000명이 손상을 입었다. 이른바 '12월 후퇴(December retreat)'다. 12월 31일 중국 측은 정월공세를 펼쳤고 한국·연합군은 퇴각을 거듭하면서 다음 해인 1951년 1월 4일에는 서울을 포기하고 평택·단양·삼척을 잇는 선까지 물러났다.

한국군과 연합군은 정면대결을 피했다. 중국의 공세가 시작되면 1주일간은 조용히 후퇴하면서 중국 측의 식량과 탄약이 바닥나기를 기다렸다. 그리고 공세가 약해지면 상대방의 보급을 끊고 숨 돌릴 틈 없이 집중적으로 전차를 투입해서 반격하는 작전을 펼쳤다. 1951년 2월 20일부터는 북진에 돌입했다. 한국군과 연합군은 기세를 올리면서 3월 7일, 서울 재탈환을 위한 '리퍼작전(분리작전)'을 발동하고 북진을 개시해 그달 15일 서울 재탈환에 성공했고, 월말에는 38도 선 이남의 요지를 손에 넣었다.

그런데 연합군은 "Korea에 침입한 적을 격퇴하고 이 지역에 대한 국제 평화와 안전을 회복한다"는 것을 목적으로 하고 있었지만, 'Korea의 범위'에 대해서는 이견이 있었다. 그 범위를 한반도 전체로 보고 북한 전역을 궤멸하고 배후의 중국에 타격을 주어야 한다는 현장의 맥아더와 38도

선 이남 지역으로 한정해서 동서냉전이라는 맥락 안에서 전쟁에 대한 정치적 결착을 내리고 하는 미국정부가 대립한 것이다. 이러한 양측의 대립은 연합군이 서울을 재탈환한 이후의 방침을 놓고 양극으로 치닫는다.

3월 24일 맥아더는 "유엔이 연합군에 부여한 제한사항을 철폐하면 중국을 군사적으로 붕괴시킬 수 있다"는 성명을 발표해 현 상태를 유지하며 정전하려 했던 본국 정부의 의사를 반박한다. 4월 5일에는 타이완의 국민정부군을 한국전쟁에 참가시켜야 한다는 주장을 담은 맥아더의 서한이 야당인 공화당의 마틴 의원에 의해 의회에서 공개된다. 이는 현장 사령관이 최고지휘관인 대통령에게 반항한 것으로, 명백한 군법 위반이었다. 이에 트루먼은 4월 11일 맥아더를 모든 직위에서 해임하고(맥아더의 이임일은 16일), 제8군 사령관인 리지웨이가 그 후임으로 임명되었다.

당시 맥아더 해임의 진상을 알지 못했던 일본국민 사이에서는 맥아더의 이임을 아쉬워하는 목소리가 압도적인 다수를 차지했고, 중의원과 참의원의 양원을 필두로 한 여러 단체가 감사의 결의를 채택했다. 앞쪽 사진의 편지도 내용물은 남아 있지 않지만, 장문의 감사장 같은 것이 들어가 있었을 것으로 짐작된다. 그러나 이 편지가 도쿄에 도착했을 때는 맥아더가 이미 귀국한 뒤였으므로 편지는 미국으로 전송되는데, 이면에는 그 사실을 알리는 미국 측의 도장이 찍혀져 있다.

그런데 귀국한 맥아더에 대해서 당시 미국국민은 매우 동정적인 입장이었다. 그러나 문민정치의 원칙을 근본부터 무시하는 듯한 그의 언동과 함께 해임의 진상이 공개됨에 따라 과거의 영웅을 보는 미국민의 눈은 차츰 싸늘하게 식어갔다. 이와 함께 전쟁의 장이었던 한반도에서도 휴전을 둘러싼 정치적인 줄다리기가 본격화되기 시작했다.

개성에서 휴전교섭 개시

한국전쟁 휴전 후 북한 지배하의 개성에서 발송된 미국제 그림엽서

한반도의 전황은 1951년 4월에 맥아더가 연합군 사령관에서 해임된 후에도 5월 중에는 북위 38도 선을 경계로 치열한 공방이 반복적으로 펼쳐졌다. 5월 중 한국과 연합군이 입은 피해는 3만 5,770명(이 가운데 미군은 1만 2,293명), 공산군 측 피해는 8만 5,000명으로 추정된다. 공산군 측이 5월 공세에 투입한 총병력이 약 30만 명인데, 8만 5,000이라는 숫자는 그 3분의 1에 해당하는 것으로 타격은 심각했다.

미국은 5월 16일 국가안전보장회의에서 휴전을 실현하겠다는 방침을 굳히고, 전선은 그대로 유지해나가면서 '38도 선을 따르는 선으로의 휴전'을 실현하기 위해 유엔 가맹국들에 대한 사전교섭을 시작했다. 한편, 중국과 북한의 후견인 역이기도 했던 소련도 미국과 전면 대립하는 것을 막기 위해 중국이 협상 테이블에 나올 것을 요구했다. 중국 또한 앞서 언급한 것처럼 막대한 피해를 입은 상태였고 소련의 지원 없이는 더 이상 전쟁을 계속할 수 없는 곤란한 지경에 빠져 있었다.

관련 국가들의 사정이 이렇게 얽히고설키는 가운데 6월 23일, 유엔 안보리에서 소련대표인 말리크가 휴전을 제안했고 중국이 이에 동의, 7월 10일부터 개성에서 휴전협상이 시작되었다. 개성은 북한 남서부의 도시로, 북위 38도 선보다 조금 남쪽에 위치하고 있다. 조선의 개국으로 서울 천도가 이루어질 때까지 고려왕조의 수도였다. 그곳에서 옛 고려의 유신들이 상업에 전념한 덕분에 개성은 조선 물류의 거점으로 자리 잡았고,

일본 식민지 시대에는 민족자본가를 적잖이 배출했다.

제2차 세계대전 후 미·소 양군이 한반도를 분할점령했을 때 미군의 점령하에 있었으므로, 1948년 대한민국 성립 시에도 한국의 영토였다. 그러나 한국전쟁이 시작된 후로는 연합군이 한반도의 거의 전 지역을 점령했던 시기를 제외하고는 대체적으로 공산 측의 점령하에 있었다. 휴전회담이 시작되었을 때도 양군의 전선 가운데 있었다고는 하지만 공산 측의 지배하에 있었다. 휴전교섭과 함께 개성은 중립지대가 되었지만, 휴전 후 정식으로 북한 영토에 편입되었다. 개성시민의 70%가 이산가족이라는 얘기는 여기에서 비롯된 것이다.

앞쪽에 소개한 엽서는 한국전쟁의 휴전 이후 약 1년이 흐른 1954년 10월에 개성에서 체코슬로바키아로 보낸 그림엽서로, 발신인은 북한의 지원을 위해 파견되었던 체코인으로 추측된다. 사진으로는 조금 알아보기 어렵지만, 엽서의 아랫부분에 'PRINTED IN USA'라는 문자가 인쇄되어 있다. 그림면에는 서울의 북대문(숙정문, 북악산에 위치)이 그려져 있고, 그림 설명으로(글의 일부는 위에 우표가 붙여져 있어서 읽기 어렵지만) "2년간의 전쟁으로 서울에서는 네 번의 격렬한 전투가 벌어졌으나, 이 건물은 파괴를 면했다"라는 취지의 글이 새겨져 있다. 내용으로 보건대 엽서는 한국전쟁 중이었던 1952년 후반에 작성된 것 같다.

이 엽서는 한국전쟁 중 연합군이 개성을 제압할 때 갖고 들어간 것으로, 공산 측이 개성을 점령함에 따라 후퇴하던 연합군 병사가 빠트리고 간 것을 유류품으로 압수했다가 휴전 후 사용한 것으로 보인다.

일본의 재무장과 샌프란시스코 강화조약

일본의 재무장에 반대한다는 슬로건이 찍힌 중국의 우편물

한국전쟁의 휴전교섭은 1951년 7월 10일 개성에서 시작되었다. 애초 연합군 측은 1개월 정도면 교섭이 타결될 것이라고 낙관적으로 전망했으나, 회담은 의제 설정을 놓고 처음부터 난항을 겪었다. ① 의제의 채택, ② 비무장지대의 설정과 군사경계선의 확정, ③ 정전과 휴전을 위한 구체적인 계약, ④ 포로에 대한 협상, ⑤ 쌍방과 관련된 각국 정부에 대한 통고 등 5개 항목이 의제로서 결정된 것은 7월 26일에 이르러서였다.

그러나 그 후에도 군사경계선을 현재 세력권의 북쪽에 두어야 한다는 연합군 측과 어디까지나 38도 선에 두는 것이 마땅하다는 공산 측의 견해차가 좁혀지지 않으면서 교섭은 제자리를 맴돌았다. 그리고 8월 22일, 공산 측은 연합군 비행기에 의해 개성 상공이 침범 당했다는 이유를 들면서 회담을 거부하겠다고 통고했다. 장소를 바꿔 판문점에서 회담이 재개된 것은 10월 25일이다. 이런 상황에서도 전선에서는 치열한 소모전이 펼쳐졌고, 이 같은 한국전쟁의 여파는 극동지역에서 엄연한 역사로서 모습을 드러내는데 이른바 대일강화조약의 조인이다.

제2차 세계대전이 종결된 이래, 연합군(실질적으로 미군) 점령하에 있었던 일본에서는 민주화와 비군사화가 진행되었다. 그러나 1948년 8월에 한반도에서 남북 각 정부가 성립하고 이듬해인 1949년 10월에 중국이 공산화되는 등 동서냉전이 동아시아에서도 본격화하자, 미국은 일본에서의 점령방침을 전환하게 된다. 즉, 일본을 반공의 방파제로 만들기 위해서는 민주화보다 경제부흥이 우선되어야 한다는 것이다.

한국전쟁은 이러한 방향성을 확정짓는 계기가 되었고, 실제로 전쟁 기간 동안 일본은 미군의 병참기지로서 중요한 역할을 수행했다. 한반도로 파견된 점령군의 공백을 채우기 위한 경찰예비대가 1952년 8월에 조직되면서 일본의 재무장이 시작되었다. 강화조약에 대해서는 한국전쟁 발발 직전부터 미·일 간 교섭이 진행되고 있었지만, 그 사이 최대의 쟁점이 된 것은 강화조약의 발효에 따라 발생하는 군사공백이었다. 결국 이 점에 대해서는 강화조약과 동시에 미일안보조약을 조인해, 일본 측이 미군의 주둔을 계속해서 인정하는 것으로 매듭지어졌다. 공산권 여러 국가는 미군이 일본에서 계속 주둔하는 것에 반발했고, 1951년 9월 샌프란시스코에서 열린 강화회의에서 소련·체코슬로바키아·폴란드 등 3개국이 조약의 조인을 거부했다.

특히 한반도에서 미군과 직접 대치하고 있던 중국은 혼란을 야기한다는 이유로 강화회의에 초청받지 못했다(타이완도 마찬가지다). 이런 것까지 작용하여 중국은 더욱 격렬하게 일본의 재무장과 미일안보조약을 비난했다. 중국은 국민여론을 몰아가기 위해 앞쪽에 소개된 사진의 봉투에서 확인할 수 있듯이 '堅決反對美帝 重新武裝日本(미국이 일본을 재무장시키는 것을 강하게 반대한다)'이라는 슬로건 도장을 우편물에 찍기도 했다.

또한 샌프란시스코 강화회의에는 전쟁 중이라는 이유로 남북한도 초청받지 못했다. 이로 인해 일본과 한국의 국교정상화가 1965년까지 미뤄진 것은 주지의 사실이다.

판문점에서의 휴전협상

판문점이 그려진 1959년의 북한우표

 1951년 8월 22일, 중국과 북한 측은 연합군 비행기가 개성 상공을 침범했다는 이유를 들며 일방적으로 휴전교섭이 결렬되었다고 통고하며 개성 회담장을 떠났다. 중단된 교섭이 판문점으로 장소를 옮겨 재개된 것은 약 2개월 뒤인 10월 25일의 일이다. 중국과 북한이 회담 재개에 응한 이유는 정확하지 않지만, 10월 초순부터 벌어지고 있던 연합군의 공세에 대해 시간을 벌기 위한 것이었다고 보는 견해도 있다.
 새로운 회담장인 판문점은 서울과 신의주를 잇는 경의선 근처의 외진 마을로, 38도 선 남쪽으로 5km, 개성시 동쪽으로 9km, 현재의 휴전선상의 서쪽 끝에 위치하고 있다. 덧붙이자면 서울에서는 북서쪽으로 62km, 평양으로부터는 남쪽으로 215km 떨어져 있다. 휴전회담 장소로 정해졌을 당시 이곳은 '널문리'로 불렸다. 회담 장소는 TV 등을 통해 익숙한 현재의 '판문점'으로부터 약 1km 북쪽으로 떨어진 곳으로, 초가집 네 채와 회담장으로 사용되었던 조립식 건물 두 채, 간이숙소 세 채만 있었다고 한다.
 그 후 회담장은 현재의 장소로 옮겨졌고, 그때 회담에 참가한 중국대표의 편의를 위해 회담 장소 가까이에 있었던 잡화점을 한자로 '판문점(板門店)'이라고 표기했는데, 이 명칭이 정착된 것이라고 한다.
 그런데 10월 25일에 판문점에서 재개된 휴전회담은 우여곡절 끝에 11월 27일이 되어서야 "현재의 접경선을 기초로 한다"라는 국제연합 측의 주장이 받아들여짐으로써 '비무장지대의 설정과 군사경계선의 확정' 문제에 대한 타결을 보게 된다. 그 사이 중국과 북한은 점령지역에 대규모의 진지를 구축하고, 참호를 파면서 서해안과 동해안을 연결하는 202km에 이르는 거대한 동굴진지를 완성했다.

그 후에도 제3의제인 '정전과 휴전을 위한 구체적 계약'과 제4의제인 '포로에 대한 계약' 등을 놓고 회담은 난항을 거듭했는데, 1953년 7월에 휴전협정이 조인될 때까지 무려 1,076회나 회담을 했다고 한다.

판문점은 지금도 남북한의 공식창구로서 군사연락특별위원회와 남북적십자회담소가 자리 잡고 있다. 또 북한 측에서는 '판문각'을, 한국 측에서는 '자유의 집'을 각각 설치해놓고 보도관계자와 관광객을 맞이하고 있다. 그러므로 판문점은 남북분단의 비극을 상징하는 장소로서, 남북 모두에서 종종 우표의 소재로 사용되곤 한다.

판문점이 우표에 최초로 등장한 것은 1959년 6월 25일(한국전쟁 개전일)에 발행된 북한의 '미군철퇴 투쟁의 날' 기념우표에서다. 이 우표가 발행되던 시기에 민미맥이 깊은 디자인의 우표가 발행되었다는 사실로 볼 때, 이 우표 속의 회담 장소가 남북분단의 책임은 미군과 그 괴뢰정권에 있다는 북한의 주장을 표현하는 상징으로 사용된 것이라고 짐작된다.

전쟁 중의 대통령 선거

1952년 발행된 대통령 취임 기념우표

한국전쟁이 발발하기 직전, 이승만 정권의 명운은 그야말로 풍전등화였다. 1948년 8월의 건국 이래 이승만 정권은 국내의 정치적·사회적·경제적 혼란을 전혀 수습하지 못한 채 개전 직전인 1950년 5월 30일에 치러진 총선에서 참패했다. 따라서 대통령의 임기가 1952년 8월까지라고는 해도 그때까지 정권을 유지하기 어렵다는 것이 대체적인 전망이었다. 이 같은 상황에서 발발한 한국전쟁은 결과적으로 정권유지를 획책하던 이승만에게 '하늘이 내려준 동아줄'이 되었다. 전쟁이라는 초비상 상황에서 국민은 꼼짝없이 대통령 밑에서 단결해야 했기 때문이다.

그러나 전시라서 겉으로 드러나지는 않았지만, 그늘에서는 은밀하게 정권을 향한 국민의 불만이 계속 쌓여갔다. 무엇보다 정부는 북한의 기습을 자력으로 물리치지 못했다. 또 서울이 함락되기 전 국민에게는 수도 사수를 호소하면서 정부 수뇌들은 몰래 대전으로 몸을 피했다. 게다가 한강 다리를 폭파시켜 많은 희생자가 나왔고 피난길이 끊겨버렸다.

그뿐만이 아니다. 인해전술로 공격해오는 중국군에 대항하기 위해 징집한 국민방위대에서는 열악한 대우로 인해 많은 병사가 아사·동사·병사했고, 간부들은 공금횡령과 독직을 일삼았다. 일각에서는 잠입한 공산 게릴라를 토벌하면서 무고한 일반주민이 군에 의해 학살당하는 사건이 일어나기도 했다.

이것은 모두 이승만 정권에 대한 국민의 신뢰를 현저하게 손상시키는 것으로서, 헌법에서 정한 대로 국회의원(반이승만파인 야당의원이 다수를 차지)에 의한 간접선거로 대통령을 선출할 경우 이승만의 재선은 절망적이었다.

하지만 정권에의 끝없는 집착에 사로잡힌 이승만은 전시상황을 이용해 재선을 위한 포석을 순조롭게 깔아나간다. 먼저 선거 전해인 1951년 12월, 이승만은 자신을 총재로 하여 자유당을 창당했다. 자유당은 이승만의 재선을 위해 대통령을 직접선거로 선출할 수 있도록 헌법을 개정할 것을 주장하기 시작했다. 이와 반대로 야당 측은 이승만 정권의 타도를 위해서 내각책임제를 명확히 하기 위한 헌법 개정을 주장했고, 양측은 격렬하게 대립했다.

결국 대통령 측은 1952년 5월, '공산분자가 치안을 어지럽히는 것을 방지하기 위해서'라는 명분을 내세우며 계엄령을 내렸고, 헌병대가 야당의원을 연행하는 등 물리적인 수법을 강행해 상황을 돌파한다. 같은 해 7월, 대통령 선거를 국민에 의한 직접선거로 한다는 헌법 개정안이 가결되고 신헌법에 근거해서 이승만파의 노골적인 간섭 아래 대통령 선거가 시행된다. 마침내 이승만은 재선되기에 이른다.

이승만의 이러한 억압적인 통치행위는 미국의 반감을 샀으며, 대통령의 감금과 군정의 시행이 일시적으로 검토된 적도 있다고 한다. 그러나 전시라는 상황이 고려되어 이 계획은 소문으로만 그쳤다. 이 점에서도 전쟁은 이승만에게 또 한 번의 천운이었다.

대통령 취임에 맞춰 한국우정은 1952년 9월 제2대 대통령 취임 기념 우표를 발행했고, 이후 한국에서는 일부 예외는 있었지만 새로운 대통령의 취임 때마다 기념우표를 발행하는 것이 관례가 되어 지금까지 이어져 온다.

아이젠하워 정권의 발족

미국의 차기 대통령인 아이젠하워의 방한을 환영하기 위해 제작된 기념품

한국전쟁이 전반적인 교착상태에 빠져 있던 1952년 11월 4일, 전쟁 당사자인 미국에서도 대통령 선거가 시행되었다. 여당인 민주당에서는 일리노이 주지사 스티븐 존이, 야당인 공화당에서는 제2차 세계대전의 영웅인 아이젠하워 NATO(북대서양조약기구)군 최고사령관이 대통령 후보로 나왔다.

선거에서 승리한 사람은 아이젠하워였다. 1890년 텍사스 주에서 태어난 그는 제2차 세계대전이 한창이던 1942년 미국의 유럽파견군 최고사령관에 올랐다. 같은 해 11월 북아프리카침공작전(토치작전)을 성공적으로 수행함으로써 1943년에 유럽연합군 최고사령관에 취임했다. 그리고 이듬해인 1944년 6월에는 전쟁사에 길이 남을 노르망디 상륙작전을 성공시켜 유럽대전의 승패를 결정했고, 제2차 세계대전 종결 시에는 미 육군의 최고위직인 참모총장직을 맡았다. 전후 퇴역해 1948년에 명문 컬럼비아 대학의 총장으로 취임했고, 1950년부터 NATO군 최고사령관으로 근무했다.

한편 같은 제2차 세계대전의 영웅으로 한국전쟁에 참전한 맥아더는 아이젠하워보다 10살 정도 위로, 아이젠하워는 1935~1939년 맥아더의 부관으로 근무하기도 했다. 여담이지만 1951년 4월에 트루먼 대통령에 의해 연합군 최고사령관에서 해임된 맥아더는 1952년 대통령 선거에서 공화당 후보로 지명받기 위해 일본점령의 공적과 비극의 영웅이라는 이미지를 부각시켜 분주한 활동을 벌였지만 실패했다.

그런데 당시 미국 대선의 쟁점 가운데 하나는 한국전쟁의 해결이었다. 교착상태가 계속되면서 미군 사상자가 급증했고, 미국국민 사이에는 평화를 요구하는 목소리가 높아갔다. 아이젠하워 후보는 이러한 국민의 의사를 민감하게 받아들여 민주당의 트루먼이 시작한 한국전쟁을 평화적으로 해결하겠다는 것을 공약으로 내세워 대통령직에 올랐다.

당선 후 아이젠하워는 공약을 실현하기 위해 대통령 취임 전인 1952년 12월 2일에서 5일에 걸쳐 한국을 시찰하고, 같은 달 17일에는 육군의 선배이면서 한국전쟁으로 공산군과의 교전경험이 풍부한 맥아더와 만나 한국전쟁의 해결에 각별한 의욕을 불태우고 있음을 호소했다. 아이젠하워의 이러한 자세는 당연히 한국국민으로부터 환영을 받았고, 그가 방한한 날에는 기념봉투에 우표를 붙이고, 그날의 소인이 찍힌 기념품을 제작하기까지 했다.

아이젠하워는 이듬해인 1953년 1월에 정식으로 미국 대통령에 취임하며 본격적으로 한국전쟁의 해결을 챙기기 시작한다. 워낙에 공산 측의 자세가 강경했으므로 제아무리 아이젠하워라고 해도 한반도 문제 해결이 용이하지는 않을 것이라는 관측이 일반적이었다. 그러나 아이젠하워는 취임 직후 생각지도 못한 행운으로 한반도 문제의 해결을 향해 성큼 다가서게 된다.

스탈린의 서거

스탈린의 죽음을 애도하는 내용이 적힌 북한 병사의 편지

미국에서 한국전쟁의 조기해결을 내걸고 아이젠하워 정권이 발족한 것은 1953년 1월 20일의 일이다. 그로부터 약 2개월 뒤인 3월 5일, 소련에서는 스탈린이 사망하고 말렌코프가 후임으로 서기장이 된다.

스탈린은 그루지야 출신으로 1879년에 태어났다. 본명은 주가시빌리였고 1898년 러시아 사회민주노동당에 입당했다. 그루지야의 영웅들처럼 '코바'라는 이름을 사용하며 비합법적인 활동을 벌였으나, 레닌의 권유로 '강철의 사나이'를 의미하는 스탈린으로 개명했다. 1917년 10월 혁명으로 볼셰비키 정권이 탄생한 후 민족문제를 담당하다가 레닌 사후에 권력을 장악했다. 일국사회주의론을 주창하며 1928년 이후 두 번에 걸친 5개년계획으로 사회주의국가 건설을 달성했다. 그러나 다른 한편에서는 반대파에 대한 대규모 숙청을 단행하는 등 공포정치를 펼쳤다. 제2차 세계대전 중에는 나치 독일과 중립조약을 맺고 발트 3국을 합병하지만 1941년 6월 독·소전의 발발 후에는 연합국의 일원이 되어 대독 전쟁에서 승리를 거두었고, 전후 미국과 함께 양대 강국이 되어 동서냉전 구조의 한 축을 담당했다.

동아시아에서는 1945년 2월 얄타 회담을 통해 독일 항복 이후 3개월 안에 대일본전쟁에 참전할 것을 미국과 밀약했다. 또 같은 해 8월 9일에는 만주를 침공하고 쿠릴 열도, 사할린, 북한 등지를 점령했다.

한반도에서는 북위 38도 선 이북의 점령을 미국으로부터 보장받고, 소련극동군으로서 훈련을 쌓은 김일성을 귀국시켜 위성국 건설을 추진했다. 그 후 1948년에 조선민주주의인민공화국이 성립하자, 김일성의 무력남침론을 승인하고 북한에 대한 각종 원조에 나섰다. 그러나 막상 한국전쟁이 발발하자 전쟁에 관여하지 않았다.

그런데 스탈린의 사후 소련은 정책을 크게 바꾸게 된다. 공산당 지도부는 그의 죽음으로 가혹한 공포정치에 대한 반발이 일제히 분출하는 등 예측 불가능한 사태가 발생할지 모른다고 우려했다. 이로 인해 말렌코프를 위시한 소련 지도부는 국내의 안정을 확보하는 것을 최우선 과제로 삼았으며 국제정치 개입을 자제하겠다는 방침으로 전환했다. 물론 한국전쟁에 대해서도 공산주의의 총본산으로서, 중국과 북한을 설득하면서 조기 휴전할 것을 촉구했다. 다만, 이러한 정책변화는 극비리에 진행되었으므로 거의 알려지지 않았다.

앞쪽 사진의 우편물은 이러한 상황 가운데 북한 병사가 발송한 것인데, 편지에는 위대한 수령 스탈린(당시 북한에서는 사회주의국가들 전체의 지도자라는 의미로 스탈린을 이런 식으로 불렀다)의 죽음을 애도하고, 새로운 수령이 된 말렌코프에 대해서 충성을 맹세한다는 내용이 이어지고 있다. 사용된 봉투는 북한군 창군 5주년을 기념해서 만들어진 것으로, 위쪽에는 "미제 침략자에게 죽음과 저주를!"이라는 슬로건이 들어가 있다.

1956년, 소련공산당 제20회 당대회 때는 흐루쇼프가 연설을 통해 스탈린을 비판했고, 이것을 계기로 북한에서도 김일성 개인숭배에 대한 비판의 기운이 움텄으나, 김일성은 오히려 반대파의 숙청을 개시했다. 김일성은 이후 독재권력을 확립하고 스스로 북한왕국의 '수령'이 되었다.

한국전쟁의 휴전

휴전을 기뻐하는 북한군의 모습이 등장하는 중국의 그림엽서

포로의 송환문제를 둘러싸고 1952년 10월 이래 중단되었던 한국전쟁 휴전교섭은 미국의 아이젠하워 정권 발족과 소련의 독재자 스탈린 사망이라는 국제정세의 변화에 힘입어 1953년 4월 26일, 6개월 반 만에 재개되었다. 교섭에서는 먼저 부상당한 포로에 대한 협정이 맺어졌는데, 이와 동시에 공산 측은 최후의 공세를 펼치기 시작했다. 휴전 직전의 전투를 통해 자신들의 승리를 내외에 부각시키겠다는 전략이었다.

한편 휴전의 기운이 무르익으면서 한국정부의 불만도 높아져 갔다. 한국 측 입장에서 보자면 한국전쟁은 북한의 침략으로 시작된 것이다. 그러므로 침략자에게 철저하게 승리하지 않는 한 아무런 죄도 묻지 못한 채 커다란 희생만 강요당한 꼴이 되는 것이고, 국민도 납득하지 못할 것이기 때문이다. 더구나 휴전교섭이 기본적으로 이름만 연합군 대표일 뿐, 실질적으로는 미국이 주도하여 공산군과 협상을 진행했으므로 당사자인 한국은 강 건너 불구경할 수밖에 없는 처지에 놓여 있었다.

그래서 휴전이 가까워짐에 따라 한국 내에서는 휴전을 반대하는 시위가 자주 발생했다. 또 대통령인 이승만도 휴전에 대해서는 절대 반대라는 입장을 확고히 했고, 미국은 '완고한 노인의 몽니' 때문에 속을 썩이게 된다. 6월 6일 마침내 포로송환 문제가 타결되고, 바야흐로 휴전이 초읽기에 들어가자 이승만은 최후의 저항으로서 6월 17일에 한국경비대가 관리하고 있던 포로수용소로부터 중국·북한으로 송환이 결정되었던 '반공포로(중국·북한으로 송환을 희망하지 않는 포로)'를 석방해버린다. 당연히 공산 측은 이승만을 비난했고, 휴전은 또다시 물 건너갈 것으로 보였다.

한편, 옳고 그르고를 떠나 무조건 휴전을 성사시키고 싶었던 미국도 이승만의 조치에 격분, 문제 해결을 위해 황급히 국무부의 극동담당차관보인 로버트슨을 특사로 한국에 파견했다. 로버트슨과 이승만은 교섭에 난항을 겪었지만, 최종적으로 한미안전보장조약을 체결했다. 미국 측은 한국군 20개 사단 증설, 전후부흥에 대한 원조 등을 대가로 내놓겠다고 했고, 한국 측도 더 이상의 휴전 반대는 없을 것을 약속함으로써 마침내 휴전을 위한 주변 환경이 정리되기에 이른다.

1953년 7월 27일, 판문점의 휴전회담 본회의장에서 유엔군 수석대표인 해리슨과 북한군 대표인 남일 사이에 휴전협정이 조인되었다. 또 연합군 총사령관인 클라크, 북한군 총사령관인 김일성, 중국인민지원군 총사령관인 펑더화이(彭德懷)가 각각 후방의 사령부에서 휴전협정에 서명했다. 한국 측은 휴전을 반대하지는 않지만 서명도 하지 않겠다는 이승만의 자세를 반영해 협정서에 조인하는 것을 거부했다.

'휴전'에 대한 남북의 자세를 반영하듯, 북한 측은 휴전협정 성립 5일 후인 7월 28에 '승리'의 기념우표를 발행했고, 중국의 군사우편용 그림엽서에도 휴전을 기뻐하는 북한 병사의 사진을 넣었다. 이에 비해 한국 측은 전쟁의 종결을 기념하는 우표를 한 장도 발행하지 않았다.

이승만라인

독도 우표가 붙여진 일본행 우편물

한국전쟁이 휴전에 들어갔을 때 한국과 일본의 관계는 극도로 긴장된 상태였다. 도화선은 한국전쟁 중인 1952년 1월에 이승만이 선포한 「대한민국 인접해양의 주권에 대한 대통령 선언」이다. 선언문은 국방과 어업자원의 보전을 내세워 당시 한국 근해에 설정되었던 '맥아더라인'보다도 일본에 근접한 '평화선'(일본에서는 이승만라인이라고 부른다)을 설정, 이것을 영해로 해서 수역 내 모든 천연자원, 수자원의 이용권을 주장했다.

일본과 한국의 국교정상화 교섭은 1951년 10월 예비회담으로 시작되었지만, 일본을 반공의 방파제로서 육성하고자 의도한 미국은 한국 측의 대일본배상청구를 무시하려 했다. 이로 인해 한국 측은 교섭을 위한 새로운 의제를 만들어야 할 필요에 직면해 있었고, 그것이 대통령 선언으로 이어진 것으로 보는 사람이 많다.

그러나 이승만라인은 한일관계를 극도로 냉각시켰는데, 그중에서도 라인의 안쪽에 일본이 영유권을 주장하고 있는 독도〔일본명 다케시마(竹島)〕가 포함되어 있다는 사실이 일본 측을 크게 자극했다. 한편 한국은 1946년의 GHQ 각서에 독도를 일본 행정구역에서 분리한다는 취지의 기록이 있었다는 사실을 근거로 들며 독도에 대한 영유권을 주장했다.

일본이 한국의 주장을 인정하지 않는 가운데, 1952년 2월부터 국교정상화 교섭(제1차 교섭)이 시작되었다. 이 교섭은 청구권 문제(일본 측은 한국 내에서 접수된 옛 일본 자산의 보상을 강경하게 요구했다)와 일본의 식민지 지배에 대한 책임문제가 뒤얽히면서 같은 해 4월 무기 연기되고 말았다. 그 사이에 이승만라인을 침범했다며 한국 측에 나포되는 일본 어선이 속출했고, 전후 일본에 밀입국한 한국인의 송환문제까지 더해져 한국과의 교섭재개는 일본에게 무엇보다 시급한 과제였다.

그러나 1953년 4월 간신히 재개된 제2차 회담은 같은 해 6월 휴전성립에 대비해야만 했던 한국의 사정으로 중단되고 말았다. 또 같은 해 10월의 제3차 회담에서는 일본 측 대표인 구보타 간이치로(久保田貫一郎)가 "일본은 조선의 철도와 항만을 건설하고, 농지를 조성했다", "당시 일본이 조선에 가지 않았다면 중국이나 러시아가 들어갔을지도 모른다"는 등의 발언으로 한일 양국의 비난을 불러일으켰고, 그 결과 회담은 결렬되었다. 그 후 교섭은 1958년 4월까지 중단되었다.

한일 간의 이러한 갈등을 우려한 미국정부는 1954년 7월, 한국에 대해서 이승만라인의 철회 등을 통한 일본과의 화친을 요구했지만, 이것은 오히려 한국 측의 태도를 강경하게 만드는 역효과를 불러일으켰다. 미국과의 교섭이 결렬되었고, 8월에는 대일경제단교 조치가 내려졌다.

이런 상황 속에서 1954년 9월, 한국우정은 독도를 소재로 한 보통우표를 발행, 독도에 대한 영유권과 이승만라인의 정당성을 우표에서도 주장했다. 이에 대해 일본 측은 독도 우표가 붙여진 우편물을 한국으로 반송하는 것으로 대응하려고 했으나, 현실적으로 그런 조치를 취하는 것이 불가능했던 모양인지 이 우표가 붙여진 채 일본 내에 배달되는 우편물도 적지 않게 보고되었다.

한미상호방위조약의 조인

한미상호방위조약 체결을 기념하는 우표

    한국전쟁의 휴전협정이 조인된 것은 1953년 7월인데, 한미상호방위조약은 휴전 직전인 5월 말부터 교섭이 개시되어 휴전 후인 10월 1일에 워싱턴에서 조인되었다. 이 조약으로 휴전 후 한국의 안전보장에 대한 대체적인 틀이 마련되었다. 그리고 이 조약은 한미 양국 내에서 각각 절차를 밟아 이듬해인 1954년 11월 17일부터 정식으로 발효되었다. 기본적으로 휴전체제를 보완하는 성격이 농후한 이 조약은 1951년에 체결된 미일안보조약과 함께 미국의 태평양 전략의 근간을 이룬다.

    한국 측에서 보자면 조약에 의해 한국에 주둔하는 미군은 어떤 의미에서 '인질'로서 북한의 도발을 억제하는 역할을 기대할 수 있었다. 특히 휴전선으로부터 불과 20km 떨어진 경기도 동두천의 미 육군 제2사단은 북한의 공격이 있을 경우 가장 먼저 피해를 입게 되는 위치였기 때문에 '북한의 남침 = 미군 자동개입'의 상징으로 받아들여졌다.

    한편, 미국은 휴전협정을 강하게 반대한 이승만 정권이 북으로 진격해 북한과 또 한 번의 전쟁도 불사할지 모른다고 염려한 것도 사실이다. 즉, 이 조약의 제1조는 "계약국은 각각이 관계할 수 있는 국제분쟁을 국제평화와 안전과 정의를 위협하지 않는 방법으로 평화적 수단에 의해서 해결하고, 각각의 국제관계에서 국제연합의 목적과 계약국이 국제연합에 대해서 짊어지고 있는 의무와 양립될 수 없는 여하한 방법, 무력으로 위협하거나 무력을 행사하는 것을 삼갈 것을 약속한다"는 내용으로, 한국에 대해 휴전협정 준수를 의무화하고 있다.

그런데 조약 체결 당시는 북한의 남침 기억이 선명하던 때라 약 20만 명의 미군을 상주시킨다는 약속도 채택되었다. 그러나 1958년, 중국군이 북한으로부터 철수하고 미국이 한국에 전술핵무기를 도입함으로써 주둔 병력은 1960년까지 약 6만 명으로 줄어들었다. 현재 한국에는 제2보병사단과 제7공군을 중심으로 약 3만 6,000명의 미군이 주둔하고 있다. 1954년 당시에는 주한미군지위협정(SOFA)이 체결되어 있지 않았고, 한국 측은 1967년 이 협정이 맺어질 때까지 미군의 범죄에 대해 어떤 제재도 취할 수 없는 상태에 놓여 있었다.

한국우정은 1954년 11월, 이 조약이 발효되는 것에 맞춰 기념우표를 발행했다. 이 우표는 양국의 우호관계를 강조하는 것으로, 태극기와 성조기를 배경으로 이승만과 아이젠하워가 악수하는 모습이 커다랗게 새겨져 있다. 원래 이 사진은 조약이 조인될 때 찍은 것이 아니라(조인 시 이승만은 방미 중이 아니었다), 아직 전쟁이 계속되던 1952년에 아이젠하워가 방한했을 때 촬영한 것으로 보인다.

또 두 사람 앞에 철조망이 그려져 있는데, 동서냉전의 최전선으로서 북한과 대치하고 있는 한국의 상황이 상징적으로 표현되어 있다. 한국의 안보는 이렇게 해서 그 기본 틀이 마련되어 지금까지 지속되고 있으며, 이승만 정권은 바야흐로 전후부흥을 위해 본격적으로 팔을 걷어붙일 수 있게 되었다.

전후부흥과 재벌의 탄생

'산업부흥'을 형상화한 통상우표

한국전쟁 후 발전이 본격화한 것은 1955년부터로, 이때부터 한국에서는 새싹과 공장, 수력발전 댐을 그려 넣은 '산업부흥'을 주제로 한 통상우표가 일상적으로 사용되었다. 전후부흥이라는 사회 전체의 목표가 우표에도 반영된 결과다. 1953년 10월 한미상호방위조약이 체결되자, 미국의 대한원조가 본격화했는데 그 총액은 10억 달러에 이른다.

북한은 공산권 국가들로부터 받은 원조를 군사와 직결되는 중화학공업에 투자한 반면, 한국은 농업에 대한 투자도 적잖이 시행했다. 농업 분야에서 외화사용은 일본 비료를 수입하는 것이 큰 비중을 차지했고, 제비마크가 찍힌 미쓰이토아쓰(三井東壓) 비료는 누구나 알 정도로 유명한 제품이었다. 당시 우표에 그려진 새싹은 이 같은 농업 분야에 대한 애정을 나타낸 것이라고 생각해도 좋을 것이다.

그런데 한국의 전후부흥은 미국으로부터 거액의 원조가 있어서 가능했던 것이기 때문에 당연히 그 원조의 수혜를 특권적으로 누리면서 급성장하는 기업도 생겨났다. 삼성을 비롯한 훗날 재벌의 기반이 이때 마련되었다.

삼성재벌은 일제 치하에서 양조장을 경영하던 이병철이 1937년에 만든 삼성상회가 그 뿌리이다. 해방 후인 1947년 삼성물산공사로 이름을 바꾸었고, 1952년에 현재의 삼성물산이 되었다.

한국전쟁 중 민간에 부족한 물자를 수입하는 것으로 기틀을 마련한 삼성은 휴전 후 미국에서 보내오는 원조물자를 가공하는 이른바 '삼백(三白)공업'(제당업, 면공업, 제분업)을 중심으로 상업자본에서 산업자본으로 탈바꿈하는 데 성공한다. 1953년에는 제일제당을, 1954년에는 제일모직을, 1958년에는 제일제당 안에 제분부문을 새로 만드는 등 소비재의 국산화로 거대한 부를 축적했다. 이렇게 해서 삼성은 1950년대 말 한국 굴지의 재벌이 되었다.

한편 전후 복구를 위한 건설 붐 속에서 급성장을 이룬 현대건설(1947년 정주영이 설립)도 이때 재벌로 설 수 있는 기반을 다졌다. 이 외에도 1950년대에 재벌화한 한국의 유명한 기업으로는 럭키금성, 금호, 대한전선, 쌍용 등이 있다.

이들 기업이 급성장할 수 있었던 것은 모두 은행의 특혜성 대출(당시 물가상승률은 연간 30% 전후였으나, 대출금리는 15%였다)이 뒷받침되었기 때문으로, 정권과 유착한 이들이 정계 유력자에게 대출에 상응하는 대가를 지불하지 않고서는 불가능한 일이었다. 그 결과 이승만의 장기정권을 지탱해주는 정치자금을 둘러싸고 여러 가지 추문이 돌게 되었다. 그러나 이런 소문들은 정치적 압력에 의해 무마되었다.

1960년 이승만 정권이 붕괴한 이후 이들 재벌은 부정축재 등의 이유로 궁지에 몰리게 되나 정치헌금으로 위기를 모면했고, 박정희 정권 밑에서 개발독재의 시대를 맞이하게 된다.

사사오입 개헌

1956년의 이승만 탄생일 기념우표

한국전쟁 중이었던 1952년, 헌법을 강제로 개정하고(이것으로 대통령은 국회의원에 의한 간접선거가 아닌, 국민에 의한 직접선거로 선출된다) 대통령 재선에 성공한 이승만은 종신대통령을 노렸다. 1953년 7월의 휴전협정 성립 후 이승만은 전후부흥을 목표로 미국과의 관계를 강화해나가면서 3선을 위한 준비작업도 착착 진행해나갔다.

당시 헌법에서는 대통령의 임기를 두 번까지라고 정해 3선을 금지했다. 따라서 이승만은 종신대통령이라는 목표를 이루기 위해 우선 헌법을 개정해야 했다. 헌법을 개정하기 위해서는 국회의원 3분의 2 이상의 찬성을 얻어야 하는데, 당시 국회의 정원은 203석이었으므로 단순히 계산할 경우 135.3명이 3분의 2에 해당한다. 이런 경우 통상적으로 136명을 3분의 2 이상이라고 하게 된다.

1954년 가을 국회는 이승만파가 제출한 헌법개정안이 찬성 135표, 반대 60표를 기록하자 이를 놓고 치열한 공방을 반복하다가 11월 29일 일단 개정안을 부결했다. 그러나 이승만은 정원 203명의 3분의 2는 135.3명이므로 이것을 사사오입(四捨五入, 반올림)하면 135명이라고 강변하면서, 이미 부결선언까지 마친 개정안을 강제로 가결되었다고 공표해버렸다. 이것이 바로 그 악명 높은 '사사오입 개헌'이다.

이승만의 이러한 독선적인 행동에 대해 안팎으로 비난의 목소리가 높아져 갔지만, 이승만 정권은 강권을 발동해 반대파를 억압하면서 3선을 위한 작업을 펼쳐나갔다. 이의 일환으로, 이승만 정권은 국가매체인 우표도 이용했다.

북한에서 발행된 김일성 탄생일 기념우표

예를 들어 1956년 5월의 대통령 선거를 앞둔 시점인 1955년과 1956년의 이승만 생일(3월 26일)에는 기념우표를 발행하는 등 국민에게 '위대한 지도자 이승만'이라는 이미지를 심기 위해 애를 썼다. 특히 선거 직전인 1956년에 발행된 기념우표에는 이승만을 찬양하기 위해 세운 '송수탑'이 크게 들어가 있다. 그에 대한 개인숭배 작업이 절정에 이르렀다는 느낌을 들게 한다.

현직 국가원수가 자신의 생일을 기념하는 우표를 발행하는 현상은 히틀러의 나치 정권 이래, 김일성·김정일의 북한과 이라크의 사담 후세인 정권 등 국민에게 개인숭배를 강요한 독재국가에서 종종 일어났다. 당시 한국에서는 이승만의 탄생일 기념우표에 대한 비판의 목소리가 높았다. 그래서 1956년 3선을 달성한 이후로는 이승만의 생일을 기념하는 우표는 발행되지 않았다. 물론 그가 퇴진한 1960년 이후에도 자신의 생일 기념우표를 발행한 대통령은 한 사람도 없었다.

이승만 3선

이승만의 3선을 기념하는 우표

1954년 11월 악명 높은 '사사오입 개헌'으로 3선 대통령에의 길을 열었던 이승만은 그 때문에 적지 않은 국민적 불만을 샀다. 당시 한국은 전쟁의 기억이 생생했으므로 국가예산의 30% 이상을 군사비가 차지하고 있었고, 이것은 국가재정에 커다란 부담으로 작용했다. 이로 인해 한국정부는 부흥지원을 위해 미국에서 얻은 원조물자(대부분 미국의 잉여농산물)를 국민에게 비싸게 팔고, 그 매상을 '대충자금(對充資金)'으로 모아놓고 군사비를 충당했다. 이 과정에서 정부와 결탁한 삼성 등의 재벌들은 급성장한 반면, 농업은 미국에서 유입된 농산물로 인해 큰 타격을 입었다.

이런 연유로 야당 각파는 국민들이 이승만 정권에 대해 가진 불만의 목소리를 규합해서 정권교체를 실현하겠다며 대동단결해 민주당을 결성했고, 당수로 신익희를 옹립한다. 신익희는 해방 전 대한민국임시정부의 간부 중 한 사람으로, 1944년 11월 서울에서 대한민국임시정부 특파사무국을 개설했다. 이 사무국은 해방 후 극우 테러리즘을 전개한 '백의사'의 모체가 된다. 그는 또 1948년 8월 대한민국 건국 시에는 대통령에 취임한 이승만의 뒤를 이어 국회의장에 취임하는 등 우파의 거물정치인으로서 영향력 있는 인물이었다.

신익희는 1956년 5월의 대통령 선거에서 "못살겠다, 갈아보자"라는 슬로건으로 현직의 이승만을 거세게 압박했는데, 그의 연설을 듣기 위해 모인 지지자가 30만 명에 이를 정도였으므로 이승만 정권의 명운은 끝났다고 여겨졌다. 그러나 투표일을 불과 10일 남겨둔 5월 5일 신익희는 뇌출혈로 급사했고, 민주당에서는 중도좌파인 조봉암이 입후보했다. 조봉암은 해방 전까지 공산당원이었으나, 남북협상과 평화적 통일을 주장했다는 것을 빼면 보수정당과의 정책적 견해 차이는 거의 없었다.

그러나 그의 정치적 이력을 혐오한 야당 지지자들의 상당수가 이승만 지지로 돌아섰고, 투표 결과 조봉암은 216만 표를 획득한 채 지고 만다. 그러나 이 득표수는 10일에 불과했던 선거운동 기간을 고려하면 크게 건투한 것이다. 이미 사망한 신익희를 택한 '추도표'가 180만 표였으므로, 반이승만표는 400만 표를 약간 밑도는 것이 된다. 당선한 이승만의 득표수가 500만 표였으므로 신익희의 급사라는 변수만 없었다면 정권교체는 충분히 가능했을 것이다.

대통령 선거와 동시에 치러진 부통령 선거에서는 여당후보가 패배하고 야당후보인 장면이 당선되었다는 것도 주목할 만하다. 81세의 고령이었던 이승만에게 야당 출신의 부통령은 상당히 거북한 존재였음이 틀림없다. 힘겹게 3선을 달성한 이승만은 8월 15일 세 번째 임기에 돌입했고, 여기에 맞춰서 한국우정은 '제3대 대통령 취임'을 기념하는 우표를 발행했다.

이후 이승만은 1960년의 대통령 선거에서 일단 4선을 이루지만 부정선거에 대한 국민들의 분노가 폭발해 하와이로 망명할 수밖에 없는 처지가 되고 말았다. '제4대 대통령'으로 취임이 불가능했으므로 앞쪽 사진의 우표가 이승만의 대통령 취임을 기념하는 최후의 우표가 되었다.

한미우호통상항해조약

한미우호통상항해조약 체결 기념우표

이승만의 3선 달성은 신익희의 급서 덕분이었다. 동시에 시행된 부통령 선거에서 야당후보인 장면이 당선된 사실은 국민이 결코 무조건 이승만의 편이기만 한 것은 아니라는 점을 증명해주었다.

1898년에 인천에서 태어난 장면은 식민지 시대인 1925년, 뉴욕의 맨해튼 가톨릭 대학을 졸업했다. 1955년에는 이승만이 다음 해의 대통령 선거에서 3선을 하는 것을 저지하기 위해 야당이 세를 규합해 결성한 민주당에 참가했다. 장면은 친미보수의 현실노선을 기치로 내걸고 있었으므로 정책적으로 이승만과 커다란 차이가 없었다. 그러나 81세라는 고령으로 세 번째 임기에 돌입한 이승만에게 만일의 사태가 발생할 경우 후계를 맡아야 할 부통령이 반목 중인 야당 출신이라는 것은 커다란 부담이 되었음이 틀림없다.

이런 상황 속에서 장면이 폭탄 테러를 당하는 사건이 발생한다. 이승만-장면 체제가 출범한 직후인 1956년 9월, 서울의 국립극장(명동 시공관)에서 개최된 민주당 전국대회에서 폭탄이 터지면서 장면이 경상을 입었다. 이 사건에 경찰이 관련되었다는 사실이 밝혀지면서 수사는 흐지부지되고 만다. 이승만이 직접 사건에 관여했는지 아닌지는 차치하더라도, 대통령파가 정권기반을 안정시키기 위해 '눈앞의 가시'인 장면을 물리적 수단으로 제거하려고 했다는 것은 누가 보더라도 분명한 사실이었다.

그런데 이 시기에 이승만은 이러한 비합법적인 수단과는 별도로 정치가로서 자신의 정권기반을 강화하기 위해 미국과의 우호통상조약을 맺는 것에 특별히 공을 들이고 있었다.

　미국은 1948년에 중국 국민당 정부, 그리고 제2차 세계대전 패전국인 일본과는 1953년에 각각 상호 간에 최혜국 지위를 부여한다고 약속한 우호통상항해조약을 체결했다. 그러므로 한국전쟁 후의 혼란이 일단 수습된 1956년 11월, 미국이 한국과의 사이에 우호통상항해조약을 체결한 것은 필연적인 것이라고 볼 수 있다.

　그러나 이승만은 한미 간의 조약체결이 지연되는 것을 역으로 이용해, 엄청난 어려움을 극복한 끝에 조약 조인에 성공했다며 국내외를 향해 공치사를 했다. 이승만이 한국에서 독재권력을 유지할 수 있었던 배경에는 서슴지 않고 저질렀던 온갖 권모술수도 있었지만, 무엇보다 미국으로부터의 지원을 얻어내기 위해서는 이승만이 아니면 안 된다는 이미지가 형성되어 있었기 때문이다. 그러므로 국민에게 미국과의 관계가 돈독하다는 인상을 심어주고, 미국으로부터 한층 더 많은 원조를 끌어내는 것은 정권을 유지하는 데에서 불가결한 일이었다. 우호통상조약의 조인은 이승만에게 미국과의 관계를 과시할 수 있는 좋은 재료였다.

　한미통상항해조약이 국회에서의 절차를 거쳐 정식으로 발효된 것은 1957년 11월 7일로, 한국우정은 기념우표를 발행했다. 이 기념우표 이후 통상적인 천공(우표 가장자리에 자르기 쉽도록 뚫은 작은 구멍)이 있는 시트 우표와는 별도로 우표를 한 종씩 넣은 무공(천공이 없는 우표)의 소형 증정용 시트가 일반인을 대상으로 발매되기 시작했다.

부흥경기의 종언

정부 수립 10주년 기념우표

한국은 1958년 8월, 정부 수립 10주년을 기념해 우표를 발행했다. 이 우표 가운데 공장지대를 멀리서 굽어보는 소년과 소녀의 모습이 그려진 것이 있다. 이런 디자인은 전후 복구가 진척을 보이면서 제분·제당·방적의 경공업을 중심으로 한국경제가 순조롭게 발전하고 있음을 표현하려는 것이었다.

그런데 이 우표가 발행될 무렵부터 한국경제는 중대한 기로에 서게 된다. 배경에는 미국의 정책전환이 있었다. 한국전쟁이 시작된 1950년에 130억 달러였던 미국의 국방예산이 휴전이 성립한 1953년에는 504억 달러로 급증했다. 1955년에는 휴전 덕분에 407억 달러까지 예산이 줄어들었으나, 소련과의 핵무기 개발 경쟁 및 해외 미군기지 건설로 예산은 다시 증가세로 돌아섰고, 1959년에는 1950년의 3.6배에 달하는 465억 달러를 기록했다. 정부예산 총액 면에서 보더라도 1950년에는 32.9%였으나 1959년에는 57.9%로 확대되었다.

반(反)소련의 울타리를 구축하고 유지하기 위한 대외원조도 1950년대 전 기간 동안 꾸준히 증가했고, 이것이 미국정부의 재정을 압박해 금 보유고가 급감했다. 그 결과 1950년대 말이 되면서 국제시장에서는 금 1온스당 35달러였던 환산 비율을 더 유지하기 어렵다는 우려의 목소리가 급속히 높아졌고, 런던시장에서는 1온스당 35달러를 웃돌면서 상승세를 타기 시작했다. 이른바 달러 위기가 표면화한 것이다.

사태의 심각성을 인식한 아이젠하워 정권은 1959년 '바이 아메리카(미국제품을 사자)'와 같은 운동을 전개하기도 했지만, 금 보유량의 감소세는 그칠 줄 몰랐다. 미국은 대외정책 면에서도 기본방침을 수정, 종래의 마구잡이식 경제원조정책을 버리고 동맹국들의 경제개발을 지원해나가면서 안정된 지배력을 확보하기로 한다. 그 결과 한국에 대한 미국이 경제원조도 대폭 삭감된다.

미국의 이러한 정책전환은 당연히 한국경제에 커다란 피해를 주었다. 당시 한국경제는 정부와의 결탁으로 급성장을 이룩한 소수 재벌이 지탱하고 있는 구조로, 그 주요 자원은 미국의 경제원조에서 나왔다. 우표에 그려진 것과 같은 '발전하는 공장지대'도 미국의 원조 없이는 이룰 수 없는 것이었다.

이승만 정권은 미국의 원조 삭감에 대해 목소리를 높이면서 규탄했지만, 가시적인 효과를 낼 대책을 마련하기는커녕 오히려 반공·반일을 금과옥조로 삼아 대일통상단교를 단행하는 등 사태를 악화시키기만 했다.

이러한 경제실정에다가 장기간에 걸친 독재체제하에서 만연한 부정·부패가 더해지면서 이 정권에 대한 국민의 불만은 급속히 높아갔다. 그리고 이러한 불만은 1960년 3월의 대통령 선거에서 발각된 부정행위와 함께 10년 이상 계속된 장기정권의 종말을 가져오는 도화선이 되었다.

4·19혁명

4월혁명 1주년 기념우표

　달러 위기에 직면한 미국은 경제원조정책을 수정, 1950년대 말에는 한국에 대한 지원도 대폭 삭감했다. 이로 인해 한국경제가 곤두박질치게 되었지만 이승만 정권은 무대책으로 일관했다. 이승만은 국민의 불만을 강권정치를 통해 잠재우려고 했다. 야당 진보당의 당수로, 1960년 대통령 선거에서 유력 후보였던 조봉암을 1958년 '빨갱이' 용의자로 숙청시킨 것이 그 상징적 사건이라 할 수 있겠다.

　그러나 이러한 자세가 장기정권의 그늘 속에서 자라난 각종 부패와 상승작용을 일으키면서 국민의 불만은 한층 더 격해졌다. 이제 이승만 정권이 한계상황에 도달했다는 것은 누구의 눈으로 보더라도 확실했다. 이런 가운데 대통령 선거가 시행되는 1960년이 밝아왔다.

　그해 1월 야당인 민주당은 현직 대통령으로 4선에 도전하는 이승만을 저지할 만한 가능성이 큰 후보로 조병옥을 내세웠다. 그러나 그가 5월로 예정된 선거를 앞두고 지병 치료를 목적으로 도미하자, 이승만은 그가 없는 틈을 노려 3월 15일로 선거날짜를 변경했다. 한편, 수술을 받은 조병옥은 몸 상태가 나빠져 선거를 한 달 앞둔 2월 15일에 급사했다.

　이렇게 되자 이승만의 4선은 거의 확실하게 되었다. 그러나 85세의 대통령에게는 준대통령이라고 할 수 있는 부통령의 선거가 더 큰 문제였다. 이승만 정권은 여당후보인 이기붕이 당선되길 바랬지만, 야당후보이자 현직 부통령인 장면이 우세한 상황이었다. 이를 해결하기 위해 정부는 노골적으로 선거에 개입, 선거 당일 새벽에 이기붕 표를 투표함에 미리 넣어둔다든지, 유권자를 소수 그룹으로 나누어서 조장이 조원이 찍은 투표용지를 확인한 다음 투표함에 넣는다든지, 혹은 투표함과 투표용지를 바꿔치기하는 등의 수법을 사용했다.

결국 대통령 후보 이승만은 963만 표를 획득해 당선되었다. 부통령 후보 이기붕은 833만 표를 얻어 당선되었고, 장면은 184만 표를 얻은 것으로 발표되었다. 선거결과가 발표되자마자 도를 넘어선 노골적인 부정선거를 규탄하는 시위가 이어졌다. 마산에서 발생한 시위가 특히 격렬했는데, 경찰의 발포로 8명이 사망하고 200명가량이 부상당했다. 더구나 시위대에 합류한 후 실종되었던 중학생 김주열(당시 17세)의 시신이 4월 11일 마산 앞바다에서 최루탄이 눈에 박힌 채로 발견되면서 국민의 분노는 극으로 치닫게 되었다. 4월 19일에는 서울에서 대규모 시위가 발생해 학생과 경찰의 충돌로 183명이 사망하고, 6,200명이 부상했다.

점점 더 심각해지는 소요상태 속에서 미국은 이승만에 대한 지지 철회를 분명히 했다. 결국 손을 쓸 만큼 써본 이승만은 퇴진할 의사를 표명하고 하와이로 망명길에 올랐다. 한편, 부통령에 당선된 이기붕은 28일 권총 자살로 생을 마감했다. 이것이 이른바 '4월혁명'이다.

혁명 다음 해에 시위대의 사진을 소재로 한 '4월혁명 1주년' 기념우표가 발행되었다. 그러나 이로부터 얼마 지나지 않은 5월 16일에 군사쿠데타를 일으킨 박정희 장군은 '민주화'보다 '사회질서의 회복'을 우선하게 되었고, 이후 '4·19혁명'을 기리는 우표는 발행되지 않았다.

칼럼   연하우표

한국에서는 1957년부터 연하우표(1958년용)가 발행되었는데, 그 최초의 우표는 크리스마스용을 겸한 디자인이었다.

한국은 유교의 영향이 진하게 남아 있으면서도, 전체 인구 4분의 1이 크리스천인 아시아 최대의 기독교 국가 가운데 하나이다.

일제가 통치하던 때 기독교는 평안도 등 북한지역에서 번성했으나, 1945년 해방 후 김일성에 의해 사회주의화가 진행되면서 심한 탄압하에 놓이게 되고 (그런데 김일성의 외가 쪽 친척들은 독실한 기독교인으로, 그도 어린 시절 조모의 손에 이끌려 교회를 방문했던 일이 있다고 회고록에서 밝히고 있다), 많은 신자는 월남을 택할 수밖에 없었다.

반면 미군정 치하의 남한에서는 점령당국이 기독교의 전파에 적극적인 지원을 아끼지 않았을 뿐만

1958년용 연하우표

아니라, 독실한 기독교인이었던 이승만의 주변에도 월남해온 기독교인이 결집했다. 한국전쟁이 발발한 후에는 북한의 공산주의에 대항하는 이데올로기로서의 의미까지 지니게 되면서 기독교의 사회적 영향력은 급속히 확대되었다.

1958년용 연하우표도 이러한 사회적 배경 속에서 발행된 것이다. 그렇지만 한국의 고유하고 전통적인 연중행사와 제사가 쇠퇴한 것은 아니었으므로, 이 우표에서처럼 '연하우표'의 제재가 기독교에 치우친 것에 대해 일반 국민이 가지는 위화감은 적지 않았을 것으로 여겨진다. 이 때문인지 1959년용 연하우표에서는 기독교와 관련된 제재가 3종 가운데 1종으로 한정되었다.

1966년 이후로 크리스마스를 형상화한 연하우표는 발행되지 않고 있다.

제3장
윤보선·장면 시대
1960~1961

1960년 8월 15일에 나온 '광복 15주년' 기념우표.

1960년 허정 대통령 권한대행

헌법 개정(제2공화국)

윤보선 대통령 선출, 장면 국무총리 취임

1961년 박정희의 5·16쿠데타

아이젠하워 대통령 방한

'아이젠하워 대통령 방한' 기념우표

1960년 3월의 대통령 선거 부정에 항의하면서 자연스럽게 발생한 국민의 시위는 나중에 4·19혁명으로 이어졌다. 미국은 이때 이승만을 버렸고, 그 결과 건국 이래 12년간 지속된 독재정권이 붕괴했다. 그렇지만 미국에게 한국은 냉전의 최전방으로, 이승만의 퇴진 후에도 그 중요성은 여전했다. 그러므로 비민주적이고, 부패가 만연한 이승만 정권을 대신할 수 있는 민주적이고 안정된 정권이 한국에서 탄생해 이 정부가 서방진영의 일원으로서 응분의 부담을 짊어질 수 있게 만든다는 것이 미국의 이상적인 시나리오였다.

실제로 북한은 4·19혁명을 '이승만 도당의 파쇼·테러 통치를 철폐하기 위해서 영웅적인 서울 학생들과 시민들이 일으킨 대중적 봉기'라며 환영하고 담화문을 내는 등 포스트 이승만 체제가 확고히 자리 잡기 전에 한국 내에서의 '반제·반봉건 민주주의혁명'을 촉구했다. '평화통일'의 주도권을 선점하고자 했던 것이다.

이런 상황이 이어지고 있던 1960년 6월, 미국 대통령 아이젠하워가 한국을 방문했다. 아이젠하워의 방한 일정은 이미 이승만 시대에 잡혀 있었던 것으로, 미국과의 깊은 인연을 국민에게 새삼스럽게 강조하려는 목적으로 기획되었던 것 같다. 그러나 이승만이 퇴진함으로써 아이젠하워의 방한은 이승만이라는 매개체 없이도 미국과 한국의 동맹관계는 종래와 똑같이 유지됨을 재차 확인시켜주는 역할을 할 것으로 기대되었다.

아이젠하워는 한국전쟁의 종결을 공약으로 내걸고 대통령에 당선되었고, 당선 즉시 차기 대통령의 자격으로 한국을 방문했다. 첫 번째 임기 중이었던 1953년 7월에 휴전을 성립시켰을 뿐만 아니라 수도 워싱턴에서 한미상호방위조약에 서명하는 등 북한의 위협으로부터 한국을 보호하는 데 중요한 역할을 담당해온 대통령이라는 인상이 강했다. 그러므로 혁명 직후의 혼란 속에서 북한이 주장하는 '평화통일'에 미혹되어 한국 내에 반미세력이 형성될 우려가 있다는 것을 부정할 수 없었던 한국정부는 그의 방한이 가져올 정치적 효과에 대해 커다란 기대를 품을 수밖에 없었다.

한국우정은 아이젠하워가 방한하는 첫날이었던 6월 19일, 그의 초상과 한미 양국의 국기를 그린 기념우표를 발행했다. 당시 아이젠하워의 방한은 필리핀, 타이완, 오키나와, 일본 등 아시아 지역 순방의 부분적인 일정 중 하나로 그다지 비중이 크지 않았다. 제일 중요한 일정은 '미일수교 100주년' 기념행사로 기획된 일본 방문이었는데, 당시 일본에서는 미일안전보장조약의 개정을 둘러싸고 연일 대대적인 반대시위가 벌어지고 있었기 때문에 아이젠하워는 방일을 중단했다. 일본의 시위는 반미라기보다는 반(反)기시(岸信介) 총리적인 성격이 강했지만, 냉전적 사고로 굳어진 미국으로서는 공산주의자들의 음모가 도사리고 있는 것으로 이해할 수밖에 없었다.

그 결과 미국은 정세가 불안한 동남아시아에서 공산 세력이 준동해 승리한다면 한국과 일본에도 그 파문이 미칠지 모른다는 도미노 이론에 사로잡히게 된다. 이것이 1960년대 후반 미국을 베트남전의 수렁에 빠지게 했고, 한국에도 커다란 영향을 미쳤다.

허정의 과도정권

참의원 개원 기념우표

1960년 4·19혁명 후 국내에서는 독재정권을 청산하고 민주화할 것을 요구하는 여론이 비등한다. 이런 가운데 4월 27일 이승만의 하야 의사를 받아들이고, 대통령 권한대행에 취임한 허정은 5월 1일 혁명의 발단이 된 3월 15일의 대통령 선거가 무효임을 선언하고 국가제도를 일신할 것을 다짐한다.

허정은 1896년 경상남도에서 태어나 3·1운동과 상하이의 대한민국임시정부에 참여했다. 그 후 미국으로 건너가 뉴욕을 중심으로 활동하다가 해방 후 귀국해서 한국민주당의 결성에 관여하며 초대총무로 취임했다. 1951~1952년에는 국무원 총리대리를, 1957~1959년에는 서울시장 등을 역임했는데, 이승만 정권 말기에는 수석국무장관(외상에 해당)직을 맡고 있었기 때문에 새로운 정권이 들어설 때까지의 과도정권을 책임지게 되었다. 허정이 이끄는 과도정권이 짊어진 최대의 과제는 이승만 시대 청산을 위해 새로운 헌법을 제정하고 선거를 시행하는 것이었다. 허정은 급히 의회 안에 헌법개정위원회를 구성하고 개헌작업에 들어간다.

당시 헌법은 1954년 11월의 '사사오입 개헌'으로 대통령의 3선 금지 규정이 사라지는 등, 이승만의 장기독재체제를 뒷받침하기 위한 법적 기반으로 변질되어 있었으므로, 개헌작업은 이 부분을 중점적으로 바로잡고, 다양한 민의를 정치에 수렴할 수 있도록 권력을 분산시키는 데 주안점을 두었다. 이렇게 해서 신헌법은 1960년 6월 15일 국회의 가결을 거쳐, 그

날로 공포되는데, 주요 내용은 아래와 같다.

① 대통령은 원수로서 의례적·형식적인 존재이다.
② 대통령은 국민에 의한 직접선거가 아니라, 국회의원에 의한 간접선거로 선출한다.
③ 국무위원(각료)은 총리가 임명하고, 대통령에게는 거부권이 없다(내각책임제).
④ 민의원과 참의원(신설)의 2원제 도입과 의회의 입법권한을 강화한다.
⑤ 헌법재판소의 신설
⑥ 지방자치제 수장의 선거제
⑦ 기본권의 보장

신헌법에 근거한 민의원과 참의원 양원에 대한 총선거는 7월 29일에 시행되었다. 그리고 선거는 지금까지의 선거에서 흔히 볼 수 있었던 매수와 협박이 눈에 띄게 줄어들었기 때문에, 미국의 ≪뉴스위크≫지에 의해 '한국역사상 가장 자유로운 선거'로 보도되기도 했다.

총선을 거쳐 국회가 개회하는 것으로 허정의 과도정권은 사실상 임무를 마쳤는데, 그 마지막 일 가운데 하나가 8월 8일의 '참의원 개원'을 기념하는 우표를 발행한 것이다. 참의원은 박정희 시대에 "조국통일까지는 효율이 우선"이라는 구호 아래, 통일이 실현될 때까지라는 조건으로 폐지되었고, 의회제도는 일원제로 돌아가게 된다. 참의원 회의장(국회의사당에 들어섰을 때 오른쪽 건물)은 그 후 예산위원회의 장소로 사용되었다.

제2공화국의 발족

'신정부 수립' 기념우표

　신헌법(제2공화국 헌법)에 근거한 민의원(국회) 총선은 1960년 7월 29일에 시행되었는데, 투표 결과 민주당이 333개 의석의 70%를 훨씬 넘게 차지하는 압도적 승리를 거두었다. 자유당은 간신히 2개의 의석을 획득해 사실상 소멸했고, 좌파계열의 사회대중당이 4개 의석을 획득해서 눈길을 끌었다.

　당시의 민주당은 이승만의 3선을 저지하기 위해 민주국민당을 중심으로 야당세력이 합당해서 결성된 것으로, 구파라 불리는 민주국민당계파와 신파라 불리는 나중에 합류한 그룹의 계파가 있었다. 이 두 계파는 이승만 타도라는 목표를 공유하면서 단합해왔는데, 그 목표가 이루어지면서 당연한 귀결이겠지만, 양 계파 사이의 유대감도 사라지고 말았다.

　8월 12일부터 개최된 국회에서 구파의 대표인 윤보선이 대통령(제2공화국 헌법에 의하면 형식적인 국가원수일 뿐이다)에 선출되면서, 제2공화국이 정식으로 발족했다. 1주일 후인 8월 19일, 의회에서 치러진 총리 선거에서는 윤보선 대통령이 지명한 구파의 김도연이 3표 차로 부결되면서 신파의 장면(이승만 시대는 야당 출신의 부통령으로서 반이승만파의 대장 격이었다) 대표최고위원이 국무총리직에 올랐다.

　그러나 구파가 여기에 불복하면서 장면 내각에 협조하는 것을 거부했고, 이로 인해 장면 정권은 일단 신파로만 내각을 구성했다가 9월에 내각개조를 단행했다. 이때 구파계열의 5명을 입각시키는 등 구파와의 타협을 모색하지만 구파는 대결자세를 허물지 않았다.

이렇듯 불협화음 속에서 정권을 출범시킨 장면은 9월 30일 시정연설을 통해 이승만 시대 말기의 실정으로 파탄의 위기에 빠진 경제의 재건을 최우선 과제로 삼을 것임을 밝혔다. 그는 또한 군대 10만 명 감축, 국제연합 외교 강화, 국제연합 감시하의 남북통일 선거, 일본과의 국교정상화 촉진 등을 호소했다. 연설 중 그는 "구질서와 신질서가 교차하는 과정에서 어느 정도의 혼란은 불가피한 것"이라는 말도 했는데, 이것은 당내에서 야당과 같은 존재가 된 구파에 대한 견제의 뜻이 담긴 것이라 해석할 수 있겠다.

제2공화국이 출범하는 것을 기념해 한국우정은 '신정부 수립' 기념우표를 발행했다. 이승만 시대에는 자주 대통령의 초상이 우표에 등장했지만, 윤보선 대통령은 자신은 '민주대통령'이므로 독재자의 개인숭배를 연상시키는 초상우표는 발행하지 말라고 우정에 지시했다고 한다.

이 우표는 왼쪽에 주먹 쥔 팔을 치켜든 남녀학생이 그려져 있고, 오른쪽에는 새싹이 디자인되어 있다. 그런데 우표를 자세히 보면 학생들은 책 속의 한 페이지로 표현되어 있다. 이것은 4·19혁명을 역사의 한 장면으로 보고, 한시라도 빨리 사회의 안정을 회복하고 싶다는 신정부의 진심이 표현된 것이라 해석할 수 있겠다.

그러나 이승만을 하야시킨 학생들의 기세는 그 후에도 수그러들 기미를 보이지 않았으며, 새로 사회질서를 유지할 책임을 진 장면 정권에 대해서도 신랄한 비판을 퍼부었다.

민주당의 내분과 정국의 혼란

1960년에 발행된 '국제연합묘지' 기념우표

    1960년 8월에 발족한 장면 정권의 최우선 과제는 혼란을 수습하고 사회적 안정을 회복하는 것이었다. 그러나 여당인 민주당 내에서 신구 양파의 극심한 대립이 이어지면서 정권 기반이 취약해졌다. 혼란이 이어지던 9월 사관급 장교 16명이 최영희 참모총장에게 사퇴와 숙군의 실행을 요구한 '하극상 사건'이 발생했고, 일부 장교들은 극비리에 쿠데타를 모의했다.

    한편 이승만 정권 타도의 주역이었던 학생들은 제2공화국의 출범 후에도 여전히 그 기세를 누그러뜨리지 않은 채 장면 정권을 향해서 비판의 날을 세웠다. 10월 11일 4월혁명의 발포책임자에 대한 판결이 내려지자 형량이 가볍다며 불만을 품은 2,000명의 시위대가 국회를 포위하고 부상학생 50명을 앞세워 국회 난입을 시도하는 사건이 발생했다. 학생들은 '반혁명분자의 처벌과 정쟁의 즉시 중지'를 요구했다.

    학생운동이 과격화하는 가운데 북한은 한국 내에서 발생한 일련의 시위를 '이승만 도당의 파쇼·테러통치를 철폐한 영웅적 서울학생, 시민들의 대중적 봉기'라고 평가하며 '반봉건민주주의혁명'을 조장했다. 한편으로는 장면 정권에 남북대화를 제안, '평화통일' 의제를 선점하고자 했다.

    이러한 북한의 선전공세에 학생들은 환호했고, 급진화한 학생들은 "판문점에서 만나자"는 슬로건을 내걸고 '민족통일전국학생연맹'을 결성,

자주통일운동을 전개해나갔다.

장면 정권은 3·15 부정선거 관련자를 처벌하기 위한 근거를 마련하기 위해서 다시 헌법 개정에 착수하는데, 1960년 11월 23일 민의원을 거쳐 28일에는 참의원에서 제4차 개헌('부정선거처벌개헌'이라고도 불린다)을 가결했고, 29일에는 신헌법이 공포된다. 신헌법의 주요 내용은 3·15 부정선거 관련자와 반민주행위자의 공민권 제한 및 부정축재자의 처벌에 관한 소급입법권의 인정과 이와 관련된 형사사건을 처리하기 위한 특별재판부와 특별검찰부의 설치 등이다.

이승만 시대의 청산과 동시에 11월 19일, 정부는 한국전쟁을 일으킨 김일성을 단죄하고 그에게 국제연합의 결정과 대한민국의 주권에의 복종을 요구하는 성명을 발표한다. 급진파 학생을 매개로 한국 내에서의 영향력 확대를 도모하던 북한을 견제하기 위한 것이었다.

한국우정은 11월 1일 부산의 국제연합묘지(UN묘지)를 기념하는 우표를 발행했다. 국제연합묘지에는 한국전쟁에 참전한 각국 전사자의 유체와 유골이 안장되어 있는데, 전쟁 중인 1951년 4월, 개성·인천·대전·대구·밀양·마산 등 6개 지역의 묘지에 임시매장되었던 유체를 이곳에 이장했다. 묘지 안은 20개의 소지구로 나뉘어 있는데, 22개 국가 2,299명의 장병이 잠들어 있다.

10주년이 되는 1961년 4월이 아니라, 9년 7개월째인 1960년 11월이 발행일이 된 것은 참으로 어중간하다. 그럼에도 굳이 국제연합묘지 우표를 만든 것은 북한에 동조할지도 모르는 학생과 여론의 동향을 민감하게 포착한 정부가 우표의 발행을 통해 한국전쟁의 참화를 되새기는 계기를 마련함으로써 그러한 동향을 경계하고자 했다고 생각할 수 있다.

5·16쿠데타의 배경

쿠데타 1개월 후 발행된 '5·16혁명' 기념우표

장면 정권은 제4차 개헌을 시행하면서 체제기반을 강화하려 했지만 여당 안에서 신·구파로 대립하던 구파가 탈당해 신민당을 결성하는 등 혼란은 점점 심각해졌다. 이들의 이전투구로 정치는 제 기능을 잃었다. 또 이승만 시대의 청산 과정에서 많은 재계인사가 부정축재법 위반으로 몰렸고, 이로 인해 경제마저 정체되었다. 이런 상황 속에서 정부가 디노미네이션(denomination, 통화단위의 명칭 절하)과 공공요금 인상을 단행하자 물가가 급등했고, 노동운동 또한 과격 양상을 띠었다.

이런 이유로 장면 내각에 대한 지지율은 겨우 3%(1960년 11월 ≪한국일보≫ 여론조사)에 머물렀다. 문민정권의 이러한 무능에 대해 불신의 눈으로 보던 군내에서는 박정희 소장을 중심으로 하는 소장파 장교들이 쿠데타를 모의하기 시작했다. 당시 박정희는 한국전쟁 후 군의 인사정체에 불만을 품고 세대교체를 요구하던 소장장교들의 대변자로서, 이승만 퇴임 후에는 구정권과 연관된 군 상층부에 대한 책임추궁론을 주장해 이것을 억누르려는 군 상층부와의 사이에 골이 깊어졌다.

1961년이 되면서 경상북도와 전라남도를 중심으로 약 30만 호의 절량농가(양식이 떨어진 농가)가 발생했는데, 3개월 후 각 신문은 구제가 필요한 농가가 90만 호(전 농가의 40%)에 달할 것으로 추정된다는 보도를 내놓았다. 완전실업자는 정부 발표만으로도 130만 명(미국 경제원조기구

USOM의 발표에서는 300만 명)에 달했으므로 한국경제는 벼랑 끝에 놓인 상황이었다. 그럼에도 장면 정권은 2월 8일에 미국이 일방적으로 원조를 끊을 수 있는 '한미경제기술원조협정'에 조인함으로써 원성을 샀다.

게다가 전년도부터 시작된 '자주통일운동'이 1961년 들어 더욱 열기를 띠면서, 3월 22일에는 서울시청 앞에 약 1만 5,000명의 군중이 모여 반공법과 시위규정법의 제정을 반대하고 장면 내각의 즉각적인 퇴진을 요구했는데, 이들 시위대가 총리관저와 국회로 밀려드는 소요사태가 발생하기도 했다. 5월에 들어서자 학생들이 결성한 '민족통일전국연맹발기인회'가 남북학생회담을 결의하는 등 학생운동도 급진화하고 있었다.

이런 가운데 진작부터 쿠데타를 계획하고 있던 박정희 일파는 마침내 5월 16일에 계획을 실행에 옮기고, 권력을 장악하는 데 성공했다. 쿠데타의 경위에 대해서는 나중에 쓰겠지만, 여기서는 쿠데타의 발생으로부터 겨우 1개월 만에 '5·16혁명' 기념우표가 발행되었다는 사실에 주목하고 싶다.

기념우표를 디자인하고 제작해서 말단의 우체국까지 배포하기까지, 즉 우표 발행의 모든 준비가 완료되기까지는 통상 2~3개월의 기간이 필요하다. 그러므로 불과 1개월 만에 디자인과 제작을 마치고 우표 발행까지 완료한다는 것은 평상시로선 생각하기 힘든 어려운 일이다.

따라서 반란군 측이 사전에 대략적인 디자인 등을 마련해놓고, 쿠데타의 성공을 확인하자마자 즉시 한국우정에 우표제작을 명령했다고 추측하는 것이 자연스러울 듯하다. 물론 그 배경에는 국가의 미디어인 우표를 통해 쿠데타를 공식적으로 기념함으로써 '5·16혁명'의 정당성을 내외에 과시하려는 의도가 있었다는 것은 두말할 나위 없는 사실이다.

박정희의 5·16쿠데타

'혁명 1주년' 기념우표. 한강을 넘어오는 쿠데타 부대가 그려져 있다.

1961년 5월 16일 오전 3시, 박정희 소장 일파가 이끄는 약 3,600명의 병력(공수특전단, 해병대 제1여단, 제5포병단)은 해병대를 선봉으로 한강대교를 건너 서울시내에 침입, 즉시 육군본부와 방송국을 제압했다. 군사쿠데타가 발생한 것이다. 이때 '혁명군'이 한강을 건너는 모습은 1년이 지난 1962년 5월 16일에 발행된 '혁명 1주년' 기념우표에 잘 나타나 있다.

쿠데타를 지휘한 박정희는 식민지 시대인 1917년에 경상북도 선산의 가난한 농가에서 태어났다. 1937년에 대구사범을 졸업한 후 소학교에서 교사생활을 했다. 그 후 만주군관학교에 입학해 1942년에 이 학교를 수석으로 졸업, '다카키 마사오(高木正雄)' 소위로서 일본 육군사관학교에 유학생으로 파견되었다. 1944년 일본 육사를 3등으로 졸업한 후에는 관동군에 들어가는데, 1945년 베이징 교외의 주둔지에서 만주국 육군 중위로서 해방을 맞이했다.

1946년 5월 미군정하의 남한으로 귀국한 후에는 한국경비사관학교(건국 후 육군사관학교로 바뀜)를 2기로 졸업했다. 그 후 주로 육군에서 정보와 작전을 담당했는데, 1960년에는 제2군 부사령관이 되었다. 이때쯤 육사 8기생을 중심으로 하는 소장파 그룹이 주변으로 모여들었고, 1952년의 이집트 혁명(나세르가 국왕을 추방한 공화혁명)을 모델 삼아 쿠데타를 비밀리에 모의, 이승만 퇴진 후의 혼란을 노려서 거사를 단행했다. 쿠데타 계획에 대해서는 사전에 군 수뇌부도 눈치를 채고 있었다고 한다. 하지만 당시 육군참모총장 장도영은 별다른 대책을 마련하지 않았으며, 쿠데타가 발생한 다음에도 진압에 나서지 않고 사태를 방관했다.

'군사정권'을 혐오하던 미국은 쿠데타 발생 당일 오후, 주한미군 사령관 매그루더(Magruder)를 통해 "미국은 헌법에 근거한 민주정부를 지지한다"는 라디오 방송을 내보내 장면 정권에 대한 지지의사를 밝혔다. 주미대사와 제8군사령관이 윤보선 대통령을 찾아가 진압명령을 내려줄 것을 재촉했지만, 당파 대립으로 인해 장면의 퇴진을 내심 환영하던 윤보선은 "국군끼리 총을 겨루면 서울은 불바다가 될 것이고, 그 사이에 북한이 침공할 것이 뻔하다"는 이유를 내세우며 미국의 권고를 거부했다.

이때 60만 병력을 책임진 국군의 최고사령관이었던 장면이 의연한 태도로 쿠데타를 단호히 진압하겠다는 방침을 표시하기만 했더라도 박정희 일파의 운명은 끝났을 것이다. 그러나 장면은 서둘러 총리관저를 빠져나와 카르멜 수녀원으로 몸을 숨겼고, 주한미군은 쿠데타 진압을 위해 출동할 수가 없었다.

같은 날 오후 윤보선 대통령은 쿠데타 부대가 요구한 계엄령 포고를 승인했고, 이것으로 쿠데타 측은 군사혁명위원회를 조직, 의장으로는 쿠데타를 묵인한 장도영 참모총장을 앉혔다.

그리고 다음날인 17일, 대통령은 "군사혁명위원회가 정부 기능을 대신한다"는 성명을 발표하고 박정희를 지지한다는 입장을 공식적으로 표명했다. 이에 따라 18일에는 수도원에 피신해 있던 장면이 정부청사에 나타나 내각총사퇴를 발표했다. 쿠데타는 이렇게 해서 성공한 쿠데타, '5·16혁명'이 되었고, 박정희 시대가 그 막을 열었다.

칼럼 북한우표와 한국우표의 구별

한글에 대한 지식이 조금만 있으면 한국과 북한의 우표를 구별하는 것은 쉬운 일이다. 그러나 한글을 전혀 읽을 수 없더라도 양측을 식별하는 것은 그다지 어렵지는 않다.

국제적인 우편교환을 위해 조직된 만국우편연합(UPU)은 1966년부터 가맹국이 발행한 우표에 대해 로마자로 국명을 표시하도록 의무화하고 있다. 이에 따라 한국우표에는 'KOREA' 혹은 'REPUBLIC OF KOREA'라는 표시를, 북한우표에는 'DPRK' 혹은 'DPR KOREA'(북한이 '민주주의인민공화국'을 의미하는 'DPR'을 생략하는 일은 없다)라는 표시를 넣는 것이 원칙으로 되었기 때문에, 이것이 양측을 구분하는 최초의 포인트가 된다. 또 로마자 표시가 의무화되기 이전부터 한국에서는 (DPR을 뺀) 'KOREA' 표시의 우표가 적지 않았다.

게다가 1954년 이후로 발행된 한국우표에는 태극 문양이 들어가 있기 때문에 태극 문양이 없는 북한의 우표와의 구별이 용이하다. (DPR을 뺀) 'KOREA' 표시도 태극 문양도 없는 우표의 경우에는 로마자로 된 통화단위(원은 WN 또는 WON, 전은 CN. 환으로 된 액면우표에는 약호가 없다) 또는 4281~4292의 한국연호(단기)가 들어가 있으면, 한국 또는 미군정하의 남한에서 발행한 우표이다. 일본우표에 한글을 가쇄한 우표는 북한에서는 발행되지 않았다.

한국에서 발행된 우표 가운데 위에 설명한 어떤 경우에도 해당하지 않는 예외의 것은 1952~1953년에 발행된 항공우표(218쪽 참조)와 1953년에 발행된 적십자모금 우표(298쪽 참조)뿐인데, 이것은 이 책의 사진으로 확인할 수 있다.

덧붙여 조선과 대한제국 시대의 우표에는 한자로 '(大)朝鮮' 내지 '大韓(帝國)'이라는 표시가 있다. 1945년 해방 후의 우표는 남북 모두 한자로 된 국명표시가 없기 때문에 이것 역시 간단히 구별할 수 있을 것이다.

제4장
박정희 시대 1961~1979

1963년 2월 5일에 발행된 항공우표. 고궁과 여성 그리고 비행기가 그려져 있다.

1961년 박정희 군사정권 발족

1962년 제1차 5개년계획 개시, 제3공화국 헌법 공포

1963년 박정희 대통령 취임(제3공화국)

1965년 한일기본조약, 베트남 파병, '한강의 기적' 시작

1972년 10월유신(제4공화국)

1973년 포항제철소 준공, 김대중 사건

1974년 문세광 사건

1979년 박정희 암살

박정희 군사정권의 발족

광복 16주년 기념우표

군사쿠데타를 성공시킨 박정희 일파는 1961년 5월 19일(쿠데타 3일 후)에 조직한 혁명위원회를 '국가재건최고회의'로 바꾸고, 3군을 망라한 장군 32명을 위원으로 앉혔다. 이름뿐인 의장에는 장도영이 취임했고, 회의의 실권을 쥔 박정희는 부의장에 올랐다.

다음날인 20일 장도영을 수반으로 군사정권이 발족하는데, 이 정권은 ① 반공, ② 미국 등 자유국가와의 연대강화, ③ 부패일소, ④ 국가경제의 자율과 생활곤란의 타개, ⑤ 상기의 임무 달성 후에는 본래의 임무(군무)로 복귀라는 '혁명6공약'을 발표했다.

쿠데타 발생 초기 '군사정권'에 대한 혐오감을 드러내면서 장면 정권에 대한 지지를 표명한 미국은 혁명공약을 발표를 받아들이고 쿠데타를 최종적으로 추인했다. 5월 22일 미 국무부는 신정권이 '반공친미'를 기본으로 하는 정권이라며 환영하는 성명을 냈다. 냉전의 최전방에 위치한 한국에 안정된 친미정권이 들어서는 것을 방해하는 것은 당시 미국으로서는 가능한 선택이 아니었다.

미국의 추인을 받은 군사정권은 22일 모든 정당과 노동조합에 대해 해산을 명령했다. 28일에는 신문과 통신을 폐쇄하고 폭력단에 대한 일제단속과 부정축재자 체포 등을 실행했으며, 29일에는 헌법까지 정지시켜 버렸다.

6월에 들어서는 국가재건비상조치법, 국가재건최고회의법, 재건운동 국민법 등을 차례차례 공포했고, 한국중앙정보부(KCIA)를 발족하는 등 차근차근 독재의 기틀을 잡아나갔다. 그리고 7월 3일에는 장도영을 최고회의 의장과 총리에서 물러나게 하고, 박정희 자신이 후임 의장에 취임했다. 얼마 후 장도영이 반혁명 용의자로 체포되어 군법회의에서 사형판결까지 받게 되면서(1년 뒤 석방되어 미국으로 망명) 박정희의 쿠데타는 완료되었다.

그런데 박정희 정권 발족 후 처음 맞이한 8월 15일에 발행된 '광복 16주년' 기념우표에는 세 개의 팔이 들어 올린 횃불에 의해 남북을 가르는 사슬이 녹아내리는 그림이 그려져 있다. 작아서 보기 어렵겠지만, 횃불을 쥔 중앙의 팔에는 '8·15'(광복절이자 건국기념일)가, 왼쪽 팔에는 '4·19'(이승만 타도 학생혁명의 날)가, 오른쪽 팔에는 '5·16'(박정희의 쿠데타가 일어난 날)이 기재되어 있다. 군사쿠데타를 통해서 탄생한 박정희 정권이 과거정권의 계보를 이어받은 정통정권임을 재차 확인시키고, 조국의 통일과 그것을 준비하기 위한 국력의 배양이 정권의 최대 과제라는 것을 알리기 위한 디자인인 것이다. 그리고 그런 궁극의 목적을 달성하기 위해서는 강력한 개발독재체제가 필요하고, 따라서 국민의 자유가 어느 정도 제한되는 것은 감수해야 한다는 것이 박정희 정권의 기본적인 사상이었다는 것은 모두가 아는 사실이다.

그러나 미국은 이런 박정희 정권에 대해 반공의 울타리로서의 가치는 충분하다고 인정하면서도, 민주주의 세계의 맹주라는 미국의 입장 때문에 조속한 시일 내에 민정이양을 해줄 것을 촉구하게 된다. 미국의 이러한 모순된 대한정책은 그 후에도 한국의 정국에 커다란 영향을 미치게 된다.

제1차 5개년계획

울산공업단지를 형상화한 것으로 여겨지는 '5·16혁명 1주년' 기념 우표

쿠데타로 정권을 잡은 박정희의 최대 공약은 국토통일을 달성하기 위해서 국력을 키우는 데 매진하자는 것이었다. 이 때문에 군사정권은 발족 초창기부터 강권적으로 경제재건을 위한 긴급 처방에 나섰다.

먼저 쿠데타가 발생한 지 얼마 지나지 않은 1961년 6월 6일, 군사정권은 국가재건비상조치법을 공포해 공무원의 도시락 지참과 잡곡혼합, 커피와 같은 외래상품의 사용금지 등을 내거는 등 경제재건을 위한 국민의 내핍생활을 강요했다.

7월에 들어서자 '긴급경제대책'을 발표하고, 실행을 위해 경제기획원을 신설했다. 이 대책은 군사정권이 독창적으로 고안한 것이 아니라 원래 장면 내각이 책정해두었던 경제개발 5개년계획을 이어받은 것으로, 중소기업자금과 영농자금의 제정, 공공토목사업과 개간에 따른 귀농사업, 실업자 대책, 단일환율에 의한 외자도입 촉진 등이 주요 내용이었다.

군사정부는 한층 박차를 가해 1962년 1월 13일에는 연평균 7%의 경제성장을 목표로 하는 경제개발 '제1차 5개년계획'을 발표했다. 이 계획은 자유주의 경제를 내세우면서도 중요산업에 관해서는 정부가 적극적으로 개입해서 균형 있는 경제발전을 꾀해야 한다는 것으로, 이른바 개발독재의 전형이라고 말할 수 있겠다.

이 해 2월에 울산공업단지 기공식이 거행되면서 제1차 5개년계획이 본격적으로 개시되었다.

5월 16일에 발행된 '5·16혁명 1주년' 기념우표 중 한 종에는 공장지대의 실루엣이 그려져 있는데, 이것은 5개년계획의 심벌인 울산공업단지를 의식해서 만들어진 것이라고 보면 틀림없다.

한국우정은 5개년계획을 선전하기 위해 계획기간 중인 1962년부터 1966년까지 매년 2종류씩, 총 10종의 디자인으로 우표를 제작했는데, 소개를 하자면 다음과 같다.

5개년계획을 선전하기 위해 발행된 우표로 각각 1962년과 1963년에 발행되었다.

> 1962년 발전소와 철탑, 저수지와 벼
> 1963년 채탄자와 탄광부, 공장과 시멘트 포대
> 1964년 원양어업과 생선, 정유공장과 드럼통
> 1965년 비료공장과 벼와 비료 포대, 화물선과 컨테이너
> 1966년 동아시아 지도와 여객기, 안테나와 전화기

우표의 내용만 보더라도 5개년계획이 어떤 분야에 역점을 두고 있었는지를 알아챌 수 있다는 점이 꽤 재미있다.

원자력 개발 시작

'원자로 임계' 기념우표

　식민지 시대의 조선은 압록강 상류 등 주로 현재의 북한지역에 설립된 대형발전소에서 생산한 전력으로 수요를 충당했다. 그런데 해방과 뒤이은 남북의 분단으로 이런 설비들은 북한의 소유가 되고 말았다. 처음에는 북한도 미군정하의 남한에 일정량의 송전은 해주었으나 냉전이 점차 심화되면서 송전량이 자연히 감소했고, 1948년 5월 남한에서 단독선거가 시행된 것을 계기로 북한은 송전을 완전히 중단했다. 결국 같은 해 8월에 발족한 대한민국은 발전시설이 거의 전무한 상태에서 출범하게 되었다.

　이 때문에 1956년 2월, 당시의 이승만 정권은 미국과 원자력협력협정을 조인했다. 이에 따라 1958년 3월에 원자력법이 공포되었고, 원자력위원회가 발족되어 원자력발전의 실현을 향한 움직임이 시작되었다. 그리고 1959년 3월에 설립된 원자력연구소는 구체적인 원자력 이용계획을 마련해나갔다.

　그 후 이승만 정권 말기부터 장면 정권에 이르는 혼란의 와중에 한국 내에서의 원자력 개발 계획은 일시적으로 정지되었다. 1961년에 발족한 박정희 정권이 5개년계획을 추진하기 위한 최우선 과제의 하나로 전력사정 개선에 적극적으로 뛰어들게 되는데, 먼저 소개한 5개년계획을 선전하는 우표 중 첫해에 발행된 2종 가운데 1종에 발전소와 철탑이 그려져 있는 것은 이 같은 정부의 의지가 반영된 것이라고 하겠다.

이런 가운데 정부는 미국 제너럴아토믹사의 연구용 원자로 TRIGA('훈련'을 뜻하는 Training, '연구'를 뜻하는 Research, '방사성동위원소제조'를 뜻하는 Isotope production, 회사명인 General Atomics의 첫글자를 따서 조합한 이름)를 수입했다.

발전소와 철탑을 그려 넣은 제1차 5개년계획 선전우표

이 TRIGA원자로는 1962년 3월에 임계(핵분열이 계속되어 핵물질이 '연료'로서 연쇄적으로 에너지를 방출하기 시작하는 상태)점에 도달해 한국에서도 원자력 시대가 본격적으로 열리게 되었다. 이것을 기념해서 한국우정은 3월 30일 원자로와 원자력 마크를 그린 우표를 발행하며 원자력 시대의 도래를 국가적인 경사로서 축하했다.

그러나 이때의 원자력 개발은 시험적 단계에 불과했고, 실제로 전력의 생산을 담당한 곳은 각지의 공업단지에 건설된 대형 화력발전소였다. 이로 인해 1960년대 내내 한국에서는 석유에의 의존도가 비약적으로 높아져 갔다. 그러다가 1973년 오일쇼크가 오면서 정부는 재빨리 원자력으로 에너지정책의 중심을 옮기기 시작했다. 이와 함께 1978년 고리 3, 4호기를 건설할 무렵부터는 기존의 턴키계약(완제품을 건네주는 방식)으로 수입하던 원자로에 머물지 않고, 국산화 가능한 부품은 국산화시키겠다는 노력이 시작되었다. 그에 따라 한국의 원자력 기술도 급격히 발전했다.

대일 국교정상화 교섭 재개

거북선을 그린 '해전 대승 370년' 기념우표

　정권장악 이전부터 박정희는 일본과의 국교정상화의 필요성을 절감하고 있었다. 그가 최우선 과제로 여기고 있는 경제개발을 위해서는 외자가 절실히 필요했고, 미국을 잇는 굵직한 출자자로서 일본을 유인할 필요가 있었기 때문이다.

　그렇기 때문에 박정희는 권력을 장악하던 초기부터 일본과의 관계개선에 적극성을 보였다. '5·16혁명'으로부터 반년이 지난 1961년 11월, 박정희는 어수선한 사회분위기가 이어지고 있는 가운데 미국 방문에 나섰고, 도중에 일본에 들러 총리 이케다 하야토(池田勇人)와 회담을 가진 것도 그런 의욕의 발로라 하겠다.

　양국의 접촉에 대해 북한은 민감한 반응을 보였는데, 1961년 9월에 개최된 조선노동당대회에서는 "일본군국주의자는 미제국주의자의 후원으로 남한에 대해 경제적 침략을 획책하는 한편, 남한을 끌어들여서 침략적인 군사동맹을 맺으려 하고 있다"면서 '일본군국주의'를 비난했다.

　북한의 비난은 한국의 정통성을 부인하는 그들의 주장을 근거로 삼고 있는 것이지만, 그 배경에는 한일 국교정상화를 반대하는 한국 내의 세력을 자신들의 동조자로 끌어들이려는 속셈이 자리하고 있었다는 것도 놓치지 말기 바란다.

　실제로 한일교섭에 대한 북한의 비난과는 상관없이 당시 한국 국민의 대일감정은 경제발전을 위해서는 일본과의 국교정상화가 필요하다는 논리가 먹혀들 정도로 단순하지 않았고, 반일감정도 지금에 비해 상당히 강했다. 특히 최고실력자인 박정희가 일본의 육군사관학교 출신이라는 점은 일본 측에는 호감을 높이는 요소였지만, 한국 국내에서는 '친일파'로 매도당하게 만들었고, 이것 또한 한일회담 자체를 반대하게 하는 한 요인이 되었다.

'친일파'라는 나쁜 이미지를 지우고, 민족주의자로서의 이미지를 강화시킬 필요를 느꼈던 박정희 정권은 국내여론을 존중해 1962년 8월 14일 '해전대승 370년' 기념우표를 발행했다. 이 우표가 기념하는 '해전'은 1592년 임진왜란에서 이순신이 이끄는 조선수군이 거북선으로 일본수군에 치명적인 타격을 입힌 전투를 가리키는 것으로, 이 해전 자체는 한국 국민에게 매우 중요한 역사적 의미를 지니고 있는 것이다. 그러나 370년이라는 애매한 햇수에 굳이 기념우표를 발행한 것은 '일본에 대한 승리'를 강조함으로써 '친일파'라는 국민의 비난을 불식시키고자 하는 의도가 있었기 때문이다.

또 역사적인 사실관계를 말하자면 조선수군이 대승리를 거둔 것은 1592년 7월의 일로, 우표의 발행일인 8월 14일이 다음 날인 15일의 광복절을 의식해서 설정된 날이라는 것은 말할 필요조차 없겠다. 원래 이 기념우표는 한국 측의 승리를 대대적으로 선전하기 위한 것으로 악역인 일본을 연상시킬 만한 요소는 우표에서 교묘하게 숨겨져 있는데, 이것으로 일본에 대한 일종의 배려를 엿볼 수 있다.

이처럼 우표를 들여다보고 있자면 국가의 미디어로서 우표에 나타난 역사적 사실이 단순히 과거의 이야기로 머물지 않고, 현재와 이어지고 있다는 것을 새삼 확인할 수 있다.

군정에서 제3공화국으로

1963년의 '박정희 대통령 취임' 기념우표

대일관계 개선에 착수하고 제1차 5개년계획에 돌입하는 등 경제발전이라는 최대의 목표를 향해서 큰 발을 내디딘 박정희 정권이었지만, 그 정통성이라는 면에서는 비난이 끊이지 않았다.

한국의 '보호자'인 미국은 자유와 민주주의의 맹주를 자처하고 있었으므로 쿠데타로 발족한 군사정권에 호감을 갖지 못했고, 박정희 정권에 민정이양을 서두르라고 압박했다. 이 때문에 박정희 정권은 1961년 8월에 2년 이내에 신헌법을 시행하고, 민정이양을 실현하겠다고 공약했다. 1962년 12월에는 대통령에 독재적 권한을 부여한 제3공화국 헌법이 공포됨으로써 헌법문제는 일단 매듭을 짓게 되었다.

그러나 신헌법을 공포한 지 얼마 지나지 않아 한일조약에 대한 항의행동에 대비해서 정당법과 집회·시위행동규제법을 공포했다. 이로 인해 미국은 박정희 정권에 대한 불신을 지우지 못한 채 압력을 가하게 되었다. 이를 못 이긴 박정희 정권은 1963년 1월 정치활동의 자유를 선언했고, 더불어 같은 해 10월에는 대통령 선거를 시행한다는 공약을 내놓지 않을 수 없었다.

당초 박정희는 민정이양 후에는 정치에 참여하지 않겠다는 뜻을 여러 차례 밝혔다. 그는 군정의 실패를 스스로 비판하고 대통령 선거에도 출마하지 않겠다고 선언한 다음, '군사정권에 대한 정치적 보복은 하지 않을 것'이라는 서약을 각 정당에 요구하기도 하는 등 일시적으로 그의 은

퇴는 기정사실이 된 것처럼 보였다.

그러나 1963년 3월 제1군사령관 일파에 의한 쿠데타 계획이 들통 나자 그의 태도는 일변했다. '국가를 위기에서 구하기 위해서'라는 명분을 내걸며 민정이양 공약을 철폐하고 군정을 4년간 연장하기 위한 국민투표를 시행한다고 발표했다. 또 비상사태수습임시조치법을 공포하고 일체의 정치활동과 집회·시위를 금지하는 한편, 신문의 정치보도도 전면금지하는 등 민정복귀는 나락으로 떨어지고 말았다.

박정희의 변심에 미국은 크게 반발했고, 반대여론 또한 완강했으므로 박정희 정권은 결국 4월 들어서 군사정권을 철폐하고, 애초 예정대로 10월에 대통령 선거를 시행하겠다고 발표했다. 이에 따라 5월 14일 민주당 구파를 중심으로 하는 야당세력은 한국민정당을 결성해 윤보선을 대통령 후보로 세웠다. 구파에 반발한 과거 민주당 신파는 허정을 후보로 옹립했다. 한편에서 박정희는 8월에 육군을 은퇴하고, 군사정권 간부가 창설한 민주공화당의 후보로서 대통령 선거에 입후보했다.

미국의 케네디 정권은 대통령 선거에서도 강권적인 박정희의 수법에 거부감을 나타내며, 경쟁자인 윤보선(허정은 선거 직전에 후보 사퇴)을 지원했다. 10월 15일에 치러진 투표에서 박정희는 겨우 15만 표 차이로 윤보선을 따돌리고 정식으로 대통령에 취임했다. 민주공화당은 여세를 몰아 다음 달인 11월에 거행된 국회의원 선거에서도 승리, 박정희의 권력은 반석 위에 놓이게 되었다.

12월 17일 박정희가 정식으로 대통령에 취임함으로써 한국은 제3공화국 시대로 돌입했고, 여기에 맞춰서 한국우정은 대통령의 초상과 중앙청을 그린 대통령 취임 기념우표를 발행하는데, 이 우표가 박정희의 초상이 들어간 최초의 우표이다.

배상문제와 청구권

한일 국교정상화 교섭이 진전을 보이자 북한은 '항일'의 역사를 담은 우표를 발행했는데, 위는 1919년의 3·1 독립운동을, 아래는 1929년의 광주학생운동을 그리고 있다.

    1963년 말 발족한 제3공화국은 경제위기에서 벗어나는 것을 최우선 과제로 여기고 있었다. 즉, 군정 시대인 1962년에 시작한 경제개발 5개년계획은 연평균 7.1%의 경제성장을 목표로 하고 있었지만, 실제로는 자금 부족과 지속되는 인플레로 목표를 달성하지 못하고 있었다. 1963년에는 흉작으로 인해 쌀값이 급등했고, 그에 따라 인플레가 한층 더 심각해졌다. 대외수지도 악화되는 등 한국경제는 벼랑 끝에 섰다.

    결국 박정희 정권은 외자를 도입하기 위한 수단으로서 일본과의 국교정상화를 예전보다 더 서두를 수밖에 없었다. 1961년 군사정권이 들어선 이래, 박정희는 일본과의 국교정상화에 공을 들여 중앙정보부장인 김종필을 일본으로 파견해서 비밀교섭을 개시했다. 최대의 현안이었던 배상문제는 한국 측의 '청구권'을 인정하고, 무상경제협력 3억 달러, 정부차관 2억 달러 등을 일본 측이 내놓는 것으로 대략적인 가닥을 잡았다. 배상이 아닌 '청구권'이라는 단어가 사용된 것은 전쟁에 의한 피해의 배상이 아니라, 식민지 시대에 누적된 채권을 한국 측이 청구한다는 것으로 정치적 타협을 모색했기 때문이다. 이 가운데에는 '종군위안부'를 포함한 민간인에 대한 보상도 들어가 있다는 것이 일본 측의 일관된 주장이다.

이렇듯 군사정권이 공식적인 외교채널을 통하지 않고 국교정상화에 나섰기 때문에 국민여론은 전혀 고려되지 않은 채 교섭이 이루어졌다. 이로 인해 많은 한국국민은 한일 국교정상화 교섭에 대해 의문을 품게 되었다. 당시 박정희-김종필이 선거자금 명목으로 일본으로부터 2,000만 달러를 챙겼다는 소문이 신빙성 있는 얘기로 전해졌던 것도 정부에 대한 불신감의 표현이었다고 말할 수 있겠다.

 민정이 들어서고 교섭도 막바지에 이른 1964년, 야당 측은 정부의 자세를 '대일 굴욕외교'로 규정하면서 대규모의 반대시위를 전개했다. 이 시위는 정부의 대일자세를 규탄하기 위해서 시작된 것이지만, 학생들이 가세하면서 차츰 급진적 경향이 짙어졌다. 5월에 들어서자 '박정희 정권 하야'를 공공연하게 내세우는 반정부시위로 전환했다. 6월 3일 '박정희 정권 타도'를 외치는 학생 시위에 맞서 정부는 마침내 비상계엄령을 선포하고 시위 진압에 나선다. 비상계엄령은 국회의 청구로 7월 28일에 해제되었지만, 그 후에도 한일조약을 반대하는 시위는 계속되었다.

 북한은 이러한 한국 내의 혼란을 틈타 일본과 한국 양측에 대한 비난을 빈번히 쏟아냈는데, '일본 군국주의'와 이 군국주의 국가에 굴욕적인 자세로 국교를 구걸하는 한국정부가 주요 레퍼토리였다. 이런 비난의 배경에는 한일교섭이 남북분단을 고착화시킬 것이라는 건전한 논리로 공격에 나섬으로써, 한국 내의 반대파를 자신들의 지지자로 끌어들이려는 속셈이 자리하고 있었다. 북한은 1964년에 들어서면서부터 '항일'의 역사를 소재로 한 우표를 빈번히 발행했는데, 이는 자신들이야말로 독립운동의 정당한 후계자라는 것을 내외에 알림과 동시에 일본과 한일교섭을 싸잡아서 비난하기 위한 일종의 선전·선동의 수단으로 우표를 이용한 것이다.

한일기본조약 조인

한일회담을 비난하는 슬로건을 넣어 발행한 북한의 우표

1964년에 들어서면서 '대일 굴욕외교' 반대 시위는 더욱 과격해졌다. 이 때문에 한일회담은 일시 중단되는 듯했지만, 정부는 시위대를 진압하고 12월에 회담을 재개, 다음 해인 1965년 2월에는 일본의 외상 시나 에쓰사부로(椎名悅三郞)가 방한해 국교정상화를 위한 한일기본조약에 가서명했다.

한일회담이 진행되는 과정에서 북한은 대남정책을 대폭적으로 수정할 수밖에 없었다. 1962년 11월에 한일 양국이 청구권 문제에 대해서 대강의 합의에 이르자, 북한은 다음 달인 12월에 진행 중이던 제1차 7개년계획('인민생활을 획기적으로 향상시키는 것'에 중점을 두었다)을 수정해, '국방계획과 경제계획의 병진'을 내걸었다. 그 결과 경제건설이 좀 늦어지더라도 우선 국방력을 증강시킨다는 것이 국책으로 채택되었고, 이후 북한에서는 경제가 군사력 강화를 위한 희생양이 되어버렸다.

게다가 1965년 2월에 한일기본조약에 대한 가서명이 이루어지자, 북한은 '3대혁명역량론'을 주장하게 되는데, 이것은 남한에서의 혁명을 달성하기 위해서는 북한의 혁명세력과 남한의 혁명세력, 국제적 혁명세력의 3자를 강화해 연결시킬 필요가 있다는 것이다. 이 이론에 기초해서 북한은 서울의 운수업자인 김종태에게 공작금을 주고, '통일혁명당 창설 준비위원회'를 결성하도록 했다고 전해지고 있다.

또 국가 미디어인 우표에 항일투쟁의 역사를 빈번하게 올림으로써 한국 내의 '굴욕외교' 반대파를 그들의 동조자로 끌어들이는 선전·선동의 수단으로 이용했다는 것은 앞서 기록한 그대로이다.

여하튼 한일기본조약의 가서명으로 청구권을 위시한 현안사항에 대한 협의가 시작되는데, 4월 3일 어업권·청구권·재일한국인의 법적 지위·문화협력에 관한 대강의 협의('4·3합의'로 불린다)가 양국 사이에 성립했다. 양국의 국교정상화는 사실상 이 시점에서 이루어졌다고 보아도 좋을 것이다.

이에 대해 북한은 그해가 1960년에 일어난 '4월혁명'의 5주년이라는 점을 놓치지 않고, '4·19 인민봉기(4월혁명의 북한식 명칭) 5주년' 기념우표를 발행했다. 우표 위에 적힌 "미군은 당장 나가라! 남한·일본회담 반대!"라는 슬로건은 막판에 이른 한일 간의 국교정상화 교섭을 격하게 비난하기 위한 것이었다.

6월에 한일기본조약과 관련된 제 규정이 정식으로 조인되었고, 한국에서는 8월에 야당이 결석한 가운데 국회 본회의장에서, 일본에서는 11월 12일 국회에서 각각 조약을 비준, 12월 18일에 서울에서 비준서가 교환됨으로써 한일기본조약은 정식으로 발효된다. 이것으로서 1951년 11월에 한일회담이 개시된 지 14년 만에 야당과 학생들의 격한 반대를 무릅쓰는 우여곡절을 끝에 마침내 한일 양국의 국교가 정상화된 것이다.

한일 국교정상화를 기념하는 우표는 당시 국교정상화에 대한 반대여론이 워낙 높았던 탓에 발행되지 않았다. 그 후 20주년과 30주년에 맞춰서 기념우표가 발행되었다.

베트남 파병

베트남에 파병된 한국군 병사가 발송한 우편물   전투사단의 베트남 파병 1주년 기념우표

일본과의 국교정상화를 둘러싸고 시끌벅적하던 1965년 1월, 정부는 대외적으로 중요한 결단을 내리게 되는데, 그것은 바로 베트남 파병이다. 베트남에 대한 프랑스의 식민지 지배는 1954년 제네바 협정으로 끝나게 되지만, 이후 북위 17도 선을 경계로 베트남은 남북으로 분단되고 말았다.

남베트남은 북베트남과의 통일을 주장하는 남베트남민족해방전선의 게릴라 활동과 국내 파벌 간의 대립, 강권적인 독재정권에 의한 실정 등으로 불안한 정국이 이어졌고, 이 지역을 동남아시아 반공의 최전선으로 인식한 미국은 1961년 이후 특수부대와 군사고문단을 파견해 남베트남 정부를 지원했다.

그런데 1964년 8월 통킹 만에서 북베트남군이 미국 군함을 향해 공격(통킹 만 사건)한 것을 계기로 미국의회는 전쟁 확대를 지지했다. 다음 해인 1965년 미국은 북베트남의 남베트남해방민족전선에 대해 원조를 저지하겠다며 북베트남에 대한 폭격(북폭)과 남베트남에의 병력증강에 나선다. 미국은 베트남전의 수렁 속으로 빠져들게 된다.

베트남의 정세가 날로 긴박해져 가던 1964년 10월에 한국정부는 남베트남정부와 한국군을 파견하겠다는 협정을 맺었고, 이에 따라 다음 해인 1965년 1월 8일 비전투원으로 구성된 한국군사원조단(비둘기 부대)을 남베트남에 파견한다고 발표했다.

'비둘기 부대'는 2월 25일 사이공(지금의 호치민)에 상륙, 이것으로 한국군 역사상 최초의 해외파병이 실현되었다. 이 부대는 남베트남의 전화복구를 돕기 위한 공병부대로서, 그때까지만 해도 한국군의 본격적인 전투 투입은 상정되어 있지 않았다. 그러나 전쟁이 장기화되자, 한국은 미국과 남베트남의 요청을 수락, 1개 전투사단을 파병하면서 본격적으로 베트남전에 발을 담그게 되었다.

한국군의 베트남 파병에 관해서는 한국 내에서도 반대의견이 적지 않았지만, 정부는 자유주의 진영으로서의 책임과 한국전쟁 당시 우방의 파견에 대한 보은이라는 명분을 들어 반대를 잠재웠다. 1973년까지 파병된 군인의 숫자는 40만 명에 이른다.

앞쪽에 소개한 편지는 베트남전에 참가한 한국군 병사가 보낸 것으로, 요금이 무료인 군사우편이기 때문에 우표는 붙어져 있지 않다. 편지의 여백에는 군사경계선(북위 17도 선)이 없는 베트남의 전 국토가 그려져 있는데, 똑같이 분단의 비극을 겪고 있는 나라의 국민으로서 베트남의 (남베트남에 의한) 국가통일을 지원한다는 것은 의미 있는 일이라는 것을 명확히 표현하고 있다.

한국이 남베트남 지원을 개시하자 북한은 남반부(그들에 의하면 '미 제국주의와 그 괴뢰정부'에 불법 점거된 지역)를 해방해 조국통일을 달성하겠다는 공통의 목적을 가진 북베트남과 연대하겠다고 밝히며 지원을 개시했다. 이렇게 한국과 북한은 각각의 입장에서 같은 동족상잔의 비극으로 신음하고 있는 베트남과 점점 더 깊은 관계를 맺어나가게 된다.

한강의 기적

(왼쪽) 경제성장의 성과를 강조한 '광복 제20주년' 기념우표
(오른쪽) 남대문과 불꽃을 조화시킨 '광복 제20주년' 기념우표

베트남전에의 파병을 개시한 한국은 미국에 대해 그 '대가'를 요구한다. 구체적인 내용은 1965년 5월 5일 박정희와 존슨(미국 36대 대통령)의 회담에서 검토되었는데, 주한미군의 유지, 대한군사원조의 증액, 한국·미국·베트남의 3각 경제협력 등이 받아들여졌다.

미국이 보내온 참전의 대가 외에도 전쟁 관련 물자를 한국에서 조달한다든지, 베트남에 파병된 병사들이 본국에 보내오는 달러 등이 보태져서 한국은 많은 외화를 축적할 수 있었다. 여기에 일본과의 국교정상화에 따른 경제원조까지 더해져서 이 시기에 한국경제는 비약적인 발전을 이룩하게 된다.

구체적인 숫자로 한번 살펴보자. 1965년의 한국의 광공업 생산의 증가세는 17.5%로, 전년의 8.0%를 훨씬 웃돌며, 1960년대 들어 최고를 기록했다. 제조업의 증가는 20.3%로 그때까지 최고였던 1962년의 신장세(16.4%)를 갱신했다. 이것이 그해 국민총생산 증가(8.0%)를 뒷받침한 원동력이라는 것은 말할 필요조차 없겠다.

이러한 한국경제의 두드러진 성장은 ① 섬유, 인쇄, 출판, 합판 등이 원료의 확보와 국내외의 수요증가로 눈부신 신장세를 기록한 것, ② 도자기, 시멘트, 운수기기가 왕성한 투자수요에 힘입어 활황이었다는 것, ③ 정유소가 새로 증설되면서 석유제품의 증대가 가능했다는 것 등이 요인으로 작용했다. 그리고 공병대가 파견되었던 남베트남에 수출된 철과 동, 시멘트가 전년에 비해 급증했다는 것도 놓칠 수 없는 요인이다.

1962년 군정하에서 시작된 제1차 5개년계획은 계획 4년째인 1965년에 이르러 비로소 일정한 성과를 내놓게 되었다. 이러한 고도성장 시대의 분위기는 그해 발행된 우표에도 고스란히 반영되어 있다.

예를 들어 1965년은 광복 20주년에 해당하는 해로, 이를 기념해서 8월 15일 우표를 발행했는데 종래의 광복절 기념우표와는 사뭇 다른 디자인이었다. 예전 우표는 독립문이나 끊어진 쇠사슬, 횃불 등 식민지 지배로부터의 해방을 직선적으로 표현해주는 것을 태극기와 조합해서 디자인한 것이 정석이었다. 그런데 이 해에 발행된 두 종류의 광복 20주년 기념우표 중 한 종에는 태극기가 그려져 있다는 점은 일치하지만, 그 밑에는 횃불 같은 것이 아니라 굴뚝에서 연기를 내뿜는 공장지대가 들어가 있었다. 또 나머지 한 종도 남대문과 불꽃을 조합한 디자인으로 종래의 디자인과는 분위기가 많이 달랐다.

우표에 나타나는 이러한 변화는 일본과의 국교정상화와 베트남전 특수를 계기로 불붙고 있었던 '한강의 기적'이 눈에 보이는 형태로 나타난 좋은 예라고 생각할 수 있으리라.

박정희 정권과 학생운동

'청소년 선도의 달' 우표

　일본과의 국교정상화와 베트남전 파병 결단은 '한강의 기적'을 이끌어낸 국제환경을 조성하는 계기가 되었고, 그런 의미에서 위의 두 가지 사건이 일어난 1965년이라는 해는 한국에게는 하나의 전환점이었다. 이 두 사건에 대한 긍정적 평가가 정착된 것은 한국의 경제성장이 일정한 성과를 거둔 뒤의 일로, 당시엔 반대하는 목소리도 많았다. 특히 학생들의 비난이 거셌다.

　1960년 4월혁명으로 이승만 정권을 퇴진시킨 사례가 말해주듯 한국에서는 반(反)권력투쟁으로서의 학생운동이 사회적으로 커다란 영향력을 가지고 있었다. 학생운동은 1961년 군사정권의 발족과 함께 일시적으로 기세가 약해지는 듯했으나, 1962에는 미국의 압력에 못 이긴 군정이 다시 정치활동의 자유를 인정함에 따라 자연스럽게 세력을 회복했다. 그리고 그해 말에 제3공화국이 발족하자 학생운동은 박정희 정권이 자랑스럽게 내세우는 일본과의 국교정상화를 표적으로 삼아 격렬한 정권규탄을 전개해나가게 된다.

　물론 정부도 이것을 좌시하고 있지는 않았다. 운동권의 리더에 대한 검거와 투옥, 군대징집, 감시체제 강화, 반정부 교수('정치교수'라고 불렀다)의 추방 등 학생운동을 가라앉힐 여러 가지 수단을 마련해나갔다.

　특히 1965년 4월 한일조약이 가조인되자 이것에 대해 항의하는 학생

시위가 치열하게 전개되었는데, 정부는 본래 7월 중순부터 시작되어야 할 대학의 여름방학을 6월 20일로 앞당겼다. 다음날인 21일에는 전국 경찰에 비상계엄령을 발령하고, 교육법 시행령을 개정해서 그때까지 각 학교 재량에 맡겼던 휴교의 결정권을 문교부 장관에게 주는 규정을 신설했다. 이에 따라 연세대, 고려대 및 56개 대학에 휴교처분이 내려졌다. 그 결과 여름방학 기간 동안 일시적으로 학생운동은 소강상태를 보였지만, 개학과 함께 다시 불붙었다. 특히 8월 14일 여당이 국회에서 한일조약을 단독으로 비준하면서 이에 반대하는 학생운동은 자연스럽게 과격성을 더했고, 서울시장 윤치영은 군의 지원을 요청하기에 이르렀다. 이에 정부는 8월 25일 서울 일대에 위수령을 내렸고, 수도경비사령관(육군소장 최우근)을 위수군사령관으로 하는 위수군병력은 시위 진압을 위해 출동, 각지에서 유혈 사태가 발생했다. 정부의 강경한 대처로 마침내 학생운동은 잠잠해지기 시작했고, 9월 25일에는 위수령이 해제되었다.

학원가의 이런 소요사태가 아직 생생하게 기억에 남아 있던 1966년 5월 1일, 한국우정은 '청소년 선도의 달'이라는 제목으로 기념우표를 발행했다. 이 우표가 학생운동을 방지하기 위해서는 힘으로 누르는 것만으로는 불충분하므로, 그들을 '바른 방향'으로 이끄는 노력을 게을리 해서는 안 된다는 발상 아래 발행된 것이라는 것은 의심할 여지가 없다. 그러나 그 후로도 정부는 학생을 '선도'하는 데 성공하지 못했고, 그들의 체제 비판은 강약의 온도 차는 있을지언정 계속 그 맥을 이어나갔다. 학생들은 시위하고, 정부는 강권적으로 억누르는 사태가 반복되었다.

존슨 대통령 방한

'존슨 대통령 방한' 기념우표

오랜 현안이었던 일본과의 국교정상화를 1965년에 달성한 박정희 정권은 1966년 미국과의 현안이 된 주한미군의 법적 지위에 관한 행정협정 조인에 박차를 가한다.

1945년 8월 일본이 항복하면서 미국은 북위 38도 선 이남에 진주해 군정을 시행했다. 미군은 대한민국이 성립한 후인 1949년 6월에 일단 한국으로부터 완전히 철수했지만, 다음 해인 1950년 6월에 한국전쟁이 발발하면서 다시 한국으로 들어오게 된다.

한국정부는 군사 작전을 원활히 수행하기 위해서 미국과의 사이에 주한미군의 배타적 재판권(미군의 범죄는 미군의 군법회의에서 재판할 권리), 한국인에 대한 미군의 체포권(미군에 대한 범죄를 일으킨 한국인을 미군이 체포할 수 있는 권리) 등을 정한 대전협정(협정이 체결된 1950년 7월 12일, 대전은 임시수도 소재지였다) 및 미군 관계자의 면죄 등 경제적 특권을 정한 마이어 협정(마이어는 협정체결을 위해 파견된 미국 대통령의 특사)을 맺게 된다.

대전협정과 마이어 협정은 전시라는 특수한 상황에서 어느 정도 불가피한 면이 있었지만 1953년 7월 한국전쟁이 휴전한 후에도 개정되지 않은 채 그대로 남아 주한미군의 특권을 보호해주었다. 그 결과 한국 내에는 미군 병사에 의한 범죄가 빈발했고, 그때마다 한국 측이 처벌할 수 없다는 사실이 문제가 되곤 했다. 국회는 1960년과 1961년, 2회에 걸쳐서 주한미군에 관한 정식 행정협정체결을 촉구하는 결의를 채택했다.

이에 따라 미국도 마지못해 협정체결에 응하게 되었다. 1961년 4월부터 한미 양국은 주한미군의 법적 지위에 관한 본격적인 교섭을 시작했으나, 같은 해 5월의 군사쿠데타로 잠시 중단했다가 혼란을 어느 정도 수습하고 난 뒤인 1962년 9월에 재개했다. 81차례의 회담을 거쳐 1966년 7월에 「대한민국과 미합중국의 상호방위조약 제4조에 의한 시설과 구역 및 대한민국에서의 미합중국 군대의 지위에 관한 협정」(이하 관례에 따라 '한미행정협정'이라고 표기)을 맺었다.

한미행정협정은 7월 9일 서울에서 이동원 외무부 장관과 딘 러스크 미 국무장관이 조인했다. 이것으로 한국 측은 일차재판권의 포기 등 제약이 있기는 했지만, 어쨌든 범죄를 일으킨 미군 병사를 체포할 수 있게 되었고, 마침내 주권국가로서 체면을 회복할 수 있게 되었다.

박정희는 양국 간의 현안이었던 한미행정협정의 체결을 앞둔 1962년 2월에 미국 부통령 험프리와 회담을 갖고, 2만 명의 한국군을 베트남에 증파하겠다고 약속하는 등 1962년 한 해 동안 양국 간의 관계는 그 어느 때보다 긴밀했다.

10월에는 밀접한 양국관계를 보여주듯 미국 대통령 존슨이 방한했고, 한국우정은 이것을 기념해 양국의 국기와 대통령을 그린 우표를 발행하며 한미 간의 우호관계를 국내외에 널리 알렸다.

1960년대의 대서독 관계

'뤼프케 대통령 방한' 기념우표

1967년 3월 뤼프케 서독 대통령이 방한했다. 이것을 기념해 한국우정은 양국 대통령의 초상을 넣은 우표를 발행했다. 동서냉전의 시대에 같은 분단국가였던 한국과 서독은 1963년 한국이 274명의 탄광 노동자를 서독에 파견함으로써 급속히 긴밀해진다.

군사정권 말기인 1963년 당시 한국에서는 공식통계로만 실업자가 250만 명에 달해 심각한 사회문제로 대두되었다. 마침 노동력 부족에 허덕이고 있던 서독은 월 600마르크(160달러)의 조건을 내걸고, 루르 지방 탄광에서 일할 한국인 노동자를 모집했다. 지원자는 모집인원의 100배를 넘었는데, 그 후 1978년까지 7,800명 정도의 '특파광부'가 루르 탄광으로 건너갔다. 그들의 노동이 얼마나 가혹했는지는 1966년 12월, 3년간의 고용기간을 마치고 귀국한 제1진(142명) 거의 전원이 독일 체재 중에 골절을 비롯한 갖은 부상을 경험했다는 것에서 잘 알 수 있다. 그 밖에 실명자와 사망자도 적지 않았다고 한다.

'특파광부'에 이어, 서독으로 건너간 사람들은 간호사였다. 이들 여성은 월 440마르크를 조건으로 서독에서 시체를 세정하는 등 독일인이 꺼리는 중노동을 맡는 등 격무에 시달렸다.

'특파광부'와 '특파간호사'가 보내오는 돈은 아직 가난했던 당시의 한국에 중요한 외화자원이었고, 그 금액은 일시적으로 GNP의 2%대에 이르기도 했다. 1964년 12월 루르 탄광을 방문한 박정희는 '특파광부'들로 구성된 취주악대가 애국가를 연주하자, 감격에 겨워 눈물을 흘리면서 그들에 대한 감사의 연설을 했다는 에피소드가 전해지고 있다.

1967년 뤼프케의 방한은 박정희가 서독에 방문한 답례로서 이루어진 것인데, 당시 양국의 우호관계를 상징적으로 보여주는 것이다. 그러나 뤼프케의 방한으로부터 얼마 지나지 않아 한독관계는 급속히 냉각되고 마는데, 1967년 7월의 '동베를린 사건(동백림 사건)' 때문이다.

이 사건은 동베를린을 거점으로 한 북한의 공작원이 유럽에 거주하는 연구원, 유학생, 예술가 등에게 공작금을 제공하고 스파이 활동을 지시했다는 조사 결과에서 비롯된 것이다. 혐의자들에 대한 재판 결과, 조영수, 정규명 등 2명에게는 사형 판결이, 나머지 32명 전원에게는 유죄 판결이 내려졌다.

중앙정보부는 사건의 용의자를 체제국인 독일과 프랑스에서 직접 연행·체포함으로써 양국의 주권을 무시했다. 이에 독일과 프랑스는 한국 정부에 이들에 대한 석방을 요구했다. 특히 독일에서는 '납치사건'에 대한 학생들의 항의 시위가 일어나 주한 독일대사가 소환당하는 등, 서독의 한국에 대한 원조마저 중단될 기세였다. 당황한 한국정부는 급히 대통령 특사를 파견했지만 서독과의 관계는 회복되지 못했다.

양국의 우호관계를 내외에 알렸던 뤼프케의 방한이 있은 지 불과 4개월 만에 벌어진 이 사건에서 국제정치판이 '살얼음판'과 같다는 것을 다시 한 번 확인할 수 있다.

박정희의 재선

대통령 선거 직전에 발행된 '제2차 5개년계획' 선전우표

박정희의 임기가 만료되는 해인 1967년의 대통령 선거는 민정으로 이양한 박정희 정권 4년에 대한 국민의 평가이기도 했다. 여당은 제1차 5개년계획(1962~1966년)이 소기의 목표를 달성했다(GNP 성장률 목표가 연 7.1%였으나 실적은 7.8%였다)는 것을 강조하며 정권이 계속해서 경제발전을 이어나가야 한다고 주장했다.

한편 1963년의 선거에서 사실상 통일후보였던 윤보선(민정당)은 1965년에 한일회담 반대를 위한 야당통합운동을 주도, 같은 해 6월에 민중당을 결성했다. 그러나 민중당은 한일협정의 추인을 저지하기 위한 방법을 둘러싸고 대립하다가 1966년 3월 국회의원 총사직을 주장하는 강경파가 탈당해 신한당을 결성함으로써 와해되고 말았다.

그 후 윤보선은 1967년의 대통령 선거와 국회의원 선거를 앞두고 다시 한 번 야당통합운동에 나섰고, 1967년 2월에 통합야당인 신민당 결성에 성공해 다시 대통령 후보에 올랐다. 그러나 신민당 안에서 민중당계와 신한당계의 반목이 계속됨으로 인해 윤보선은 힘든 선거전을 치르게 된다.

결국, 고도경제성장에 따른 빈부격차의 확대 등 박정희 정권에 여러 가지 약점이 있었음에도 야당은 제대로 공세를 펼치지 못했고, 5월 3일 시행된 선거에서 박정희는 586만 8,666표를 획득해 452만 6,541표를 얻은 윤보선을 누르고 재선에 성공했다.

또한 대통령 선거에 이어서 치러진 6월 8일의 국회의원 선거에서도 여당인 민주공화당(이하 공화당)은 130석을 획득해 헌법 개정에 필요한 의석 117석을 넘는 압승을 거두었다.

1967년의 박정희 대통령 취임 기념 우표

당시 국회의원 선거는 풍부한 자금력을 가진 공화당 후보들이 매수와 향응을 일삼고 온갖 부정·불법·폭력을 마다하지 않았을 뿐만 아니라, 대통령인 박정희까지도 선거운동에 참가한 노골적인 관권선거였다.

선거 일주일 전인 6월 1일, 박정희 정권의 자랑인 제2차 5개년계획 (1967~1971년)을 선전하는 우표가 발행되었다는 것도 관권 개입의 한 예라고 볼 수 있을지 모르겠다.

그러나 이러한 부정선거는 당연히 야당 측의 반발을 크게 샀고, 야당 측 당선자들은 국회에의 등원을 거부하며 항의에 나섰다. 7월 1일 정식으로 발족한 박정희 정권 2기는 예산과 세제개혁 등 당면한 안건을 처리하기 위해 7월 10일 여당 단독으로 국회를 소집하는 등 진통 속에서 출발했다.

그 후 8월 1일 박정희는 진해에서 기자회견을 갖고, "(총선 기간 여당 측의 문제는) 그 원인이 어디에 있었든지 유감이라고 생각한다"고 선거부정을 사실상 인정하고 사과했다. 이것을 받아들인 야당 측이 유연한 태도를 보이면서, 11월 29일 마침내 신민당 의원 44명이 국회에 등원, 단독국회라는 이상 사태는 142일로 마침표를 찍었다.

1·21사태와 푸에블로호 사건

북한이 발행한 '푸에블로호 사건' 선전우표

　전년도의 대통령 선거에서 압승을 거두면서 2기를 시작한 박정희 정권이었지만, 1968년 새해 벽두부터 북한의 위협을 다시금 실감하는 사건을 차례로 겪게 된다.

　먼저 1968년 1월 21일 북한정규군 특수부대 요원이 휴전선을 넘어 대통령관저인 청와대 약 1km 지점까지 침입, 경관대와 총격전을 벌이는 사건(1·21사태)이 발생했다.

　이들 무장게릴라는 청와대를 습격해 대통령과 요인을 암살하고 서울형무소를 폭파할 목적으로 내려왔는데, 게릴라와의 전투로 한국 측은 민간인 6명, 군인 23명이 희생당했다. 사건에 격노한 대통령은 보복 차원에서 김일성 암살을 위한 특수부대를 편성했다. 이들은 실미도에서 극비리에 훈련을 쌓는다. 그 후 1971년에 남북의 긴장이 완화되면서 김일성 암살계획은 백지화되었다. 영화 〈실미도〉는 이들 특수부대에 대한 이야기를 다룬 것이다.

　'1·21사태'의 충격이 아직 가시지 않았던 1월 23일, 이번에는 미국의 정보수집함 푸에블로호(906톤, 승원 83명)가 동해상의 공해인 원산 앞바다(북한 측은 북한 영해라고 주장)에서 나포되는 사건이 발생했다. 이른바 '푸에블로호 사건'이다. 미국은 푸에블로호가 영해를 침범한 적이 없다고 주장하며 북한을 비난했고, 사죄를 요구하는 북한과 정면으로 대립했다. 일본의 사세보 항을 출발, 베트남으로 향하던 미국의 항공모함 엔터프라이즈호가 황급히 동해로 회항하는 등 동해는 일촉즉발의 긴장상태에 빠졌다.

한편 미국은 판문점에서 비밀리에 북한과의 교섭을 계속해나갔다. 결국 그해 12월에 미국 측이 스파이 활동을 시인하며 사죄문에 서명했고, 그에 따라 북한이 승무원 전원을 석방시킴으로써 사건은 해결되었다.

1968년 국토방위모금우표에 등장하는 향토예비군 병사

이 사건은 북한에게 커다란 선전거리가 되었다. 북한은 1970년 6월 '조국해방전쟁'(한국전쟁의 북한식 명칭) 개전 기념일에 푸에블로호와 체포·연행되는 승무원의 모습을 그린 우표를 발행했다. 푸에블로호는 오랜 세월 원산항에 계류되다가 1998년경 평양시내의 대동강 충성교 부근으로 옮겨져 국민교화에 이용되고 있다.

그런데 푸에블로호 사건을 놓고 미국이 한국을 제치고 북한과 비밀교섭을 가진 것에 대해 한국 측은 격하게 반발, 서울에서 학생들의 항의시위가 발생했다. 정부 또한 미국에 대해 수차례 항의했다.

한편, 정부는 1·21사태 이후 긴장감이 감도는 국제정세에 대응, 향토예비군을 창설해 국방력 강화를 도모했다. 향토예비군은 35세 이하의 예비역 병사와 보충역, 지원병으로 조직되었는데, 전쟁 등의 비상사태가 발생 시 정규군을 지원하는 등 적군에 의한 침입지역에서의 작전과 소란을 억제하는 것이 주요임무이다.

당시 야당인 신민당은 "정부는 긴장 상황을 이용해서 현 정권을 영속화하려 획책하고 있다"며 향토예비군의 창설에 반대했는데, 어쩌면 박정희는 그때부터 헌법에서 금지하고 있는 3선을 목표로 여러 가지 포석을 깔기 시작했을지 모르겠다.

통일혁명당 사건

통일혁명당 사건의 김종태를 찬양하기 위해 발행된 북한의 우표

　북한에 의한 '1·21사태'와 '푸에블로호 사건'은 한국사회에 커다란 충격을 주었지만, 이듬해인 1968년 8월에는 북한의 위협을 더욱 더 실감하게 하는 엄청난 사건이 일어났다. 바로 통일혁명당 사건이다.

　서울의 운수업자 김종태(1923~1969)가 북한에서 공작교육을 받고 '통일혁명당 창당준비위원회'를 결성, 비밀리에 활동을 벌이기 시작한 것은 1964년 3월의 일이라고 한다.

　당시 한국에서는 일본과의 국교정상화에 반대하는 여론이 비등했으므로, 북한 측은 이러한 상황을 이용해 한국 내에 반정부여론을 자국에 유리한 방향으로 유도하려고 했다. 통일혁명당 창당준비위원회는 이러한 북한의 정책에 따라 결성된 것으로 최종적으로 한국의 반정부·친북한 세력을 육성, 그들을 '통일혁명당'으로서 북한의 영향력 아래 조직화하는 것이 목적이었다. 물론 그들의 궁극적인 목적은 통일혁명당의 주도로 '남한혁명'을 달성하는 것이었다.

　1968년 8월 24일 KCIA(한국중앙정보부)는 김종태 일당의 활동을 적발하고, 관련자 45명을 체포했다. 30명에게 유죄판결이 내려졌고, 1969년 1월 25일에는 통일혁명당 전라남도위원장인 최도영이, 또 7월 10일에는 통일혁명당 서울시위원회 위원장인 김종태가 각각 처형되었다.

　정부 당국은 통일혁명당을 준비단계에서 발본했다고 발표한 데 반해, 북한의 대남방송인 남한민주주의연맹방송국은 1969년 8월, 통일혁명당의 중앙위원회가 서울에 결성되었다고 보도했다. 게다가 1970년 11월의 조선노동당대회에서는 김일성도 통일혁명당의 창립에 대해 언급하고 있다. 실제로 1972년 4월에는 통일혁명당의 재건을 모색했다는 죄목으로 한국에서 9개 그룹, 32명이 체포되었다.

이처럼 통일혁명당은 북한이 주장하는 '남한혁명'의 중요한 심벌로, 북한우정은 1971년 8월에 김종태 등 통일혁명당 사건으로 체포·처형당한 인물을 영웅으로 추앙하는 우표를 발행하기도 했다. 또한 북한정부는 통일혁명당을 '남한인민혁명'의 정치적 참모부라고 현창하고, 우표에 사건으로 희생된 사람들 각자의 초상을 배경으로 무장투쟁하는 모습을 그려 넣는 등 남한의 해방을 위해서는 무력의 사용도 주저하지 않을 것이라는 자세를 확실히 보여줬다.

평양 서성지구에는 김종태의 이름을 딴 김종태 전기기관차공장이 세워졌다. 김정일이 2002년 1월 초 공식 활동의 일환으로 이곳에서 현지지도를 시행하고 노동자를 격려하는 등, 이곳은 현재 북한에 중요한 장소가 되었다. 이것은 북한이 김종태 영웅 만들기와 동시에, 그들이 '남한혁명'을 완전히 포기하지 않았다는 것을 나타내고 있다.

헌법 개정을 위한 여론 호도

1968년 7월의 '공산학정하의 피압박민족 해방운동' 캠페인 우표

　박정희 정권 2기의 시작과 동시에 포스트 박정희 문제가 중요한 관심사로 등장했다. 당시 헌법은 이승만의 장기집권이 부패의 온상이 되었다는 반성에서 대통령의 3선을 금지하고 있었다. 결국 박정희는 헌법을 개정해서라도 3선에 도전할 것을 결심하고, 그 사전작업으로서 군사혁명 이래 자신의 오른팔이자 후계 1순위로 지목되던 김종필을 거세한다.

　김종필이 조직한 정책연구회인 국민복지연구회가 포스트 박정희의 자리를 노리고 「정책판단서」를 작성한 것에 대해 박정희의 의중을 꿰뚫은 공화당 안의 반(反)김종필파가 '반당적 분파행동'이라고 들고 일어났다. 이에 따라 1968년 5월 김종필파의 유력의원 3명이 여당에서 제명되고, 김종필 또한 일시적으로 정계 은퇴를 결심하게 된다.

　김종필은 이로 인해 포스트 박정희의 자리에서 추락하고, 헌법 개정과 대통령 3선을 실현하기 위한 본격적인 움직임이 시작되었다. 1969년 1월 1일 공화당 의장대리 윤치영은 "한국역사가 시작된 이래의 위인 박정희 대통령이 계속해서 정권을 담당하기 위해서는 헌법 개정이 필요하다"고 발언하면서 대통령 3선을 위한 개헌논의는 표면화한다.

　개헌세력인 정부 여당의 주장은 1968년에 북한이 일으킨 몇 개의 사건을 고려해볼 때, 북한의 도발에 대비하면서 근대화를 달성하기 위한 강력한 리더십이 필요하고, 그 임무를 맡을 만한 사람은 현직의 박정희 대통령 말고는 없다는 것이었다. 정부는 1968~1969년에 걸쳐 '반공'과

'경제건설'을 제재로 한 우표를 적잖게 발행하여 여론을 유도하기 위한 수단으로 이용했다.

한편 야당 측은 대통령 3선을 위한 개헌에 강력히 반대해 1969년 1월 17일, 신민당 총재인 유진오가 당의 명운을 걸고 개헌저지 투쟁에 나설 것임을 기자회견을 통해 못 박았다. 원내총무였던 김영삼을 중심으로 종교인, 학생, 지식인을 규합해 초당파적인 반(反)개헌 캠페인도 전개해나갔다.

(위) 1968년 11월의 '반공학생의 날' 우표
(아래) 1969년 5월의 '제2차 경제건설' 캠페인 우표

이에 대해 정부 여당은 풍부한 자금력과 조직력, 행정력을 동원해서 10월 17일의 국민투표에서 661만 5,000표의 찬성표(반대표는 315만 7,000표)를 획득, 개헌을 실현시키는 데 성공했다. 국민투표에서 헌법개정안이 큰 표 차를 보이며 가결된 배경에는 정부 여당의 활동도 활동이겠지만, 박정희 정권의 근대화 정책이 큰 틀에서 일정한 평가를 얻었다는 것과 이에 더해 개헌의 시(是)와 비(非)를 박정희 개인에 대한 신임과 불신임으로 연결시킨 전술이 효과를 발휘한 결과였다.

어찌 되었든 헌법 개정이 이루어짐으로써 1971년의 대통령 선거에서 박정희가 3선을 할 것이라는 사실은 거의 확실해졌다. 그리고 그것은 향토예비군의 창설을 한반도에서의 긴장 고조를 구실로 국내에서의 체재를 강화하려는 것이라고 비난한 신민당의 말 그대로 한국역사의 새로운 막을 여는 서장이기도 했다.

요도호 사건

공중납치된 요도호에 실렸던 탓에 배달이 늦어졌음을 사과하는 설명이 덧붙여진 우편물

박정희가 3선을 향한 행보를 차근차근 밟아가던 1970년 3월 한일 양국 모두에 충격적인 사건이 발생한다. 바로 요도호 사건이다.

1960년대 말 일본을 휩쓸었던 학원분쟁의 광풍은 1969년 1월의 도쿄제국대학 야스다 강당 점거 농성을 계기로 사그라지기 시작했다. 그러나 일부 운동가들은 혁명에 대한 망상을 버리지 못하고 '적군파'라는 이름으로 테러활동을 전개해나가는 등 급진화했다.

다미야 다카마로(田宮高麿)를 중심으로 하는 9명의 적군파 학생들은 일본에서 공산주의 혁명을 성공시키기 위해서는 해외에서의 군사훈련이 필요하다는 인식하에 1970년 3월 31일, 도쿄(하네다 공항)발 후쿠오카행 일본 항공기 '요도호'를 공중납치해 기장에게 평양으로 향할 것을 요구했다. 범인들의 행동은 사전에 북한과의 협의를 거치지도 않은 즉흥적인 것으로, 북한 당국으로부터 입국 허가도 받지 않은 상태였다.

급유를 위해 후쿠오카 공항에 착륙한 요도호는 인질 가운데 노인과 부녀자를 풀어주고 일단 북한 영공으로 들어가지만, 한국 당국의 공작에 의해 서울 근교의 김포공항을 북한 공항인 줄 알고 착륙하게 되고, 일본·한국·미국 3국의 경찰은 공동작전을 펼치며 범인들의 체포에 나선다.

그러나 위장착륙임을 눈치 챈 범인들은 '여기는 북한'이라고 설득하는 공항직원(변장한 경찰관)에게 김일성의 거대한 초상화를 가져오라고 요구한다. 당시 한국 내에 그런 것이 있을 리 만무했으므로 경찰 당국의 계획은 허사로 돌아갔다.

결국 범인들은 인질과 함께 요도호에서 농성을 벌이게 된다. 사건이 커지자 북한은 범인들을 받아들이는 것이 자국의 정치선전에 유리할 것이라고 판단하여, 범인들의 북한 입국을 허락한다. 마침내 당시 일본의 운수성 정무차관이었던 야마무라 신지로 2차관이 인질이 되는 조건으로 일반 승객들에 대한 석방이 이루어지고, 4월 3일 범인들은 북한에 망명한다. 이후 야마무라 차관은 석방되었다.

그 후 북한에서 생활하고 있는 것으로 알려졌던 요도호 납치범들이 북한 당국의 뜻에 따라 해외에서 암약하며, 일본인 납치사건에 관여해왔다는 것이 밝혀진 것은 몇 년 전의 일이다. 현재 미국은 북한을 '테러리스트 지원국가'로 지목하고 있는데, 요도호 납치범들에 대한 망명수락과 그 후 그들이 벌였던 활동은 이러한 북한의 성향을 단적으로 보여주는 사례 가운데 하나라고 하겠다.

요도호 사건의 흔적은 우편물에도 남아 있다. 사건 당시 요도호에는 적잖은 우편물이 실려 있었는데, 사건이 해결되기까지 4일간 배달되지 못한 채 그대로 비행기에 탑재되어 있었다. 사건이 종결된 후 이들 우편물에는 "이 우편물은 납치당한 일항기에 탑재되었기에 지체되었습니다"라는 첨부설명서가 붙여져서 수취인에게 배달되었다.

이들 우편물은 우표만이 아니라 우편물이 우송된 흔적 자체만으로도 역사의 증인이 될 수도 있다는 것을 우리에게 가르쳐주고 있다.

경부고속도로 개통

경부고속도로 개통 기념우표

일본의 도쿄와 오사카에 필적하는 한국의 2대 도시는 서울과 부산이다. 이 두 도시를 연결하는 428km의 경부고속도로가 개통된 것은 1970년 6월 28일의 일이다.

한국에서 고속도로의 건설은 1967년에 시작된 제2차 경제개발 5개년 계획의 중점사업 가운데 하나로, 1968년 서울과 인천을 잇는 24km의 경인고속도로가 개통되면서 본격적으로 시작되었다. 경인고속도로에서 자신감을 얻은 정부는 '전국의 1일 생활권화'(전국을 하루에 왕복할 수 있도록 한다)를 목표로 고속도로 건설에 박차를 가한다. 이 계획을 선도한 것이 바로 경부고속도로였다.

경부고속도로의 건설에 앞서 한국은 먼저 고속도로 진입로의 역할을 담당할 '제3한강교' 건설에 착수했다. 제3한강교는 한강에 세워진 네 번째 다리로, 용산구 한남동과 강남구 신사동 사이 915m를 연결했다. 공사가 시작된 것은 1966년 1월 19일, 완성된 것은 1969년 12월 25일로 3년이란 세월이 걸린 대규모 공사였다. 이 다리가 현재의 이름인 한남대교로 개칭된 것은 1985년의 일이다.

경부고속도로의 개통을 계기로 고속도로망은 급속도로 정비되는데 1970년대 중반에는 전국의 70% 지역에서 '1일 생활권화'를 실현, 하루 동안 왕복이 가능하게 되었다.

고속도로 건설이 진척을 보임에 따라 자동차 등록 대수도 급증했다.

더불어 도로교통량의 성장률도 연간 10%를 넘어서게 되었는데, 이것은 한국의 고도경제성장이 그대로 도로상의 수치에 반영되고 있음을 나타낸다.

개발독재정책을 펼쳤던 박정희 정권은 국민에게 경제성장의 성과를 눈으로 확인시켜줄 수 있는 상징

경제성장의 상징으로 고속도로와 나들목이 등장하는 제2차 경제개발 5개년계획 선전우표.

으로서 고속도로를 자주 이용했는데, 이 시기의 우표에 고속도로가 종종 등장하는 것도 그런 이유 때문이다.

한국우정은 제2차 경제개발 5개년계획을 선전하기 위해서 매년 우표를 발행했는데, 경인고속도로가 개통한 1968년에는 도로건설을 주제로 고속도로와 나들목을 넣은 우표를 각각 발행했다.

이처럼 '한강의 기적'을 강조하는 수단으로서 고속도로가 빈번하게 우표에 등장하게 된 배경에는 대통령 3선을 향한 일종의 포석이 깔린 것이었다고 보는 것이 타당할 것이다.

박정희, 3선을 향하여

박정희의 업적을 알리기 위해 발행된 10원 우표

1969년 10월, 국민투표에 의해 헌법을 개정하면서 박정희 대통령의 3선을 향한 행보에 나선 정부는 대통령 선거일을 1971년 4월 27일로 정했다. 이에 따라 여당과 야당의 움직임도 활기를 띠었는데, 선거 전반에 화제를 모은 것은 야당인 신민당 쪽이었다.

애초 신민당의 대통령 후보로는 당시 총재인 노장의원 유진오가 유력시되었다. 그러나 막상 선거전이 시작되자 입원 중인 유진오를 겨냥해 원내총무였던 김영삼(1970년 당시 43세)이 '40대 기수론'을 내세우며 후보 지명선거에 출마할 것이라고 선언했다. 뒤를 이어 당시 44세였던 김대중과 47세였던 이철승도 차례차례 후보자 지명선거 출마의사를 표명했다.

40대 후보들의 출현은 신민당 노장·보수파 의원들의 반발을 샀고, 일반 국민에게는 호감을 불러일으켰다. 그러나 무엇보다 과거의 대통령 선거(1956년과 1960년의 대통령 선거)에서 거물 노장후보들(신익희와 조병옥)이 선거전이 한창일 때 급사한 뼈아픈 기억을 가진 야당은 선거전을 끝까지 치러낼 수 있는 체력과 기력을 갖춘 후보를 선출하는 것이 무엇보다 중요하다는 분위기에 사로잡혀 있었다.

결국 1970년 1월에 열린 당대회에서 총재인 유진오가 건강상의 이유를 들어 사직함으로써 부총재인 유진산이 총재 자리에 올랐고, 대통령 후보 지명선거에서는 앞의 40대 의원 세 명이 경합했다.

세 사람의 치열한 선거전은 신민당의 분열까지 우려될 정도로 심각했고, 결국 총재인 유진산이 후보자 조정에 나서 김영삼을 대통령 후보로 지명했다. 그러나 결과에 불복한 김대중은 1970년 9월의 당대회에서 김영삼과 대결, 결선투표를 통해 대통령 후보 자리를 차지했다.

역시 박정희의 업적을 알리기 위해 발행된 10원 우표

한편 여당인 민주공화당에서는 현직인 박정희 대통령이 다음 선거에 출마한다는 것이 확정되어 있었기 때문에 신민당과 같은 당내 대립은 없었다. 야당 측 후보가 결정되고 난 다음인 1970년 12월에 공화당은 당과 내각의 인사를 단행하고, 선거전을 치르기 위한 당체제 정비에 나선다.

선거태세가 정비되는 때를 전후한 1970년 9월과 11월, 한국우정은 박정희의 초상을 커다랗게 집어넣은 10원짜리 통상우표를 발행했다. 물론 그때까지 대통령의 취임이나 해외 국가원수들의 방한에 맞춰 대통령의 초상을 넣은 우표가 발행되지 않은 것은 아니지만, 그것들은 어디까지나 발매기간과 발매수량이 한정된 기념우표였다.

이처럼 일상적으로, 무제한 발행되는 통상우표에 대통령의 초상을 집어넣은 선례가 없었다는 점을 고려할 때, 정부가 본격적인 선거전 개막을 앞두고 우표라는 미디어를 이용해 국민에게 박정희 개인에 대한 숭배와 정권의 실적(초상의 배경에는 개발독재의 여러 가지 성과가 그려져 있었다)을 홍보하고자 했다는 것을 충분히 짐작할 수 있겠다.

이렇게 해서 한국 전역은 1970년 가을부터 이듬해 4월까지 대통령 선거를 향한 정치의 계절로 접어들게 된다.

향토예비군과 안보논쟁

(왼쪽) 선거 직전에 발행된 '향토예비군의 날' 기념우표
(오른쪽) '방첩 및 승공의 달' 캠페인 우표

1971년의 대통령 선거에서 중요한 정책적 쟁점은 바로 안보논쟁이었다. 이 논쟁이 시작된 것은 1970년 10월 16일 야당인 신민당의 대통령 후보 김대중이 후보자로서 가진 첫 기자회견에서 ① 향토예비군의 폐지, ② 노사공동위원회의 설치, ③ 비정치적인 남북교류, ④ 한반도의 4대국 공동안전보장안을 주장하면서부터다.

이 가운데 최대의 쟁점은 ④의 4대국 공동안전보장안으로, 미·소·일·중 4대국이 한반도의 전쟁을 억제하겠다는 것을 공동으로 합의하라는 주장이다. 그 후 선거전의 과정에서 남북 간 인도적·문화적 교류의 추진이라는 공약으로 이어지게 된다.

남북 간 대화의 촉진은 대통령 박정희가 이미 그해 8월 15일(광복 25주년 기념일)의 8·15선언에서 발표한 것이다. 8·15선언은 ① 북한 측이 무력도발에 의한 공산화 야망을 버리는 것을 조건으로, 남북의 인위적인 장벽을 단계적으로 제거한다. ② 북한이 국제연합의 권위와 권능을 인정하면 국제연합에서 동석하는 것을 반대하지 않는다. ③ 북한은 한국과 선의의 경쟁을 해야 한다는 것으로, 그간 한국이 제시한 대북정책에 비해 상당히 유연한 자세를 보이고 있다.

김대중의 제안은 이 8·15선언에서 좀 더 앞으로 나간 것으로, 북한에 대해 포용적인 자세를 보였는데, 이것은 그 실현 가능성 여부와는 별개로 당시 많은 국민의 관심을 끌었다. 그러자 여당인 공화당의 김창근은 "한국과 적대관계에 있는 중공·소련 등을 포함한 4대국에 국가의 안전보장을 위탁하겠다는 것은 국가의 기초를 흔드는 것으로서, 발언자의 진의를 의심하지 않을 수 없다"고 비판하며 반발했고, 여·야 간에 격렬한 논쟁이 이어졌다.

상황이 이런 가운데 한국우정은 여당 측의 주장을 뒷받침하는 듯한 우표를 선거전 종반(투표일은 4월 27일) 무렵 차례차례 발행했다. 1971년 3월 1일에 발행된 '방첩과 승공의 날' 캠페인 우표에서는 지구를 뒤덮을 듯한 거미줄(공산주의 진영을 표현하고 있다는 것을 한눈에 알 수 있다)과 그것을 불태우는 횃불(자유주의 진영을 상징한다)이 그려져 있어 공산주의 국가가 한국의 안전보장에 관여할 수 있도록 주장하는 김대중의 제안은 위험하기 짝이 없다는 인상을 심어주고 있다.

게다가 투표일 직전인 4월 3일에는 김대중이 폐지를 주장한 향토예비군을 찬양하는 '향토예비군의 날' 우표가 발행되었다는 점에서도, 이들 우표가 정부의 주장을 선전하는 도구로서 사용되고 있다는 것을 짐작할 수 있다.

이처럼 김대중의 제안을 국가의 기본을 흔드는 것이라며 격렬히 비난한 정부 여당이지만, 대통령 선거 이후에 미국과 중국의 해빙무드라는 국제환경의 변화에 대응해나가면서 그들 역시 자연스럽게 김대중이 제안한 방식에 접근해나가게 되었다.

새마을운동

(왼쪽) 새마을운동 선전우표
(오른쪽) 농업과 공업의 조화로운
발전을 표현한 '제2차 경제개발
5개년계획' 선전우표

　박정희 정권 18년의 전반기인 1962년부터 1971년 사이에 이루어진 두 차례의 경제개발 5개년계획의 결과 한국은 공업성장률이 연평균 13%에 달하는 급속한 경제성장을 이루었다. 반면에 농업의 연평균 성장률은 4%에 머물렀는데, 이러한 차이는 국민 사이에 새로운 불평등을 양산하는 결과를 낳았다.

　이러한 불평등을 해소하는 것이야말로 당시 한국사회가 당면한 절실한 문제였다. 1969년 말 진행 중이던 제2차 경제개발 5개년계획을 선전하기 위해 발행된 우표에서 농어업개발과 기계공업이 나란히 취급되었다는 사실에서도 그것을 떠올릴 수 있다.

　사회적 격차를 해소하기 위한 정책의 일환으로서 1970년 박정희는 '자조·자립·협동'이라는 슬로건 아래 농민들이 자발적으로 농한기 동안 생활환경 개선사업을 전개해나가도록 지시하는데, 이것이 바로 '새마을운동'의 모태이다. 새마을운동은 한국정부의 정의에 따르면 "지역주민의 협동을 통해 살기 좋은 마을을 건설하고, 그 결과 더 부강한 국가 건설"을 목표로 하는 것이다.

　더 구체적으로 ① 모든 주민을 자발적으로 이 운동에 참여하도록 해서 이른바 정신혁명을 일으킨다. ② 사회개발을 통해서 주민들이 살기 좋은 마을을 만들어 복지생활을 향유하게 한다. ③ 경제개발을 통해서 마을의 노동생산성을 높이고 개인소득을 올린다는 것이 목표로 설정되었다.

새마을운동은 이처럼 1970년 농어촌 지역에서 시작해서, 1972년 이 운동의 추진기구가 전국적으로 정비되면서 슬로건을 '근면·자조·협동'으로 바꾸고, 1973년부터는 도시에까지 확대되었는데, 박정희의 유신체제를 뒷받침하는 중요한 기둥의 하나였다.

새마을운동이 시작되면서 농가의 지붕 개량(슬레이트화)과 농업의 기계화, 도로정비 등이 이루어져 농촌의 외관은 크게 변모했다. 1972년 5월 새마을운동의 전국조직이 정비되면서 이 운동을 선전하기 위해 발행된 우표에는 이러한 운동의 '성과'가 잘 나타나 있다. 그러나 현실적으로 볼 때 새마을운동으로 도시와 농촌의 격차가 의도한 만큼 해소되지는 못했으며, 도시로 젊은 노동력이 유출되는 것도 막지 못했다.

한편 새마을운동은 실질적으로 정부의 재정적·행정적 지원 아래 조직된 관제운동이었으므로, 1972년 10월 유신체제 이후로는 곧잘 박정희에 대한 개인숭배를 미화시키는 수단으로서 이용되곤 했다. 결국 새마을운동의 이러한 성격은 야당세력의 심한 비판을 불러일으키게 된다.

박정희 3선

(왼쪽) 박정희 3선 기념우표
(오른쪽) 대통령 선거 기간 중 준비되었다고 여겨지는 '제1회 박 대통령 컵 쟁탈 아시아 축구대회' 기념우표

제7대 대통령 선거는 7명이 입후보한 가운데 1971년 4월 27일 선거가 시행되었는데, 현직이었던 공화당의 박정희 후보와 제1 야당인 신민당의 김대중 후보의 경합이 실질적으로 벌어졌다. 결과만 말하자면 선거는 박정희는 3선으로 국민의 신임을 얻은 것이지만, 비판 역시 예상을 넘어서는 것이었다.

선거의 득표수를 보면 경상북도 출신의 박정희는 경상도와 강원도에서는 승리를 거머쥐지만, 대립후보인 김대중은 수도 서울과 경기도, 자신의 출생지인 전라도에서 우세를 보였다. 게다가 최종적인 득표수에서 634만 2,828표를 획득한 박정희는 539만 5,900표를 얻은 김대중에 비해 94만 표 이상을 더 얻어 승리를 거두었지만, 경상도를 제외한 지역에서는 오히려 김대중의 득표수가 박정희보다 40만 표 이상 많았다.

그뿐만 아니라 대통령 선거 2일 뒤에 치러진 국회의원 선거에서 공화당은 전체 204석 가운데 113석을 차지했는데, 이것은 단독 과반수를 달성한 것이기는 하지만 선거 전 의석보다 17석이 줄어든 것이었다. 이에 비해 신민당은 선거 전보다 45석이 늘어난 89석을 획득하는 약진을 보였다. 야당 측의 이러한 약진은 이들의 실력에 의한 것이라기보다는 박정희 정권에 대한 국민의 비판이 반영된 결과라고 보는 것이 맞을 것이다.

1961년의 5·16쿠데타로 권좌에 오른 박정희는 이승만과 같은 장기정권은 독재와 부패의 온상이라며 헌법을 개정, 대통령의 임기를 2기로 한정하고 국민의 지지를 얻었다. 그러나 그는 두 번째 임기가 끝나기 전에 강권적으로 헌법을 개정, 스스로 3선 대통령에 취임했다.

　물론 그 사이에 한국은 '한강의 기적'이라 불리는 눈부신 경제성장을 이룩했지만, 빈부의 격차는 확대되었고, 개발독재의 그늘에서 국민의 권리와 자유는 제한되었다. 국민 사이에 여당의 자의적인 개헌을 저지하기 위해서도 그들의 의석을 단독으로 개헌 가능한 총의석 수 3분의 2 이하로 줄여야 한다는 위기의식이 잠재되어 있었고, 그것이 결과적으로 신민당의 약진으로 이어진 것이라고 말할 수 있겠다. 그러나 박정희 정권은 국민의 이러한 비판을 겸허히 받아들이기는커녕 독재체제를 강화해 국민의 불만을 억누르겠다는 쪽으로 기울어가는 경향을 보였다.

　그 예로 앞쪽의 사진에서 오른쪽 우표를 보기 바란다. 이 우표는 언뜻 보면 그저 평범한 축구선수 그림을 넣은 것이지만, 아래를 보면 '제1회 박 대통령배 쟁탈 아시아축구대회'라는 글자가 들어가 있다. 즉, 스포츠 이벤트조차 박정희 독재체재를 강화시키기 위한 도구로 사용하고 있음을 확인할 수 있다.

　이 우표가 발행된 것은 대통령 선거일로부터 일주일도 지나지 않은 5월 2일로, 당연히 선거 기간에 대회를 위한 준비가 진행되었다는 것을 알 수 있다. 즉, 여당의 후보로서 온갖 수단을 다 써서라도 기필코 당선하겠다는 의지가 없었다면 불가능한 기획이었다고 할 수 있겠다.

알맹이 없는 남북적십자회담

남북적십자회담(본회의) 개최에 맞춰 한국이 발행한 기념우표

    1971년 9월 20일, 판문점의 중립국감시위원단 회의실에서는 이산가족 찾기를 위한 남북적십자 대표의 예비회담이 이루어졌다. 남북의 직접대화는 1945년의 한반도 분단 이후 26년 만에 처음 있는 일이었다. 회담은 8월 12일 한국적십자 총재인 최두선이 "남과 북의 적십자사가 남북의 이산가족을 재회시키는 운동을 공동으로 전개해나가자"고 제안, 북한 당국이 이것을 받아들이면서 실현되었다.

    한국전쟁 때문에 남북으로 갈라져야 했던 이산가족은 당시 남북 총인구의 3분의 1에 해당하는 1,000만 명을 웃도는 것으로 알려진 가운데, 미해결인 채 방치되어 있었다. 따라서 이산가족을 찾아주자는 명분은 남북 어느 쪽이든 먼저 끄집어내기만 한다면 쉽사리 받아들여질 만한 것이었다 할 수 있겠다. 물론 한국 측이 북한에 대해 이러한 제안을 하게 된 배경에는 미국의 닉슨 정권이 추진하고 있던 동·서 간의 긴장완화정책이 한반도에서도 영향력을 발휘했다는 점도 있다.

    예비회담이 있은 지 1년 뒤인 1972년, 북한의 평양에서 본회의가 열리게 되는데 한국우정은 회담 첫날인 8월 30일에 맞춰 기념우표를 발행했다. 한편 북한 측은 전년도의 예비회담 때와 마찬가지로 기념우표를 발행하지 않았다.

    그런데 적십자 본회담의 의제는 ① 남북으로 이산된 가족과 친척의 주소와 생사를 확인해서 알려주는 문제, ② 이산가족의 자유로운 상호방문과 자유로운 재회를 실현하는 문제, ③ 이산가족의 자유로운 서신교환을 시행하는 문제, ④ 이산가족의 자유의지에 의해 다시 공동으로 생활하는 문제, ⑤ 기타 인도적으로 해결해야 할 문제 등이었다.

이러한 제1차 회담의 의제는 앞서 7월 4일에 공표된 '남북공동성명'의 3대 원칙인 자주·평화통일·민족대단결에 맞춰서 상호 간의 합의사항을 확인한 것에 불과해, 실질적인 토의는 아무것도 이루어지지 않았다. 이렇게 볼 때 적십자회담은 실무적인 협의라기보다는 의례적인 색채가 더 강했음을 알 수 있다. 그렇다고는 해도 적십자회담에 대한 국민의 기대는 대단해서, 제2차 본회의를 위해 서울을 방문한 북한대표단은 시민들로부터 열광적인 환영을 받았다.

북한대표는 개회식에서 김일성을 찬양하는 일장 연설을 하는데, 그때 북한에서는 김일성 독재체제의 완성을 위한 무서운 숙청의 폭풍이 몰아치고 있었다. 북한대표로서는 이 기회에 '수령'에 대한 충성심을 다짐해 두지 않으면 위험에 처할지도 모른다는 생각이 있었을 것이다. 그러나 한국에서의 김일성은 한국전쟁을 일으킨 장본인으로서 민족 최대의 범죄자에 불과했다. 결국 북한대표의 연설이 한국 전역에 방영되자 그간의 우호 무드는 찬물을 끼얹은 듯 냉담해지고 말았다.

박정희 대통령은 회담 후인 10월 1일 국군의 날 기념연설에서 "적십자회담을 통해서 공산주의자들의 정체가 무엇이라는 것을 확실히 눈으로 보았다"고 북한을 비난했고, 이에 대해 북한도 "박정희는 임전체제나 군사력 증강이라는 헛소리만 하고 있다"고 반박하면서 남북 간의 상호비방이 시작되었다. 결과적으로 공동성명과 적십자회담으로 좀 진전되었다 싶었던 남북 간의 유화상태는 눈 깜짝할 사이에 무너지고 말았다.

1971년의 국가비상사태 선언

1972년에 발행된 '방첩 및 승공의 달' 기념우표

　남북적십자 예비회담(1971년 9월)은 한반도의 긴장완화를 가져오는 것으로서, 많은 한국국민으로부터 환영받았지만, 당시 한국의 정치적·사회적 상황은 안정과는 거리가 있었다.

　박정희 정권 제3기가 출범한 7월 이후를 보더라도 군 특수부대 반란사건(영화 〈실미도〉의 소재가 된 사건), 광주단지 폭동사건(서울시의 도시개발에 따라 시내로부터의 퇴거를 강요당한 빈민층 주민이 이전지인 서울시 외곽 광주군의 토지 구입 가격을 내려달라고 요구하는 과정에서 자연발생적으로 일어난 폭동) 등이 연달아서 발생했고, 학생들의 군사교련 반대 시위도 빈발했다. 또, 1971년 10월에는 국내의 치안책임자인 내무부 장관에 대한 불신임안이 여당 일부 의원들의 배신으로 국회에서 가결되는 사건까지 일어났다. 3선을 달성하고, 마침내 종신대통령에의 야심을 불태우기 시작한 박정희는 자신의 독재권력을 강화함으로써 사태를 억누르려는 악수를 두게 된다.

　예비회담의 개시로부터 얼마 지나지 않은 10월 15일, 정부는 서울시에 위수령을 발동하여 정권을 비판하는 학생 시위에 대해 철저한 진압에 나선다. 또 12월 6일, "북한 측이 남침준비에 광분해서 한국의 안전보장이 중대한 위기에 직면하고 있다"는 인식하에 "국가의 안전을 최우선으로, 일체의 사회불안을 배제하겠다"며 국가비상사태를 선언한다.

확실히 당시의 북한이 보인 대남 유화자세가 그저 시늉에 불과했다는 점에서 박정희의 인식은 정확했지만, 대다수 국민은 9월의 남북적십자 예비회담 이후 북한과의 긴장완화가 많이 진전되었다고 생각하고 있었으므로 '북의 위협'을 이유로 선포된 느닷없는 국가비상사태에 대한 의문의 목소리가 작지 않았다. 또 그 사이에도 남북적십자 사이의 회담은 계속되고 있었고, 이듬해 1972년 7월에 선포되게 될 남북공동선언을 향해서 정부 간의 협의도 비밀리에 이어지고 있었으므로 국가비상사태 선언에는 '북의 위협'을 빌미로 박정희가 독재체제의 강화를 노린 측면이 있다는 것도 부인할 수는 없겠다.

12월 22일의 국가비상사태 선언과 함께 대통령에게 비상대권을 부여하기 위한 국가안전보장에 관한 특별조치법이 국회에 제출되자 야당은 의사당을 점거하고 격렬하게 농성을 벌이며 저항했다. 이에 여당은 국회 제4 별관에서 단독으로 본회의를 열고 질의응답을 일체 생략한 채 법안을 강제로 가결했다. 이 법의 성립으로 박정희 정권은 유신체제로의 행보를 굳혀 나가게 되는데, 다음 해인 1972년 4월에 풍자시「오적」을 발표한 시인 김지하가 연행된(3개월 후 석방) 사건이 그 전형적인 예이다. 이러한 정치적 흐름에 순응해, 한국우정은 1972년 5월 1일 '방첩 및 승공의 날'이라는 제목으로 캠페인 우표를 발행했다.

남북공동선언이 발표되기 2개월 전, 10월 유신이 발동되기 약 5개월 전이었다는 타이밍을 고려할 때 이 우표가 강조하고 있는 '방첩과 승공'이라는 슬로건은 글자가 가진 뜻 이상으로 북의 위협을 강조함으로써 독재체제의 강화를 도모하는, 박정희 정권 특유의 패턴에 따라 만들어진 것이라고 볼 수 있겠다.

7·4 남북공동성명

북한이 발행한 '남북공동성명 25주년' 기념우표

남북 간 적십자회담은 1971년 말 국가비상사태 이후에도 계속되었다. 이와 별개로 양국은 물밑 접촉을 시도, 1972년 3월에는 중앙정보부장 이후락과 조선노동당 조직지도부장 김영주의 직접회담이 제안되기에 이른다. 그 결과 5월 2일부터 닷새간 이후락은 평양을 방문해 김일성과 회견을 가졌고 답례로 북한 측 제2 부수상인 박성철이 5월 29일부터 6월 1일까지 서울을 방문하여 박정희와 회견했다. 실질적인 양국의 수뇌회담으로, 7월 4일 아래와 같은 내용의 남북공동성명(서명자는 한국의 이후락, 북한의 박성철)으로 발표되었다.

一, 쌍방은 아래와 같은 조국통일의 원칙에 대해 합의했다.
   1. 통일문제는 외국세력에 의존한다든지, 외국세력의 간섭을 받지 않고 자주적으로 해결해야 한다.
   2. 통일은 상호의 무력행사가 아닌, 평화적 방법으로 실현해야 한다.
   3. 사상과 이념, 제도의 차이를 넘어서, 먼저 하나의 민족으로서 민족대단결을 도모해야 한다.

二, 쌍방은 남북 간의 긴장상태를 완화하고, 신뢰할 수 있는 분위기를 조성하기 위해서, 서로를 중상하거나 비방하지 말고, 어떠한 크고 작은 무력도발도 하지 않으며, 불의의 군사적 충돌 사건을 방지하기 위해서 적극적인 조치를 취할 것에 합의했다.

三, 쌍방은 분단된 민족의 연휴를 회복해, 상호의 이해를 증진시키고, 자주적 평화통일을 촉진하기 위해 남북 간에 다방면적인 제반의 교류를 시행하는 것에 합의했다.

四, 쌍방은 현재 전 민족의 커다란 기대 아래 진행되고 있는 남북적십자회담이 하루라도 빨리 결실을 맺을 수 있도록 적극적으로 협력해나갈 것을 합의했다.

五, 쌍방은 돌발적인 군사충돌을 방지하고, 남북 간의 문제를 직접, 신속 정확히 처리하기 위하여, 서울과 평양 간에 상설직통전화를 설치하는 것을 합의했다.

六, 쌍방은 이러한 합의사항을 추진하는 것과 동시에, 남북 간의 여러 문제를 개선·해결하고, 또 합의한 조국통일의 원칙에 기초해서 국가의 통일 문제를 해결하기 위해, 이후락 부장과 김영주 당부장을 공동위원장으로 하는 남북조절위원회를 설치하는 것에 합의했다.

七, 쌍방은 이상의 합의사항이 조국통일을 일일여삼추로 소망하는 전 동포의 하나된 염원이라는 것을 확신하고, 이 합의사항을 성실히 이행할 것을 전 민족 앞에서 엄숙히 약속한다.

공동성명은 남북 간의 비밀교섭을 거쳐 발표되었고, 그 후 10월 유신 등으로 남북관계는 그해 말부터 다시 악화되어 공동성명 우표는 발행되지 못했다. 그러나 북한은 1997년에 남북공동성명 25주년을 기념하는 우표를 발행했다. 훗날 김정일 명의의 논문에 따르면, 북한은 "대화가 시작된 유리한 정세를 이용해서 남한인민을 혁명화"하겠다는 의도로 성명을 한 것이었다고 한다. 즉, 북한은 국제정세의 변화에 대응하여 냉온정책을 번갈아 구사한 것이다.

10월 유신과 신체제의 발족

유신체제하에서의 대통령 취임 기념우표

1972년 10월 17일 박정희 대통령은 갑자기 비상계엄령을 선포한다. 남북대화를 공들여 추진하고, 변화하는 국제정세에 주체적으로 대처하기 위해서는 "보통의 방법으로는 …… 불가능하기 때문에 어쩔 수 없이 대통령의 권한으로 비상조치를 단행해서 우리의 실정에 가장 적합한 체제개혁을 실현해야 한다"는 내용의 특별선언을 발표했다. 계엄사령부는 10월 17일부로 '포고령 제1호'를 발령, 일체의 정치적 집회 금지와 전 대학의 휴학 조치, 언론·출판·보도의 사전검열제의 도입 등을 시행하고, 다음날인 18일에는 집회의 제한과 계엄령 위반자를 처벌하기 위한 군법회의를 설치했다. 27일 소집된 비상각의(총리 김종필)에서는 17일의 '대통령특별선언'을 '10월 유신'이라 부를 것과 헌법개정안에 대한 가결·공시가 결정되었다. 이에 따라 국회를 대신하는 입법기관으로서 설치된 비상각의는 헌법개정안을 가결하고 국민투표에 부치기 위해 공시했다.

이 헌법개정안에서는 국민의 기본적 권리에 대한 유보사항은 늘어난 데 반해, 대통령의 임기는(종래의 4년에서 6년으로, 중임에 대한 규제도 없어졌다) 연장되었고 그 권한도 대폭 강화되었다. 헌법개정안의 가결을 묻는 국민투표는 11월 21일에 예정되었는데, 개정안의 내용에 독재적 색채가 농후했다. 이 때문에 반발을 두려워한 정부는 개정안이 발표되기 전인 10월 23일 국민투표에 관한 특별법 등을 공표했다. 특별법은 선거관리위원회의 '지도' 이외 국민투표 찬반과 관련한 어떠한 운동을 벌이는 것도 금지했다. 반면 국무총리였던 김종필은 '시국강연'을 명분으로 개헌 찬성운동을 전개했다. 이 같은 노골적인 관제 국민투표의 결과, 투표율이 91.9%에 이르렀다. 그 중 91.5%의 찬성표로 헌법개정안은 성립했다. 이것이 이른바 '유신헌법'이다. 그런데 유신헌법의 성립과 더불어 12월 15일 통일주체국민회의(종래의 국회에 해당) 대의원 선거가 시행되었는데, 이 선거 역시 완전한 관제선거로 입후보자는 실질적으로 여당후보밖에 없는 꼴이었다. 대의원 선거의 결과 2,359명의 제1기 대의원이 선출되었다.

유신헌법의 규정에 따르면 대통령은 통일주체국민회의에 의한 간접선거로 선출되었다. 또 대통령에 입후보하기 위해서는 통일주체국민회의 대의원 200명 이상의 추천이 필요하다고 되어 있다. 이로 인해 통일주체국민회의의 대의원 선거가 치러진 시점에서 박정희의 대통령 당선은 사실상 보장되었다. 12월 23일 치러진 대통령 선거 결과, 박정희는 총 투표수 2,359표 가운데 2,357표를 획득해(남은 2표는 무효표) 제8대 대통령에 당선된다. 한국우정은 이에 맞춰 12월 27일, 개발의 상징인 고속도로와 박정희의 초상화를 조합한 대통령 취임 기념우표를 발행했다.

그때까지 박정희의 대통령 취임을 기념하는 우표는 취임식에 맞춰서 발행되었지만, 이 우표는 불과 선거 나흘 뒤에 발행되었다. 통일주체국민회의의 대의원 선거 이전부터 준비된 것이라는 것은 말할 필요도 없겠다. 과거 초대 대통령에 취임한 이승만이 의회에 의한 간접선거가 시행되기 이전부터 대통령 취임 기념우표를 준비하고 있었다는 점에 비추어 볼 때, 박정희도 이승만과 똑같은 장기독재체제의 당사자가 되어 있었다는 것을 알 수 있다.

6·23 외교선언

'통일기원' 우표

　10월 유신 출범 후 순조롭게 독재체제의 기반을 다져가고 있던 박정희 대통령은 이듬해인 1973년 2월 말의 총선거를 거쳐 의회 또한 완전히 장악했다. 새로 공포한 국회의원 선거법에서는 전체 의석 219석에 대해, 전국 73개의 선거구에서 2명씩 뽑고, 나머지 73석은 대통령의 추천을 받아 통일주체국민회의가 선출한다고 정하고 있었다.

　덕분에 2월의 총선 결과 선거구에서 73석을 획득한 공화당은 대통령의 추천을 받은 73명의 의원까지 더해 의회의 3분의 2를 차지할 수 있게 되었다. 야당의 의석수를 살펴보면, 신민당이 52석, 민주통일당이 2석, 무소속이 19석이었다. 이렇게 해서 유신 후의 형세 굳히기에 성공한 박정희에게 다음의 최우선 과제는 대북정책이었다. 총선거 종료 직후인 3월 1일에 맞춰서 한국우정이 '통일기원'을 주제로 우표를 발행한 것도 이러한 정부의 인식이 반영된 결과라 하겠다.

　같은 해 6월 23일 박정희는 7개 항목에 이르는 「평화적 통일정책에 관한 대통령 특별성명」(6·23선언)을 발표, 종래의 대북정책을 대폭 변경한다고 밝혔다. 이 6·23선언의 골자는 아래와 같다.

　　① 한반도의 평화적 통일은 민족의 지상과제라는 것을 확인
　　② 한반도의 평화 유지와 상호의 내정 불간섭

③ 남북대화의 계속

④ 북한이 국제기구에 참가하는 것을 용인

⑤ 남북의 국제연합 동시가입 및 가맹 이전에 국제연합 총회에서의 남북의 동석 용인

⑥ 공산주의국가를 포함한 모든 국가에 대한 문호개방

⑦ 한국외교의 기본방침이 평화선린에 있다는 것을 확인

6·23선언은 한반도에 북한이라는 별개의 정부가 존재한다는 것을 전제로 한 것이다. 종래의 '단일민족·단일국가·단일정부'라는 입장을 버리고 '단일민족·단일국가·두 개의 정부'라는 입장으로의 전환을 의미한다.

6·23선언으로 정부는 1948년 11월 이래 한국을 한반도의 유일한 합법적인 정부로 인정한 국제연합의 결의를 스스로 포기하게 되었다. 실제로 박정희는 6·23선언을 발표한 직후 "국제연합 총회가 국제연합 조선통일부흥위원회(UNCURK)의 해산을 결의할 경우, 한국은 이것을 받아들일 용의가 있다"고 발표함으로써 '두 개의 정부' 정책을 진지하게 추진해나가겠다는 의지를 다시금 확인시켜주었다.

동서의 긴장완화(데탕트) 정책을 추진하고 있던 미국은 이것을 전면적으로 지지하고 나섰고, 일본 또한 환영의 의사를 표명하는 등 많은 서방국가는 대체로 호의적인 반응을 보였다. 반면 북한은 6·23선언을 "한반도의 영구분단을 획책하기 위한 음모"라고 반발했고, 중국 역시 격하게 비난했다. 그 결과 남북대화는 또다시 암초에 걸리게 된다.

북한의 조국통일 5대 방침

(왼쪽) 북한이 발행한 '조국통일 5대 방침' 선전우표
(오른쪽) 1978년에 북한이 발행한 '조선노동당 30주년' 기념우표에서도 3대 원칙과 5대 방침을 발견할 수 있다.

한국이 1973년 6월 23일 6·23선언을 발표하며 남북 정부의 평화공존을 외교정책의 기본방침으로 내걸자, 북한은 이것이 남북의 분단을 고착화시키는 것이라며 민감하게 반응했다. 북한은 한국에 맞서 그날로 김일성 국가주석(1972년의 헌법 개정으로 신설된 직위로 그전까지 김일성은 '수상'이었다)의「조국통일 5대 강령(방침)」을 발표한다. 5대 방침의 구체적인 내용은 아래와 같다.

① 군사적 대치상황의 해소와 긴장완화
② 정치·외교·군사·경제·문화 등 다방면의 합작, 교류
③ 대민족회의 개최
④ 고려연방공화국이라는 단일국호에 의한 연방제 시행
⑤ 두 개의 조선론의 배격

이 가운데 대민족회의 구상은 박정희 정권이 꼭 한국국민을 대표하지는 않는다는 입장을 전제로 한 것으로, 각계각층의 대표로 구성된 대민족회의를 개최해야 한다는 것이다. 또 한국 측이 남북의 국제연합 동시 가입을 주장한 것에 대해, 북한 측은 이것을 두 개의 조선을 고착화하는 것으로 보고 5대 방침에서 이를 배제하며 연방제의 시행을 주장했다.

북한이 발표한 5대 방침은 통일에 대한 남한과의 간극을 확인시켜주는 것에 불과했다. 통일의 형태와 그 과정에 대해, 한국은 남북 양 정부가 공존하며 연방제를 통일의 최종적 형태로 하자는 것인 반면, 북한은 연방제는 어디까지나 통일의 과정일 뿐이라는 입장을 취하고 있었다. 결국 남북대화는 이것을 계기로 사실상 좌절되고 만다.

　북한은 5대 방침 발표 당일인 1973년 6월 23일 그 내용을 선전하는 우표를 발행했다. 우표제작의 준비기간 등을 고려해볼 때 5대 방침이 이즈음에 준비된 것이 아니라 종래의 북한 주장을 담은 것임을 알 수 있다.

　남북 간의 대화는 그해 8월에 발생한 김대중 사건을 계기로 완전히 중단되고 마는데, 북한 측은 그 후에도 1972년 7월 4일의 남북공동성명에서 주창한 '자주', '평화', '민족대단결'이라는 통일의 3대 원칙과 5대 방침을 통일문제의 기본방침으로 고수해왔다. 다만 북한의 속뜻은 어디까지나 남한혁명을 달성하는 것에 있었고, 일련의 남북대화 역시 변화하는 국제정세에 대응한 혁명의 한 수단일 뿐이었다는 것은 훗날 김정일의 이름으로 발표된 논문에서 확인할 수 있다.

　그런 의미에서 볼 때 북한이 6·23선언에 맞서 조국통일 5대 방침을 내세우며 한국과 대립하다가, 김대중 사건을 계기로 남북대화의 중단을 선언한 것도 북한 입장에서 보면 이미 정해놓은 방침에 따른 것에 불과할지도 모르겠다.

포항제철소

'포항제철소 준공' 기념우표

　박정희의 유신체제는 전형적인 개발독재체제였는데, 그 성과의 하나로 1973년 7월 3일 포항제철소의 준공식이 거행되었다. 한국이 거대 제철소의 건설을 검토하게 된 것은 1966년에 방미한 박정희 대통령이 현지의 제철공장을 시찰하면서부터라고 전해지고 있는데, 그 후 박정희는 '철은 곧 국가'라는 생각으로 고향인 경상북도 포항의 황량한 대지에 눈을 돌리게 되었다. 그는 마침내 1968년 4월 1일 국책회사인 포항제철주식회사를 창립했다. 군 출신으로 훗날 국무총리를 역임하기도 했던 박태준을 사장으로 앉혀 본격적인 제철소 건설에 착수한 것이다.

　제철소는 대지만 270만 평으로 여의도의 3배에 달하고 도로 길이만도 80km를 넘는 거대한 규모로 1970년 4월 착공했다. 공사비 총액은 1,215억 원. 이 금액은 1970년 6월에 개통된 경부고속도로 건설비용의 약 세 배에 이르는 액수였다.

　워낙 거대한 프로젝트였으므로 자금조달은 쉽지 않았다. 더구나 한국은 당시 여수에 석유화학단지를 조성함으로써 중화학공업을 육성한다는 프로젝트까지 동시에 진행하고 있었으므로, 결국 일본에 협력을 요청하게 된다. 당시 일본의 통산성을 방문한 관계자는 '만국박람회와 올림픽을 동시에 준비하는 것'에다가 비유했다고 한다. 일본 통산성은 사업주체가 주식회사라는 점 때문에 처음에는 꽤 냉담한 반응을 보이다가, 실질적으로 정부의 사업이라는 점을 이해하고부터 교섭은 원활하게 진행되었다.

아무튼 포항제철소는 자금과 기술 양면에서 일본의 지원을 얻어내 1973년 6월 9일 오전 7시 30분을 조금 지나 가동에 들어갔고, 7월 3일에는 무사히 준공식도 치르게 되었다. 한국우정은 준공식 당일에 맞춰서 공장과 전기로를 그려 넣은 기념우표를 발행했다.

1973년 당시 연 103만 톤이었던 조강생산고는 2002년 포철과 광양 제철소를 합쳐 연 2,800만 톤(2005년 연 3,000만 톤)으로 늘어났다. 30종류의 철강제품은 세계 60개국에 수출되고 있다. 또 2002년 판매총액은 11조 7,285억 원으로, 순이익은 1조 1,013억 원, 자산규모는 17조 261억 원에 달해, 문자 그대로 세계최대 규모의 철강회사로 군림하게 되었다.

2003년 7월 설비가동 30주년에 맞춰서 제철소 근처에 문을 연 포스코박물관(POSCO MUSEUM)은 포항의 새로운 관광명소가 되었다. 용광로에 처음 불을 지핀 막대기와 초기에 노동자들이 입었던 유니폼 등 한국 철강역사의 사료 약 600점이 전시되어 있다.

김대중 사건

김대중 사건이 이슈로 떠오르던 가운데 발행된 '국제형사경찰기구 (ICPO) 50주년' 기념우표

　1973년 8월 8일 오후 한국의 전 국회의원 김대중이 도쿄 구단시타(九段下)의 그랜드 팔레스 호텔에서 정체불명의 괴한들에게 납치당하는 사건이 일어났다.

　김대중은 1971년 4월의 대통령 선거에서 야당인 신민당의 대통령 후보로 출마해서 박정희 정권을 신랄하게 비판하며 선전했다. 그 후 신병 치료차 일본에 머물던 중 1972년 '10월 유신'이 일어나자 귀국을 못한 채 망명한 것과 비슷한 처지에 놓이게 되었다. 사건 발생 당시에는 미국과 일본을 오가며 반정부 운동을 벌이고 있었다. 김대중의 이러한 활동에 불안해진 박정희가 중앙정보부에 납치를 지시했다고 전해지고 있다.

　사건 발생일인 1973년 8월 8일, 김대중은 야당 민주통일당의 실력자 양일동(대표위원), 김경인과 함께 호텔 안에서 점심을 먹은 후 불시에 들이닥친 누군가에 의해 빈 객실로 끌려갔다. 그 방에서 수건에 뿌려진 마취제를 들이마시고 의식이 몽롱해진 그는 엘리베이터로 지하주차장까지 끌려갔고, 그곳에서 다시 자동차에 태워져 오사카로 향했다. 오사카에 도착한 다음에는 그 일당이 준비한 배에 태워졌는데, 그때 그의 발에는 무거운 추가 달렸다고 한다. 이것으로 납치의 목적이 그를 살해하는 데 있었다는 것을 짐작할 수 있다.

　그러나 사건은 즉시 일본에 알려졌고, 김대중을 태운 배는 오사카 항을 출발해서 부산으로 가던 도중에 동해 연안에서 자위대의 추격을 받게 된다. 미국정부 역시 사건에 관한 '우려'의 뜻을 한국정부에 전달함으로써 암살계획은 중지되었고, 김대중은 부산으로 끌려간 후 사건 발생으로부터 129시간 뒤인 13일 미명 서울의 자택 근처에서 발견되었다.

일본정부는 자국 내에서 한국의 거물 정치인이 납치되었다는 사실에 대해 커다란 충격을 받았음은 물론, 주권을 침해당한 것에 대해 한국정부에 단호하게 항의했다. 한국정부는 사건에 연관되었다는 것을 전면적으로 부인했지만, 9월 2일 일본 경시청 특수부는 사건 현장에서 주일 한국대사관의 일등 서기관 김동운의 지문을 발견했다고 발표했다. 그러나 한국 측은 11월 1일의 사건이 김동운의 단독범행이라고 해명하고, 그를 경질했다고 발표했다. 이 사건으로 한일 간에는 일순 긴장감이 감돌았으나 일본 측이 한국 측의 발표를 받아들임으로써 결국 사건은 '정치적 결말'의 모습을 띠면서 종결되었다.

한편 북한은 한국에 대한 비난성명을 발표하며, 남북대화의 중단을 일방적으로 통고했다. 한국 내에서는 진상규명을 요구하는 학생 시위가 전국에서 벌어졌다. 이런 가운데, 한국우정은 1973년 9월 3일 '국제형사경찰기구(ICPO) 50주년' 기념우표를 발행했다.

ICPO는 국제범죄에 관한 정보의 수집과 교환, 도주한 범죄자의 소재 발견과 국제수배서의 발행 등을 담당하는 국제기관으로, 가맹국인 한국에서 설립 50년 기념우표를 발행해도 이상할 것은 없었다. 그러나 그런 한국의 국가기관이 외국에서 유괴와 살인미수라는 범죄를 저질렀고 그것을 은폐하기 위해 애를 쓰고 있었던 때인 만큼, 이때의 우표 발행은 어쨌든 시기적으로 우스운 꼴이 되고 말았다.

소양강댐의 완공

'소양강댐 준공' 기념우표

서울에서 동쪽으로 약 80km 지점에 있는 강원도의 도청소재지 춘천은 일본에서는 〈겨울연가〉의 무대를 떠올리는 경우가 많다. 그러나 한국 사람들은 소양강댐과 닭갈비를 연상하는 것이 대부분일 것이다. 일본의 〈겨울연가〉 붐을 알지 못했던 토박이들은 왜 일본인 관광객이 갑자기 몰려드는지 이유를 몰라서 처음에는 어리둥절했다고 한다. 물론 지금은 그들도 완전히 〈겨울연가〉 붐에 편승한 듯하지만 …….

춘천의 랜드마크라고 할 만한 소양강댐이 완성된 것은 1973년 10월의 일이다. 소양강댐은 한강수계인 북한강의 지류 소양강에 건설된 한국 최대의 다목적댐으로 춘천역에서 버스로 30분 정도 걸리는 곳에 있다. 제방 높이 123m, 길이 530m, 총 저수량 29억 톤의 엄청난 규모이다.

댐 건설이 시작된 것은 1967년이다. 건설자금 일부는 한일 국교정상화의 일환으로 1970년 6월 22일 서명한「재산 및 청구권에 관한 문제의 해결과 경제협력에 관한 일본국과 대한민국 사이의 협정」(한일 청구권·경제협력협정)에 근거해 일본으로부터 받은 78억 엔의 차관으로 충당했다.

한국우정은 댐이 완공된 1973년 10월 15일 기념우표를 발행했다. 우표의 왼쪽에는 댐의 풍경과 송전탑이 그려져 있는데, 발전시설로서의 소양강댐에 대한 정부의 기대가 표현된 것이라 할 수 있다. 우표의 오른쪽에는 서울과 댐의 위치를 나타내는 지도가 그려져 있다. 지도에서는 전력원이자 상수원으로서 댐의 직접적인 수혜를 받게 되는 지역이 표시되어 있다. 우표상의 기념명은 한글로 '소양강 다목적댐'인데 반해, 영문은 공간이 부족하다는 이유로 'SOYANG DAM'으로 적었다.

소양강댐은 현재 연간 6,100만kw의 전력을 생산하고 있으며, 서울 등 수도권 지역 수돗물의 60%를 제공하는 다목적댐으로서 한국국민의 생활에 없어서는 안 되는 중요한 역할을 담당하고 있다.

그런데 소재지가 군사분계선으로부터 불과 50km 정도밖에 떨어져 있지 않다는(실제로 한국전쟁 당시에 춘천의 시가지는 전투로 인해 크게 파괴되었다) 이유로 당국은 댐의 보안에 신경을 곤두세우고 있다. 공식 허가 없이는 댐의 사진을 찍는 것도 금지되어 있을 정도이다. 하지만 실제로는 단풍이 질 무렵이면 사진을 찍는 관광객도 많은 듯하다. 작가 피천득은 그의 대표작 「인연」에서 "오는 주말에는 춘천에 갔다 오려 한다. 소양강 가을 경치가 아름다울 것이다"라는 문장으로 끝맺는다.

유신체제하의 인권탄압

'세계인권선언 25주년' 기념우표

한국우정은 1973년 12월 10일 인권의 불꽃을 바라보는 사람의 옆모습을 그린 '세계인권선언 25주년' 기념우표를 발행했다. 그러나 당시 한국의 상황은 어느 모로 보나 세계인권선언의 정신이 존중되고 있다고 보기는 어려웠다.

그해 8월 발생한 김대중 사건을 계기로 학생들은 '사건의 진상규명'과 '경찰에 의한 학원 사찰 중지', '독재타도' 등을 외치며 치열한 반정부 운동을 펼쳤다. 민주헌정의 회복을 주장하며 정부의 인권탄압을 비난하는 지식인과 종교인도 늘어났다. 11월 24일 기독교교회연합회가 박정희 정권을 비난하는 인권선언을 발표한 것을 시작으로 11월 30일에는 한국기자협회가 보도의 자유를 요구하는 결의문을 게재했고, 이것은 12월 1일부터 언론인들의 반(反)박정희 정권 동맹파업으로 발전하기 시작했다.

더구나 이 해 10월 제4차 중동전쟁이 발발, 이른바 '오일쇼크'가 터지면서 한국경제는 커다란 타격을 입었고 정부에 대한 국민의 불만은 점점 그 수위가 높아져 갔다.

이런 가운데 12월 3일 박정희 대통령은 대대적인 내각개편을 단행했다. 이후락 중앙정보부장을 경질하고, '민의와 대화의 정치'를 시도하지만 제2공화국 시대의 대통령이었던 윤보선을 중심으로 하는 반정부세력은 더욱 적극적으로 민주회복운동을 전개했다. 12월 24일에는 재야민주단체를 중심으로 한 '헌법개정운동본부'가 창립되고, '헌법 개정을 위한

100만인 서명운동'이 시작되었다. 반유신·반독재의 움직임이 이렇게 전국으로 번지면서 정국은 커다란 혼란에 빠졌다.

마침내 박정희는 1974년 1월 8일 「대통령 긴급조치 제1호」를 발령했다. 유신헌법을 비난하거나 개헌을 요구하는 일체의 행위를 금지하고, 이것을 위반할 경우 비상군법회의(「대통령 긴급조치 제2호」 발령)에서 처벌할 것이라고 선언했다. 긴급조치 발령과 함께 1월 15일에는 개헌운동을 이끌었던 장준하와 백기완이 체포되어 징역 15년의 판결을 받았다.

정부의 이러한 강경한 태도에 맞서는 반정부시위가 4월 3일 서울대와 이화여대, 성균관대 등에서 동시에 발생했다. 학생들은 '전국민주청년학생총연맹(민청학련)'의 이름으로 정권의 부패와 남북대화의 중단, 인권탄압 등을 통렬히 비판하고 자신들의 행동이 민중적·민족적·민주적 운동임을 선언을 통해 발표했다.

이에 격분한 박정희는 그날로 「대통령 긴급조치 제4호」를 발령(「대통령 긴급조치 제3호」는 오일쇼크에 의한 물가폭등에 대응하기 위한 경제안정책으로서, 언론통제와 직접적인 관련은 없다), 학생시위에 대해 엄벌할 것임 선언하고, 민청학련 및 관련 단체에 관한 일체의 행위를 금지하면서 학생운동의 단속에 나섰다. 4월 25일에는 민청학련이 인민혁명당과 재일조총련 등과 공모해서 정부전복을 기도했다는 이른바 '민청학련 사건'을 적발했다.

정부의 강압적 태도는 재야 반정부세력을 자극했고, 이것을 힘으로 누르려는 정부와의 사이에 대립은 더욱 심각해져 갔다. 이에 박정희 정권은 한층 더 인권을 탄압하게 되는 악순환의 수렁으로 빠져들게 된다.

서울, 지하철 1호선의 개통

지하철 개통을 기념하는 우표

한국 최초의 지하철인 서울 1호선이 개통된 것은 1974년 8월 15일의 일이다. 서울시의 지하철 건설계획은 1969년 10월 교통부 장관에 취임한 백선엽에 의해 시작되었다. 1960년에 퇴역한 한국전쟁의 영웅 백선엽은 타이완과 프랑스, 캐나다 대사를 역임한 후 근 10년 만에 귀국해서 교통부 장관에 취임했다. 그는 귀국 후 서울의 살인적인 교통 혼잡을 체험하면서 진지한 태도로 교통사정의 개선에 임하겠다고 결심했다고 한다.

그가 모델로 생각한 것은 일본의 지하철이었는데, 장관 취임 당시는 한일 간의 국교가 정상화되었던 1965년으로부터 얼마 지나지 않은 터라, 일본에 기술협력을 요청하기 어려운 분위기였다고 한다. 이런 분위기를 바꾼 계기가 된 것이 1970년 3월의 '요도호 사건'이다. 백선엽 장관은 현장에 나가 인명 피해 없이 사건을 해결하기 위해 최선을 다했는데, 이 과정에서 일본정부 관계자와 개인적인 우정이 싹트게 되었다. 그리고 사건 처리를 위해 방한한 일본의 운수대신 하시모토 도미사부로(橋本登美三郎)도 귀국하며 "답례라고 하기는 그렇습니다만, 뭔가 도울 일이 있다면 말씀해주십시오"라며 인사말을 건넸다. 백선엽은 이때를 놓치지 않고 지하철 건설에 대한 협력을 요청했다. 하시모토는 흔쾌히 승낙했다.

1970년 7월에 한일 경제각료회의가 개최되자 하시모토는 약속한 대로 철건공단의 가쿠모토 요헤이(角本良平)를 단장으로 하는 지하철 건설을 위한 조사단을 서울에 파견했다. 이로써 지하철 건설 계획을 향한 구체적인 작업이 시작되었다. 이듬해인 1971년 4월 마침내 공사가 시작되는데, 발안자인 백선엽은 1970년 말 제주도에서 밀감을 싣고 가던 배가 과적재로 침몰하고 만 것에 대한 책임을 지고 사직한 상태였기 때문에 지하철 공사 자체에는 관여할 수 없었다.

서울 지하철 1호선은 원래 서쪽의 청량리역(국철인 중앙선, 경춘선 등의 시발역)에서 동대문, 종로를 지나 서울역에 이르는 구간으로 개통했다. 당시는 지금에 비해 서울시내의 교통량이 적었기 때문에 공사는 땅을 판 후 지하철을 만들고 나중에 땅을 덮는 상형공법으로 진행되었다. 이것은 터널 방식에 비해 비용이 적게 드는 공법이다.

한편 총액 272억 엔의 지하철 차량(186량) 도입과 관련해 1973년 미쓰비시상사와 마루베니, 미쓰이물산, 닛쇼이와이의 일본상사 연합이 기시 노부스케(岸信介)를 비롯한 한일 양국의 실력자들에게 리베이트를 주기 위해 전차 1량당 납품가를 부풀려 올렸다는 스캔들이 터지기도 했다. 이는 1977년 2월 미국에 망명한 전 중앙정보부장 김형욱의 발언으로 세상에 드러났는데, 1호선이 개통할 당시 이 사실을 눈치 채고 있던 사람은 극소수였다.

아무튼 지하철 공사는 순조롭게 진행되었고, 1974년 8월 15일 광복절에는 노량진에서 개통기념식이 열렸다. 한국우정은 이것을 기념하는 우표를 발행했다. 그날 대통령 박정희도 남산 국립극장에서 개최된 광복절 기념식에 참석한 다음 개통식에 출석할 예정이었다. 그러나 그 누구도 예상치 못했던 사건이 발생해 박정희 대통령은 결국 참석하지 못했다.

문세광 사건

육영수 여사 추도 우표

해방 30년을 맞는 광복절이었던 1974년 8월 15일, 서울의 국립중앙극장에서 연설을 하던 박정희 대통령이 저격당했다. 대통령은 무사했지만, 영부인인 육영수가 유탄으로 사망했다. 범인은 현장에서 체포되었는데, 위조여권을 소유한 오사카 거주 한국인 문세광으로 밝혀졌다.

문세광은 오사카에서 태어나 그곳에서 자랐는데 고교 시절 민족의식에 눈을 뜨면서 공산주의에 경도되었다고 한다. 범행 즈음에는 주일 한국대사관 앞에서 시위를 할 정도로 반(反)박정희 운동에 적극적이었다.

일본 경찰의 수사에 따르면 그가 범행을 결심하게 된 것은 김대중 사건이 일어났던 1973년 9월께로, 그해 11월 권총을 손에 넣기 위해 홍콩 여행길에 올랐다고 한다. 그때 목적을 이루지 못했던 그는 1974년 7월 18일 오사카부 미나미 경찰서 고우즈 파출소에서 경찰관의 권총을 훔치는 데 성공한다. 이어 그는 고교 시절 지인인 일본인 여성을 설득해 그녀의 남편 명의로 된 여권을 불법으로 입수하고, 범행 직전인 8월 6일에 이 여권으로 한국에 들어왔다.

사건 다음날인 8월 16일 오사카 경찰은 지인인 일본인 여성을 여권법 위반 등의 용의로 체포하고 문세광의 자택을 수색했다. 그곳에서 대통령 암살선언과 남한혁명을 강조한 '전투선언'이란 제하의 글과 훔친 권총 2정 가운데 1정과 탄환, 그 외의 증거품을 발견했다.

한편 한국의 수사당국은 8월 17일 문세광이 북한과 조총련(재일조선인 총연합회)의 지령과 지원하에 범행을 저질렀다고 발표했다. 체포된 일본인 여성과 그녀의 남편, 조총련 이쿠노니시(生野西) 지부 정치부장인 김호용을 공범자로 지목하고 일본정부에 수사 협력을 요청했다.

이에 대해 일본 측은 북한이 사건에 관여했다는 확실한 물증이 없다며 신중한 태도를 보이면서도(북한이 사건과의 관련을 인정한 것은 2002년의 일이다) 국내법이 허용하는 범위 내에서 수사에 협력하겠다는 방침을 정했다. 그리고 8월 19일 국민장으로 치러진 육영수의 장례식에는 당시 총리였던 다나카 가쿠에이(田中角榮)까지 참석하여 조의를 표했다.

그러나 문세광이 일본에서 범행을 준비했다는 데 대해 한국국민들의 감정은 좋지 않았다. 여기에 기무라 도시오 일본 외상의 부적절한 발언으로 한국 내 반일 감정이 순식간에 끓어올랐다. 기무라 외상은 8월 19일 "객관적으로 볼 때 한국에 북한에 의한 위협은 없다"고 발언했다.

이로 인해 9월 6일에는 서울의 일본 대사관에 난입한 시위대가 일장기를 끌어내리는 사건까지 발생했다. 이를 해결하기 위해 한일 국교정상화 당시의 일본 외상이었던 시나 에쓰사부로(椎名悅三郎)가 9월 19일 정부특사로 방한해 한일의 우호관계를 확인하는 것으로 양국 정부 간의 문제를 매듭짓는다.

한편 범인인 문세광은 한국에서 열린 재판의 1심(10월 19일 사형판결)과 2심(11월 20일 공소기각)에서 기소사실을 인정, 12월 17일에 대법원 상고가 기각됨으로써 사형이 확정되었고 12월 20일에 처형되었다.

재판이 진행 중이던 11월 29일, 한국우정은 육영수의 초상을 넣은 추도우표를 발행했다. 앞쪽 사진에서는 흑백으로 나와 있지만 실제로는 같은 디자인을 네 가지 색으로 다르게 인쇄한 것이다.

포드 대통령 방한

포드 대통령 방한 기념우표

　워터게이트 사건의 책임을 지고 물러난 리처드 닉슨의 후임으로 1974년 8월 미국 대통령으로 취임한 제럴드 포드는 그해 11월 한국을 비롯한 아시아 각국을 순방했다.

　한미 양국의 우호관계를 자랑하며 화려하게 거행된 미국 대통령의 방한이었지만, 그때부터 한미관계에서는 미묘한 변화가 감지되기 시작했다. 최초의 계기가 된 것은 1972년 6월 23일 타이군이 완전히 철수한 것이다.

　1950년 한국전쟁이 발발하면서 한국에 주둔하기 시작한 유엔군은 1953년에 휴전협정이 성립하면서 차례로 철수하기 시작하는데, 1971년 말에 이르자 한국에는 미군과 타이군만이 남게 되었다. 그 단계에서 이미 주한 유엔군은 실질적으로 미군이었는데, 그럼에도 타이군으로 인해 명목상 '유엔군'의 지위를 유지할 수 있었다.

　타이군이 한국에서 철수했다는 것은 주한 유엔군이 유엔군으로서의 성격을 완전히 잃어버린 것을 뜻한다. 1974년 9월 종래의 주한 유엔군사령부와 주한 미군사령부, 주한미군 제8군사령부가 통합사령부로 개편되고, 그해 12월부터는 유엔군이 갖고 있던 작전지휘권 또한 정식으로 미군 합동참모본부에 이관되었다. 또 주한미군의 군사시설 안에 게양되었던 유엔군기는 1975년 9월 9일부터 성조기로 대체되었다.

　이렇게 해서 미국은 전보다 더 한국방위에 대해 무거운 책임을 지게 되었는데, 당시 한국의 상황은 미국이 바라던 것과는 상당히 거리가 있었다.

1972년의 '10월 유신' 이후 박정희 정권의 독재적 경향은 점점 더 심해졌고, 더불어서 자행된 각종 인권탄압은 미국 내에서도 문제로 대두되었다. 특히 미국의 유력매체들은 박정희 정권의 인권탄압을 크게 다루었다. 이들은 한국의 상태는 자유와 민주주의를 원칙으로 하는 미국으로서는 용납할 수 없는 것이라 지적하며, 미군을 한국에 주둔시키면서 한국 방위를 공약하는 것은 결국 한국의 독재정부를 지원하는 것으로 윤리적으로 문제가 있다며 비판했다.

이런 여론을 반영했는지 미 의회 하원의 국제관계소위원회는 1974~1975년 '한국에서의 인권탄압'이라는 주제의 공청회를 열어 박정희 정권의 실상을 폭로함과 동시에 미군이 한국에 주둔을 계속하는 것에 대한 의문을 제기했다.

이 문제에 대해서는 최종적으로 1976년 4월 "한국이 적화된다 하더라고 미국과 일본의 안전에 직접적인 영향이 없는 이상, 미군은 인권을 탄압하는 한국에서 철수하는 것이 마땅하다"는 결론이 나옴으로써 한국은 충격에 빠지게 된다.

포드 정권은 그 후로도 한국을 동서냉전의 최전선으로 중시하는 자세를 계속 유지해나갔다. 그러나 1977년에 1월에 발족한 민주당의 카터 정권은 미국 내 여론을 배경으로 박정희 정권과는 점차 거리를 두게 되었고, 한미관계는 급속히 냉각되었다.

민방위대 창설

민방위대를 홍보하기 위해 발행된 우표

1975년 2월의 국민투표로 박정희 정권과 유신헌법은 일단 국민으로부터 신임을 얻게 되었다. 그러나 정부의 강권적인 언론통제에 대한 비판은 끈질기게 계속되고, 사회 전반적인 혼란은 가라앉을 줄 몰랐다.

3월에는 《조선일보》 기자 등 100명이 정부의 언론탄압과 기자해고에 항의해 무기한 파업에 돌입했고, 4월에는 반정부운동을 계속하던 서울의 고려대가 대통령의 긴급조치로 휴교에 들어가면서 헌병과 육군부대가 캠퍼스를 장악했다.

5월에 들어서자 박정희는 「대통령 긴급조치 제9호」를 발령, 유신헌법에 대한 일체의 반대시위를 금지하고, 위반자는 영장 없이 체포할 수 있도록 해 반대세력을 힘으로 제압하겠다는 의지를 다시 한 번 천명했다.

이런 정책의 일환으로서 6월 17일 정부는 민방위기본법을 제정해 국민을 총동원하는 '민방위대'를 설치하기로 결정한다.

민방위대의 목적은 '국가의 정치·경제·사회적 분열을 방지할 수 있는 군사적 태세를 갖추고, 국민의 안전에 대한 욕구'에 부응해, 국가규모에서의 경제적 손실을 최소한으로 줄이기 위한 것으로, 순수한 민간인으로 구성된 것이 특징이다.

활동 내용은 다음 세 가지로 분류된다. ① 순수한 민간인으로 구성되며, 민간인의 생명과 재산을 보호하는 것을 목표로 하는 '주민자위 활동',

② 적의 군사적 활동으로부터 주민의 생명과 재산을 보호하는 '인도적 활동', ③ 비군사적 당국(행정자치부)의 지휘 아래 비전투장비를 사용하는 활동을 시행하는 '비군사적 활동'.

이 가운데 평상시의 구체적인 활동의 예로 제시된 것은 다음과 같다. ① 불순분자와 비상사태에 즉각 대응하기 위한 통보망의 관리와 운영, ② 민방위교육·훈련, ③ 각종 재난대피예방 활동, ④ 비상급수시설, 대피소, 대피지역 및 통제소의 설치와 관리, ⑤ 민방위경보망의 관리와 경보체제의 확립, ⑥ 민방위시설의 유지와 관리.

한편, 비상시 활동의 예는 다음과 같다. ① 경보전달, 주민통제, ② 교통통제, 등화관제, ③ 인명구조, 의료, 소화활동, ④ 피해시설의 응급복구, ⑤ 적의 침공 시 군사작전에 필요한 물자의 운반 등 노동력 지원, ⑥ 민심안정, 전의의 고취 등.

민방위대는 동·리의 지역단위, 혹은 직장단위로 편성되었는데, 20~50세 남성에게 의무화되었다. 또 민방위교육과 민방위훈련을 받는 것도 의무화해 불참자에게는 벌금을 부과했다.

민방위교육은 일반교양, 안전교육, 전시·재난대비 실기교육의 세 과목이었고, 민방위훈련은 민방공훈련, 방재훈련, 비상소훈련의 세 종류가 주요 내용으로 되어 있었다.

한국우정은 민방위대 발족 시에는 기념우표를 발행하지 않았지만, 민방위대 발족 1주년이 되는 1976년 9월 15일 기념우표를 만들어 민방위대의 존재의의를 국민에게 홍보했다.

꿈의 핵무장 계획

'제27회 국군의 날' 기념우표

한국에서는 매년 10월 1일을 '국군의 날'로 하고 있다. 한국전쟁 당시 서울을 탈환(9월 28일)하고 얼마 지나지 않은 1950년 10월 1일, 한국 육군 제3사단이 38도 선을 돌파한 역사적 사실에 근거해 제정한 날이다. 한국군의 기원은 1946년 1월 15일 창설된 국방경비대 3개 대대로 거슬러 올라가야 하지만, 1948년의 정부 수립 후 정규군이 발족(1948년 9월 1일)했다는 등의 이유로 기념일은 1948년부터 기산하고 있다.

따라서 1975년 10월의 '국군의 날'은 한국군의 38도 선 돌파 25주년임에도 형식적으로는 '제27회'를 채택하고 있다. 그런데 제27회 국군의 날에 발행한 국방부기와 3군의 장비를 그려 넣은 기념우표가 약간 물의를 일으키게 되었다.

1975년 4월 베트남전쟁이 북베트남 측의 완승으로 종결되자 북한의 김일성은 (남침을 강행해도) 잃을 것은 '군사경계선뿐'이라는 호전적인 연설로(이 연설은 덩샤오핑 등 중국 수뇌부로부터 비상식적이라며 빈축을 샀다) 공세를 강화해나갔다.

그럼에도 한국 국내에서는 유신독재체제에 반대하는 민주화운동이 거세지면서 사회적 불안은 점점 더 심각한 양상을 보였다. 더욱이 한국의 방위에서 명줄을 쥐고 있다고 할 수 있는 미국조차 한국이 냉전의 최전선으로 북한과 대치하고 있다는 사실을 고려하더라도, 박정희 정권의 인권탄압이 도를 넘어서고 있는 것이라는 우려의 목소리를 감추려고 하지 않았다.

이로 인해 위기감을 느낀 박정희는 1975년 6월 ≪워싱턴포스트≫와의 회견에서 "미국이 핵우산으로 한국을 지켜준다는 보장이 없으면, 핵무기 등을 개발할 생각"이라는 발언을 했다. 실제로 당시 청와대에서는 은밀하게 재미 한국인 과학자들을 불러들여 핵개발에 나섰고, 한미관계는 수면 아래에서 극도의 긴장상태를 유지했다.

이러한 상황에서 발행된 '국군의 날' 기념우표에 눈에 확 띄게 미사일이 그려져 있었다는 것은 핵개발에 대한 한국의 의욕을 보여주는 것으로 받아들여질 수밖에 없었다.

무슨 수를 써서라도 한국의 핵개발을 저지하고 싶었던 미국은 한국정부에 상당한 수준의 압력을 가했다. 1976년 과학기술처 장관실에서 열린 한미 원자력관련협의회에 출석한 미 국무부 차관보는 한국에 "(핵연료) 재처리의 '재' 소리도 하지 마라"고 윽박질렀다. 또 당시 주한 미국 대사관의 과학담당관은 한국과학기술연구원(KIST)을 방문해 이런저런 식으로 '수색'을 한 후 돌아가는 경우가 자주 있었다고 한다.

결국 미국의 강한 반발로 박정희 정권은 독자적인 핵개발을 단념할 수밖에 없었지만, 그 후에도 핵무장에 대한 열망을 포기하지 않는 '핵로망주의'는 한국 국내에서 일정한 영향력을 갖고 있었다.

수출 100억 달러 돌파

'100억 달러 수출의 날' 기념우표

식민지 시대 조선의 기본적인 경제구조는 '남농북공(南農北工)'이라는 말로 요약할 수 있다. 남부에서는 농업, 북부에서는 공업이 우선적으로 육성되었는데 그 결과 해방 당시 남한에는 제조업이 전무한 상태였다.

1948년에 탄생한 대한민국은 무역입국에서 활로를 찾아야만 했으므로, 역대 한국정부는 교육을 통해 우수한 인재를 육성하고, 부족한 자원에 집중적으로 투자한다는 전략을 세웠다. 이 전략의 수혜를 입은 일부 재벌은 일본으로부터 원재료와 부품을 수입·가공해 미국에 파는 방식으로 수출 신장을 모색했다.

그 결과 정부 수립으로부터 16년 후인 1964년에는 한국의 수출이 1억 달러의 벽을 넘어섰다. 그 후에도 개발독재를 내세운 박정희 정권은 계속해 수출 드라이브 정책을 펼쳐나갔고, 마침내 1971년에는 수출 10억 달러를 돌파하게 되었다.

당시의 수출품은 어패류와 목재, 그 밖의 공업제품으로 합판과 섬유 등 노동집약적인 경공업 위주의 상품이 중심이었다. 당시 한국에는 종합상사가 존재하지 않았으므로 한국제품 대부분은 일본의 상사들에 의해 주로 미국으로 판매되는 구조였다.

1975년 한국정부는 수출진흥정책의 일환으로 종합상사지정제도를 도입하고, 재벌의 종합상사 설립을 지원하면서 일본기업을 통하지 않고도 한국제품을 수출할 수 있는 체제를 정비해나갔다.

그 덕분에 1977년 한국의 수출액은 염원하던 100억 달러를 돌파했고, 정부는 그것을 기념하는 여러 가지 행사를 개최했

'제4차 5개년계획' 우표에 나오는 톱니바퀴와 도크

무역입국으로서의 한국을 알리겠다는 목적으로, 1978년에 발행된 '해운의 날' 기념우표

다. 한국우정이 12월 12일 발행한 '100억 달러 수출의 날' 기념우표도 그 가운데 하나였다.

당시의(지금도 마찬가지지만) 한국이 수출에 각별한 의욕을 보였던 것은 그해 1월부터 시작된 제4차 5개년계획을 선전하는 우표 중 1종에 톱니바퀴와 도크(아마 1974년 완공된 인천도크인 듯)가 그려져 있다는 사실에서도 짐작할 수 있는데, 그때 한국의 주요한 수출품은 의류·선박·신발 등이었다.

그 후에도 한국의 경제성장은 멈추지 않았고, 1980년대에 들어서면서부디는 한국의 국제적 위상도 급격히 올라갔다. 1995년에는 수출 1,000억 달러를 달성하고, 2004년에는 2,000억 달러를 돌파했다.

유신체제하의 대통령 재선

(왼쪽) 세종문화회관 개관 기념우표
(오른쪽) 1978년의 대통령 취임 기념우표

유신헌법에서는 대통령의 임기를 6년으로 정하고 있었으므로, 유신체제 제1기의 임기는 1978년 12월까지였다. 1979년부터 시작되는 유신체제 제2기를 위해, 먼저 1978년 5월 18일 통일주체국민회의(이하 국민회의)의 제2기 대의원선거가 시행되었다.

유신헌법에 따르면 대통령은 국민회의에 의한 간접선거로 선출되는 것으로, 대의원의 정당가입은 금지되었고 선거운동에서의 정치적 발언 또한 제한되는 등 대통령에게 표를 몰아주기 위한 어용단체의 성격이 강했다.

이를 비판하는 야당과 학생 등 반정부세력은 선거 거부 운동을 전개하지만, 정부는 기권을 방지하기 위해 갖은 수단을 동원했다. 투표율은 결국 제1기 대의원 선거의 70.4%를 넘어서는 78.95%를 기록했다.

선거가 끝난 후인 7월 1일 국민회의 의장이기도 했던 박정희는 제2기 국민회의 제1차 회의를 7월 6일과 7일 양일간 서울의 장충체육관과 세종문화회관에서 개최할 것이며, 6일에는 제9대 대통령 선거를 시행한다고 고시했다.

회의의 장소가 된 장충체육관은 1963년 2월에 문을 연 한국 최초의 종합체육관으로, 지하철 3호선 동대입구역 근처에 있다. 한편, 동양 최대의 파이프 오르간이 자리한 곳으로 알려진 세종문화회관은 지하철 5호선 광화문역으로부터 도보 3분 거리에 있으며, 개관일은 국민회의 개최 직전이던 1978년 4월이다.

　대통령 선거 투표일 전날인 7월 5일, 현직의 박정희 대통령은 대의원 105명의 추천으로 제9대 대통령 후보로서 국민회의 사무국에 등록하는데, 다른 후보의 등록이 없었으므로(그렇다기보다는 다른 후보자는 사실상 대의원의 추천을 얻지 못했으므로 후보자 등록이 불가능했다는 것이 더 확실한 표현이다) 선거는 박정희에 대한 신임투표의 모양새를 띠게 되었다.

　결국, 7월 6일의 국민회의에서는 2,581명의 대의원 가운데 2,578명이 출석, 반대표는 0표, 무효표 1표를 제외한 2,577표의 찬성표를 획득하며 예정대로 박정희는 재선에 성공했다. 박정희는 1978년 12월 27일 제9대 대통령에 정식으로 취임했고, 그날 대통령 취임을 기념하는 우표가 발행되었다.

　우표 중앙에는 박정희의 초상이 들어가 있고, 왼편으로는 태극기가, 오른편에는 대통령기가 그려져 있다. 우표에서 대통령기는 일부밖에 보이지 않지만, 푸른색 바탕에 무궁화를 중심으로 좌우에 금색 봉황이 디자인되어 있다. 봉황이 대통령의 상징이 된 것은 과거 조선왕조 시대에 이 새가 왕의 상징이었다는 것에서 유래한다.

　이렇게 해서 박정희는 독재권력을 이용해 유신체제를 유지하는 데 성공하지만, 1년 남짓 흐른 1979년 10월 26일에 충복이었던 중앙정보부장 김재규가 쏜 총탄에 맞아 62년의 생애를 마감하게 된다.

1978년의 국회정세

'국회 30주년' 기념우표

　국회 개원으로부터 30주년을 맞이한 1978년 5월, 본회의의 광경을 그려 넣은 기념우표가 발행되었다.

　당시 국회는 유신헌법이 규정한 대로 통일주체국민회의(이하 국민회의)에서 전체 의원 수의 3분의 1을 선출하고 나머지 3분의 2는 전국 73개의 선거구에서 뽑았다.

　헌법은 또 국민회의에서 선출하는 국회의원은 대통령이 일괄 추천한다고 정해놓고 있었다. 이들 국민회의 출신 의원은 여당인 민주공화당과는 별도로 유신정우회(유정회)를 결성해 박정희 정권을 뒷받침했다.

　한편 지역구에서 뽑힌 국회의원 수는 146명으로, 1973년 2월 선거에서는 공화당이 73석, 신민당이 52석, 통일당이 2석, 무소속이 19석을 차지했다. 따라서 제1기 유신체제 안에서 대통령은 공화당과 유정회를 통해 국회를 장악하여 독재기반을 굳혀나갔다.

　야당인 신민당은 1974년 8월 김영삼을 새로운 총재로 선출하고, 유신헌법 개정을 주장하며 대통령과 대립해나갔다. 이러한 김영삼의 강경노선이 이철승 등 비주류파의 강한 반발을 사게 되면서 당내 내분은 날이 갈수록 심각해져 갔다.

　1979년 9월의 당대회에서 이철승 등의 비주류파는 당내투쟁을 선언하고, 당체제를 이철승을 최고위원으로 하는 6인 집단지도체제로 변경했다. 이철승은 '정권에 참가하는 개혁'을 주장하면서, 여당과 대화와 협력으로 현실적인 투쟁을 펼치는 것이 기본전략이라고 밝혔다. 하지만 쉽사리 해소되지 않았던 노선대립으로 인해 당내운영에 극심한 어려움을 겪었다.

 1978년 12월에 시행된 제10회 국회의원 선거에서 지방구 선거는 77개 구(총 154구)로 늘어났는데, 신민당은 4개 선거구에 복수의 후보를 내세워 9회 때보다 9개 의석이 늘어난 61석을 획득하는 등 당내 갈등이 있었음에도 선전했다. 공화당은 68석을 얻으며 득표율 31.70%를 기록했으며, 신민당의 득표율은 32.82%를 기록했다.

 그러나 유신체제하에서 국회의원은 그 3분의 1이 대통령에 의해 뽑히는 사실상의 임명제였으므로 아무리 지역구에서 야당이 약진했다손 치더라도 국회운영에는 별다른 영향을 끼치지 못했다. 그 결과 유신체제 2기에서도 대통령의 권력은 반석 위에 있었다.

 이에 따라 국민의 민주화에 대한 열망은 더욱 커져갔고, 이철승의 미온적 노선으로는 이러한 국민의 요구에 부응하는 데 한계가 있었다. 결국 신민당은 1979년 5월의 당대회에서 김영삼을 다시 총재로 선출하고, 민주화를 요구하는 '선명야당'으로 정부와의 투쟁에 힘쓸 것을 천명했다.

 그런데 이러한 '선명야당' 노선에 불만을 품은 당내 비주류파는 1979년 8월 김영삼의 당총재 당선무효를 주장하며 당 집행부의 직무정지 가처분 신청을 서울민사지방법원에 제출했다. 2원 체제 아래 정당으로서의 제 기능을 잃고 만신창이가 된 신민당의 행태는 결국 그해 10월 26일의 박정희 암살사건이 일어날 때까지 이어졌다.

카터 대통령의 방한

카터 대통령 방한 기념우표

지미 카터는 인권외교를 공약의 하나로 내걸고 1976년 선거에서 미국 대통령에 선출되어 1977년 1월 취임했다. 당시 한미 양국은 세 가지 심각한 현안을 눈앞에 두고 있었다.

그 첫째는 1975년 10월에 터진 '코리아게이트 사건'과 그 처리를 둘러싼 한미 간의 갈등이었다. 이 사건은 한국인 박동선(한국 정부기관 요원이었다고 한다)이 한국정부 고위층의 측근임을 자처하면서, 미국의 잉여농산물 구입을 목적으로 미 의회 관계자들에 대해 대규모의 매수공작을 벌였다는 것이다. 한국 측은 그를 소환해 사건의 전모를 명백히 밝히겠다는 미국 측의 요구를 거부했다. 결국 한국은 박동선에 대해 형사소추를 하지 않는다는 조건을 걸고 1979년 2월에 박동선을 미국에 보내 미 의회와 법정에서 증언을 하는 것으로 매듭지었다.

두 번째 현안은 박동선 사건과 관련해 미국의 정보기관이 한국의 대통령 관저를 대상으로 도청활동을 벌였다는 것인데, 결국 이 문제도 진상이 밝혀지지 않은 채 1976년 말 정치적인 끝맺음을 맺었다. 세 번째 현안은 1976년 11월 주미 한국대사관의 참사관 김상근이 가족을 데리고 미국에 망명한 사건이다.

이들 사건에다가 미국 국내에서 한국의 인권탄압을 비판하는 목소리까지 더해지면서 카터 정권은 인권탄압 국가에 대한 지원을 중단하고 주한미군을 철수시키겠다는 것을 공약의 하나로 내걸고 1977년 1월에 발족했다. 이렇게 카터는 대통령에 취임하자마자 주한 미 지상군 철수계획을 발표했다. 그 배경에는 미국이 거침없는 경제성장을 달성하고 있는 한국에 대해 안전보장 면에서 그에 상응하는 부담을 지게 하는 것이 옳다는 의견과 함께 인권탄압을 멈추려고 하지 않는 박정희 정권에 대한 불신감이 자리하고 있었다는 것은 말할 필요조차 없겠다.

대통령의 방침에 따라 1978년 11월에는 한국전쟁 이후 미국이 쥐고 있던 한국군의 작전지휘권이 원칙적으로 신설된 한미연합사령부로 이관되었고(다만 연합사령부의 작전지휘권은 실질적으로 계속해서 미군이 장악하는 것으로 되어 있었다), 주한미군의 대폭적인 감축도 현실적으로 대두되었다. 이처럼 한미관계가 삐거덕거리던 1979년 6월, 카터가 한국과의 관계개선을 위해 방한했다. 한국우정은 이를 기념해 양국 대통령의 초상화를 그려 넣은 우표를 발행하며 양국의 우호관계를 대내외에 확인시켰다.

박정희와 카터의 '정상회담' 결과, 전투부대를 계속해서 한국 내에 주둔시키는 것으로 철수계획을 수정할 것이 결정되었다. 그 배경으로는 미군부와 의회가 주한미군의 철수에 맹렬히 반대한 것에 대해 다음 대통령 선거를 앞둔 카터가 이러한 여론을 무시할 수 없었다는 사실을 들 수 있다. 그러나 인권외교를 내세운 카터는 1980년의 대통령 선거에서 패했고, 그를 대신해 반공을 전면에 내세운 레이건 정권이 발족하면서 주한미군 철수 문제는 더 이상 양국의 화젯거리가 되지 못했다.

박정희 암살

박정희 대통령 추도 우표

18년이란 세월 동안 지속되었던 박정희 시대는 1979년 돌발적인 사건으로 막을 내린다.

1979년 8월 서울민사지방법원이 야당인 신민당의 비주류파가 제출한 김영삼 총재에 대한 직무정지 가처분 신청을 받아들임에 따라, 이것을 여당의 음모라고 비난하는 김영삼과 정부 여당 사이에는 팽팽한 긴장감이 넘치기 시작했다.

9월 10일에 김영삼이 ≪뉴욕타임스≫ 기자와의 회견에서 "미국정부가 박정희 정권에 대한 지지를 중단할 것을 요청한다"고 발언한 것이 정치적 문제로 대두되면서, 여당이 다수를 차지하고 있었던 국회는 10월 4일의 회의에서 김영삼을 제명했다. 야당총재 제명이라는 전대미문의 사태에 대해서 신민당 소속 의원 전원은 등원을 거부하기로 결의, 국회는 마비상태에 빠졌다.

10월 16일 김영삼의 근거지인 부산에서 학생들을 중심으로 발생한 반정부 시위는 시간이 흐르면서 점점 더 과격해졌고, 시내는 폭동상태에 빠졌다. 정부는 18일에 부산시 일대에 비상계엄령을 발령하고 폭동 진압에 나섰다. 그러나 20일에 이르자 폭동은 마산까지 번졌고, 정국은 순식간에 불안정해졌다. 이것이 바로 '부마사태'이다.

미국은 이 사태를 심각하게 받아들였다. 전년도(1978년), 중동지역의 미국 거점국가였던 이란에서는 개발독재를 내건 국왕의 강압적인 지배에 맞서 지방의 종교도시인 쿰에서 발생한 반국왕 폭동이 전국에 번졌고, 사태를 잘못 처리한 국왕은 1979년 1월 국외망명을 택하게 되었다. 그 후에 탄생한 것이 반미성향의 호메이니가 이끄는 이슬람공화국정부이다. 이런 경험 때문에 정권교체마저 고려하며 사태수습에 나선 윌리엄 글라이스틴 주미대사는 한국정부 및 여당관계자와 회담을 갖고 10월 26일에는 포스트박 체제를 목표로 김영삼과도 회담을 가졌다.

그런데 그날 밤 박정희 대통령이 중앙정보부장인 김재규에 의해 암살당하는 사건이 발생했다. 사건은 대통령의 측근인 김재규와 역시 측근에서 대통령 경호를 담당하던 경호실장 차지철 간의 갈등에 의한 것으로, 수세에 몰렸던 김재규가 대통령과 함께 차지철을 암살한 것이다. 사건 후 김재규와 그의 부하들은 체포되었고, 한 사람을 제외한 전원이 1980년 3월 처형당했다.

박정희가 사살된 후 헌법에 따라 대통령 권한대행을 맡은 최규하는 10월 27일 오전 4시를 기해 제주도를 제외한 한국 전역에 비상계엄령을 선포했고, 정승화 육군참모총장이 계엄사령관으로 취임했다. 이렇게 해서 1961년 5월 16일의 군사쿠데타 이래, 18년에 걸쳐 지속된 박정희의 시대는 급작스럽게 막을 내렸다.

박정희의 장례는 사건발생 후 약 1주일이 지난 11월 3일 국장으로 거행되었는데, 시신은 국립묘지에 묻힌 부인(1974년에 암살당한 육영수)의 묘 오른쪽에 안장되었다.

한국우정은 그를 애도하는 추도 우표(앞쪽의 사진은 흑백이나 좌우의 우표는 다른 색이다)를 1980년 2월 2일에 발행했다.

항공우표

현재 외국으로 보내는 우편물은 항공편(에어메일)으로 보내지는 것이 일반적이지만, 옛날에는 주로 배편을 이용했다. 요금이 높았던 항공편을 이용하는 사람은 한정되어 있었고, 항공편 전용 우표(항공우표)가 발행되었다. 해방후 최초의 항공우표는 미군정이 시행되고 있던 1947년 10월에 남한우정이 발행한 50원짜리 우표(a)로, 지구와 비행기가 그려져 있다.

(a) 미군정하의 남한에서 발행된 항공우표

이 디자인의 우표는 대한민국 정부가 수립된 후에도 '대한민국항공우표'로 표시만 고쳐 사용되었는데, 한국전쟁 중이던 1952년 10월에 여객기와 기선을 그린 디자인(b)으로 변경되었다가, 전쟁 종결 후인 1954년 7월 1일에는 서울의 동대문과 비행기를 넣은 디자인으로 바뀌었다.

(b) 비행기와 기선이 그려진 1952년의 항공우표

1961년에 발족한 박정희 정권은 한국을 해외여러 나라에 소개하겠다는 의도로 그해 연말 항공우표의 디자인을 일신했는데, 서울의 고궁(경복궁, 덕수궁, 경회루) 및 수원의 성곽과 비행기를 조합한 우표를 발행했다. 그중에서도 경복궁과 덕수궁을 넣은 우표에는 한복을 입은 여성의 모습도 함께 넣어(133쪽) 외국인

(c) 1973년의 항공우표. 북미·오세아니아·인도까지의 요금이 액면가 145원이었음을 지도에서 확인할 수 있다.

들로부터 좋은 점수를 받았던 것으로 여겨진다.

유신체제였던 1973년, 항공우표의 디자인은 액면마다 수신국의 지도를 표시하는 실용적인 것(c)으로 변경되었다. 다만, 이때부터 외국으로 가는 우편물은 항공편으로 가는 것이 당연하다는 인식이 국민 사이에 자리 잡았으므로, 항공우표를 사용하는 것이 무의미하게 되었다. 이런 이유로 1973년의 우표를 끝으로 항공우표는 더 이상 발행되지 않고 있다.

제5장
전두환 시대 1979~1987

1983년 12월에 발행된 액면가 5,000 원짜리 통상우표. 호랑이 민화가 그려져 있다.

1979년 최규하 대통령 선출, 전두환의 숙군 쿠데타

1980년 광주 민주화운동, 전두환 대통령 취임, 헌법 개정

1981년 전두환 재선(제5공화국)

1982년 부산 미문화원 사건

1983년 랑군 폭탄 테러 사건

1984년 전두환 방일

1987년 6·29선언, 대한항공기 폭파 사건

최규하 대통령 취임

최규하 대통령 취임 기념우표

'5·16혁명' 이래 18년의 세월을 권좌에 앉았던 박정희가 1979년 10월 26일 중앙정보부장 김재규에 의해 암살당함에 따라 헌법이 정한 대로 최규하 국무총리가 대통령 권한대행으로 취임했다.

최규하는 1919년 7월 16일 강원도 원주에서 태어나 청소년기를 일본에서 보내면서 도쿄고등사범학교를 졸업했다. 한때 교편을 잡았고, 만주국으로 건너가기도 했다. 1948년 대한민국이 수립된 후에는 농림부 양정과장, 외무부 통상국장, 외무부 차관, 외무부 장관 등을 역임했다. 1971년에는 외교담당 특별보좌관에 올랐으며, 1975년 유신체제의 기반을 다졌던 김종필의 '정치내각'이 퇴진한 이후에는 체제 정비를 위한 '실무내각'의 총리로 취임했다.

앞에 열거한 정치 경력에서 알 수 있듯이 그는 박정희나 김종필 같은 군 출신 정치가가 아니라 기본적으로 실무적인 관료의 색채가 강한 인물이었다.

박정희가 서거한 다음인 1979년 12월 6일, 제10대 대통령 선거는 헌법에서 규정한 대로 통일주체국민회의에서 시행되었는데, 여기에서 대통령 권한대행인 최규하가 정식으로 대통령에 선출되었다.

당선 다음날(7일) 최규하는 유신체제 아래서 국민의 정치적 자유를 크게 제한한 「대통령 긴급조치 제9호」(1975년 5월 13일 포고)를 해제할 것을 국무회의에 제안했고, 이 제안이 회의를 통과함에 따라 12월 18일 「대통령 긴급조치 제9호」가 4년 반 만에 해제되었다.

그리고 12월 20일에는 최규하의 대통령 취임식이 거행되었고, 같은 날 한국우정은 이를 기념해 그의 초상을 넣은 '제10대 대통령 취임' 기념우표를 발행했다.

우표 발행에 필요한 준비기간(최저 1개월 이상)을 생각한다면, 이 우표는 그가 대통령 권한대행에 취임한 후 발 빠르게 준비한 것이라 생각해도 좋을 것이다. 이 사실은 12월의 대통령 선거에서 최규하가 새로운 대통령으로 취임하는 것이 한국의 정치 지도자들 사이에는 납득할 만한 사실로 받아들여졌다는 것을 의미한다. 이는 새로운 대통령 최규하의 역할은 유신체제를 청산하고 참신한 민주정부를 발족시키는 것이라는 구상과 궤를 같이한다.

그런데 급격한 체제변혁이 아니라 소프트 드라이브 노선으로 유신체제를 해체해나갈 것이라는 최규하의 자세는 오랜 세월 독재체제 아래서 정치적 자유를 제한 당했던 국민의 눈으로 보면 미온적이기 짝이 없는 것이었다.

이에 따라 급진적인 민주화를 요구하는 목소리가 높아갔고, 그 과정에서 학생운동은 과격성을 더해갔다. 그리고 해가 바뀌어 1980년에 들어서자 한국 각지에서 소요사태가 끊이지 않게 되었다.

문민 대통령 최규하는 이런 난국을 박정희와 같은 강경한 방법으로 해결하는 것은 고려조차 하지 않았다. 그의 이러한 자세는 결국에 '질서의 회복'을 주장한 군의 개입을 불러일으켰고, 전두환의 권력탈취를 향한 길 또한 열리게 되었다.

숙군 쿠데타와 광주 민주화운동

'5·18 민중항쟁 추모탑'을 넣은 우표

강권적이었던 전 대통령 박정희의 사망으로 최규하가 대통령에 취임하자 유신체제 아래서 신음하던 국민의 불만이 폭발하기 시작했다. 민주화와 자유화에 대한 요구가 급진화하면서 한국 전역에서 소요사태가 발생했다.

특히 학생운동의 과격성은 극한으로 치달았다. 1980년 5월 14~15일 전국 45개 대학에서 35만 명에 이르는 학생들이 일제히 대규모의 반정부·민주화 시위를 전개했다. 같은 달 16~17일 이화여대에 결집한 학생들은 5월 22일까지 박정희 서거로 발령한 비상계엄령을 해제할 것을 정부에 요구하면서, 만일 받아들여지지 않을 경우 군과의 충돌도 불사하며 전국규모의 거리시위를 전개할 것을 결의했다.

문민 대통령인 최규하가 손을 놓고 있는 가운데 국민 사이에는 혼란을 틈타 북한이 공격해올 수도 있다는 불안이 번져나갔고, 군부는 이런 불안을 배경으로 세력을 확대했다.

박정희 사망 후 국군의 제1인자는 육군참모총장인 정승화였다. 정승화가 비상계엄령의 시행과 함께 계엄사령관으로 취임하자, 보안사령관이었던 전두환은 혼란을 이용해 군의 실권을 탈취할 방법을 모색하기 시작했다. 두 사람의 권력투쟁은 1979년 12월 12일 전두환을 중심으로 하는 중견장교들의 '하나회'가 '숙군 쿠데타'를 감행해 대통령의 재가 없이 정승화를 체포하고, 제9사단장 노태우가 서울 근교에 주둔하는 제90연대를 끌고 시내로 진격해서 육군본부를 제압하는 것으로 결말이 났다.

이때부터 일체의 정치활동은 금지되었고, 대학은 무기한 휴교에 들어갔으며, 김대중·문익환·김동길 등 민주인사들은 체포되었다. 김종필(공화당 총재)·이후락(전 중앙정보부장)·박종규(전 대통령 경호실장)·김영삼도 가택연금되었다.

전두환 일파의 쿠데타는 민주화를 요구하던 학생·노동자를 자극했고, 5월 18일 광주에서는 김대중의 체포에 항의하는 수십만 명의 군중이 대규모의 항의시위를 일으켰다. 군부는 송수 제2여단 1,200명을 투입해 힘에 의한 진압에 나섰다. 5월 27일 계엄군이 진입하기까지 열흘 동안 광주시내에서는 격렬한 시가전이 벌어졌다. 시민들은 전라남도 도청 청사에 진을 치고 투쟁했는데, 이들 가운데 적어도 200명이 사망했고 2,000명이 부상했다고 전해진다. 이것이 이른바 '광주 민주화운동'이다.

광주 민주화운동은 전두환 정권의 정통성 문제와도 깊은 관련이 있었으므로, 오랜 세월 동안 한국사회에서 금기시되었다. 그 후 민주화가 진전됨에 따라 실상이 조금씩 드러나기 시작해 지금은 사건의 진상이 상당 부분 밝혀졌다.

광주 민주화운동이 한국사회에 남긴 깊은 상흔에 비해 이 사건을 다룬 우표는 겨우 1종에 불과하다. 2002년 8월 '내고향'이라는 이름으로 32종의 우표가 1권으로 발행되었는데, 광주를 표현하기 위해 전통놀이인 고싸움 사진을 넣은 우표와 사건의 희생자를 추도하는 '5·18 민중항쟁 추모탑'을 넣은 우표가 발행되었다.

전두환 정권의 탄생

전두환 대통령 취임 기념우표

숙군 쿠데타로 군의 실권을 장악한 전두환은 1980년 5월 17일 비상계엄령을 선포하고 다음날인 17일부터 27일에 걸쳐 광주 항쟁을 진압, 군과 정부의 최고실력자로서의 위치를 실질적으로 확보했다.

5월 31일 설치된 국가보위비상대책위원회(이하 국보위)는 원래 비상계엄하에서 국가안보와 관련된 국책사항을 심의하기 위해 설치한 기관으로 실질적인 국정 최고기관이었다. 국보위의 핵심은 상임위원회이고, 위원장은 대통령이 임명한 전두환이 맡았다. 이 직책으로 전두환의 권력은 제도적으로 담보될 수 있었다.

그런데 국보위는 6월 13일에 '권력형 부정축재자'에 대한 처벌에 나서, 김종필(전 공화당 총재·전 국무총리) 등 박정희 시대의 실력자를 차례로 숙청해나갔다. 김대중 등 민주화 인사들은 5월 17일의 비상계엄령 포고와 함께 이미 내란음모 등의 죄목으로 체포되었으므로, 전두환이 대통령에 취임하는 데 장애가 될 만한 인사들은 완전히 제거되었다고 할 수 있다.

8월 5일 대장으로 승진한 전두환은 "곤란에 빠진 국가를 바로 세우고, 복지국가를 자손에게 물려주어야 한다"는 연설로 정계진출에 대한 의욕을 정식으로 표명했다. 8일에는 주한미군 사령관인 위컴이 "전두환 장군이 대통령에 취임할 경우, 미국은 이것을 지지할 용의가 있다"고 발언한 데 이어, 16일에는 "이 나라에서 평화적인 정권교체의 모범을 보이기 위해"라는 말을 남기고 최규하가 대통령직을 사임했다. 최규하는 21일 "전두환 국보위 상임위원장의 대통령 취임을 지지한다"고 표명했다.

전두환은 이렇게 밥상이 다 차려진 다음인 22일에 군을 퇴역, 27일 통일주체국민회의에 의한 대통령 선거를 통해 정식으로 제11대 대통령에 선출되었다. 9월 1일 거행된 취임식에 의해 정치풍토의 쇄신, 세대교체, 한국적 민주주의와 사회정화를 내건 전두환 정권이 출범했다. 취임식 날인 9월 1일 '제11대 대통령 취임' 기념우표가 발행되었다는 사실에서 짐작할 수 있듯이 전두환의 대통령 취임은 이미 기정사실이었다.

급선무였던 헌법 개정 작업 또한 박정희가 암살된 직후부터 국회의 개헌특별위원회와 정부의 법제처 헌법연구반에서 맡아 진행하고 있었다. 그 후 1980년 5월 17일의 비상계엄조치로 국회에서의 작업은 중단되었으나 정부 내 작업은 계속되고 있었다. 헌법개정안이 마련되자 찬반을 묻기 위한 국민투표가 10월 22일에 시행되었는데, 투표한 95.5% 가운데 91.6%가 찬성표를 던짐으로써 새로운 헌법이 가결되었다. 발효일은 5일 후인 10월 27일이었다. 새 헌법이 통과함에 따라 박정희 체제를 뒷받침해온 통일주체국민회의도 폐지되었고, 국회 또한 자동적으로 해산되었다.

신헌법 아래 새로운 국회가 소집될 때까지 임시로 국가보위입법회의(이하 입법회의)가 국회의 기능을 대행하게 되었는데, 81명의 입법회의 의원에 대한 임명권자는 대통령이었다. 입법회의의 업적으로는, 정치풍토 쇄신을 위한 특별조치법을 성립시켜서 '구정권하의 정치적·사회적 혼란에 대한 책임이 두드러진 자'에 대해서 1988년 6월 30일까지 정치활동을 금지시킨 것과 중앙정보부를 폐지하고 국가안전기획부(이른바 안기부)를 발족시킨 것 등을 들 수 있다. 이렇게 이행 기간을 거친 전두환이 다음해인 1981년 2월의 선거에서 다시 대통령으로 선출되면서 명실상부한 제5공화국이 출범하게 되었다.

제5공화국의 발족

제5공화국 대통령 취임 기념우표

대통령에 취임한 전두환에게 주어진 최초의 과제는 10·26사건의 혼란을 종식시키고, 제5공화국을 성공적으로 출범시키는 것이었다. 그 과정에서 피해 갈 수 없었던 것이 김대중과 관련한 문제였다. 1980년 5월 17일, 계엄사령부는 대통령 후보이기도 했던 김대중을 체포했다. 혐의는 내란음모를 획책했다는 것이었다.

계엄사령부는 "김대중과 그 추종자들은 10·26사건을 권력탈취를 위한 절호의 기회로 보고, 국민연합을 주축으로 복학생을 행동대원으로 끌어 모아 학생시위 → 대중선동 → 민중봉기 → 정부전복 → 김대중을 주축으로 하는 잠정정부 수립이라는 목표하에 비합법적 투쟁을 계획했으므로 내란선동을 획책했다"고 발표했다. 김대중은 8월 14일에 기소되어 9월 17일에 내란음모와 국가보안법 위반으로 사형 판결을 받았다. 그러나 실제로는 전두환이 권력탈취 과정에서 눈엣가시와 같은 김대중을 제거하기 위한 것은 누구의 눈으로 보아도 확실했으므로 그에 대한 사형 판결은 인권탄압의 상징으로 국제적인 관심을 끌었다.

특히 1973년 도쿄에서 한국의 중앙정보부가 김대중을 납치한 사건을 경험한 바 있는 일본의 여론은 그의 처벌에 지대한 관심을 보였고, 1980년 11월 21일에는 총리인 스즈키 젠코(鈴木善幸)가 "한일 친선이라는 면에서 볼 때 김대중 씨의 신병에 중대한 관심과 우려를 품지 않을 수 없다"는 말을 한국대사에게 전했다. 이에 대해 한국 측은 스즈키의 발언이

내정간섭이라며 반발했고, 한일 간 분위기는 경색되었다.

한편 한국의 '보호자'라고 할 수 있는 미국도 김대중에 대한 사형 판결에 불쾌감을 감추지 않았으며, 이와 관련해서 한일관계가 악화하는 것을 우려하고 있었다. 이런 가운데 1981년 1월 15일에 발족한 미국의 레이건 정부는 사태의 수습을 목적으로 김대중에 대한 사형 판결을 철회할 경우 전두환을 레이건 행정부가 최초로 회견하는 외국원수로 지명할 의사가 있다고 한국 측에 제안했다. 이 제안을 받아들인 한국은 김대중에 대한 사형을 회피하는 방식으로 포기했다.

즉, 1월 23일 일단 대법원이 김대중 등 12명이 올린 상고를 기각함으로써 법률적으로 김대중의 사형을 확정한 다음, 각료회의를 개최해서 피고 전원을 감형함으로써 김대중을 무기징역으로 하겠다는 정치적 타협점을 모색한 것이다.

일본정부는 김대중이 사형을 면했다는 점을 평가하며 한국과의 관계 회복에의 의욕을 나타냈다. 또 1월 28일에는 약속대로 전두환이 방미해서 레이건과 회견을 했다. 레이건은 주한미군을 철수하지 않겠다고 약속했고, 전두환은 회담 결과에 크게 만족했다.

한국정부는 이렇게 해서 김대중 문제를 해결하는 한편 2월 1일에는 간접선거 방식에 의한 대통령 선거를 규정한 헌법에 따라 대통령 선거인단의 선거를 시행했다. 예상대로 여당 측이 압도적인 다수를 확보했고, 2월 25일의 대통령 선거에서 전두환이 선거인단 90%의 지지를 얻어서 대통령에 당선되었다.

3월 3일 전두환이 제12대 대통령(임기 7년)에 정식으로 취임하면서 제5공화국이 출범했다.

평화통일정책자문회의

(왼쪽) '평화통일정책자문회의' 기념우표
(오른쪽) 고려민주연방공화국 구상을 선전하는
북한의 우표

박정희 암살사건 이후 한국 내에서는 민주화에 대한 요구가 거세졌고, 북한은 민주화 세력을 흡수할 목적으로 남북대화를 제안했다. 1980년 2~6월, 최규하 대통령 체제하에서 남북의 실무대표자가 9회에 이르는 만남을 하는 등 표면적으로는 남북의 유화무드가 고조되는 듯했다.

그러나 그해 5월, 이른바 광주 항쟁이 발생해 군에 의해 민주화운동이 진압되면서 남북관계는 순식간에 냉각되고 말았다. 특히 9월에 전두환이 대통령에 취임하자 북한은 "인민의 투쟁이 무르익는 것에 두려움을 느낀 남한의 군사 파시스트 무리가 음모로 권력을 탈취해 이전의 악명 높은 독재자를 능가하는 가혹한 탄압을 저질렀다"면서 전두환 정권에 대한 대결자세를 선명히 밝혔다.

북한은 10월에 개최된 조선노동당 제6차 대회(그때까지 외국에 공개된 석상에는 좀처럼 모습을 나타내지 않던 김정일이 대회 첫날부터 중앙 제일 앞줄에 착석해 정식으로 당 중앙위원에 선출되어, 김일성의 후계자임을 내외에 알린 대회로 알려졌다)에서 '고려민주연방공화국' 구상을 제안하는 등 주목할 만한 동향을 보였다.

이 구상은 한국에서 민주주의적인 정권이 수립되어 반공법·국가보안법을 폐지하고 모든 정당단체의 정치활동이 보장되는 것을 전제로, 남북은 연방제를 시행하고 국호를 지역정부로 하자는 것이다. 이는 그때까지 북한이 고수해왔던 대남노선(이른바 남한혁명노선)을 대폭적으로 수정한 것이었다.

이 구상의 전까지 북한은 한국의 존재를 부정하면서 오로지 혁명의 대상으로만 여겼다. 이승만 정권의 붕괴 직후 북한이 제안한 '연방제 시행'이라는 것도 어디까지나 과도적인 것에 지나지 않는 것으로, 궁극적으로는 한국의 소멸을 주장하는 것이었다. 반면 고려민주연방공화국 구상에서는 연방제 시행 자체를 '통일'의 최종적인 형태로 두고, 지역정부로서 남북 양 정부의 존재를 인정하고 있었다는 점에서 종래와는 커다란 차이가 있는 것이었다.

그러나 이 구상은 한국에서 '민주주의적인 정권'이 수립되는 것을 전제로 하고 있는데다가, 실제로 한국정부가 '민주적'인가 아닌가에 대한 판단은 어디까지나 북한의 자의적인 것이었다.

따라서 북한이 겉으로는 유화적인 표현을 사용하면서도, 속으로는 전두환 정권과의 대결태세를 무너뜨리지 않았다는 것을 알 수 있다. 즉, 고려민주연방공화국 제안이 곧 남한혁명노선의 포기는 아니었던 것이다.

아무튼 이러한 정세변화는 제5공화국의 기초가 된 1980년의 헌법에도 반영되었다. 헌법은 평화통일정책을 구체적으로 검토하기 위해 제68조에 기초, 평화통일정책의 수립에 관한 대통령의 자문기관으로 평화통일정책자문회의의 설치를 명시했다. 이 기관의 출범에 맞춰 1981년 6월 5일 기념우표도 발행했다.

아세안 순방

전두환 대통령 아세안 순방 기념우표

1981년 6월 전두환 대통령은 아세안(ASEAN, 동남아시아국가연합) 국가들을 순방했다. 당시 아세안 가맹국은 인도네시아, 말레이시아, 필리핀, 싱가포르, 타이 등 5개국이었다.

1967년에 결성된 아세안은 원래 외상회담이었지만, 1975년 남북 베트남의 통일로 정세가 변화하자 그해부터 경제각료회의가 정례화되었다. 다음 해인 1976년의 수뇌회의에서는 '동남아시아 우호협력조약'이 체결되었다. 또 1979년 이후로 일본과 미국, EC(당시) 등과의 역외대화가 본격화되면서 그 활동 규모와 범위가 급속히 확대되기 시작했다.

수출의존형 경제구조인 한국에 아세안 각국과의 관계강화는 중요한 과제였다. 그러나 박정희 암살(1979년) 이후 이어진 혼란 속에서 한국의 대(對)아세안 외교는 다른 서방국가들에 비해 크게 뒤처지고 있었다. 따라서 국내정세가 어느 정도 안정되자 되도록 빠른 시기에 대통령인 전두환이 직접 나서서 아세안의 각국을 순방하고, 이들 국가와의 관계강화를 모색했다는 것은 자연스러운 일이었다.

그런데 당시 아세안 국가들은 정도의 차이는 있었지만 전부 개발독재 체제를 취하고 있었다. 한국 또한 박정희 시대에 비하면 상당히 누그러졌다고는 할 수 있었지만 여전히 개발독재의 성격이 농후했다. 따라서 같은 개발독재국가와의 우호관계를 주창하는 것은 경제성장과 함께 점점 '민주화'에 대한 요구를 하는 국민들에게 권위주의적인 개발독재가 비단 한국만의 특별한 체제가 아니라는 것을 알린다는 점에서도 의미가 있었다.

이렇게 이루어진 대통령의 아세안 순방에 맞춰서 한국우정은 기념우표를 발행했다. 우표는 각각의 국가와의 우호관계를 표현하기 위해 양 국기를 배경으로 양국 원수의 초상(왼쪽부터 차례로, 인도네시아의 수하르토, 말레이시아의 술탄 하지 마마드 샤, 하나 건너뛰어서 타이의 라마 9세, 필리핀의 마르코스. 이 가운데 말레이시아의 국왕은 각 주의 술탄이 돌아가면서 맡았는데, 당시는 파한 주의 술탄이 연방의 국왕을 겸임했다)을 넣었는데, 맨 가운데의 싱가포르만 양국 원수의 초상 대신에 악수하는 손을 그려 넣었다.

이들 우표는 대통령의 외국방문이나 외국원수의 방한에 맞춰 발행되었던 종래의 기념우표 스타일을 답습한 것이다. 하지만 한번에 5종, 그것도 다른 우표가 연결된 상태로 인쇄되어 박력이 넘친다는 점에서 차이를 발견할 수 있다.

이 5종의 우표 외에 아세안 가맹국의 국기와 태극기를 배경으로 전두환의 초상을 커다랗게 그려 넣은 우표도 발행되었으므로, 아세안 외유 기념우표는 총 6종에 이른다. 이런 점에서도 당시 아세안 순방에 기울인 한국정부의 비상한 관심을 엿볼 수 있다.

안보경협론

1981년에 발행된 '광복 36주년' 기념우표

유혈극으로 끝난 광주 항쟁을 딛고 탄생한 전두환 정권에 주어진 시급한 과제는 무엇보다도 반대파를 잠재우고, 사회질서의 안정을 회복하는 일이었다. 정부는 이를 위해 1980년 말을 기해 보도기관 통폐합을 단행, 64개 언론사 가운데 44개사(신문사 11, 방송국 27, 통신사 6)를 다른 기관에 통합시켰다. 통폐합의 예를 들자면 야당계의 동아방송(DBS라디오)과 중립성향의 동양방송(TBS라디오, TV)이 국영인 한국방송공사(KBS)에 흡수되었고, 박정희 시대에 반정부적인 방송을 내보냈던 기독교방송(CBS)은 뉴스보도가 금지되어 종교관계의 방송만 한다는 약속 아래 존속을 보장받았다. 그 결과 한국의 방송은 국영인 KBS와 민영(그러나 대부분의 주식은 KBS의 소유)인 MBC만 남게 되었다.

이렇게 정부비판의 싹을 강제로 잘라버리자 국민 사이에서는 무력으로 정권을 장악한 정부의 정통성에 대해 의문의 목소리를 내는 사람도 적지 않았다. 고민에 빠진 정부는 국민의 시선을 돌릴 구심력을 만들기 위해 새로운 조치를 마련해야만 했는데, 그중 하나가 서울올림픽 유치 캠페인이고, 다른 하나는 일본에 대한 안보경협론이었다. 안보경협론이란 한국의 안전보장문제와 한일 경제협력을 연계시킨 것으로, 그 주장을 요약하면 다음과 같다.

① 한국은 북한과 대치하면서 국방에 막대한 부담을 지고 있다.
② 일본의 평화와 안전이 보장되고 있는 것은 제일선에서 공산세력을 막아주고 있는 한국 덕분이다.
③ 즉, 서방국가가 한국에 경제지원을 하는 것은 당연한 것으로 ······.

이 논리에 기초해 전두환 정권은 1982년부터 방위력정비 5개년계획에 필요한 238억 달러 가운데 87억 달러를 한국에서 부담하겠으니, 50억 달러는 서방국가가, 100억 달러(그 내역은 공공차관 60억 달러, 상업차관 40억 달러)는 일본이 각각 부담하라고 요구했다. 특히 일본에 대해서는 동북아시아가 공산화할 경우 지불해야 할 비용을 고려한다면 100억 달러라는 금액은 결코 큰 액수가 아니라고 주장했다.

정부에 대한 국내의 비판을 피하기 위해서 일본에 강경한 자세를 보이는 것은 한국 외교에서 자주 찾아볼 수 있는 전략으로, 안보경협론 역시 그 연장선상에서 나온 것이라 여겨진다.

상황이 이런 가운데 1981년 8월 15일 한국우정은 '광복 36년' 기념우표를 발행하는데, 36년이라는 어중간한 주기에 기념우표를 발행했다는 것은 역시나 일본에 대해 강경한 태도를 보임으로써 국내의 구심력을 높이겠다는 의도가 반영된 결과라고 생각할 수 있겠다.

일본 측이 한국이 주장하는 안보경협론에 반발, 일본의 경제협력은 군사·방위 명목으로는 불가능하다고 밝힘에 따라 양국 간에는 긴장감이 감돌게 되었다. 결국 이 문제는 일본이 한국의 제5차 사회경제개발계획을 위한 경제원조를 시행하는 모양새로 매듭지어졌는데, 이때 전두환 정권이 일본으로부터 얻어낸 원조액은 총 90억 달러이다.

서울올림픽 유치 결정

(왼쪽) 올림픽 개최 결정을 발표하는 사마란치 IOC 회장의 얼굴을 넣은 '올림픽 유치 5주년' 기념우표
(오른쪽) 올림픽 개최 결정 기념우표

전두환 정권이 발족한 1980년 9월 무렵의 한국경제는 전년부터 계속된 정치적·사회적 혼란으로 인해 저조세를 보였는데, 그해의 경제성장률은 전년도 대비 -4.7% 수준으로 떨어졌다. 침체한 분위기를 일소시키기 위한 비장의 방책으로 한국정부가 내놓은 것이 바로 1988년 서울올림픽 유치 계획이었다.

당시 1988년의 올림픽 개최 후보지로는 서울보다 나고야가 유력하다고 여겨지고 있었다. 나고야에서는 1977년 아이치 현 지사인 나카타니(中谷義明)가 올림픽 유치에의 포부를 선언한 이래 활발한 유치활동이 전개되고 있었다. 반면 한국 측의 입후보는 늦은 감이 많았지만 정·재계가 손을 맞잡고 유치활동에 진력했다. 투표권을 가진 IOC(국제올림픽위원회) 위원을 대상으로 맹렬한 접대공세까지 퍼부었다고 한다.

IOC총회는 1981년 9월 30일 서독(당시)의 바덴바덴에서 총회를 열어 올림픽 개최지를 정했는데, 투표 결과 서울이 57표, 나고야가 27표를 얻었다. 결국 일본은 1980년의 모스크바 올림픽을 거부한 전력으로 동유럽 국가들의 불만을 샀다는 점과 과거 도쿄와 삿포로에 이어 아시아에서의 올림픽 개최를 일본이 독점하게 되는 것에 대한 우려의 목소리를 이겨내지 못했다.

예상을 뛰어넘는 큰 표차로 올림픽 개최를 놓친 나고야의 낙담은 이만저만 큰 것이 아니었다. 유치활동에 매달리던 나카타니 지사는 1983년 지사 선거의 출마를 포기한 데 이어, 나고야 올림픽의 개최예정일이었던 1988년 11월 18일에는 자살하는 가슴 아픈 일까지 일어났다. 반면 서울올림픽의 개최가 결정되자 한국국민은 열광했고 IOC총회로부터 1개월이 흐른 10월 30일에는 올림픽 개최 결정 기념우표도 발행되었다.

한국경제는 올림픽이 결정되기 전부터 이미 올림픽 특수를 예상하고 상승하기 시작해, 1981년 1월에 103.12포인트였던 종합주가지수(KOSPI)가 같은 해 7월에는 154.90포인트를 기록했다. 연초 대비 50%의 상승폭이었다. 주가는 다음 해인 1982년 5월 일시적으로 114.19포인트까지 하락하며 안정세를 보였으나 올림픽을 향한 사회자본 정비가 급속히 진행되는 등 한국경제는 급성장세를 나타냈다.

한국의 GDP를 살펴보면 1981년부터 1988년까지 연평균 9.3%의 성장률을 기록했고, 종합주가지수 또한 1986년 2월에 206.02포인트를 기록하며 200포인트대를 돌파한 후 상승세를 몰아갔다. 올림픽이 개최된 1988년 10월에는 713.39포인트, 올림픽이 끝난 1989년 9월에는 951.58포인트까지 올랐다. 이 수치는 1981년 9월의 올림픽 개최 결정 당시보다 무려 6.72배나 상승한 것이다.

한국은 이렇게 올림픽 유치에 성공함으로써 침체된 분위기를 일신하고 올림픽 개최를 향해 매진하기 시작했다. 그리고 '한강의 기적'을 능가할지언정 결코 그에 뒤처진다고는 할 수 없는 고도성장의 시대에 본격적으로 돌입했다.

한미수교 100년과 부산 미문화원 방화사건

한미수교 100주년 기념우표

1982년 6월 한미수교 100년을 기념하는 행사가 거행되었고, 한국우정은 2종의 기념우표(자유의 여신상과 남대문을 그린 것과 한미수교의 심벌마크를 그려 넣은 것)를 발행했다. 한미수교 100년이란 조선시대였던 1882년 조선이 미국과 수호통상조약을 맺은 시점으로부터 기산한 것이다.

19세기 후반의 동아시아는 유럽을 비롯한 세계열강의 정치적 무대였는데, 조선도 1876년 일본의 압력에 손을 들고 마지못해 강화도조약을 맺으면서 그때까지 고수했던 쇄국정책을 포기했다. 그 후 조선에서의 패권을 둘러싸고 일본과 청나라의 대립이 첨예화하자, 청나라는 조선의 내정에 대해 더욱 집요하게 간섭하면서, 1882년에는 조선으로 하여금 미국과 통상조약을 맺도록 하면서 일본에 대한 견제에 나섰다. 이 조약은 조선이 서구와 맺은 최초의 조약으로 미국 측의 영사재판권이 인정되는 등 전형적인 불평등조약의 모습을 띠었다.

이러한 역사적 배경을 고려할 때 한미수호통상조약의 조인이 현대의 한국에게 기념할 만한 일인가에 대해 의문이 생겨나지 않을 수는 없지만, 당시의 전두환 정권은 한미수호 100년을 미국과의 우호관계를 국내외에 알릴 수 있는 절호의 기회로 보았기 때문에 기념우표까지 발행한 것이었다.

그 배경에는 당시 한국 내에서 급속히 과격성을 더해가면서 사회불안의 한 요인이 되었던 반미운동이 있었다. 반미운동의 전형적인 사례가 1982년 3월 18일 발생한 부산 미문화원 방화사건이다. 이 사건으로 문화원 1층이 전소되었고, 대학생 1명 사망하고 남녀 학생 2명이 중상을 입는 피해가 발생했다.

이 같은 혼란의 와중에서 문화원 부근과 그곳에서 1km 정도 떨어진 도로 일대에는 "미국과 일본은 한국을 속국화하려고 한다", "한국정부는 북한을 침략할 준비를 완료했다", "미국은 한국으로부터 철수하라" 등의 내용이 적힌 반정부·반미 전단 수백 장이 뿌려졌다. 경찰은 이 사건을 정부에 반대하는 좌익학생들의 소행으로 보고, 대대적인 수사를 벌였다. 사건 발생으로부터 14일 후인 4월 1일, 당시 고신대 4년생이던 문부식 등이 자수함에 따라 경찰은 그들의 자백을 근거로 김현장 외 11명을 체포했다. 김현장은 광주 항쟁의 배후로 당시의 사건에도 관여했다.

법원은 판결문에서 사건이 국가안전보장과 밀접히 관련된 것임을 인정하고, 주범인 문부식과 김현장에 대해 사형판결(이후 대통령에 의해 무기징역으로 특별감형)을 내렸다. 이 사건은 1980년대에 들어서면서 세계적으로 냉전의 분위기가 심각성을 더해가는 가운데 한국의 학생운동이 그때까지 보여주었던 단순한 반독재와 민주화 요구에서 벗어나 친북적인 경향으로 기울었다는 것을 알려준다는 면에서 주목할 가치가 있다.

사회 상황이 이러했기 때문에 당시 한국에게 한미수호 100년은 미국과의 우호관계를 국민에게 확인시키고, 한국이 서방진영의 일원이라는 사실을 재차 강조하기 위한 의식으로서 중요한 의미를 가지고 있었던 것이다.

아프리카 외교

전두환 대통령의 아프리카 국가 순방 기념우표. 왼쪽 위의 우표는 가봉의 봉고 대통령, 아래의 우표는 케냐의 모이 대통령, 오른쪽 위의 우표는 나이지리아의 샤가리 대통령, 그 밑으로는 세네갈의 디우프 대통령이다.

전두환 정권이 발족하기 이전 아프리카의 많은 나라는 북한의 우호국이었다. 북한은 아프리카의 신흥독립국가들을 상대로 군사고문단을 파견하고, 국제연합 가맹 시 지원을 해주면서 그 대가로 북한만을 유일한 한반도의 정통정부로 인정하게 만들었다. 이러한 제3세계 외교는 1960년대 이후 중국과 소련이 반목함에 따라 '자주외교'의 길을 걸을 수밖에 없었던 북한이 제3세계 국가들을 끌어들여 국제사회에서의 지위를 강화하려 했던 것에서 출발했다.

1980년에 발족한 전두환 정권은 향상된 경제력을 바탕으로 적극적인 외교공세에 나섬으로써 북한의 제3세계 외교에 쐐기를 박으며 북한에 대한 국제사회의 지지를 거두어들이고자 했다. 이에 따라 1982년 5월에는 라이베리아(대서양에 면한 서아프리카 국가)의 국가원수가 방한했고, 한 달 후 자이르(콩고민주공화국, 아프리카 중부의 대국)의 대통령이 한국을 찾았다. 8월에는 전두환이 직접 케냐(인도양에 면한 아프리카 동부의 국가), 나이지리아(서아프리카의 대국), 가봉(중부 아프리카의 산유국), 세네갈(대서양에 면한 서아프리카의 국가)을 순방했다.

이들 국가의 원수와 전두환의 회담이 있을 때마다 한국우정은 회담을 소개하는 듯 양국 원수의 초상과 국기를 소재로 기념우표를 발행했는데, 이로 인해 한때 한국의 우표는 아프리카 일색이 된 듯한 양상을 보이기도 했다.

북한은 그때까지 '자기구역'이라고 여겼던 아프리카 각국이 한국의 외교공세로 인해 무너져 내리는 것에 대해 심각한 위기감을 느끼게 되었고, 그 보복으로 아프리카 순방에 나선 전두환을 기회를 보아 암살하기로 계획했다. 탈북한 전 외교관의 증언에 따르면 계획의 큰 틀은 다음과 같으며, 입안은 김정일이 했다고 한다. 암살의 무대로는 방문국 가운데 경제규모가 가장 작았던 가봉이 선택되었다. 북한에 의한 범행임이 발각되어 외교가 단절되더라도 그 피해를 최소화할 수 있다고 판단했기 때문이다.

이렇게 해서 북한은 자이르의 북한대사관을 거점으로 세 명으로 이루어진 암살팀을 파견했다. 그중 위조한 일본 여권을 소지하고 일본인으로 변장한 두 명은 출입국기록이 남지 않는 외교특권을 이용해서 자동차로 가봉에 밀입국했다. 임당은 리모컨 폭탄을 이용해서 전두환을 암살한 다음, 수도 리브르빌 근교의 항구에 정박해 있는 특수공작선 동건애국호로 탈출할 준비까지 해두었다. 그리고 암살이 성공한 것이 확인되면 북한군은 즉시 남침을 개시한다는 계획이었다.

그러나 대통령의 암살과 무력남침은 미국과의 전면전으로 번질 위험이 있었으므로, 이를 두려워한 소련공산당 서기장 브레주네프는 강경한 태도로 계획을 반대했다. 암살사건으로 아프리카 전체가 적이 되는 것을 염려한 김일성도 포기를 설득했고, 결국 계획은 중지되었다. 그렇다고는 해도 북한이 전두환 암살계획을 완전히 단념한 것이 아니라는 사실은 다음 해인 1983년에 발생한 랑군 사건이 증명해주고 있다.

한일 역사교과서 문제의 발단

(왼쪽) 교과서 문제가 한일 간 현안으로 떠오르는 가운데 발행된 우표로, 안중근 의사의 초상이 들어가 있다.
(오른쪽) 유관순의 초상을 넣은 우표

　1982년 6월 일본의 언론들은 고등학교의 역사교과서 검정에서 문부성이 (중국에의) '침략'을 '진출'로 바꿔 썼다는 사실을 일제히 보도했다. 이 보도를 전해들은 한국과 중국은 일본정부에 항의하는 등 사건은 국제문제로 발전했다. 그 이후로도 일본의 역사교과서 기술을 둘러싸고 한일은 종종 대립하는 양상을 보여 왔다.

　당시 일본의 교과서 검정은 밀실에서 극비리에 진행되었다. 문부성 측은 검정이 끝난 견본 교과서 1조(150권)를 기자실에 비치해둘 뿐으로, 설명도 'ㅇㅇ책 검정, ㅇㅇ책 합격', '음악에 비틀스의 곡이 등장', '기술 교과서를 큰 판형으로' 등 아주 간단한 정도에 불과했다. 또한 검정 내용의 취재에 대해서도 일절 노코멘트로 일관했다. 이 때문에 기자들은 집필자를 취재하면서 그들로부터 조사관의 검정진행에 대해 듣거나, 혹은 원고를 보여 달라고 해서 검정의 실제를 판단하는 방식을 택하고 있었다. 그런데 이 취재를 통해서 집필자가 '침략'이라고 원고를 제출했음에도 실제로 교과서에서는 문제의 부분이 '진출'로 되어 있었으므로 검정 과정에서 표현을 바꾼 것이라는 보도가 나가게 된 것이다.

　사실은 교과서회사가 문부성의 의중을 파악하고(문부성은 이전부터 '침략'이라는 표기는 변경하는 게 바람직하겠다는 검정의견을 내고 있었다), 집필자와 상의를 거치지 않고 무단으로 '침략'을 '진출'로 고쳐 쓴 것이다. 그러므로 문제의 교과서와 관련한 문부성의 개입은 없었으며, 언론의 보도는 완전한 오보였다고 할 수 있다.

그러나 이 문제가 대대적으로 보도되면서 중국과 한국의 여론을 자극했음에도 문부성 측은 사실관계를 해명하려는 모습을 보이지 않았다. 이것이 도리어 사태를 악화시키는 결과를 불러일으켰다는 것을 부인할 수는 없겠다. 지금까지도 종종 되풀이되는 일본과 중국 및 한국 사이에 벌어지고 있는 역사교과서 문제는 이렇게 시작된 것이다. 진상이 어떠했든 일본 언론의 보도는 한국사회를 심하게 자극했고, 한국에서는 일본 측의 역사인식을 비판하는 여론이 비등했다. 한국우정은 이런 여론을 배경으로 1982년 10월 8일 안중근의 초상을 그려 넣은 액면가 200원 우표를 발행하는데, 이것이 국민들이 일상생활에 사용하는 통상우표였다.

널리 알려진 것처럼 안중근은 일본이 한국을 식민지로 만들어 나가던 1909년 10월 26일 전 한국통감 이토 히로부미(伊藤博文)를 하얼빈 역에서 암살한 인물이다. 안중근은 그 후 일본 관헌에게 체포되어 관동도독부 지방법원에서 사형판결을 받고, 이듬해인 1910년 3월 뤼순 감옥에서 처형당했다. 물론 일본 측에서 볼 때 안중근은 국가의 요인을 암살한 테러리스트다. 그러나 한국에서는 독립운동을 한 의사로서 널리 존경을 받고 있는 존재이다.

한국정부가 안중근의 초상을 통상우표에 넣음으로써 현재의 정권이 일본의 식민지 지배에 저항한 역사적 토대 위에 성립한 정통성 있는 정부라는 점을 알리려고 했음은 말할 나위도 없다. 한국이 이 시기에 독립운동가 유관순의 초상을 넣은 우표, 이순신 장군의 해전 우표, 청산리 전투 우표 등 항일의식을 고취하는 우표를 차례차례 발행한 것도 같은 맥락으로 이해할 수 있겠다.

한국 자동차의 수출공세

1983년 우표에 등장한 현대자동차의 포니

　한국우정은 1983년 2월 '국산자동차 시리즈'라는 제목으로 시리즈 우표를 발행하기 시작했다. 맨 처음 등장한 것은 현대자동차의 '포니'를 넣은 우표였다. 한국의 자동차 산업은 원래 부품제조업으로 출발했는데, 해방 직후 일본군이 남긴 차량의 보수용 부품 생산을 시작으로 한국전쟁 때 미군 차량(주로 지프)의 부품공급과 차량정비를 통해 성장했다.

　그러나 완성차 메이커로의 발전은 더뎠다. 1955년이 되어서야 겨우 한국 최초의 국산 완성차 메이커인 '시발(始發) 자동차'가 설립되었다. 그러나 이 회사는 부품 일부를 중고 군용차에 의존했고, 수공업적인 조립방식으로 인해 형태 또한 조잡했으며, 안전 면에서도 결함이 있었다.

　이에 정부는 1962년 자동차공업보호법을 제정, 자동차 산업에의 신규 참여를 방지해 과점적인 이익을 보장해주면서 완성차 메이커를 육성하는 정책을 펼치기 시작했다. 이어 1964년 자동차공업육성종합계획(계열화법안)을 내놓아, 기존의 부품 생산업체를 계열화시키고 1개사만을 완성차 메이커로 하는 체제를 만들기로 했다. 당시 완성차 메이커로 지정받았던 회사가 '신진자동차'였다.

　그러나 신진자동차의 독점체제에 대한 재계의 불만은 깊었고, 1967년 현대재벌이 '현대자동차'를 설립하며 자동차사업에 뛰어든 것을 시작으로, 같은 해 '아세아자동차'도 도전장을 내밀었다. 1974년에는 100% 국산

엔진을 생산한다는 정부 목표를 충족시키면서 '기아자동차'가 완성차 시장에 참가해 한국의 자동차업계는 4사 체제에 돌입했다.

1973년 정부는 순국산차의 생산을 목표로 '장기자동차공업육성계획'을 발표했다. 이 계획은 국산 자동차의 대중화와 수출을 목표로 ① 1975년의 생산개시 시 1,500cc 이하 소형차의 국산화율을 95% 이상으로 끌어올린다, ② 신규공장은 창원기계공업단지에 집중해서 건설한다는 등의 조건을 제시하고 있었다. 1975년 이런 조건을 충족시키는 순국산 자동차가 등장하는데 그것이 바로 포니였다.

자동차업계 육성을 위해 정부는 과점체제를 허용했고, 이 덕분에 현대자동차는 1981년까지 국산 차의 생산을 독점할 수 있었다. 현대자동차는 미국(1976년)과 캐나다(1983년)에서도 포니를 판매하기 시작했다. 앞쪽에서 소개한 사진의 우표도 정부의 육성정책을 배경으로 포니를 국내외에 널리 선전하겠다는 의도하에 발행되었다는 것은 말할 필요조차 없을 것이다.

원래 포니는 자동차로서의 완성도 면에서 미숙한 점이 많았고, 장점은 가격경쟁력 정도였다. 이 때문에 1980년대 중반이 되면서 한국차에 대한 이미지는 '싼 게 비지떡'으로 정착되어 미국시장으로부터 퇴출된 것과 마찬가지인 상황에 빠지고 말았다. 한국차의 품질이 세계수준을 따라잡은 것은 1990년대에 들어서면서부터로, 이후 한국차는 자연스레 미국과 아시아로 시장을 확대시켜나갔다.

한국 최대의 자동차 메이커인 현대자동차는 현재 세계 10위의 생산대수와 세계 7위의 판매대수를 자랑하는 '빅메이커'로 성장해 과거 선배격이었던 미쓰비시자동차(三菱自動車)를 완전히 앞질렀다.

랑군 폭탄 테러 사건

랑군 폭탄 테러로 인해 발매 중지된 전두환 대통령의 동남아시아 순방 기념우표

　전두환 정권이 북한에 우호적인 제3세계 국가들에 적극적인 외교 공세를 전개, 틈새를 비집고 들어가는 데 성공했다는 것은 앞서 밝힌 바 있다. 그 성과 가운데 하나가 1982년 8월에 시행된 대통령의 아프리카 순방으로, 자국의 '외교영역'을 침범당한 데 대해 분노한 북한은 대통령 암살을 계획했다.

　최초의 암살 계획은 소련 브레즈네프 정권의 압력으로 인해 중단되었다. 그런데 1982년 11월에 브레즈네프가 사망하고, 대미 강경파인 안드로포프 전 KGB 의장이 소련공산당 서기장으로 취임하며 한반도 유사시 적극적인 지원을 약속하자 북한은 전두환 암살 계획을 부활시켰다.

　1983년 9월, 동남아시아를 순방 중인 전두환을 암살하고 남한에서 혁명이 일어나 한국군이 도발해오면 남침한다는 계획을 마련한 북한은 1983년 10월 9일에 북한과 오랜 세월 우호관계를 지속해온 미얀마에서 폭탄 테러를 결행했다. 당시 전두환은 미얀마의 랑군(지금의 양곤)에 위치한 아웅 산 묘지(아웅 산을 비롯한 독립운동 지도자 9명이 잠들어 있다)를 참배 중이었다.

　테러로 인해 희생된 사람은 사망자가 21명, 부상자가 46명으로, 희생자 중에는 경제관료 출신으로서 장래가 촉망되던 서석준(부총리 겸 경제기획원 장관)을 위시한 한국 측 각료 4명과 미얀마의 아웅 쵸 민(정보문화대신), 탄 마운(정보문화성 차관) 등이 포함되어 있었다. 암살 대상자인 전두환 대통령은 회장에 늦게 도착하는 바람에 위기를 모면할 수 있었는데, 그런 의미에서 북한의 음모는 실패로 끝났다고 할 수 있다. 테러의 발생으로 전두환은 다음 순방 일정을 중지하고 특별기에 올라 곧장 귀국했다. 이와 함께 사전에 발행되었던 동남아시아 순방 기념우표에 대한 판매도 중지되었다.

한편 한국정부는 사건 당일인 10월 9일 오후 긴급국무회의(김상협 국무총리 주재)를 소집하고 전군과 경찰에 '비상계엄령'을 선포함과 동시에 "(사건이) 전두환 대통령의 암살을 노린 조선민주주의인민공화국의 음모"라고 발표했다. 한반도에는 일촉즉발의 위기가 감돌았다.

범인에 관해서는 북한 외에 한국의 반정부 세력, 미얀마 국내의 카렌족 등의 소수민족 반란세력, 미얀마 공산당, 틴우 준장(네 윈 전 대통령의 뒤를 이을 미얀마의 2인자였으나 실각)의 지원을 받는 그룹 등이 거론되었으며, 더 심하게는 대통령에 의한 자작극이라는 설까지 등장했다. 그러나 미얀마 정부의 조사 결과, 사건을 일으킨 것은 북한임이 확인되었고, 국제사회에서는 북한에 대한 비난 여론이 비등했다. 테러 국가라는 인상이 세계 각국에 각인된 것은 물론이다.

사건 이전까지 사회주의국가의 일원으로서 북한과 좋은 관계를 구축하고 있던 미얀마는 이 사건을 계기로 북한과 단교했고, 북한에 대한 국가 승인을 거두었다. 또 코스타리카, 코모로, 서사모아 등도 이 사건으로 북한과 단교에 나섬으로써 국제사회에서 북한의 고립은 더욱 심해졌다.

소련의 대한항공기 격추와 레이건 대통령 방한

레이건 대통령 방한 기념우표

한반도 정세가 긴박해져 가던 1983년 11월, 미국의 레이건 대통령이 한국을 방문했고, 한국우정은 이를 기념하는 우표를 발행했다. 당시 방한 계획은 레이건 대통령이 직접 냉전의 최전방인 휴전선을 시찰하는 것을 목적으로 수립되었는데, 그 배경에는 그해 발생한 대한항공기 격추사건으로 인해 미국과 소련 사이에 감돌았던 극도의 긴장된 분위기가 자리 잡고 있었다.

1983년 9월 1일 뉴욕에서 출발해 앵커리지(알래스카)를 거쳐 서울에 도착할 예정이던 대한항공(KAL) 007편 보잉 747 점보여객기가 사할린 부근에서 소련 전투기에 의해 격추되면서 승객과 승무원을 합쳐서 총 269명이 사망한 사건이 발생했다.

격추된 대한항공기는 정해진 항로를 벗어나 소련 영공을 침범했지만(원인은 불명), 국제관례는 자국의 영공을 침범한 타국의 민항기에 대해서 무력행사는 하지 않는 것으로 되어 있었으므로 소련 측의 행위는 비인도적인 만행으로서 국제사회로부터 격렬한 비난을 받기에 충분했다.

한편 사건을 계기로 캄차카 반도, 오호츠크 해, 사할린 일대에서 미·소가 치열한 정보전을 벌여왔다는 사실도 세간에 드러나게 되었다. 즉, 이 지역은 소련의 전략적 요충지로서 핵미사일을 탑재한 원자력 잠수함 기지를 비롯해서 지대공 미사일 기지, 공군 기지, 미사일 실험장, 미국과 일본을 대상으로 한 전자정보 수집시설 등 다수의 중요한 군사시설이 배치되어 있었다.

미국 또한 사태를 관망하고 있지만은 않았는데, 미국 정찰기 RC 135가 이 지역에 출동하는 횟수는 하루 20회 이상으로, 소련의 군사시설을 정찰하면서 미사일 실험장 해역에 낙하하는 미사일의 성능 등을 탐지하는 한편, 인공위성에 의한 정찰도 시행했다. 이로 인해 이 지역에 대한 소련 측의 경계는 삼엄하기 그지없었고, 서방 측의 민간항공기는 이 지역 일대에의 비행을 삼갔다.

상황이 그랬던 만큼 당시의 격추사건이 미·소 관계에 미친 악영향은 심각했다. 다음 달에는 랑군 사건까지 발생, 한반도에도 엄청난 긴장 분위기가 감돌았다. 현직 미국 대통령인 레이건이 휴전선을 시찰하기 위해 방한한 것도 그런 국제정세에 대응하기 위한 것이었다.

한국 측은 그런 의미에서 레이건의 방한을 '안보비행'이라고 부르면서, 사회주의 진영이라는 공통의 적을 앞에 두고 있는 한국과의 유대를 강조했다. 공항에는 "로널드 W. 레이건에게 경애를 담아서"라고 쓰인 아치모양의 간판이 설치되었고, 공항으로부터 서울시내에 이르는 고속도로에는 "한미의 긴밀한 우호", "미국과 한국은 자유의 전사", "미국 대통령과 낸시 레이건 부인 환영", "우리 모두는 론과 낸시를 좋아해요" 등등의 문구가 적힌 환영 간판이 넘쳐났다고 전해진다.

당시 한국을 방문한 레이건은 일본에도 들러 나카소네 야스히로(中曾根康弘) 총리와 데산소(出山莊)에서 수뇌회담을 가졌다. 그러나 일본 방문은 앞서 설명한 사정들로 인해 방한만큼 중요한 의미는 없었으며, 도중에 들르는 것에 불과했다.

로마교황 방한

(왼쪽) 로마교황 방한 기념우표
(오른쪽) 1984년 1월 4일에 발행된 한국 가톨릭교회 200년 기념우표

1984년 로마교황으로서는 최초로 요한 바오로 2세가 한국을 방문했다. 교황의 방한은 한국 가톨릭교회의 창립 200주년 기념식에 참석하기 위한 것으로, 서울에서는 순교자 103명에 대한 열성식이 거행되었다. 바티칸 이외의 지역에서 열성식이 열린 것도, 또한 103명이 동시에 성인으로 추대된 것도 처음 있는 일로, 동서냉전이 첨예화하던 당시의 국제정세 속에서 바티칸이 냉전의 최전방인 한국의 존재를 중요시하고 있었다는 것을 나타내기에 충분했다.

교황의 방한은 한국정부에게 국가 홍보를 위한 절호의 기회였으므로 한국우정은 교황의 초상을 그린 기념우표를 발행했다.

한국 가톨릭의 역사는 1784년 외교사절로 베이징에 파견된 이승훈이 그곳에서 교리를 익히고 세례를 받은 다음 귀국한 데서 시작되었다. 조선은 가톨릭을 지속적으로 박해하다가 1876년 문호를 개방하면서 서구 열강과의 외교적인 필요에 의해 그리스도교를 인정하게 되었는데, 이때부터 신구교의 선교가 본격화되었다.

식민지 시대에 개신교는 총독부와의 대결자세를 선명히 한 반면 가톨릭은 총독부에 대해 유화적이었다. 일례로 이토 히로부미 암살사건을 일으킨 안중근은 독실한 가톨릭 신자였는데, 사건 후 일본의 눈을 의식한 한국 가톨릭교회로부터 비난을 받다가 끝내 제명까지 당했다.

한국 가톨릭의 그러한 행적은 해방 후 미군의 점령하에 있었다는 사실과 함께 한국에서 가톨릭이 기독교에 비해 열세를 면치 못하는 한 원인으로 생각할 수 있겠다.

8·15해방과 한국전쟁의 혼란을 거치면서 한국인들은 자신들의 손으로 가톨릭교회의 재건에 나섰고, 1960년에는 예수회가 경영하는 서강대가 설립되었다. 1969년에는 김수환 대주교가 추기경으로 서임되면서 한국인 사목이 이끄는 한국 가톨릭교회가 실현되었다.

1962년부터 1965년에 걸쳐서 개최된 제2회 바티칸공회의에서 시대가 요구하는 새로운 교회상이 제시되면서, 한국 가톨릭교회도 활동방침을 쇄신해 개신교와 협력하면서 반독재운동을 펼쳐나가기 시작했다. 그 결과 가톨릭교회도 1970년대 유신체제의 탄압 대상이 되었는데, 그럼에도 신도 숫자는 오히려 늘어났다.

1981년 제5공화국이 발족, 사회적 안정이 회복되고 경제적으로도 괄목할 만한 성장을 이루어 나가는 가운데 서울올림픽의 유치가 확정되자 김수환 추기경은 로마교황에게 방한을 요청했고, 바티칸이 이를 수락해 1984년 교황의 방한이 실현되었던 것이다.

88올림픽 고속도로의 개통

올림픽 고속도로 개통 기념우표

전두환이 정권하의 1980년대 한국에서는 1988년의 서울올림픽을 향한 건설 붐이 불같이 일어났다. 그런 가운데 서울을 중심으로 한 경기도 지역과 여타 지역과의 격차를 시정하기 위해서 정부의 시급한 조치가 필요하다는 목소리가 높아져 갔다.

오랜 세월 동안 개발독재가 이루어졌던 한국에서는 경제의 효율성이 우선시된 결과 모든 면에서 극도의 서울집중 현상을 보였는데, 국민 4명 중 1명이 서울시민이라는 사실은 일본의 도쿄집중 현상을 넘어서는 것이었다.

따라서 고도성장의 혜택에서 소외된 지방도시에서는 불만이 쌓일 수밖에 없었는데, 실제로 1980년 5월의 광주 민주화운동에서 정치적인 주의, 주장과는 별도로 역대 정부의 개발정책에서 '찬밥' 신세를 면치 못했던 전라남도의 불만이 폭발했다는 측면도 있다.

날이 갈수록 긴박해지는 국제정세 속에서 국민 각계각층의 지지를 얻기 위해서는 지방의 불만을 달래는 것이 급선무였으므로, 올림픽 수혜를 지방에 나누어주는 것은 정부로서는 불가결한 일이었다.

1988년 올림픽이 '서울올림픽'이라고 불리는 것처럼 경기의 대부분은 서울 강남지역에서 치러졌다. 그러나 대전, 광주, 대구, 부산, 수원, 성남, 원당 등 각지의 도시에서도 적으나마 경기가 벌어졌는데, 앞서 설명한 이유 때문이다.

비(非)경기도 지역에 베풀어진 올림픽의 대표적인 혜택의 예로 들 수 있는 것이 '88올림픽 고속도로'(12호선)이다. 88올림픽 고속도로는 88올림픽 지방대회지였던 대구와 광주(정확하게 대구광역시 달성군과 전라남도 무안군 사이)를 잇는 고속도로로 1984년 6월 개통했다.

도로의 개통에 맞춰 발행된 기념우표를 보면 알 수 있듯이, 완성한 고속도로는 편도 1차선(도로의 폭과 갓길은 비교적 넓은 편)으로 주로 산간지역을 통과하고 있어 커브가 많다.

88올림픽 고속도로의 개통으로 경상북도의 도청소재지이자 한국 제3의 도시인 대구와 전라남도의 도청소재지인 광주 사이의 교통은 크게 편리해졌는데, 생각하기에 따라서는 이처럼 중요한 도시 사이에 건국 40년이 가깝도록 도로망이 마련되지 않았다는 것이 놀랍게 느껴지기도 한다.

또 도로의 명칭을 굳이 '88올림픽'으로 정한 것도, 1980년에 일어난 광주 항쟁을 아직도 생생하게 기억하고 있는 광주 시민을 올림픽의 깃발 아래 끌어들임으로써, 국민의 화합과 단결을 도모하겠다는 정치적 판단 아래 의도된 것이라고 보아도 좋을 것이다.

한국의 고속도로는 2001년 8월에 노선과 구간의 대대적인 변경을 단행, 현재 88올림픽 고속도로의 정식구간은 전장 183km, 고서분기점(전라남도 담양군)에서 옥포분기점(대구광역시 달성군)에 이르는 구간이다.

전두환 대통령 방일

전두환 대통령 방일 기념우표

　전두환 대통령은 한국의 국가원수로서는 처음으로 일본을 공식방문했다. 1984년 9월 6일부터 8일까지, 3일에 걸친 방문은 전년(1983년) 1월에 방한한 일본의 나카소네 총리에 대한 답방 차원에서 이루어졌다.

　대통령의 방일에 대한 한국 내의 반응은 찬반양론으로 나뉘었다. 찬성파가 양국이 불행한 과거를 청산하고, 새로운 한일관계를 형성하기 위해서는 대통령의 방일은 꼭 필요한 일이라고 주장한 데 반해, 반대파는 국민감정을 고려한다면 아직은 시기상조라고 반론했다.

　한국 내의 이러한 여론은 대통령의 방일에 즈음해 관례처럼 발행되었던 기념우표에도 적지 않은 영향을 끼쳤다. 앞서 여러 번 얘기했듯이 대통령이 외국을 방문하는 것을 기념해서 통상적으로 발행되었던 우표는 양국의 국기를 배경으로 양국의 원수 혹은 총리의 초상이 나란히 들어가는 것이 전형적이었다. 그러나 당시 발행된 기념우표에는 전두환의 초상은 들어갔지만, 쇼와 천황(히로히토) 혹은 나카소네 총리의 초상은 제외되었다. 대신 후지 산이 일본의 상징물로 그려졌다. 또 배경에 들어가는 국기도 태극기만 있었고 일장기는 넣지 않았다.

　해방 후 39년이 흘렀다고는 하지만, 당시는 식민지 시대의 아픔을 맛본 사람 다수가 생존해 있던 시대였다. 현재와는 비교할 수 없을 정도로 복잡했던 대일감정을 고려한 정부로서는 불필요한 마찰을 피하기 위해서라도 기념우표의 디자인을 그렇게 할 수밖에 없었을 것이다.

전두환 대통령은 9월 6일 출발에 앞서 김포공항에서 다음과 같은 연설을 남겼다. "한일 간에는 불행한 역사가 있었고, 잊기 어려운 아픔이 우리 가슴 밑바닥에 남아 있는 것도 잘 알고 있다. 그러나 지금은 미래를 위해서 전진해야 할 때로, 언제까지나 과거에 얽매여 전진을 거부해서는 안 된다. …… 한일 양국은 지금 새로운 시대로 접어들고 있다. …… 이처럼 새 시대의 막을 열어나가기 위해 일본 방문을 결의했다."

전두환은 9월 6일 오후에 도쿄에 도착했고, 쇼와 천황은 그날 밤에 개최된 환영만찬회에서 "금세기의 한 시기 동안 양국 간에 불행한 과거가 존재했다는 사실은 참으로 유감이며, 다시 반복되어서는 안 된다고 생각합니다"라고 발언했다. 한국정부는 이에 대해 "의미 있는 표명으로서 과거에 대한 진지한 반성으로 보인다"라는 논평을 발표했다. 국제관례상 국가 간에는 '사죄'라는 표현을 사용하지 않는다는 점을 고려할 때, 일본의 천황이 '유감의 뜻'을 표시했다는 것은 실질적으로 '사죄'의 표명이라는 견해였던 것이다.

한편 일반 국민 사이에서는 일본 천황의 '유감' 표명만으로는 부족하다는 목소리도 적지 않았지만, 이후 한국인들의 대일감정이 급속히 개선되었다는 것 또한 사실이었다. 양국 간 수뇌회담은 6일과 7일 양일 동안 진행되었는데, 북한문제에의 대응이나 재일한국인의 지위 향상, 무역 불균형의 시정, 산업기술협력의 확대, 사할린 잔류한국인 문제 등이 논의되었다. 8일에는 "한반도의 평화와 안전의 유지는 일본을 포함한 동아시아의 평화를 위해서도 중요하며 …… 한일 양국 간의 폭넓은 경제협력관계를 증진시켜 무역균형을 도모하는 일이 중요하다"는 내용의 공동성명이 양국 정상에 의해 발표되면서, 전두환 대통령은 역사적인 방일을 무사히 마쳤다.

서울국제무역박람회

서울국제무역박람회 기념우표

한국 대통령으로서는 처음으로 일본을 방문한 전두환이 귀국한 지 10일 정도 지난 1984년 9월 18일에 서울국제무역박람회가 개막되었다. 무역입국을 기치로 내건 한국에게 박람회 행사는 굉장히 중요한 의미가 있는 것으로, 한국우정은 행사 개막에 맞춰 기념우표까지 발행했다.

1970~1980년대에 걸쳐 한국경제는 급속히 성장했지만, 1980년대 중반 무렵까지도 중간재와 자본재 공급산업이 충분히 발전하지 않아 수출이 증가해 경기가 좋아지면 그 '부작용'으로 수입 역시 증가하는 구조였다. 실제로 1983년 업종별 수입의존도 통계를 살펴보면, 전기기계, 일반기계는 중간수요의 약 40%가 수입품으로 나타났고, 정밀기계는 중간수요의 50%가 수입품인 것으로 나타났다.

1983년의 통계로만 볼 때, 한국 전 산업의 수입유발계수(최종수요가 1단위 증가할 때 어느 정도 수입이 증가하는가를 보여주는 계수)는 0.28로 나타나, 같은 해 일본이 기록한 0.11을 크게 넘어섰다. 더구나 한국경제의 생명줄인 수출에서는 수입유발계수가 0.36까지 치솟았는데, 중간단계에서 수입의존도가 높은 가공조립제품이 주요 수출품이기 때문이다.

건국 이래 한국경제는 수출에서는 미국에, 수입에서는 일본에 크게 의존했다. 따라서 미국을 대상으로 수출이 증가하면 중간재, 자본재를 중심으로 한 일본으로부터의 수입도 따라서 증가했다. 1980년대에 접어들면서 한국의 대미 무역 흑자가 급속히 확대하자 미국은 한국에 대해서 시장개방과 환율인상을 강력하게 요구하게 되었다. 한국 측은 이에 대해 수입과 금융부문의 자유화 등 시장개방책을 시행하는 것과 동시에 철강, 섬유 등 미국을 대상으로 한 수출의 자주규제(수출상대국의 수입제한을 회피하기 위해 자주적으로 수출수량, 가격, 품질, 의장 등을 규제하는 것)를 시행하고, 현지생산을 확대했다.

이와 함께 무역수지의 흑자기조 정착을 목표로 삼았던 한국이 시급하게 풀어야 할 문제는 대일 무역적자를 줄이는 일이었다. 1970년대 후반부터 1980년대 전반 사이의 한일 무역 통계를 살펴보면, 한국의 대일 무역적자는 1978년을 정점으로 1982년까지는 감소하는 경향을 보이다가, 1983년부터 다시 확대로 돌아서면서 1984년에는 약 30억 달러에 이르렀다. 이 때문에 한국은 섬유제품과 농수산물 등에 대해서 일본이 시장 개방을 해달라고 강력하게 요청했고, 이 문제는 전두환의 방일 때도 중요한 의제로서 취급되었다.

결국 한국의 요청을 수락하게 된 일본 측은 한국이 요구하는 대다수 품목에 대해 관세를 낮출 것을 결의했다. 동시에 수뇌회담 직후 서울에서 개최된 국제무역박람회에 수입 등의 촉진방문단을 파견했다. 한국도 1985년에 대규모의 수출방문단을 일본에 파견했고, 일본 역시 한국의 대일수출을 촉진하는 것에 적극적인 협조를 아끼지 않았다. 그렇다고는 해도, 단기간에 한국경제의 기본 구조를 바꾸는 것은 곤란한 일이었으므로 문제를 근본적으로 해결하는 데는 어려움이 있었다. 이로 인해 한국의 대미흑자와 대일적자가 쌍을 이루면서 확대되는 상황은 그 후에도 해결되지 않은 숙제로 남아 있다.

1985년의 전두환 대통령 방미

전두환 대통령 방미 기념우표

정권 발족 직후인 1981년 1월의 방미 이후, 전두환은 1985년 4월에 두 번째로 미국을 방문했다. 처음 방문 때는 광주 사건 직후의 혼란 때문에 기념우표를 만들지 못했지만, 이번에는 대통령 자신의 초상과 자유의 여신상을 그린 기념우표를 발행했다.

그 전 해에 있었던 대통령의 방일 기념우표에는 국민감정을 고려해서 히로히토 천황 혹은 나카소네 총리의 초상을 넣지 않았는데, 이를 계기로 대통령의 외국방문이나 외국원수의 한국방문을 기념하는 우표에 양국 원수의 초상을 나란히 넣는 종래의 스타일은 원칙적으로 채용되지 않게 되었다. 방미 기념우표도 이러한 흐름에 따른 것이다.

지난 방미 때는 광주 항쟁의 주모자로 사형판결을 받았던 김대중의 처우가 중요한 이슈였다. 정치적인 고려에 따라 형집행정지로 풀려난 김대중은 요양을 이유로 도미, 망명생활을 하고 있었는데, 전두환이 방미하기 직전이었던 2월 7일에 정부의 반대를 무릅쓰고 귀국길에 올랐다. 2월 12일 치러질 총선을 앞두고 1월 18일 신한민주당(신민당)이 결성되는 등 한국 내에서는 야당세력의 재편이 진행되고 있었으므로, 정계복귀의 시기를 노리던 김대중에게는 놓치기 아까운 기회였던 것이다.

필리핀에서 일어난 아키노 상원의원의 암살사건이 재현될 것을 우려했던 미국은 김대중의 귀국길에 하원의원 2명, 국무부의 전 인권담당차관보, 전 해군 제독 등 20명을 대동시켰다. 귀국한 김대중은 한국정부에 의해 자택연금에 처해졌으며, 정치활동 또한 전면적으로 금지되었다. 이에 대해 미국 측은 인권침해라고 항의하는 등, 김대중 관련 문제는 여전히 전두환 정권에게는 한미관계의 걸림돌이었다.

이런 상황 속에서 전두환은 4월 24일에 방미를 단행했는데, 수뇌회담은 별다른 잡음 없이 평온한 분위기 가운데 무사히 종료했다. 그런데 대통령이 귀국하고 얼마 지나지 않은 5월 23일, 학생 75명이 서울의 미문화원을 점거하는 대형사건이 터졌다. 사건을 일으킨 학생들은 '전국학생총연합 광주 사건 투쟁위원회'의 이름을 내걸고 1980년의 광주 항쟁 진압을 묵인한 것에 대해 미국 측이 사죄할 것과 민주화의 실현을 요구하며 문화원 2층 도서실에서 농성을 벌였다.

한국정부가 사건의 배후에 북한이 있는 것은 아닐까, 사건으로 인해 미국과의 관계가 결정적으로 악화되는 것은 아닐까 노심초사하면서 서울은 긴장상태에 휩싸였다. 사건은 결국 학생들이 5월 28일에 농성을 풀면서 해결되었다.

미국 측은 한국정부가 사건의 진압에 군대를 동원하지 않았다는 점과 학생들 가운데 사상자가 출현하지 않은 상태에서 비교적 조기에 사건이 종결되었다는 점에서 한국정부의 대응을 높이 평가했다. 한국 측은 우려하던 한미관계의 악화를 피할 수 있었다.

한편 야당은 사건의 원인이 정부가 광주 항쟁의 진상을 국민에게 납득할 수 있도록 규명하지 않았다는 데 있다고 주장했고, 정부도 점차 진지하게 사건의 진상규명에 임하겠다는 약속을 하지 않을 수 없게 되었다.

광복 40주년과 이산가족 재회

백두산 정상의 천지를 그린 광복 40주년 기념우표

　제8차 남북적십자회담이 12년 만에 재개된 것은 1985년 5월 28일의 일이다. 2년 전 미얀마의 아웅 산 묘소에서 발생한 전두환 대통령 암살미수 사건으로 인해 남북관계는 최악의 상황으로 치달았다. 회담은 그 후 수해를 당한 한국에 북한이 구호물자를 보내준 것을 계기로 한국이 남북경제회담을 개최하는 등 해빙무드가 조성된 가운데 개최되었다.

　회담의 결과 남북 양 정부는 이산가족의 고향방문과 예술공연단의 교환방문을 시행할 것을 합의했다. 그 배경으로 1985년이 남북 양측의 경사인 광복 40주년에 해당하는 해였다는 것을 들 수 있겠다.

　한국에서 발행된 광복 40주년 기념우표에는 백두산 산정의 칼데라호인 천지와 무궁화가 그려졌다. 말할 필요조차 없이 현재 북한 영토 안에 있는 백두산은 한국인에게 건국신화의 고향으로서 중요한 의미를 지닌다. '한반도 전역'을 의미하는 말로 '백두에서 한라까지'라는 표현이 쓰이는 것도 그런 이유 때문이다. 서울올림픽을 눈앞에 둔 상황에서(당시 북한에 참가를 독려하고 있는 상태였다) 기념우표에 민족 전체의 상징인 백두산을 넣는 것을 통해 북한과의 평화공존을 강조하고 싶다는 속내가 숨어 있었다고 생각해도 좋을 것이다.

　한편 5월에 열린 남북적십자회담에서 합의된 이산가족 고향방문과 예술공연단 교환방문은 광복 40년을 기념하기 위한 이벤트로 기획되었으므로 애초 예정에 따르자면 남북 쌍방 모두가 광복절인 8월 15일을 목표로 행사를 준비해야 마땅했다.

그러나 5월 말의 회담으로부터 광복절까지는 불과 2개월 반 남짓이 남은 상태였고, 방문을 위한 실무단계의 구체적인 조정을 목적으로 남북 담당자가 판문점에서 접촉했을 때는 이미 7월 15일을 지나고 있었다. 이로 인해 이산가족 등의 고향방문은 최종적으로 9월 20일까지 미루어지고 말았다. 그런데 판문점에서의 실무단계 협의에서 나온 합의사항에 따르면 남북 쌍방은 9월 20일부터 23일까지 3박 4일에 걸쳐 서울과 평양을 교환방문하는 것으로 정해졌다.

이에 따라 1985년 9월 20일 오전 9시 30분에 남북 이산가족 고향방문이 실현되었고, 남북으로 갈라져 있던 이산가족은 40년 만에 가족, 친척과 직접 재회하는 감격을 맛볼 수 있었다. 당시 이산가족을 상봉한 사람은 남북 합쳐서 총 151명이었다.

많은 한국인은 이산가족의 고향방문 사업이 그 후로도 계속될 것이라고 기대했다. 그러나 한국 내에서 민주화운동이 거세지면서 사회적으로 불안해졌다는 점, 1987년 북한에 의해 대한항공기 폭탄 테러가 발생했다는 점 등이 원인으로 작용해 실질적으로는 맥을 잇지 못하다가 2000년에 이르러서야 재개되었다.

한편 5월의 남북적십자회담에서 이산가족 고향방문과 함께 합의되었던 예술공연단 동시 교환방문도 이루어졌는데, 서울예술단은 평양에서, 평양예술단은 서울 국립극장에서 각각 9월 21일과 22일, 이틀간 공연을 펼쳐 '광복 40주년'의 기쁨을 더했다.

한국 IMF 8조국에

서울에서 열린 IMF총회 기념우표

서울 중심부인 시청 부근의 프라자 호텔에서 IMF 및 세계은행의 연차총회가 개최된 것은 1985년 10월의 일이다.

IMF는 'International Monetary Fund'의 약자로, '국제통화기금'으로 번역된다. 1945년 12월의 IMF 협정에 의해 발족한 기관으로, "국제적 통화협력의 추진, 국제무역 확대와 균형성장 촉진, 환율안정의 촉진, 다국 간 결제시스템 확립의 지원, 국제수지상 곤란을 겪는 가맹국에의 (적절한 안전장치하에서의) 일반재원 제공을 그 책무로 한다"고 IMF 협정 제1조에 그 목적을 정해놓았다. 2004년 말 현재 가맹국은 184개국이다.

IMF 연차총회는 원칙적으로 워싱턴DC에서 열리는데, 3년에 한 번씩은 미국 이외의 나라에서 개최된다. 미국 이외의 개최지로는 1947년 런던이 최초였고, 동아시아에서는 1964년에 도쿄에서 개최된 것이 처음이었다.

한편, 세계은행의 정식명칭은 '국제부흥개발은행(IBRD: International Bank of Reconstruction and Development)'으로 자본조달에 어려움을 겪는 가맹국과 민간기업 등에 장기적인 융자를 시행하는 기관인데, 그 자금은 가맹국에서 세계은행권을 발행해 마련하며, 직접 민간기업에 융자하는 것으로 되어 있다.

1988년의 서울올림픽을 앞두고 선진국 대열에 오르는 것을 목표로 삼고 있던 한국에 '세계자본의 제전'이라고도 일컬어지는 IMF·세계은행 연차총회의 개최는 한국경제의 발전을 세계에 보여줄 절호의 기회였다. 이에 한국우정은 총회 개최에 맞춰 총회의 상징(남대문과 태극문양이 어우러졌다)을 중앙에 커다랗게 그려 넣은 기념우표를 발행했다.

한편 세계적으로 볼 때 당시 총회는 1985년 9월에 뉴욕의 프라자호텔에서 열렸던 G5(미국·영국·서독·프랑스·일본)에서 미국이 골치를 썩고 있던 '쌍둥이 적자'(레이건 정권하의 미국에서 막대한 무역적자와 재정적자가 누적된 상태)의 해소를 위해 각국은 협조해 달러절하에 힘쓴다는 것을 합의(프라자 합의)한 직후에 열렸기 때문에, 각국이 내보일 합의에의 대응에 관심이 쏠렸다.

프라자 합의에 따라 급격한 엔고와 달러절하가 옴으로써 일본경제는 이른바 엔고불황을 맞이하게 되었지만, 한국경제는 저금리와 저유가, 저달러의 '3저호황'에 돌입, 전년도까지의 경기혼란을 벗어나 순식간에 호경기를 누리게 되었다.

결과적으로 한국은 1986년 이후 경상수지가 큰 폭의 흑자로 돌아섰고, 1988년에는 국제수지 악화를 이유로 외환제한을 할 수 없는 'IMF 8조국'에 들게 됨으로써, 한국의 원화는 외화로서 자유롭게 교환되는 하드커런시〔국제금융상 환관리(換管理)를 받지 않고 금 또는 각국의 통화(通貨)와 늘 바꿀 수 있는 화폐〕가 되었다.

이처럼 한국은 명실상부하게 '선진국'의 일원으로 올라서게 되는데, 1985년의 IMF·세계은행 연차총회는 그것을 예고해주는 이벤트였다고도 볼 수 있겠다.

1986년의 한일관계

(왼쪽) 한국에서 발행된 한일 국교정상화 20주년 기념우표
(오른쪽) 일본에서 발행된 한일 국교정상화 20주년 기념우표

일본과의 국교정상화 20주년을 맞은 1985년 12월 18일, 한국우정은 후지 산 상공을 나는 대한항공기의 모습을 그린 국교정상화 20주년 기념우표를 발행했다. 우표의 발행일은 서울에서 비준서가 교환되면서 한일조약이 발효한 날에 해당하는 날로, 한국에서 일본과의 국교정상화를 기념하는 우표가 발행된 것은 이때가 처음이었다.

한국에서 기념우표가 발행되기에 앞서 그해 9월 18일, 일본에서도 한일 국교정상화 20년 기념우표가 나왔는데, 이 우표에는 한국을 상징하는 무궁화가 그려져 있다. 당시 일본에서는 북한 친향적인 일부 '진보적 지식인'으로부터 한국과의 우호관계를 기념하는 우표를 발행하는 것은 북한을 적대시하는 정책이라는 비판의 목소리도 나왔는데, 일반적인 지지를 얻는 데는 실패했다.

양국이 차례차례 국교정상화 기념우표를 발행한 배경에는 전해에 이루어진 전두환 대통령의 방일을 계기로 우호관계를 증진시킨다는 양국 정부의 의지가 있었다. 또, 해가 바뀐 1986년 2월에는 대우자동차와 닛산(日産)자동차가 상용차 생산부문에서 기술공급 계약을 맺는 등, 한일관계는 1986년 이후에도 순조롭게 이어질 것으로 여겨졌다.

하지만 1986년 9월에 이런 분위기에 찬물을 끼얹는 사건이 발생했다. 9월 5일 나카소네 내각의 문부대신이었던 후지오 마사유키(藤尾正行)가 잡지 《문예춘추》 10월호를 통해 "한일합병은 이토 히로부미와 한국을 대표하는 고종과의 담판과 합의를 기초로 이루어졌다. 한국 측에도 역시 얼마간의 책임이 있다고 생각할 만한 점이 있다고 생각된다. 혹시 합병이 안 되었더라도, 청나라나 러시아, 혹은 나중의 소비에트가 한반도에 손을 뻗치지 않았을 것이라는 보장이 있었을까"라는 지론을 펼친 사실이 드러난 것이다. 게다가 ≪문예춘추≫에 게재되었던 후지오의 글에는 중일전쟁 당시 발생한 난징대학살 사건과 관련한 망언이나 "도쿄재판은 암흑재판이었다"고 하는 내용 등도 포함되어 있어서 한국 및 중국정부의 격한 반발을 불러일으켰다.

당시 총리 나카소네는 9월에 한국 방문길에 오를 예정이었다. 또 7월 중 치러진 중의원과 참의원의 양원 선거에서 자민당이 대승을 거둠으로써 자민당 총재 임기를 1987년 10월까지 1년간 연장하는 것을 계획하고 있던 때이기도 했다. 인접국가와의 관계가 악화되는 것을 우려한 나카소네는 후지오에게 발언을 철회하고 사퇴할 것을 종용했으나 후지오는 고집을 부리며 버텼다. 후지오는 9월 8일 낮에 열린 정부 여당수뇌회의에서 역시 "한일합병은 한국 측에게도 책임이 있다"는 지론을 한참이나 늘어놓았고, 그날 밤으로 파면을 당했다. 후지오가 물러난 후 관방장관인 고토다 마사하루(後藤田正晴)는 인접국가에 불필요한 오해를 불러일으킨 후지오의 발언을 유감으로 생각하며 "근린국가와의 우호관계를 유지하고 증진시키겠다는 외교자세에 변함은 없다"는 담화문을 발표했다. 후지오 문제가 마무리된 9월 11일 자민당의 양원 의원총회는 당칙을 개정하고 나카소네의 총재임기를 1년간 연장할 것을 결의했다.

그 후에도 가끔 후지오의 망언과 비슷한 유의 발언을 하는 정치가들이 등장하는데, 그때마다 '역사인식'을 공유한다는 것이 얼마나 어려운 일인가 하는 생각을 하게 된다.

강남개발

'한강종합개발계획' 우표

'한강종합개발계획'이란 주제의 우표가 1986년 9월에 발행되었다. 우표에는 그 당시 눈부신 발전을 거듭하던 서울의 강남지역을 대표하는 광경으로서, 한강철교와 63빌딩, 유람선과 빌딩, 서울타워와 빌딩이 각각 등장하고 있다.

1970년대 중반 경제가 성장함에 따라 급격한 도시화와 산업화가 이루어진 서울은 그때까지의 사대문을 중심으로 한 강북지역 개발만으로는 한계에 이른 상황이었다. 수도 서울에서 성공할 것을 꿈꾸며 상경한 지방 출신의 유입으로 서울의 인구는 포화상태였다. 그때 자연스럽게 등장한 것이 한강을 남쪽 끝으로 하던 서울의 범위(강북)를 한강의 이남, 즉 강남까지 확대하는 것으로 문제를 해결해나가자는 계획이었다.

무와 배추 등의 농작물을 재배하던 강남지역에 아파트 건설이 진행되어가던 1982년 12월, 지하철 2호선 2기 구간(종합운동장에서 교대에 이르는 5.5km)이 개통되었고, 이것으로 이 일대의 교통접근성은 일거에 개선되었다. 1984년 5월 마침내 지하철 2호선(현재의 순환노선) 모든 선이 개통되자 강남역은 1일 이용자만 15만 명에 이르는 거대 터미널로 성장했고, 이 역을 중심으로 한 주변지역의 개발도 급속히 진행되었다.

1974년부터 영업을 시작한 뉴욕제과의 경우, 강남역 주변이 개발됨에 따라 지역상권의 중심적 존재로 부상했고, 지금은 강남권역의 유명한 약속장소로 이용되고 있다.

　이후로도 서울올림픽 경기시설들이 차례로 들어서는 등 강남지역의 인프라는 착착 정비되어 나갔고, 지하철 강남역 위로 강북과 강남을 연결하는 한남대교와 이 다리에서 뻗어 나온 강남대로가 지나가면서 남부의 양재동과 교외의 경기도 성남 등지까지 연결되자 더 많은 인구가 이 지역으로 유입되었다.

　올림픽이 끝나고 1990년대에 들어서면서 강남지역 개발은 계속해서 남쪽으로 뻗어 나갔고, 마침내 서울의 범위를 넘어서서 경기도 남부지역에까지 확대되었다.

　특히 1988년 올림픽이 끝나자마자 정부는 서울에의 인구집중에 따른 주택부족 문제를 해결하기 위해 성남시 분당, 고양시 일산, 안양시 평촌, 부천시 중동, 군포시 산본 등 경기도 내 5개 지역에 '신도시'를 건설한다는 대규모 토목 프로젝트를 발표했고, 이들 신도시의 뒤를 이어 용인, 수원 등지에 대규모의 아파트 단지와 대학, 공업단지 등이 차례로 조성되면서, 1990년대 후반에는 강남역의 동서를 축으로 하는 테헤란로가 한국 최대의 오피스가 중 하나로 부상하게 되었다.

　강남역 주변으로 중심으로 경기도 남부지역까지 아우르는 거대한 경제권은 이렇게 해서 탄생했다. 우표에 그려져 있는 광경은 강남이 막 발전하기 시작한 초기의 모습을 기록한 것으로 역사적인 자료로서도 매우 흥미롭다 하겠다.

올림픽을 앞두고 유연해진 정부

(왼쪽) 1986년부터 이듬해까지 발행된 올림픽 기부금 부가금 우표
(오른쪽) 같은 올림픽 기부금 부가금 우표

올림픽 개최 전 해인 1987년에 접어들자, 한국 정국은 연말의 대통령 선거를 향해 요동치기 시작했다. 야당세력은 전년도인 1986년 2월에 이미 대통령 직접선거(당시 헌법은 대통령을 국회의원에 의한 간접선거로 선출한다고 규정해놓았다)를 요구하면서 천만인 서명운동을 전개하고 있었고, 여당에서는 1987년 4월 13일에 전두환 대통령이 호헌조치(4·13조치라고도 한다)를 발표해 헌법 개정과 그 초점이 되는 대통령 직선제에 대한 논의를 뒤로 미룰 의사를 확실히 밝혔다.

대통령의 호헌조치에 반발한 야당세력은 5월 27일 '호헌반대·민주헌법쟁취국민운동본부(이하 국민운동본부)'를 설치하고 정부와의 대결노선을 선명히 했다. 사태 수습에 나선 전두환은 6월 10일에 육군사관학교 동기이자 심복인 노태우를 대통령 후보로 지명하고, 자신은 대통령 임기 종료와 함께 퇴진하겠다는 의사를 분명히 밝혔다.

그런데 같은 날 국민운동본부가 조직한 '서울대생 고문사 규탄 및 4·13호헌 철폐' 집회를 저지하려던 경찰과 대학생들이 충돌하는 사건이 발생했다. 여기에서 말하는 '서울대생 고문사'는 1986년 4월에 거리시위를 벌이다 체포당한 서울대 학생 박종철이 유죄판결을 받고 집행유예 중이던 1987년 1월 14일, 수배 중인 친구의 행방을 추궁하던 경찰의 고문으로 사망한 사건을 말한다. 이 사건을 왜곡·축소하려던 당국의 시도가 실패하면서 각 신문은 경찰에 의한 고문사와 사건의 은폐공작을 대대적으로 보도했다.

　야당세력이 이 사건을 강권적인 '군사독재체제'를 상징하는 것이라며 규탄, 대통령 직선제를 요구하는 민주화운동과도 결부시켜나가자 정부는 수세에 몰리게 되었다. 6월 10일의 '서울대생 고문사 규탄 및 4·13호헌 철폐'를 위한 대규모 집회는 국민운동본부가 이런 배경 아래 조직한 것이었다.

　6월 10일에 일어난 노태우 후보 지명과 경찰에 의한 집회 저지로 민주화운동의 불씨가 당겨졌다. 다음날인 11일 한국 각지에서 벌어진 시위에는 약 70만 명이 참가했고, 1만 명을 넘는 사람들이 경찰에 연행되었다. 6월 26일 민주화운동은 정점에 달해 전국 37개 도시에서 180만이 참가해 국민평화대행진을 벌였다. 이전의 한국정부였다면 이런 민주화운동을 즉각적인 무력행사로 잠재우려 했을 것이지만, 당시 한국은 다음 해에 치러질 서울올림픽을 앞두고 있었기에 국제여론에 민감할 수밖에 없었고, 물리적인 수단을 자제하게 했다.

　1986년에서부터 1987년에 걸쳐 발행된 우표를 살펴보면, 올림픽을 제재로 한 우표를 종종 발견할 수 있는데, 당시 한국정부가 그 무엇보다도 올림픽을 무사히 개최하는 것을 최우선으로 두었음을 짐작할 수 있다. 이런 상황 속에서 여당의 대통령 후보였던 노태우는 드디어 6월 29일, '6·29선언'을 발표하기에 이른다.

6·29선언

1987년 '국군의 날' 기념우표

서울올림픽이 다음 해로 다가온 1987년 6월의 한국에서는, '6월 민주항쟁'이라 일컬어지는 민주화운동이 절정으로 치달으면서 대대적인 시위가 전국 각지에서 연달아 발생했다. 전두환 대통령은 이에 대해 계엄령을 선포해 무력으로 제압하는 방법을 고려하고 있었다. 그러나 정부와 군은 계엄령에 대해 회의적이었다. 계엄령이 시행되면 대외적으로 '군사독재'의 이미지가 강화될 수 있고, 이것을 빌미 삼아 서울올림픽 참가를 거부하는 국가가 생겨날 수 있으며, 최악의 경우 한국이 국제적으로 고립되어 올림픽 개최 자체가 무산될 수 있다고 우려했기 때문이었다. 또 한국의 후견역이라 할 수 있는 미국도 민주주의 세계의 맹주라는 자국의 관점에 따라 계엄령 시행에 대해 반대하는 견해를 분명히 밝혔다.

이런저런 사정이 얽히면서 전두환은 6월 27일 계엄령 시행을 단념했고, 대신 여당의 대통령 후보인 노태우가 6월 29일 「국민대화합과 위대한 국가로의 전진을 위한 특별선언」을 발표, 대통령 직접선거와 언론자유를 제안하는데 이것이 이른바 '6·29선언'이다. 속수무책이 되어버린 전두환은 7월 1일에 노태우의 제안을 받아들일 것임을 발표했고, 이것으로 한국은 민주화를 위한 커다란 일보를 내딛게 되었다.

여당은 울며 겨자 먹기로 큰 틀에서 국민들의 민주화 요구를 받아들이긴 했으나, 그대로 야당에 세력을 내어주겠다는 생각은 애당초 없었다.

정부는 야당세력을 분열시키겠다는 목적으로 7월 9일 김대중의 사면과 복권을 발표했다. 이 조치로 그때까지 정치활동을 금지 당했던 김대중은 정계에 복귀, 대통령 선거에 입후보했고 같은 야당의 대통령 후보였던 김영삼과 표 싸움을 벌이게 되었다.

정부는 또 민주화운동의 열기 속에서 노동쟁의가 활발해지고 있다는 점에 착안, 노동자들에게 노동법의 개혁을 약속하고 노동운동세력 내 온건파와 급진파를 분열시키는 작전도 구사했는데, 이것들은 모두 야당세력을 갈라놓은 다음 급진파에 용공·친북의 꼬리표를 달아 그들에 대한 국민의 지지를 거두어들이겠다는 치밀한 계산 아래 이루어진 것이다. 9월 30일에 발행된 '국군의 날' 기념우표도 이런 정치적 맥락에 맞춘 것으로 생각해도 좋을 것이다.

광주 항쟁의 상흔 위에 세워진 전두환 정권은 군사독재라는 내외의 비난을 피하기 위해서인지는 몰라도, 1980년 이래 국군의 날 기념우표를 발행한 적이 없었다. 더구나, 1948년에 발족한 한국군의 건군 40주년이 다음 해인 1988년이었음에도 군이 39주년이라는 어중간한 해에 해당하는 1987년에 국군의 날 기념우표를 발행한 것에는 연말의 대통령 선거를 염두에 두고, 한국이 북한의 군사적 위협 앞에 놓여 있다는 현실을 다시 한 번 국민에게 강조함으로써 친북·용공 세력이 늘어나는 것에 대한 국민적 경각심을 불러일으키겠다는 노림수가 있었다고 생각된다.

아니나 다를까 대통령 선거 직전인 11월 29일 북한이 대한항공기를 폭파하는 사건이 발생하면서, 정부 여당의 이러한 선거 전략은 더욱 유효해졌고, 김대중과 김영삼의 양 진영으로 분열되었던 야당은 치명적인 타격을 입게 되었다.

대한항공기 폭파사건

김일성의 몽골 방문 기념우표. 북한은 이 우표를 발행하는 것으로 서울올림픽 방해공작 중단 의사를 대신한 것으로 보인다.

대통령 선거를 코앞에 둔 1987년 11월, 북한 공작원 김승일(일본 위조여권명 蜂谷眞一: 하치야 신이치)과 김현희(일본 위조여권명 蜂谷眞由美: 하치야 마유미)가 바그다드를 출발, 바레인을 경유해 서울로 향하는 대한항공 858기를 폭파하는 사건이 발생했다.

애초 북한 측은 이 사건이 대통령 선거를 앞두고 여당 후보인 노태우를 당선시키기 위해 한국 측이 벌인 자작극이라고 주장했으나, 바레인 당국에 의해 신병이 확보되어 한국으로 이송된 김현희(김승일은 바레인에서 취조 당하던 도중 음독자살)가 김정일의 지시 아래 서울올림픽을 방해하기 위해 저질렀다고 진술하면서 사건의 윤곽이 드러났다. 이 사건은 북한이 테러국가라는 인상을 강하게 남겼고, 그 결과 국제사회 속에서 북한의 고립은 더욱 심각한 양상을 띠게 되었다.

특히 헝가리 당국은 범인들이 헝가리를 경유해서 바그다드에 들어갔기 때문에 사건 발생 초기부터 북한에 의해 저질러진 모략이라는 것을 잘 알고 있었고, 이러한 사건의 진상은 헝가리를 통해 사회주의 국가로 퍼져 나갔다. 결국 북한은 사회주의 국가들로부터도 반발을 사게 되었는데, 소련과 중국이 서울올림픽에 참가할 뜻을 정식으로 표명한 것도 이 사건 직후의 일이다.

막다른 골목에 이른 북한은 '한미합동군사훈련(팀스피리트)'을 가리켜

"한반도에서 전쟁연습이 이루어지고 있다"고 주장하면서 전쟁의 위협을 대대적으로 선전하고, 유사시를 대비해 중국과 소련에 지원을 요청했다. 그러나 양국은 북한의 이러한 주장에 대해 제대로 상대조차 해주지 않았으며, 결과적으로 북한에 대한 반감만 커지게 되었다.

이런 가운데 1988년 6월 북한의 국가주석인 김일성이 몽골을 방문했다. 김일성은 기차를 타고 중국을 경유해서 이틀 만에 울란바토르에 도착했는데, 도중에 지난 모든 통과역에서 중국 측의 마중을 받았으며, 중국 측 요인이 열차에 동승해 울란바토르까지 동행했다. 또 울란바토르에 도착할 때는 소련 측 요인이 김일성을 맞이하는 한편, 귀국길에는 하바롭스크 교외에서 소련 부수상과 회담도 했다. 당시 중·소 양국은 김일성에게 북한이 계속해서 서울올림픽 방해공작을 펼칠 경우, 평양에서 개최될 예정으로 있던 '세계청소년학생축전'(북한이 서울올림픽에 대항하기 위해 기획한 행사)을 거부할 수도 있다며 북한을 압박했다고 한다. 결국 북한은 중·소 양국의 회유에 손을 들고, 서울올림픽 방해공작을 중단하기에 이르렀다.

그런데 북한은 김일성이 귀국하고 2개월이나 지난 1988년 8월 30일에 김일성 몽골방문 기념우표를 발행했다. 따라서 이 우표는 본래의 목적인 방문 기념을 위해서라기보다도, 몽골 방문 시 이루어졌던 중·소 양국의 설득을 받아들이겠다는 신호로서 발행된 것이라고 보는 것이 타당하리라 여겨진다. 서울올림픽은 이 우표가 발행되고 얼마 지나지 않은 9월 17일에 개막되었다.

칼럼 우편작업의 기계화

'한강의 기적'이라 불리는 고도경제성장에 영향으로, 1960년대 후반 이후 한국의 우편물 취급량이 급증했다. 이에 따라 우체국은 작업과정에서 가장 손이 많이 가는 우편물 구분의 편의를 위해 1970년 7월 1일부터 우편번호제도를 도입했다.

알다시피 우편번호는 전국의 우체국 배달담당 구역에 일정한 번호를 할당, 이용자가 우편물에 해당 번호를 기재하면 기계가 이 번호를 판독해서 우편물을 구분하는 작업을 담당하는 시스템이다. 우편번호제도는 1959년에 영국에 의해 세계 최초로 도입되었으며, 일본에는 1968년에 들어왔다.

색 감지 시스템의 도입 전과 후의 도안이 미묘하게 다르다는 것을 확인할 수 있는 우표의 예

현재 한국의 우편번호는 여섯 자리로 되어 있지만, 처음에는 세 자리 또는 다섯 자리 번호를 봉투나 엽서 위에 마련된 테두리 안에 기입하는 방식이었다. 이것은 일본과 동일한 시스템으로서, 우편번호를 판독하는 기계가 일본제였기 때문이다.

1979년 이후로는 일상적으로 사용되었던 통상우표의 인면 주위에 특정 색 테두리를 인쇄하고, 기계가 그 색을 판별해 우편물의 종류를 구분하는 색 감지 시스템이 도입되었다. 예를 들어 이 시스템이 들어오기 이전인 1973년의 10원짜리 우표에는 학이 앉아 있는 소나무가 인면 주변 끝까지 뻗어 있지만(위 사진), 시스템이 도입된 후인 1979년의 우표에는 판별을 위해 소나무와 주변부 사이에 색 테두리가 둘려 있다는 것을 확인할 수 있다(아래 사진).

색 감지 시스템은 일본에서 시행되는 것을 한국에서 도입한 것으로, 판별기(우편물의 종별을 읽어내고 소인을 찍는 작업까지 한다)도 일본제였다. 이 때문에 한국우표 중에는 일본 우체국 기계로 읽어낼 수 있는 것도 있다.

제6장

노태우 시대 1987~1992

'과학시리즈' 제5집으로 1990년 4월 21일에 발행된 금동미륵반가상(왼쪽)과 청동검의 거푸집(오른쪽).

1987년 헌법 개정(제6공화국)

1988년 서울올림픽 개최

1989년 임수경 사건, 한소 국교수립

1991년 남북 국제연합 동시가입

1992년 한중 국교수립

노태우 정권의 발족

노태우 대통령 취임 기념우표

대한항공기 폭파사건으로 한국 전체가 충격에 빠져 있던 1987년 12월 16일 대통령 선거가 시행되었다. 그해 6월 29일 여당인 민정당의 노태우 대통령 후보는 대통령 직선제와 언론의 자유(6·29선언)를 제안했고, 대통령 전두환이 이를 수락함에 따라 10월 27일 헌법 개정을 위한 국민투표가 시행되었다.

개정된 헌법은 대통령의 직접선거제와 함께 그 임기를 7년에서 5년으로 단축했고, 중임을 금지한다고 규정했다. 또 언론·집회의 자유를 명문화했고, 대통령의 국회해산과 국가비상사태 선포권을 폐지했다. 당시 많은 사람은 민주화의 분위기가 충분히 무르익었으므로, 야당 측이 대통령 후보를 단일화시키는 데 성공하기만 한다면 전두환의 심복인 노태우의 당선은 어려우리라고 점치고 있었다.

그러나 김영삼과 김대중은 대통령 후보 자리를 놓고 반목을 거듭했으며, 급기야 투표 직전인 11월 12일에 김대중이 김영삼과의 결별을 선언하고 통일민주당을 탈당하는 사태가 벌어지고 말았다. 김대중은 평화민주당을 결성해 대통령 선거에 출마했고, 야당의 후보단일화는 결국 좌절되었다.

설상가상으로 북한이 대한항공기를 폭파하면서 '용공파'를 경계하는 한국 내 여론이 힘을 얻기 시작했다. 결국 승리는 정부 여당이라는 유리한 입지를 살려 풍부한 선거자금까지 조달할 수 있었던 노태우 진영에 돌아갔다.

대통령에 당선된 노태우는 1932년 대구에서 출생했다. 6·25가 발발하자 18살 나이로 육군에 입대했고, 전두환과 같이 육군사관학교 11기생으로 입교했다. 1961년 5월에 박정희가 군사쿠데타를 일으키자 전두환과 함께 발 빠르게 지지를 표명했으며, 1968년에는 전두환을 중심으로 하는 육군 내 사조직 '하나회'를 결성해서 군내 발언력을 강화시켜나갔다.

군인으로서 노태우는 주로 방첩부대 장교로 경력을 쌓았으며 공수특전여단장, 제9사단장 등을 역임했다. 1979년 12월 군사쿠데타 당시 수도경비사령관으로서 전두환을 보좌했고, 누구보다도 빨리 전두환에게 대통령에 취임할 것을 건의했다고 전해지고 있다.

광주 사건 진압에도 깊숙이 관여한 노태우는 1981년에 퇴역한 이후 전두환의 제5공화국 안에서 국민의 민주화 요구에 대해 유연한 자세를 견지하면서 여당 내 온건파의 중심인물로 자리매김했다. 이로 인해 일시적으로 전두환과의 우정에 금이 가기도 했지만, 정무제2장관, 체육부 장관, 서울올림픽 조직위원장 등을 역임하면서 전두환의 후계자로서 입지를 굳혔고, 1987년 6월 10일에 전두환에 의해 여당의 대통령 후보로 지명되었다. 상술한 6·29선언은 국민의 민주화 염원이 고조되는 가운데 차기 대통령 후보로서 공약을 내놓는 의미로 발표된 것이다.

노태우 대통령의 취임식은 1988년 2월 25일에 치러졌으며, 그 전날에는 그의 취임을 기념하는 우표가 발행되었다. 우표의 디자인은 노태우의 초상과 올림픽 스타디움을 그려 넣은 것으로, 올림픽 조직위원장으로서의 실적을 전면에 내세우며 대통령에 당선된 노태우다운 디자인이라 할 수 있다.

새마을 비리

(왼쪽) 새마을운동 20주년 기념우표
(오른쪽) 1973년에 발행된 새마을운동 캠페인 우표

대통령 선거에서 승리를 거머쥔 노태우가 1988년 2월 제13대 대한민국 대통령으로 취임했다. 전임 전두환은 측근인 노태우를 대통령 후보로 지명함으로써 퇴임 후에도 막후에서 정치력을 발휘하고자 했다. 그런데 선거 전 '6·29선언'을 내놓은 노태우는 국민의 민주화 여망을 등에 업고 대통령에 당선되었다는 부담을 느끼고 있었다. 그는 군사독재 이미지를 걷어내기 위해서는 조속한 시일 내 제5공화국과의 단절을 가시적으로 국민 앞에 보여줘야 한다고 생각했다.

전두환과의 결별은 노태우가 대통령에 취임한 후 한 달가량 지난 1988년 3월 31일 터진 새마을 비리로 시작되었다. 새마을은 1970년 4월, 박정희 대통령이 북한의 '천리마운동'에 대항해서 대대적인 농촌개발운동을 제창하고, 그 이름을 '새마을운동'이라고 명명한 데서 비롯되었다. 이 운동은 1971년에 시작된 이래 '근면', '자조', '협동'을 기본정신으로 전국으로 퍼져 나갔으며, 농촌의 본격적인 경제개발을 선도해나갔다.

박정희의 사후에는 전두환 정권에 의해 계승되었으며, 농촌의 근대화, 농가소득의 증대, 농업생산력의 확대라는 소기의 목적을 달성했다. 그러나 독재정권 밑에서 대규모 프로젝트가 일상화하면서, 국민들 사이에는 권력몸통과 연결된 유력한 인사가 새마을운동을 악용해 자신의 배를 불리고 있다는 소문이 끊이지 않았다.

노태우 정권은 새마을운동을 둘러싼 전 정권의 비리를 적발함으로써 국민 앞에 전두환 시대와의 결별을 고하고자 했다. 그렇지 못할 경우 4월에 치러질 국회의원 선거에서 여당 의석이 급감할 것이 불을 보듯 뻔했기 때문이다. 3월 31일 대검찰청은 전두환의 동생이자, 새마을운동본부장인 전경환을 업무상 횡령 등 6개 항의 용의로 전격 체포했다.

이와 함께 이미 소기의 목적을 달성하는 데 성공한 새마을운동에 대한 해체작업이 이루어지게 되었다. 당시 여론은 단편적으로 이 운동을 부정의 온상으로 지목했다. 그러나 이 운동이 이뤄낸 업적 가운데 평가할 만한 점도 적지 않다는 것은 엄연한 사실이다. 균형 있는 역사적 평가를 위해서인지, 새마을 의혹의 여파가 가라앉은 1990년, 새마을운동 20주년 기념우표가 한국우정에서 발행되면서 이 운동의 공적이 재조명되었다.

그런데 대통령의 친동생이 부정축재 사건에 연루되었다는 사실에 대해 분노한 국민들로 인해 노태우 정권에 대한 막후지배를 염두에 두었던 전두환의 애초 계획은 물거품이 되었다. 전두환 시대의 언론통제에 울분만 삼켜야 했던 국민들의 불만은 정부의 예상을 넘어설 정도로 강했고, 이는 4월의 국회의원 선거 결과로 연결되었다. 이 선거에서 전두환 체제를 지탱해주던 의원들 대다수가 낙선하면서 여당은 국회 의석 과반수 획득에 실패했고, 야당이 다수당이 되는 의외의 드라마가 연출되었다.

이런 가운데, 한국사회는 마침내 제5공화국의 본격적인 청산을 향해 나아가기 시작한다.

헌법재판소의 설치

헌법재판소 창립 1주년 기념우표

노태우 정권 발족 후 최초의 국회의원 선거는 1988년 4월에 시행되었다. 그 결과 제5공화국에서 전두환을 보좌하던 의원들 대다수가 낙선의 고배를 마셨다. 여당은 국회 내 소수당으로 전락하고 말았다. 야당이 반수를 넘어선 것은 한국역사상 찾아볼 수 없는 일이었다.

그중에서도 김대중이 이끄는 평화민주당은 71석을 획득하는 기염을 토하며 야당의 제1당으로 부상했다. 선거 후 김대중은 17년 만에 국회에 출석, 제1야당의 당수로서 대표연설을 했다. 이 연설에서 김대중은 '5공(제5공화국) 청산'을 외치며, 광주 항쟁의 철저한 규명과 전두환 정권의 부정·부패를 낱낱이 파헤쳐 달라고 요구했다.

이처럼 야당세력이 기세를 더하는 가운데 서울올림픽 개회(9월 17일) 직전인 9월 1일, 민주화운동의 성과 중 하나라 할 만한 헌법재판소가 활동을 개시했다. 헌법재판소는 1987년 10월의 헌법 개정으로 그 설치가 정해졌는데, 헌법 제111조에 의해 아래의 업무를 시행한다.

① 법원의 제청에 의한 법률의 위헌 여부 심판
② 탄핵의 심판
③ 정당의 해산 심판
④ 국가기관 상호 간, 국가기관과 지방자치단체 간 및 지방자치단체 상호 간의 권한쟁의에 관한 심판

⑤ 법률이 정하는 헌법소원에 관한 심판 등

　헌법재판소는 대통령이 임명한 9명의 재판관으로 구성되는데, 그 가운데 국회가 선출한 3명과 대법원장이 지명한 다른 3명에 대해서 대통령은 임명을 거부할 수 없다고 정해져 있다. 또 헌법재판소의 장에 대해서는 국회의 동의 없이 대통령 독단으로 임명할 수 없게 되어 있다.
　이런 규정들에서 알 수 있듯 헌법재판소는 국민의 권리와 자유를 옹호하고, 국가권력의 남용을 억제하기 위한 독립된 기관으로서, 쉽게 말해 대통령의 폭주를 막기 위한 브레이크 역할을 담당하는 곳이다. 즉, 오랜 세월에 걸친 군사독재체제로 국민의 자유와 권리가 훼손되었다는 반성 위에 세워진 기관이라 말할 수 있겠다. 헌법재판소가 발족하기 이전에도 삼권분립 정신에 의거하여 대법원의 위헌입법심사권이 인정되었지만, 실제로 대법원이 위헌 결정을 내린 사례는 10건 정도에 불과했다. 그런데 헌법재판소가 설치되면서 위헌 결정은 급증했고, 2003년에 이르기까지 15년 동안 무려 200건을 넘어서는 위헌 결정이 내려졌다. 그중에는 가림판이 없는 구치소 화장실의 위헌 여부를 심판해달라는 등 좀 과하다 싶은 사례도 있지만, 어쨌든 행정권력을 철저히 감시하고자 하는 자세라는 입장에서 볼 때 민주주의의 기본에 충실하다는 평가를 받기에 충분하다. 헌법재판소가 문을 연 것이 서울올림픽이라는 국가적 행사를 직전에 둔 시기였기 때문이었는지 한국우정은 이때에 기념우표를 발행하지 않았다. 대신 개설 1주년이 되는 1989년 9월 1일에 「경국대전」(조선왕조의 법체계를 정리한 법전)을 배경으로 법의 여신을 그려 넣은 기념우표를 발행해서 민주화의 성과를 내외에 알렸다.

서울올림픽 개막

서울올림픽 개회식 모습을 그린 '서울올림픽 성공' 기념우표   올림픽 스타디움을 그린 기부금 우표

1988년 서울에서는 하계올림픽 대회가 '평화·화합·번영'의 기치 아래 9월 17일부터 10월 2일까지 열렸다. 이름 하여 '서울올림픽'이다. 159개 국가와 지역에서 8,465명(남성 6,279명, 여성 2,186명)이 참가해, 23개 경기 237종목에서 기량을 겨루었다.

1980년 모스크바 대회는 서방측 일부 국가들이 소련의 아프가니스탄 침공에 항의해 불참했고, 1984년 로스앤젤레스 대회는 동구 국가들이 거부했으므로, 미·소 양국이 나란히 올림픽에 출전하는 것은 1976년의 몬트리올 올림픽 이래 12년 만이었다. 또 아시아 지역에서 하계올림픽이 개최되는 것은 1964년 도쿄대회 이후 두 번째 일이다.

개회식이 치러진 메인스타디움은 서울시 송파구에 있는 잠실종합운동장(통칭 서울올림픽 스타디움). 1986년에 아시안게임에 맞춰 개장했으며, 수용인원은 10만 명(현재 약 6만 1,000명 정도)이었다.

개회식에서는 서울예술단의 민속무용을 시작으로 각양각색의 공연이 펼쳐졌는데, 그중에서도 제일 멋진 볼거리는 성화봉송주자로 왕년의 금메달리스트 손기정 선수가 관중이 들어찬 스타디움 안으로 달려들어 오는 순간이었다.

1936년 베를린올림픽 마라톤에 출전한 손기정과 남승룡은 각각 금메달과 동메달을 획득하는 쾌거를 올렸다. 그러나 당시 조선은 일본의 식민지였던 까닭에 손 선수와 남 선수는 '일본대표'로서 출장했으므로 시상식장에서는 태극기 대신 일장기가 올라가는 참담한 수모를 감당해야 했다.

성화봉송주자를 그린 기부금 우표

베를린올림픽의 비극적 영웅 손기정 선수가 반세기가 흐른 1988년 조국에서 개최되는 올림픽의 성화주자로서 승자의 질주를 할 기회를 얻은 것이다. 그러나 당시 76세의 고령이었던 그는 트랙의 반을 질주한 다음, 성화를 젊은 선수에게 인계하고 퇴장했다.

그런데 마지막 주자가 성화대에 점화하는 그 순간 성화대 테두리에서 쉬고 있던 비둘기 무리가 순식간에 불길 속으로 빨려 들어갔고, 그중 일부가 불에 타죽고 마는 해프닝이 발생했다. 평화의 상징이 성화 때문에 희생되었다는 것은 말도 안 된다는 불평이 이어지면서, 손기정 선수의 성화봉송에 대한 감동이 다소 희석되는 모양새가 되고 말았다.

이렇게 시작된 서울올림픽 개회식 모습은 대회 폐막 후인 1988년 12월 한국우정이 발행한 '서울올림픽 성공' 기념우표에 잘 나타나 있는데, 당연한 일이겠지만 우표에서는 트리밍 처리가 되어 있어 성화에 타버린 비둘기의 모습을 찾을 수 없다.

북한의 올림픽 훼방책

평양의 '기념비적 건축물'을 그려 넣어 만든 북한의 봉투로 우표가 붙여져 있다. 우표의 인면에 그려진 건물은 유경호텔이다

 서울올림픽은 1988년 10월 2일에 무사히 폐막했다. 개회식 때 예기치 못한 해프닝이 발생하기는 했지만, 정작 염려되었던 북한에 의한 방해공작은 대회기간 동안 일어나지 않았다.

 올림픽 폐막 직후인 10월 4일 노태우 대통령은 국회에서의 연설을 통해 평양에서 남북정상회담을 개최할 것과 남북불가침선언에 대해 토의할 의사가 있음을 밝혔다. 또 같은 달 18일, 국제연합에서의 연설에서는 남과 북 양측과 미·일·중·소 6개국이 참여하는 6자회담을 제안하는 등 남북정상회담의 실현과 사회주의 국가와의 관계개선을 향한 적극적인 행보를 보였다.

 한국 내에서는 11월 23일 '5공 청산'의 직격탄을 맞은 전임 전두환 대통령이 "재임 중에 일어난 부정과 비리에 대해 사죄하고, 전 재산을 국가에 헌납하겠다"는 성명을 발표하고 강원도 산속의 절로 숨어들었다. 이처럼 올림픽의 성공을 발판으로 권력기반을 강화하는 데 성공한 노태우 정권은 내정과 외교, 양면에서 안정기에 접어들게 되었다.

 그런데 북한은 서울올림픽의 성공을 어떤 식으로 평가하고 있었을까. 대한항공기 폭파사건 등 갖은 방해공작을 했음에도 북한은 서울올림픽 개최를 저지하지 못했으며, 오히려 국제적인 고립을 자초했을 뿐이었다. 이에 북한은 다음 해인 1989년에 평양에서 치러질 세계청년학생축전을

성공시키는 것으로 국민의 구심력을 높이고 외교적인 고립에서도 벗어나고자 모색하게 된다.

그래서 추진된 것이 수도 평양에서의 대규모 건설프로젝트이다. 서울에서 올림픽이

5·1경기장을 그린 북한의 우표

열린다는 것이 결정되자 북한은 남북 공동주최를 주장하며 자국의 입지를 확보하고자 했다. 그 일환으로 1980년대 초까지는 '앙코르'라고 불렀던 평양시 서부 일대의 잡목림에 청춘가라는 이름의 스포츠촌(축구장, 배드민턴 코트, 역도경기장, 실내수영장, 배구장, 농구장, 탁구 코트, 경경기장, 중경기장 등이 자리 잡고 있다)을 조성했다. 평양시 동쪽 끝 능라도에는 5·1경기장(메이데이 스타디움)을 건설했다. 또, 세계 최대 규모로 삼각형의 외관이 특이한 유경호텔의 건설도 이때 시작되었다.

그러나 당시 프로젝트가 북한의 위세를 자랑하기 위해 기획되었던 것이던 만큼, 건물들 역시 기념비적 성격이 강해서 실용성 면에서는 고개를 갸우뚱하게 하는 점이 있다. 예를 들어, 스포츠 시설들의 경우 필요 이상 거대한 규모로 지어졌는데, 수용 인원이 15만 명에 달하는 5·1경기장 등은 너무 넓은 탓에 정작 경기가 잘 보이지 않는다는 비판을 받고 있다. 또 유경호텔의 경우 도중에 공사가 중단된 채 지금까지도 뼈대만 앙상하게, 마치 유적지라도 되는 것처럼 평양 시내에 방치되어 있다.

북한이 이러한 건설 프로젝트에 투입한 비용은 약 47억 달러 정도로 추정되는데, 이것은 일설에 의하면 당시 북한 GNP와 맞먹는 금액이라고 한다. 따라서 이 사업으로 북한이 짊어지게 된 부담은 상상을 초월하는 것으로, 원래 피폐해 있었던 북한 경제는 이들 기념비적 건축물 건설로 한층 더 나락으로 빠져들게 되었다.

세계청소년학생축전과 임수경 사건

북한이 발행한 임수경 우표

　북한은 서울올림픽에 맞서기 위해 1989년 7월 1일부터 8일에 걸쳐 평양에서 '반제국주의 연대와 평화친선'이라는 슬로건 아래 세계청소년학생축전을 개최했다. '반제·반전·평화·친선·연대'를 주요 주제로 삼은 이 대회는 사회주의 국가와 전 세계의 좌익계 단체에 속하는 청년학생들이 참가한 세계적인 규모의 제전으로 스포츠뿐만 아니라 문화예술·정치프로그램도 포함되어 있다. 사회주의 국가의 유니버시아드로 일컬어지기도 한다. 그러나 올림픽과 비교하면 오락성은 매우 떨어진다고 하겠다. 1947년 체코슬로바키아(당시)의 프라하에서 제1회 대회가 열린 이래 사회주의 국가에서 돌아가면서 개최되었다. 평양대회는 제13회였다.

　북한 당국의 발표에 따르면 "전 세계 5대륙 180개 국가에서 모인 학생들과 60개의 국제적, 혹은 지역적 기구의 축전 대표자들, 국가수반들을 위시한 다수의 귀빈"이 자리를 빛냈다고 한다. 그러나 북한 측이 주장하는 '참가자' 중에는 그린란드, 모스크바의 러시아민족우호대학(Peoples' Friendship University of Russia), 서베를린 시 등도 포함되어 있어 참가숫자 면에서 다소 부풀려서 발표되었음을 확인할 수 있다.

　'전국대학생대표자협의회(전대협)' 대표로 한국외국어대 프랑스어과 학생인 임수경이 이 대회의 참석을 위해 입북한 사건은 당시 한국사회에 커다란 충격을 안겨주었다. 이에 그치지 않고 임수경은 세계청년학생축전 종료 후 한반도에서의 평화와 통일을 위한 시위활동으로 백두산에서부터 출발하는 '국제평화대행진'을 시작하고, 8월 15일에는 판문점 돌파를 강행하며 한국에 입국해서 국가보안법 위반으로 체포되었다.

한편 북한은 임수경을 사례로 들어 '남한'도 세계청년학생축전에 참가했다고 주장하며, 그녀를 '통일의 꽃', '민족의 딸'로 치켜세우고, 그녀의 초상이 들어간 기념우표까지 발행해 상징화시켰다. 이 우표의 여백에는 제주도를 포함한 한반도 전도를 그려 넣음으로써 임수경이 행진하면서 들었던 '함께 가자 백두에서 한라까지, 한라에서 백두까지'라는 슬로건을 형상화했다.

세계청소년학생축전 우표

이 사건은 북한 전역에 대대적으로 보도되었는데, 당시 서방측 진영의 젊은이들을 볼 기회가 없었던 북한의 젊은 여성들은 그녀를 '모델'로 삼게 되었고, 일시적으로 그녀의 헤어스타일이 유행하기도 했다는 것이 망명자들의 증언이다.

한편, 임수경은 서울지방재판소에서 징역 10년(구형 15년)을 선고받았으나, 서울고등법원에 의해 5년으로 감형되었다가 1992년 크리스마스 특별사면으로 석방되었다.

한소 국교수립과 북한

(왼쪽) 1980년대, 소련의 환심을 사기 위해서 북한이 발행한 소련 내지는 러시아와 관련된 우표
(오른쪽) 역시 소련 관련 우표

서울올림픽에 맞서기 위해 평양에서 세계청년학생축전(1989년)까지 열었던 북한이었지만 그 성과는 서울올림픽과 비교조차 할 수 없는 것이었다. 한편 그해 11월에 동독의 베를린 장벽이 무너지면서 동유럽 사회주의 국가들이 눈사태에 휩쓸리듯 붕괴하게 되는데, 결국 미국의 부시와 소련의 고르바초프는 연말에 몰타에서 회담을 열어 동서냉전의 시대가 막을 내렸음을 선언했다.

변화하는 국제정세에 대응해 한국의 노태우 정권은 적극적인 외교공세를 펼쳤는데, 최대 성과로 들 수 있는 것이 1990년 9월 30일 맺은 소련과의 국교수립이다. 그런데 북한이라는 국가의 기원을 살펴보면, 원래 소련의 위성국으로 성립되었음을 확인할 수 있다. 나치독일과의 피비린내 나는 전쟁을 치러야 했던 소련은 제2차 세계대전이 끝나자 국가의 기본전략으로 방파제 역할을 담당할 위성국을 자국 주변에 건설해나갔다. 북한 역시 소련이 전략적 차원에서 꼭두각시인 김일성을 옹립해 세운 나라로, 건국 후 얼마간 북한은 '소련이 조선을 해방시켰다'고 공언하기까지 했다.

그 후 1963년의 쿠바 위기를 계기로 소련이 노골적으로 대미 유화노선을 취하게 되면서, 북한은 소련에 대한 불신을 증폭시켜나갔다. 게다가 소련이 북한에 사회주의 국가 전체 차원에서 시행해나가던 국제분업체제에 가담시키기 위해 경공업우선 정책을 취하라는 압력을 가했던 것도 '자주경제노선'을 표방하면서 독자적인 중공업화 노선을 걷고자 했던 양국의 관계 악화에 한몫을 했다. 그러나 1970년대 이후 경제가 내리막길을 달리자 북한은 더 이상 '자주경제노선'을 실행해나가는 것이 불가능하다는 것을 깨닫게 되었다. 이에 김정일은 1984년 2월 "인민의 생활을 더욱 높이는 데 대하여"라는 제목의 연설을 통해 북한이 외화(루블화) 획득을 위해 경공업 분야에서 소련과의 국제분업에 참가할 것이라고 밝힘으로써, 내외에 '자주경제노선'에 대한 포기를 선언했다.

경제적 난관을 헤쳐 나가기 위해 소련에 목을 맬 수밖에 없었던 북한은 1980년대 중반 돌연 러시아 민화와 현대 우주항행학〔우주 개발 수단으로서의 로켓, 계측기, 유도 장치, 항법(航法) 따위의 모든 것을 연구 대상으로 삼는 학문〕의 기초를 쌓은 러시아의 과학자 치올콥스키(Konstantin Eduardovich Tsiolkovsky)의 업적을 기리는 우표를 발행하는데, 이것은 우표라는 미디어를 이용해 소련과의 우호관계를 증진하려는 기도였다.

그러나 1989년 동구 사회주의 국가들이 차례로 붕괴되면서, 소련 또한 막대한 군사경비 지출로 파산 직전의 어려움에 빠지고 만다. 냉전이라는 국제관계의 틀이 부서지면서 소련은 북한을 자국의 울타리로서 계속 유지시켜나가야 한다는 데 대한 적극적인 필요를 더 이상 느끼지 못하게 되었다.

이에 소련은 1990년 9월 한국과의 국교를 수립하게 된다. 북한은 "소련이 사회주의 국가로서 존엄과 체면, 동맹국의 이익과 신의를 23억 달러에 팔아먹었다"고 비난했지만, 이미 그들에게는 대소 단교와 같은 강력한 외교적 대항책을 취할 만한 여력이 없었다.

남북통일축구

북한이 발행한 '남북통일축구' 기념우표

소련이 한국을 승인한 지 1년이 되는 1991년 9월에 한국과 북한은 국제연합에 동시에 가맹했다. 이때까지 남북은 최대한 상호비방을 자제하면서 상대국의 존재를 실질적으로 추인할 수 있는 환경을 마련하기 위해 다양한 대책 마련에 애쓰는 모습을 보였다. 예를 들어 북한은 한국을 승인한 소련을 격렬하게 비난했지만, 한국에 대해서는 종래의 공식적인 성명을 통한 비난의 영역을 벗어나지 않았다.

실제로 소련이 한국을 승인한 직후인 1990년 10월에는 남북통일축구 제1차전이 예정대로 평양에서 개최되었다. 남북통일축구는 1989년 3월, 북한이 한국에 북경아시안게임(1990년 9월)에 남북통일팀을 구성해서 참가하자고 제안한 것이 발단이 되었다. 남북은 결국 북경아시안게임에 통일팀을 파견하는 데는 실패했으나, 남북공동응원을 실현하는 데는 성공했다. 이런 분위기 속에서 남북의 올림픽위원회부위원장은 남북통일축구 개최에 대한 합의를 이루어냈다.

남북통일축구 제1차전(1990년 10월)이 치러진 후, 북한 국가체육위원회 위원장 김유성과 한국 체육부 장관 정동성은 탁구선수권을 비롯한 주요 국제경기에 북경아시안게임에서는 좌절되었던 통일팀을 구성해 출전시키자는 데 합의, 남북통일축구 제2차전(서울에서 개최) 직후인 10월 24일 공동선언문을 채택했다.

그해 11월부터 이듬해인 1991년 2월까지 4차례의 남북체육회담이 개최되었고, 하얀색 바탕에 한반도를 파랗게 칠한 '통일기'가 채택되었다. 또 팀명으로는 국제적으로 잘 알려진 '코

역시 북한의 '남북통일축구' 기념우표

리아(KOREA)'가, 노래로는 민요 「아리랑」이 정해졌다.

북한우정은 1990년 10월 남북통일축구 개최에 맞춰 기념우표를 발행했는데, 우표에 통일기가 등장하고 있음을 확인할 수 있다. 이는 정식 결정 이전 남북 간에는 이미 통일기를 남북통일팀의 기로 하자는 암묵적인 합의가 있었다는 것을 짐작할 수 있다.

지금은 한국과 북한에서 통일기를 그릴 때 한반도의 동쪽 끝에 독도(일본명 다케시마)를 그려 넣는 것이 일반적인데, 1990년 10월의 우표에는 독도가 표시되어 있지 않았다. 아무래도 최근 독도 영유권과 동해(일본명 일본해)의 호칭 문제가 불거지면서 한반도의 내셔널리즘이 뜨거워졌고, 이에 따라 통일기의 모양에 미묘한 변화가 나타나게 되었다고 생각하는 것이 타당할 것 같다.

이런 스포츠를 통한 남북 간의 교류는 1992년 이후 김정일이 대외적으로 강경노선을 표방하고, 엎친 데 덮친 격으로 1994년에 김일성이 사망하면서 중단되고 말았다. 통일기는 잠시 역사 속으로 모습을 감추었다. 그러나 2000년 6월 김대중-김정일의 남북정상회담 개최, 그해 9월 시드니올림픽 개회식 남북 동시 입장을 결정하면서 통일기는 '코리아'의 기로서 부활하게 된다.

철마는 달리고 싶다

국제연합 가입 직전에 발행된 '민족통일기원' 우표

　국제연합 가입을 눈앞에 둔 1991년 9월 11일, 한국은 '민족통일기원'이라는 이름으로 우표를 발행했다. 우표에는 재회의 눈물을 흘리며 부둥켜안은 이산가족을 배경으로 임진각에 전시되어 있는 증기기관차가 그려져 있다.

　임진각은 서울시청으로부터 북서쪽으로 54km, 판문점으로부터 남쪽으로 14km 떨어진 지점에 있는데, 1971년 남북공동성명에 따라 6,000평의 대지에 지하 1층, 지상 3층 규모로 지어졌다. 이곳에는 북한지역을 조망할 수 있는 전망대와 북한에 관한 각종 자료가 전시되고 있는 북한관(1980년 5월 30일), 한국전쟁 당시 사용된 전차와 비행기 등이 진열된 옥외전시장 등이 있다.

　그런데 우표에 등장하는 증기기관차는 임진각에서 "철마는 달리고 싶다"라는 유명한 문구와 함께 전시되고 있는 것으로, 남북분단으로 신의주행 철도가 끊어졌음을 상징적으로 드러내는 전시물이다.

　이 철도가 중단된 지점은 실제로는 경원선(서울과 북한의 원산을 잇는 철도)의 신탄리역으로, 이 역의 플랫폼에는 '철도중단점 철마는 달리고 싶다'라는 간판이 걸려 있다. 임진각의 증기기관차 전시는 상징적인 것이라 하겠다.

　또 군사경계선에서 가까운 남방한계선(군사경계선의 남북 2km에 마련된 비무장지대의 남측으로 한국 측이 무기를 둘 수 있는 최북단의 지역)에는 옛 월정리역(물론 현재 철도역으로서의 기능을 하지 못하고 있다)이 재현되어 있는데, 이곳에도 전쟁에서 파괴된 객차의 잔해와 함께 '철마는 달리고 싶다'는 간판이 걸려 있다.

남북 국제연합 동시가입

한국에서 발행한 국제연합 가입 기념우표

1991년 9월 17일, 한국과 북한은 국제연합 동시가입에 성공한다. 여기에서 남북한과 국제연합과의 역사를 간단히 짚어보자.

국제연합이 북한 문제에 관여하게 된 것은 1947년 9월의 제2회 국제연합 총회에서 조선 문제를 의제로 삼은 것이 그 시발점이다. 1945년 12월 제2차 세계대전의 전후처리를 둘러싸고 미·영·소 3국 외상회의는 조선을 5년간 신탁통치하기로 했다. 그러나 이를 놓고 한반도는 신탁과 반탁으로 분열되어 극심한 대립양상을 보였다. 또 조선독립의 방식을 토의하기 위한 미소공동위원회도 결렬되고 말았다.

이에 따라 미국은 한반도 문제를 국제연합에 넘기게 되었고, 국제연합 임시조선위원단의 감시 아래 선거를 시행하고, 선거에 의해 한반도에 정통정부를 수립하자는 결의가 채택되기에 이른다. 이에 대해 당시 북한의 소비에트체제화 달성에 거의 성공한 소련은 국제연합 임시조선위원단이 38도 선을 넘어오는 것을 거부했고, 그 결과 한반도 전역의 총선거는 불가능해졌다. 이에 따라 1948년 5월, 남한 측이 단독선거를 시행하면서 그해 8월 대한민국이 성립되었다. 이러한 경위로 인해 한반도에서는 한국만이 국제연합이 인정하는 유일하고 합법적인 정부였다.

이 때문에 북한은 처음부터 국제연합에 대한 비난을 계속했다. 특히 북한은 국제연합이 1950년 6월 발발한 한국전쟁에 국제연합이 북한을 침략자로 규정하여 군대를 파병하자 적대감을 더욱 격화시켰다.

그렇지만 1960년대로 접어들며 중국과 소련의 반목이 심해지면서, 중·소 양국에 대한 등거리외교를 선택할 수밖에 없었던 북한은 제3세계 외교에서 활로를 모색하게 된다. 그런 가운데 아시아와 아프리카의 여러 국가가 대거 국제연합에 가입하게 되면서, 국제연합은 북한에 그럴듯한 외교의 장으로 부상한다.

북한은 먼저 1973년 국제연합 전문기구인 세계보건기구(WHO) 가맹국이 되는 데 성공한 것을 시작으로, 국제연합에 상임옵저버대표부를 설치했으며, 제3세계 비동맹 중립국가를 움직이는 적극적인 외교공세를 펼치면서 국제연합의 결의에 자국의 이익을 반영해나가는 데 진력했다. 국제연합을 무대로 화려하게 전개되었던 북한의 외교는 1980년대에 들어설 때까지도 이어졌다.

한편 국제연합 가입 문제에 대해서, 북한은 서울올림픽 이전까지만 해도 「조국통일 5대 방침」(1973년)에서 규정한 것처럼 한국과의 연방제를 실현한 후 단일의석으로 가입하겠다는 주장을 고수했다. 그러나 서울올림픽의 성공으로 한국과 북한과의 국력 차이가 국제적으로 확실해지자, 만일 한국이 단독으로 국제연합 가입에 성공할 경우 북한에 국제연합 가입의 기회가 주어지지 않을 것이라는 위기의식에 휩싸이게 된다. 이 때문에 북한은 1991년 5월 한국이 제안한 국제연합 남북동시가입안을 "일시적 난국을 타개하기 위한 어쩔 수 없는 조치"로서 받아들인다. 그해 9월 남북 양측의 국제연합 동시가입이 실현되었다.

한편 한국은 국제연합 가입을 기념해 우표를 발행했으나, 북한은 만들지 않았다. 이것으로도 국제연합 동시가입에 대한 남북의 온도 차를 엿볼 수 있겠다.

황영조의 바르셀로나 금메달

손기정 선수와 황영조 선수가 각각 결승점에 도달하는 순간을 그린 '올림픽 마라톤 우승자' 기념우표

　서울올림픽에 이어 스페인 바르셀로나 하계올림픽이 1992년 7월 25일부터 8월 9일까지 개최되었다. 바르셀로나올림픽에서 한국선수단은 금메달 12개, 은메달 5개, 동메달 12개로 총 29개의 메달을 획득, 금메달 수에서 7위를 기록하는 좋은 성적을 거두었다. 그중에서도 남자 마라톤에서 황영조 선수가 우승해 한국인들은 크게 열광했다.

　당시 황영조 선수는 바르셀로나가 네 번째 마라톤대회 출전인 신예였다. 데뷔전이라 할 수 있는 전년도의 서울동아마라톤을 2시간 12분 35초로 완주한 황영조 선수는 같은 해 유니버시아드대회 마라톤에서 2시간 12분 41초의 기록으로 우승했고, 1992년 2월의 벳부-오이타마라톤에서 2시간 8분 47초로 2위에 입상하며 주목을 받게 되었다.

　황영조 선수는 결승점을 8km 남겨둔 지점에서부터 일본의 모리시타 고이치(森下広一) 선수와 손에 땀을 쥐게 하는 접전을 벌였는데, 결국 월계관은 22초 차이로 모리시타 선수를 제친 황 선수가 차지했다.

　황영조 선수가 일본인 선수를 누르고 우승했다는 점에 대해 당시 한국 언론들은 "56년간 쌓인 한을 풀었다"고 보도하면서 국민 모두를 열광시켰다. 여기서 말하는 '56년간의 한'이란 1936년에 열린 베를린올림픽 마라톤에서 손기정 선수가 금메달을 따면서 우승했지만, 당시 한반도가 일본의 식민지였던 까닭에 그가 일본인으로서 시상대에 오른 치욕을 말하는 것이다.

베를린올림픽이 끝난 후 ≪동아일보≫는 시상대에 선 손기정 선수의 가슴에 그려진 '일장기'를 제거한 사진을 본인과 상의 없이 실었고, 식민지 당국은 ≪동아일보≫에

바르셀로나올림픽 우표

대한 정간처분을 결정했다. 손기정 선수도 일본 관헌의 엄중한 감시하에 놓이게 되었다. 이것은 한국인들에게 식민지 시대라는 굴욕의 역사를 상징하는 사건으로 전해져 왔다는 것은 앞에서 이미 밝힌 대로다.

그런데 해방 후에도 이러한 굴욕의 역사는 그대로 지속되었다. 1970년 한국의 한 국회의원이 베를린올림픽 스타디움의 우승자기념비에 새겨진 'JAPAN'이란 글자를 끌로 파내고, 'KOREA'를 새겨 넣었으나 국제올림픽위원회(IOC)가 다시 'JAPAN'으로 복원하는 사건이 발생했다. 미국은 1986년 한국계 주민들의 청원을 받아들여 캘리포니아 주에 있는 역대 올림픽 마라톤 우승자기념비를 비롯해 올림픽기록집 등에 대한 수정 작업을 통해 손기정 선수의 국적을 'KOREA'로 정정했다. 그러나 일본 올림픽위원회는 "기록상의 국적을 변경해줄 것을 요청한다"는 손기정 선수의 희망을 무시하고 있다.

황영조 선수의 우승을 '56년간의 한'과 연결 짓는 것은 이러한 국민감정을 반영한 것으로, 한국우정은 1992년 10월 10일 손기정과 황영조가 각각 결승점에 들어오는 순간을 그린 '올림픽 마라톤 우승자' 기념우표를 발행했다.

한중 국교수립

한중 해저 케이블 개통 기념우표

바르셀로나올림픽 남자마라톤에서 황영조 선수가 거둔 쾌거의 흥분이 채 가라앉기 전인 1992년 8월 24일, 한국은 중국과의 국교를 정상화하면서 타이완과 단교한다. 여기에는 중국 측의 결단이 주효했다. 한국전쟁 당시 중국은 북한의 붕괴를 막기 위해 인민지원군을 파병, 한국군 및 연합군과 대적함으로써 중국과 북한은 '혈맹'의 관계를 유지했다. 그러므로 중국이 북한을 지지하는 것은 당연했다. 그러나 1989년 동유럽 사회주의 국가들이 차례로 붕괴하며 들어선 새로운 정권들이 하나같이 한국을 승인한데다, 1990년에는 소련마저 한국과의 국교를 정상화시켰고 이듬해에는 소련이라는 국가 자체가 소멸되고 말았다. 1991년 9월 남북 국제연합 동시가입이 이루어지고, 그해 말 남북이 상호 존재를 인정한다는 합의서에 조인하자 중국은 한국과 물밑 교섭 작업을 시작했다.

중국이 외교방침을 전환하게 된 배경에는 동유럽의 새 정권을 대상으로 타이완이 적극적인 외교공세를 전개했다는 사실이 있다. 당시 타이완은 중국과 국교를 맺고 있던 니제르와 복교한 데 이어 옛 소련 국가들과 폴란드, 베트남 등에 대표부 설치를 목적으로 분주한 움직임을 보이고 있었다. 또 남북의 유엔 동시가입에 힘입어 장래 국제연합으로의 복귀를 목표로 하겠다는 방침도 분명히 했다. 이러한 타이완의 움직임은 '하나의 중국'을 목표로 하는 중국정부로서는 용납할 수 없는 것이었다. 중국은 한국에 타이완과 단교할 것을 설득하는 등 타이완을 국제사회에서 고립시키기 위해 총력을 기울였다. 물론 경제발전을 이룩한 한국과의 국교 정상화가 발전도상에 있던 중국경제에 긍정적인 영향을 미칠 것이라는 점도 계산되었을 것이다.

한편 한국 측 입장에서 보면 1992년 말의 대통령 선거를 앞두고 있었던 노태우 정권이 유일하게 남아 있는 사회주의의 대국인 중국과의 국교를 수립하는 것은 그간 추진해왔던 '북방외교'(사회주의 국가와의 관계 개선)의 커다란 성과이자, 대미를 화려하게 장식해줄 업적임이 분명했다. 이렇게 해서 8월 24일 한국의 이상옥 외무부 장관이 중국을 공식방문, 국교수립 의정서에 조인했다. 중국은 타이완과의 단교라는 대가를 지불한 한국에 대한 보답으로 1961년의 '중조우호협력상호원조조약(中朝友好合作互助條約)'의 효력은 부정하지 않지만, 북한에 대한 군사지원은 북한이 무력침공을 받았을 경우에 한하며, 한국전쟁과 같은 북한에 의한 침공에는 일절 협력하지 않을 것임을 공언했다. 이에 대해 한중 간의 국교정상화는 불가피하다고 생각했지만, 아무리 빨라도 1992년 말쯤일 것으로 예상하고 있었던 북한은 커다란 충격에 휩싸이게 되었다. 그러나 이미 소련이라는 지원국을 잃어버린 북한에 유일하게 남은 혈맹인 중국과 대립하고 단교한다는 것은 자살행위와 같았으므로, 받아들이는 것 이외에 다른 선택이 없었다.

한국과 중국의 국교수립을 기념하는 우표는 타이완과 북한에 대한 배려 차원에서 발행되지 않았다. 다만 양국 간 국교가 수립되면서 착수되었던 한중 간 해저 케이블이 1996년 2월 개통되면서 양국 국기를 그린 우표가 발행되었다. 이 우표는 실질적으로 공산 중국과의 우호관계를 표시한 한국 최초의 우표이다.

부가금 우표

(a, b) 적십자 모금 우표

(c) 1965년의 수해구제 모금우표

우표 액면에 기부금을 넣어 판매하는 부가금 우표가 한국에서 발행된 것은 한국전쟁 휴전 이후인 1953년 8월 1일 발행한 적십자 모금 우표(a, b)가 그 시초이다.

이 우표는 병사를 부축하고 있는 간호사를 그린 것과 야전병원을 그린 것 등 두 종류였는데, 양쪽 다 액면가 10환에 기부금 5환을 보탠 15환에 판매되었다. 한국전쟁의 상처가 아직 생생했던 시기에 나왔던 우표여서 국민들에게 깊은 인상을 심어주었을 것이라 생각된다.

이승만 시대인 1957년부터 박정희 정권 말기인 1977년에 이르는 20년 동안 재해구제 명목으로 8건의 부가금 우표(c)가 발행되었다. 군 출신 대통령인 박정희 시대에는 베트남 파견 장병과 민방위대의 지원기금, 헬리콥터와 탐조등 헌납기금 마련 등의 명목으로 발행(161쪽)되기도 했다.

1985년 3월~1988년 5월에는 서울올림픽을 앞두고 거액의 개최자금을 조달하기 위한 수단으로서 11회에 걸쳐 28종에 달하는 부가금 우표(266, 280~281쪽)가 나왔다. 이들 우표는 올림픽이 끝난 1989년 4월 이후로 기부된 금액까지 액면가에 포함시켜 사용했는데, 이에 따르는 손실(기부금에 상당하는 금액은 결과적으로 한국우정의 부담으로 돌아갔다)을 한국우정이 어떻게 처리했는가에 대해서는 확실히 알려지지 않고 있다.

제7장

김영삼 시대 1992~1997

1993년 11월에 발행된 제21회 UPU
(만국우편연합) 대회 기념우표. 김홍
도의 「무동도」가 그려져 있다.

1992년 김영삼 대통령 선출, 문민정권 시대로

1993년 북한, 노동1호 발사, 대전 만국박람회 개최

1994년 김일성 사망

1995년 한반도에너지개발기구(KEDO) 설립, 광복 50년

1996년 OECD 가입

1997년 금융위기

문민정권 시대의 개막

김영삼 대통령 취임 기념우표

　노태우 정권이 발족한 1988년 이후로 야당세력은 전에 볼 수 없었던 눈부신 성장을 이루었다. 정권 발족 직후인 1988년 4월에 시행된 국회의원 선거를 통해 야당이 국회를 장악했다. 이 중 71석을 획득하며 제1야당으로 등극한 평화민주당의 당수 김대중은 광주 항쟁을 철저히 규명할 것과 전두환 정권의 부정·부패를 속속들이 밝힐 것을 주장하며 '5공 청산'에 앞장섬으로써 보수세력과의 대결의지를 선명히 했다.

　이로 인해 국회 운영에 난항을 겪게 된 노태우 정권은 김대중에 대한 견제를 목적으로 야당 내 보수파인 김영삼과 김종필을 영입, 김대중을 고립시키는 작전을 세우게 된다. 마침내 1990년 1월 민정당(노태우), 민주당(김영삼), 공화당(김종필) 3당이 합당, 소속 의원 수 221명의 민주자유당(민자당)이 새로운 여당으로 발족했다. 민자당은 김대중을 거세시키겠다는 목적에서 탄생한 '야합정권'이라는 비난의 목소리가 이어졌고, 김영삼이 여당과 손을 잡는 것에 반발한 구(舊)민주당 의원 일부는 1990년 6월에 따로 세를 결집, 또 다른 '민주당'(꼬마 민주당)을 재건했다.

　한편 김대중을 중심으로 한 평화민주당도 손을 놓고 있지만은 않았다. 1991년 4월, 진보좌파인 신민주연합을 흡수, 신민당으로 당명을 바꾸었다. 이듬해 1992년에는 김영삼과 결별한 꼬마 민주당 세력을 받아들이면서 민주당(통합민주당)으로 간판을 바꿔 달고, 9월로 예정된 대통령 선거에서 노태우·김영삼과 결전을 치를 수 있는 체제 정비를 마친다.

당시 한국은 소련에 이어 중국과도 국교를 수립하고, 남북한 국제연합 동시가입을 실현시키는 등 외교 면에서 눈부신 성과를 이루었지만, 올림픽 후의 경제침체(1990년에 국제수지 적자로 돌아섰다)로 몸살을 앓고 있었고, 국민 중에는 이런 상황 속에서도 권력에만 집착해 이합집산을 거듭하는 기성정치인들에 대해 불만을 품은 사람이 적지 않았다. 그래서인지 1992년 3월 시행된 국회의원 선거에서 여당은 참패하고 김대중의 민주당은 약진했다. 또 재벌 현대그룹의 오너인 정주영이 만든 통일국민당은 보수층의 표 쏠림 덕분에 예상 외의 신전을 보였다.

위기감을 느낀 민자당은 그해 5월의 당대회에서 '김대중을 이길 수 있는 유일한 후보'인 김영삼을 대통령 후보로서 옹립했다. 민자당은 김대중의 인기가 문민정부가 들어서기를 바라는 '문민정권 대망론'의 덕을 본 것일 뿐, 김대중 개인의 인기가 아니라고 본 것이다. 따라서 여당의 안정감을 강조하기보다는 민주화운동의 지도자였던 김영삼을 전면에 내세워 군 출신인 노태우 대통령의 이미지를 희석시키는 전략을 택했던 것이다.

결과적으로 이 전략은 유효했다. 그해(1992년) 12월 치러진 대통령 선거에서 김영삼은 김대중을 200만 표 가까운 차로 따돌리고 압승했다. 패배를 인정한 김대중은 정계 은퇴를 선언했다. 참패를 한 정주영 또한 정계진출의 꿈을 접고 통일국민당을 해산시켰다.

이렇게 해서 1993년 2월 25일 김영삼은 대통령으로 취임하면서, 한국은 대망의 문민정권 시대로 돌입한다. 대통령 취임식에 맞춰 발행된 기념우표에는 한반도 북단 백두산의 천지를 배경으로 새 대통령인 김영삼의 초상이 그려졌는데, 여기에는 남북 국제연합 동시가입이라는 노태우 시대의 실적을 거름 삼아 새로운 북한 정책을 펼쳐나가겠다는 새 정권의 의욕이 반영되어 있다고 보아도 무방할 것이다.

'역사 바로 세우기' 정책

북한이 발행한 문익환 우표

새로 대통령으로 취임한 김영삼은 취임식(1993년 2월 25일)에서 '역사 바로 세우기'를 주창했다. 새 정부는 집권 초기의 높은 지지율(취임 직후 87%)을 등에 업고 본격적으로 부정과 부패를 척결해나가기 시작했다.

먼저 3월 7일 육군사령관과 보안사령관을 경질했고, 3군의 장성 10여 명이 부정·부패 혐의로 체포되었다. 그 결과 전두환, 노태우 양 정권을 떠받치고 있던 군부 내의 하나회 간부들이 일소되었다. 이어 1995년 11월에는 전두환, 노태우 전 대통령이 재임 중의 수뢰혐의로 체포되었다.

군부의 숙청과 함께 공무원 개혁에도 나선 김영삼 정부는 1993년 5월 공직자윤리법을 개정했다. 이에 따라 주요 공직자 9만 명의 재산등록이 의무화되었고, 재산공개에서 부정축재가 의심되는 공무원 3,000명이 체포되거나 해임되었다.

새 정부는 또 그간 국가보안법 위반혐의로 체포·구류되었던 4만여 명에 대해 석방·감형·복권 등의 특별사면을 시행해 민주화 추진 의지를 국민들에게 각인시켰다.

이때 사면된 인물 가운데 제일 거물급 인사를 들자면 문익환을 꼽을 수 있다. 그는 만주 간도에서 독립운동가 아버지 밑에서 태어났다. 한국신학대를 졸업한 후 미국 프린스턴 대학에서 수학하고, 1955~1969년 한국신학대 교수로 재직했다. 그 후 도를 더하는 유신체제의 언론통제에 대한 국민들의 잠재적 불만이 쌓이면서, '가진 자와 가지지 못한 자', '민주화와 독재'라고 하는 단순한 이분법적 논리에 기초한 거침없는 그의 설교가 인기를 얻게 되었고, 그러는 사이 그는 한국의 반체제세력에 강력한 영향력을 가진 인물로 부상했다.

1980년 5월 이른바 광주 항쟁이 일어나자, 김대중 내란음모사건의 공범자로 체포되어 징역 15년형을 받았다가 1982년 말에 풀려난다. 이후 전두환 정권하에서 민주화운동을 전개하면서 1980년대 중반 무렵부터는 카리스마적 존재로 추앙받았다.

그러나 1987년 6월의 민주화운동 이후 구체적인 정치적 비전을 제시하는 데 실패하면서 그의 명성과 사회적 영향력은 급격히 쇠퇴했다. 이후 그는 남북유화의 기수를 자처하며 1989년 3월 세계청년학생축전 개최 직전에 기습적으로 평양을 방문했다가 귀국, 국가보안법 위반 혐의로 체포되어 유죄 판결을 받고 징역을 살게 된다. 이 사건으로 과거 민주화운동의 카리스마적 존재였던 문익환은 무모한 용공주의자로 전락했고, 그 영향력 또한 한국 내에서 급격히 감소했다.

1993년 3월 김영삼이 정치적 숙적인 김대중 계열에 속하는 문익환을 특별사면으로 석방한 것 그가 힘을 잃은 '과거의 사람'으로서 한국사회에서 별다른 영향력을 행사하지 못할 것으로 판단했기 때문이다.

한편 1990년 8월 북한은 그에게 '조국통일상'을 수여하며 그의 행적을 기렸다. 이는 한국 내 친북파와의 '연대'를 강조함으로써 한국 내 여론을 분열시키고자 한 북한의 노림수에서 출발한 것이라고 보아도 무방하다. 북한은 문익환 사후 6년이 지난 2000년, 문익환의 초상을 넣은 우표를 발행, 조국통일상 수상자로서의 그를 기렸다.

대전엑스포

대전엑스포를 홍보하는 우표(1991년)

노태우 정권은 발족 직후 서울올림픽이라는 역사적인 거사를 치렀다. 1993년 8월 7일~11월 7일의 3개월 동안 대전에서 개최된 엑스포(만국박람회)는 새로 출범한 문민정부에는 서울올림픽과 같은 커다란 행사였다.

1893년 조선정부가 미국 시카고에서 개최된 '세계 콜럼버스 박람회'(콜럼버스의 미국 도착 400년을 기념하는 박람회)에 처음 참가했다는 사실을 상기할 때 대전엑스포가 개최된 1993년은 한국이 만국박람회에 참가한 지 100년이 되는 뜻 깊은 해이다. 대전엑스포는 1990년 국제박람회기구(BIE)에 의해 정식 만국박람회(전문박람회)로 승인받았다.

박정희 시대였던 1973년, 대전시 유성구 소재 2,777m²가 '연구학원단지(대덕연구단지)'로 지정되면서 한국과학기술원(KAIST)을 비롯해 원자력연구소, 전자통신연구원, 생명공학연구원 등 17개의 정부 관련 연구기관과 충남대학교, 한국정보통신대학원대학교 등 교육기관, 삼성, LG 등의 민간연구소가 들어섰다. 지금은 인구 160만 명을 헤아리는 한국 제4의 도시이자 과학기술도시로 성장했다.

대전엑스포는 'The Challenge of a New Road to Development(새로운 도약의 길)'이란 주제 아래, 급속한 발전을 이룩한 한국의 첨단 기술을 국내외에 알리는 것을 최우선 과제로 삼았다. 한국 유수의 과학기술도시인 대전이 대회장으로 선택된 것은 매우 자연스러운 일이었다.

갑천에 면한 90ha의 토지(둔산 신시가지 건너편)가 엑스포 부지로 지정되었는데, 그 중 25헥타르는 전시 공간으로 할당되었다. 참가할 의사를 밝힌 나라는 애초 115개국이었는데, 실제로 대회에 참가한 국가는 108개국이다. 여기에 23개 국제기관이 더 해졌다.

대전엑스포를 홍보하는 우표(1992, 1993년)

한국우정은 엑스포 개최가 정식으로 결정된 1990년 만국박람회 공인 기념우표를 발행했다. 이후 1991~1993년의 3년간 엑스포 홍보를 위한 기념우표를 계속해서 발행했다.

1991년 발행한 우표에는 박람회를 상징하는 탑이 그려졌는데, 이것은 그때까지만 해도 우표 속에 등장하는 탑만이 박람회의 구체적인 이미지를 제시할 수 있는 유일한 것이었기 때문일 것이다. 1992년 우표에는 전체 전시관의 실루엣이 등장하고 있으며, 대회 첫날인 1993년 8월 7일 발행한 우표에는 개별 국가의 전시관이 그려져 있다. 대회 준비상황에 맞춰 우표의 디자인이 변화하고 있다는 점이 재미있다.

대회 종료 후 엑스포회장은 한국 유일의 과학 테마파크인 엑스포과학공원으로 다시 개장했는데, 한때 박람회 시설로 이용되었던 지구관, 에너지관, 우주탐험관, 꿈돌이 유원지 등은 지금도 휴일이면 가족을 동반한 관람객들로 성황을 이룬다.

성장하는 환경보호운동

1993년에 발행된 환경보호 캠페인 우표

 대전엑스포(1993년 8~11월)는 세계적으로 높아지는 자연환경 보호에 대한 관심을 반영해 리사이클관을 마련하는 등 '환경'에 대한 배려가 돋보였다. 이 시기는 한국 환경보호운동사에서 커다란 전기였다.

 박정희 정권이 1960년 이후 개발독재정책을 밀고 나가면서 중화학공업 부문에서도 급격한 발전을 이룬 한국이었으나, 환경에 대한 인식은 제로 상태나 마찬가지였다. 이로 인해 1970년대 한국 각지에서는 공해가 심각한 문제로 대두되었다. 그러나 억압된 정치체제 아래에서 시민의 비판과 항의행위는 비합법적인 것으로 간주되는 시대였던 만큼, 대규모의 반공해 시민운동이 형성되는 것은 무리였다. 환경보호운동이라고 해보았자 피해자 본인이 중앙정부에 호소하는 정도로, 주로 반정부 계열의 민주화운동과 연결되는 경우가 많았다.

 물론 정부도 공해문제와 환경문제에 대해서 손을 놓고 있던 것은 아니었다. 1980년에는 환경청을 신설하여 환경문제에 적극적으로 관여하기 시작했다. 하지만 서울올림픽을 앞두고 '개발'을 우선시한 시대였던 만큼 기업에 대한 규제는 느슨하기 짝이 없었다.

 그 후 민주화운동이 활기를 띠면서 환경에 대한 시민의 관심도 높아지게 되었고, 단순히 정부에 대해 항의활동을 전개하던 것에서 전문가가 참여하는 (본래 의미에서의) 환경운동으로 발전해나갔다. 그리고 1987년 민주화운동으로 시민단체가 합법화되자 각지에서 환경운동 단체들이 결성되었는데, 반(反)원자력발전, 유기농업, 환경학습 등 폭넓은 분야로 확대되었다.

환경보호단체를 시작으로 하는 한국 NGO의 활동은 ① 매스미디어를 통해 여론에 호소하며 개선을 촉구하고, ② 시위, 단식투쟁, 농성 등 직접행동도 불사하며, ③ 강력한 정책제언 능력을 구사해서 가능한 모든 기회를 통해 정부에게 대안을 제시하는 등의 특색을 보였는데, 이는 위에 서술한 것처럼 그들의 태생의 영향이 크다 하겠다.

노태우 정권 시절의 환경보호 캠페인 우표

김영삼 정권은 미비한 그들의 정권기반을 보강하기 위해 시민운동세력을 흡수하고자 했다. 이에 따라 반공해 운동을 전개해왔던 51개 지역연합이 참가한 '한국환경운동연합(KFEM)'이 결성되었다. 애초 7,000명 정도로 출발한 환경운동연합은 1999년 동강댐 건설반대 캠페인을 성공적으로 이끌었고, 그 후 핵폐기물처리시설 반대운동, 갯벌보호운동 등을 벌여나가면서 지금은 회원 수가 8만 3,000명을 넘어설 정도로 성장했다.

이러한 시대의 변화는 우표에서도 잘 드러나고 있다. 노태우 시대였던 1990년에 발행된 환경보호 캠페인 우표는 이렇다 할 구체적인 내용 없이 막연하게 '환경보호'의 이미지를 호소하고 있어 충분한 홍보 효과를 기대하기엔 무리가 있었다.

이에 비해 김영삼 정권이 발족한 1993년 발행된 캠페인 우표는 수질보호나 쓰레기 줄이기 등 구체적인 과제를 국민에게 호소함으로써 과거보다 홍보효과가 개선되었을 것으로 여겨진다. 그 배경에는 KFEM을 필두로 하는 환경보호단체의 적극적인 정부 제언이 자리 잡고 있다고 보아도 좋겠다.

북한의 벼랑 끝 외교

'조국해방전쟁 승리 40주년' 소형 시트

북한은 1992년 헌법을 개정, 그때까지 중앙인민위원회에 속해 있던 국방위원회가 '국가주권의 최고 군사지도기관'으로 독립했다. 국방위원장에게는 모든 무력사용을 지휘·통솔할 수 있는 권한이 주어졌는데, 이것은 국방위원장이 국가주석의 뒤를 잇는 이인자임을 의미한다.

즉, 김일성으로부터 김정일로의 권력세습이 바야흐로 최종단계에 접어들었고, 김일성 생존 중에 김정일을 국방위원장으로서 추대함으로써 김정일의 권위를 북한군 내에 주지시키기 위한 조치였다. 김정일은 1993년 4월 이 자리에 취임했다.

이보다 앞선 1991년 12월, 김정일은 북한군 최고사령관으로 취임해 있었으므로, 국방위원장 취임과 함께 그는 명실상부하게 북한의 군사력을 장악했다.

북한군을 장악한 김정일은 이른바 '벼랑 끝 외교'를 전개해나갔다. 즉, 1992년 5월 판문점에서 북한 병사가 군사분계선을 넘어 총격을 가한 사건, 1993년 3월의 '준전시체제' 선포(그해의 한미합동군사훈련인 팀스피리트에 대한), 핵확산방지조약(NPT)으로부터의 탈퇴, 같은 해 5월의 미사일 '노동1호' 발사실험 강행 등이 그 구체적인 사례이다. 이것은 미국과 직접 교섭하기 위해 생떼를 쓰는 전략이었다. 이러한 '벼랑 끝 외교'는 동아시아 전체를 순식간에 긴장상태로 몰아갔고, 그 결과 위기감을 느낀 김일성은 직접 사태수습에 나서 1993년 6월 김정일의 조선노동당 정치국

상무위원·당서기 자격을 일시적으로 정지시켰다.

7월에 들어서면서 북한에서는 '조국해방전쟁(한국전쟁) 승리 40주년'을 기념하는 축하행사가 대대적으로 거행되는데, 그 일환으로 '김정일 최고사령관을 최고주권자로서 추대하는 대군사 퍼레이드'가 기획되었다. 이에 맞춰 '승전기념일'(7월 27일)에 발행된 소형시트에는 전년(1992년) 4월의 북한군 창군 60주년을 기념을 위해 거행된 군사 퍼레이드 장면과 퍼레이드를 관람하면서 손을 흔들어 답례하는 김정일의 사진이 등장한다. 시트의 왼쪽 위에는 '북한군 최고사령관, 김정일 동지'라는 글자가 들어가 있다. 이것은 군사지도자로서 김정일을 부각시키기 위한 것이다. 그러나 앞에서 설명한 것처럼 김정일의 '폭주'를 염려한 김일성의 뜻에 따라 군사 퍼레이드는 '평화적 시민 퍼레이드'로 진행되었다(우표는 원래 기획한 대로 발행되었다).

퍼레이드 당일 주석단에 모습을 나타낸 김일성의 양 옆에는 시아누 캄보디아 국왕과 아라파트 PLO 의장이 배석했다. 이것은 당시 국제연합과 미국의 뜻에 따라 점진적인 평화노선을 채택한 두 지도자를 초대함으로써 국제사회에서의 평화 유지에 협조할 의사가 있음을 세계에 알리기 위한 것이었다.

북한 내에서 '벼랑 끝 외교'를 둘러싼 이견이 첨예화하는 가운데, 한반도의 운명에 일촉즉발의 위기가 드리워지는 1994년이 밝아온다.

1994년 위기와 전쟁기념관

전쟁기념관 개관 기념우표

　김일성의 만년에 해당하는 1993~1994년, 한반도에는 누가 보더라도 일촉즉발의 위기가 감돌고 있었다. 원인은 바로 북한의 '벼랑 끝 외교'인데, 북한은 한미합동군사훈련(팀스피리트)이 재개되자 '준전시체제'를 선언하고 핵확산방지조약(NPT)에서 탈퇴했다. 1993년 5월에는 미사일 '노동 1호'를 발사해 일본의 노토 반도 앞바다에 떨어지게 했다.

　사실 북한의 이러한 공세는 '사태해결을 위해서'라는 명목으로 미국을 협상 테이블(최종 목적은 미국의 경제적 원조 획득)로 끌어들이기 위한 구실을 만들기 위한 것이었는데, 오히려 한반도 유사시를 대비한 미국의 대응을 재촉하는 결과를 낳았다.

　미국이 한반도 유사시를 대비해 1994년 4월 중순에 재개한 팀스피리트 훈련은 실전을 방불케 하는 대규모의 훈련이었다. 패트리엇 미사일이 부산항에 설치되었고, 병력이 3만 7,000명까지 증원되었으며, 미국 제7함대가 해상에 대기했다. 덧붙이자면 당시 훈련을 준비하면서 미국은 1,900항목에 달하는 지원요청 리스트를 작성, 일본정부에 후방에서 이를 지원해줄 것을 요구했다.

　5월에 들어서자 주한미군 총사령관 게리 락 대장은 "북한은 국경지대에 대포 8,400대와 다연발 로켓 발사대 2,400개를 배치했고, 이것은 서울을 향해 최초 12시간 동안 5,000발을 발사할 수 있는 화력이다. 전쟁이 발발할 경우 반년 정도 지속될 것이며, 미군 희생자는 10만 명 정도일 것으로 추정된다"는 분석을 발표했다. 미국정부도 '제2차 한국전쟁'으로 인한 피해규모를 "최초 3개월간 미군 5만 명, 한국군 50만 명이 사망하고, 전면전으로 번질 경우 사상자는 100만 명에 달할 것"으로 예상하는 등 한반도 위기가 현실화할 수도 있을 것으로 보았다.

이처럼 상황이 긴박성을 더해가는 가운데, 1994년 6월 한강과 임진강이 합류하는 지점인 구(舊)대한민국 육군본부 자리에 전쟁기념관이 문을 열었다. 전쟁기념관은 나라를 위해 싸우다 죽은 병사들을 추모하기 위해 설립한 곳으로, 전시 내용은 한국전쟁과 관련된 것들이 주를 이루고 있다. 전쟁기념관 설립 준비는 각 분야 전문가들의 조언 아래 진행되었으며, 제2차 한국전쟁의 위기가 심각하게 우려되는 상황에서 개관했다는 사실은 결과적으로 매우 시의적절했다고 평가할 수 있겠다.

긴장상태가 지속되는 가운데, 미국의 클린턴 정권은 전쟁을 피하기 위한 막바지 교섭을 목적으로 6월 15일 카터 전 대통령을 평양에 파견했다. 원래 미국 측은 카터의 방한에 구체적인 성과를 기대하지 않았다. 그러나 대화 재개의 계기를 만들겠다는 '벼랑 끝 외교' 본래의 목적을 달성한 북한은 각국의 예상을 뒤엎었다. 김일성이 카터의 제안을 받아들여 영변의 핵개발 관련 복합시설을 전면 동결할 것과 대미교섭 재개에 응할 것을 발표하면서 제2차 한국전쟁의 불씨는 잦아들고 세계는 안도의 숨을 내쉬게 되었다.

그러나 카터의 방한으로부터 1개월이 흐른 7월 8일 김일성이 급사하는 충격적 사건이 일어나고, 한반도 정세는 또다시 한 치 앞을 분간하기 어려운 안개 속으로 빠져든다.

김일성 사망

북한에서 발행된 김일성 추도 소형 시트

한반도에 전쟁에 대한 위기의식이 고조되었던 1994년, 미국의 지미 카터 전 대통령은 북한을 방문해 김일성 주석과 면담했다(6월 15일). 협상 결과 북한은 영변 핵개발 관련 시설을 전면 동결할 것과 대미교섭 재개를 약속하고, 북한의 핵문제에 대한 미국과 북한 간의 대략적 합의가 이루어진다. 카터는 또 김일성에게 남북정상회담을 제의했고, 이에 따라 김영삼 대통령과 김일성의 남북수뇌회담이 7월 25일로 정해지는 등 한반도에 해빙의 분위기가 조성되는 것 같았다.

그러나 수뇌회담 직전인 7월 8일 김일성이 급사하는 바람에 이런 움직임은 좌절되고 만다. 북한은 김일성의 사망원인을 집무 중에 일어난 심장발작 때문이라고 밝혔다.

이 시점에서 김일성의 생애를 간략하게 짚어보자. 김일성은 1912년 4월 15일 평양 서쪽의 만경대에서 태어났다. 본명은 김성주. 이 소년은 12살이 되던 해 가족과 함께 남만주(중국 동북부)로 이주, 지린(吉林) 유문중학교 재학 중에 공산주의에 경도되면서 항일운동에 가담했다고 한다. 1931년 10월 당시 코민테른의 1국 1당 원칙에 따라 중국공산당에 입당, 1932년 중공군 휘하에서 두만강 연안을 무대로 유격대를 조직하고 항일무장투쟁을 전개했다.

1937년, 이른바 보천보 전투에서 일본 경찰부대와 교전하는 등 활약을 펼치다가 일본 측의 압박이 심해지자 1940년 무렵 소련령 하바롭스크로 피신, 이후 일본이 패망할 때까지 소련 동방면군 휘하에서 정치·군사훈련을 받았다.

1945년 9월 소련 점령하의 북한에 전설의 항일영웅 '김일성 장군'으로서 귀국, 점령당국의 뜻에 따라 북한을 공산주의화하는 데 힘쓰다가 1946년 2월에 시행된 북한 임시 인민위원회(사실상의 북한 정부) 발족과 함께 북한의 권력을 장악하는 데 성공했다. 1948년 조선민주주의인민공화국이 성립과 동시에 수상으로 취임, 이듬해에는 조선노동당위원장을 겸임하고 소련과 중국의 승인 아래 북한군에게 남침을 명령해 '조국해방전쟁'(1950년)을 일으키는데, 이것이 바로 한국전쟁이다.

한국전쟁을 통해서 권력 집중을 도모했던 그는 휴전(1953년)이 이루어지자 본격적인 반대파 숙청작업에 나서 1967년 무렵에는 독재체제를 완성하는 데 성공했다. 1972년에는 정부·당·군의 권력을 장악, 국가주석에 취임했고, '위대한 수령 동지'로서 북한 안에서 살아 있는 신으로서의 지위를 확보했다.

'위대한 수령 동지' 김일성의 죽음이 북한이라는 국가는 물론 국민에게 얼마나 큰 충격이었는지는 말할 필요도 없으리라. 김일성의 죽음으로부터 2년이 흐른 1996년 발행된 김일성을 추도하는 소형시트에는 김일성의 부음을 듣고 만경대(평양 근교, 김일성의 생가가 소재한 곳으로 '혁명성지' 중 하나)에 세워진 김일성 동상 앞에 모여서 애도하고 있는 평양시민들의 모습이 그려져 있다. 거대한 동상과 그 앞에 인산인해를 이룬 시민들의 모습에서 그들에게 김일성이 얼마나 '위대한 수령 동지'였는가를 생생하게 확인할 수 있다.

KEDO의 설립

하나로 원자로 준공 기념우표

김일성이 사망하기 직전인 1994년 6월, 북한 핵문제에 관한 북미 간의 '대략적인 합의'가 이루어지기는 했지만, 그것이 정식으로 문서화되어 제네바에서 조인된 것은 그해 10월 22일이 되어서이다. 북미 간 제네바 합의의 내용은 아래와 같다.

1. 북한의 흑연감속로(핵탄두의 원료가 되는 고순도의 플루토늄을 정제하는 원자로)의 경수로로의 전환
2. 북미 양국의 정치적·경제적 관계의 완전 정상화: 무역과 투자 장벽 완화, 연락사무소의 개설 등
3. 한반도의 비핵화와 평화, 안전보장을 위한 노력: 미국에 의한 핵무기 불사용, 남북 비핵화 공동선언의 시행을 위한 조치 등
4. 국제적인 핵 불확산 체제의 강화를 위한 노력: 북한은 핵불확산조약(NPT)을 탈퇴하지 않고, 핵사찰을 포함한 국제원자력기구(IAEA)의 보장조치협정을 이행

이 가운데 1의 경수로 전환에 관해서는 그 대가로 다음의 사항이 약속되었다. ① '국제공동사업체'를 조직해서 2003년까지는 한국형 경수로 2기를 건설, 그 가운데 1기를 가동해 200만 킬로와트의 전력을 공급한다. ② 경수로가 완성될 때까지 미국은 매년 30만 톤의 중유를 공급한다.

이 합의에 의해 1994년 11월 18일 북한은 흑연감속로와 관련 시설을 전면 동결하는 조치를 취했다고 발표하고, 그 달 28일에는 IAEA가 이 사실을 확인했다.

그런데 북한에 건설될 경수로를 한국형으로 하자는 것을 놓고 북한 측이 '한국형'이라는 명칭에 이의를 제기하면서 11월 30일의 북미전문가협의가 결렬되고, 이듬해인 1995년 3월 '대략적인 합의'에서 정해졌던 '국제공동사업체'로 한국, 미국, 일본, 뉴질랜드, 오스트레일리아, 캐나다가 참가한 '한반도에너지개발기구(Korean Peninsula Energy Development Organization: KEDO)'가 설립되나, '한국형' 경수로에 대한 북한 측의 반발을 잠재우는 데 실패하면서, 북·미 간 실무자협의도 암초에 부딪혔다.

그런데 KEDO가 북한에 한국형 경수로를 제공하기로 결정한 데는 46억 달러의 경비 중 70%에 해당하는 32억 2,000만 달러를 부담하는 한국의 의사가 강하게 반영되었으며, 일본의 부담한 금액은 9억 2,000만 달러였다. 당시 한국의 원자력발전은 개선의 여지가 많았는데, 원자력발전 산업을 장래 수출산업으로 육성시키겠다는 복안을 갖고 있던 한국정부는 당시 국제사회의 이목이 쏠리고 있는 북한의 경수로 지원을 한국의 원자로를 세계에 알릴 기회로 활용하고자 했던 것이다.

KEDO의 설립에 맞추기나 한 것처럼 1995년 4월 한국원자력연구소가 하나로 연구용 원자로를 완성시켰고, 한국우정은 그 사실을 국내외에 널리 알리기 위해 기념우표를 발행했다. 이 또한 한국의 원자력 정책에 맞춘 것이었다고 보아도 틀림없을 것이다.

광복 50년

광복 50주년 기념우표

　제2차 세계대전 종전 50년이 되는 1995년, 한일 양국에서는 다양한 시각에서 과거사 청산을 위한 노력이 시도되었다. 먼저 주목할 만한 일본의 노력으로는 전후 50주년이 되는 종전기념일에 맞춰 무라야마 총리가 발표한 담화, 이른바 '무라야마 담화'를 들 수 있다.

　이것은 전후 50주년 기념식에서 당시 일본 총리 무라야마 도미이치(村山富市)가 각의의 결정을 토대로 일본이 제2차 세계대전이 종전될 때까지 저질렀던 '침략'과 '식민지 지배'에 대해 공식적으로 사죄한 것으로서, 이후 일본국 정부의 공식적인 역사적 견해로서 인용되고 있다.

　무라야마는 이 담화를 통해 "깊은 반성에 입각하여 독선적 내셔널리즘을 물리치고, 책임 있는 국제사회의 일원으로서 국제협조를 촉진하며, 평화와 민주주의를 널리 전해야 할 것"이라는 입장을 표명하고, 일본의 사명으로서 "유일한 피폭국으로서의 체험을 딛고 서서, 핵병기의 궁극적인 폐기를 목표로 핵불확산 체제의 강화 등 국제적인 군축을 적극적으로 추진하겠다"고 맹세하고 있다.

　이를 바탕으로 한국을 포함한 아시아 각국에 대한 일본의 '식민지 지배와 침략'에 대해 "의심할 여지없는 역사적 사실"이라고 못 박고 있으며, 그 외 종군위안부에 대한 배상 등 개별적인 전후처리 문제에 대해서는 "계속해서 성실히 대응해나갈 것"이라고 약속하고 있다.

　무라야마 담화는 또 "통절한 반성의 뜻을 표하면서 마음으로부터 깊은 사과의 뜻을 밝힙니다"라는 표현에서 엿볼 수 있듯이 총리가 공식담화로서는 솔직하게 과거에 대한 '사죄'의 의사를 나타내고 있으나, 그 대상이 광범위하게 '아시아 각국'을 향한 것으로 되어 있다는 점에서 '한국에 대한 직접적인 사죄'는 아니라는 비판도 한국 내에서는 나왔다.

한편 한국 측에서는 '광복 50주년'을 기념하기 위한 행사로서 기념식과 기념우표를 발행한 것 외에 옛 조선총독부 청사를 철거했다는 것이 눈길을 끌었다. 조선총독부 청사는 1926년 경복궁 안에 세워진 4층짜리 건물로, 중앙에는 커다란 홀이 자리 잡고 있었다. 이 건물은 궁전 정문의 광화문을 철거한 자리에 건설되어 경복궁을 시가지에서 볼 수 없도록 차단하고 있었는데, 이것은 식민지 통치세력인 일본이 자신들이야말로 한반도의 지배자라는 사실을 시각적으로 확인시켜주겠다는 치밀한 계산에 의해 배치된 것이다.

1948년 8월, 대한민국 정부가 발족하면서 옛 조선총독부 청사는 정부청사로 쓰이며 중앙청이라고 불리게 되었다. 그 후 국민 사이에 굴욕의 역사를 상징하는 건물로 철거되는 것이 마땅하다는 주장도 많았지만, 다른 한편에서는 건축물 자체로서의 가치를 인정하고, 나아가 역사를 잊지 않겠다는 차원에서도 보존하는 것이 좋다고 생각된다는 의견도 팽팽했던 까닭에 오랜 세월 동안 국립중앙박물관으로서 이용되었다.

그러다가 1995년 8월 광복 50주년을 계기로 철거가 결정되는데, 여기에는 경복궁을 가로막고 있다는 점이 크게 작용했다. 한때 이전이 검토되기도 했으나, 막대한 비용이 예상되어 결국 첨탑부분(현재 천안시 교외의 독립기념관에 전시되어 있다)을 제외한 청사 전체가 해체되었다. 총독부 건물이 철거된 자리에는 궁궐 일부가 복원되어 현재는 경복궁의 정면 입구로서 사용되고 있다.

5·18특별법과 형벌불소급의 원칙

근대사법제도 도입 100주년을 기념하는 우표

1995년은 법률 제1호로 재판소구성법이 공포됨으로써(1895년 3월 25일) 한국에 서구식 근대사법제도가 도입된 지 정확히 100년이 되는 해이다. 한국정부는 이를 기념해 우표를 발행했다. 그런데 이 해에 근대사법제도의 근간을 뒤흔드는 사건이 발생한다. 1995년 10월, 한 야당의원이 전임 대통령 노태우의 300억 원에 달하는 차명계좌를 폭로했고, 이 계좌에 대해서는 1993년에 시행된 금융실명제(모든 금융거래는 반드시 본인의 이름으로만 이루어져야 한다는 제도로 검은 돈을 일소하기 위한 것이다)에 따라 동결조치가 취해졌다.

비밀계좌가 드러나면서 노태우는 11월 16일에 수뢰 혐의로 체포되었고, 이 사건을 계기로 김영삼은 '군사정권의 역사적 평가는 후세에 맡기겠다'는 태도를 바꿔, 이른바 '역사 바로 세우기'에 착수한다. 그런데 1992년의 대통령 선거 기간에 노태우로부터 여당후보인 김영삼 진영에 거액의 정치자금이 흘러들어 갔다는 것은 공공연한 비밀이었다. 이에 정부는 국민의 눈을 돌리기 위해 전두환 정권의 과거를 들추기 시작했다.

칼을 빼든 김영삼 정권은 1979년 박정희 대통령 암살부터 숙군 쿠데타, 그리고 1980년 5월의 광주 항쟁까지 이어지는 일련의 역사적 사건에 대해 전두환과 노태우의 책임을 묻기로 결정했다. 12월 3일에는 전두환을 숙군 쿠데타의 반란 주모자로서 체포하고, 광주 항쟁 진압 관련자 처벌을 위한 5·18특별법을 제정, 숙군 쿠데타 발생으로부터 1993년 노태우가 퇴임하기까지 이들이 벌인 범죄들에 대한 시효를 정지시켰다. 이렇게 해서 두 사람은 형사피고인이 되었는데, 전두환은 '특별법'이 법의 '불소급 원칙'에 어긋난다며 헌법재판소에 위헌심사를 청구했다.

근대법은 범죄 발생 시 적법이었던 행위에 대해서 사후에 정한 벌칙을 소급해 처벌하는 것, 또한 실행 시보다 후에 정해진 더 엄한 벌에 처하는 것을 금지한다는 것을 대원칙으로 삼고 있다. 이것을 '법률불소급의 원칙'이라고 한다. '성공한 쿠데타'를 10년이 넘게 지나서 심판하는 것은 이 원칙에 반하는 것이 아니냐는 것이 전두환의 주장이었다.

이에 대해 헌법재판소를 구성하는 9명의 재판관 중 4명은 합헌이라며 찬성표를, 5명은 위헌이라며 반대표를 던졌다. 위헌 판단은 6명의 반대가 필요했으므로 전두환의 심사 신청은 기각되었다. 이렇게 해서 1996년 2월 특별법은 합헌으로 인정받았고, 이듬해 3월부터 공판이 시작되어 그해 8월 전두환에게는 사형, 노태우에게는 징역 22년 6개월형이 내려졌다. 그해 말 2심에서 두 사람은 각각 무기징역과 징역 17년으로 감형, 1997년 3심에서 이것이 확정되면서 1년가량 걸린 재판이 완료된다. 판결이 확정된 다음인 1997년 12월, 광주 항쟁 피해자 가운데 한 사람인 김대중이 대통령에 당선되면서 김영삼은 김대중과의 협의하에 두 사람에 대한 사면을 결정하는데, 이것으로 김영삼 정부의 '역사 바로 세우기'는 종지부를 찍게 된다. 그러나 이러한 일련의 과정에 정치적인 노림수와 국민감정이 작용했다는 사실, 또 그로 인해 한국의 사법제도가 자의적인 잣대로 운용될 소지가 다분하다는 인상을 지금까지도 불식시키지 못하고 있다는 것과 이것이 곧 한국 사법제도에 대한 국제적인 신용의 손상을 가져왔다는 점은 부인할 수 없을 것이다.

2002년 FIFA 월드컵 개최 결정

월드컵 개최 결정 기념우표

　국제축구연맹(FIFA)은 1996년 5월 31일, 2002년 FIFA 월드컵 대회를 한일 양국에서 개최하기로 결정한다고 발표했다.

　2002년 월드컵 대회의 개최지를 놓고 1986년 당시 FIFA 회장이었던 주앙 아벨란제가 아시아·아프리카 지역에서의 개최를 제안, 먼저 손을 든 것이 일본이었다.

　당시 일본은 도요타컵(유럽과 남미의 우승팀이 겨루는 세계 최강자전) 개최를 통해 축적된 경험에다가 월드컵 개최가 침체된 국내 축구에 활력을 불어넣는 계기가 될 것이라는 축구협회의 계산까지 더해져 적극적인 유치활동에 나섰다. 또 유럽 각국에서도 아시아 지역에서 압도적인 경제력과 인프라를 갖춘 일본에서의 월드컵 개최가 무난한 선택이 아니겠느냐는 시선이 많았다.

　그런데 1993년 11월 '아시아 최초'의 명예를 따내겠다며 한국이 대회유치에 나설 것을 선언한다. 한국은 다음 해인 1994년 유치위원회를 발족, 일본에 대한 맹렬한 반격에 나선다. 한국 정·재계는 재벌가인 현대를 중심으로 풍부한 자금력을 동원해 정력적인 유치활동을 전개해나갔다. 또 남북 공동개최안을 내는 등 국제사회에 대한 홍보에도 소홀함이 없었다.

　1995년 2월, 한일 양국은 2002년 대회 개최국에 정식으로 입후보할 뜻을 표명했고 이를 받아들인 FIFA는 1996년 6월 1일의 임시이사회에서 투표로 개최국을 정하기로 했다. 그런데 임시이사회 직후로 예정되어 있던 FIFA 회장 선거와 관련 남미 출신의 아벨란제 회장의 재선에 반대하던 유럽의 이사들이 아벨란제 회장이 개최국으로 힘을 실어주고 있던 일본에서의 개최를 반대하며 한일 공동개최를 주장하기 시작했다. 반면 남미 출신 이사들은 회장 재선에 대한 지지를 밝혔다. 결국 FIFA는 분열되었고 중간파인 아프리카 출신 이사들의 표를 놓고 공방이 벌어지게 되는데, 유럽 리그에 많은 선수를 내보내고 있던 아프리카의 대다수 국가가 유럽 편에 서면서 한일 공동개최로 매듭지어졌다.

개최국을 정하는 투표일 전날의 정례이사회 파티에서 판세를 감지한 아벨란제 회장이 정례이사회에서 한일 양국 공동개최를 자기 입으로 제안할 수밖에 없게 되었고, 한일 양국에 그 의사를 타진하게 되었다. 일본 측은 그 제안을 거부할 경우 한국의 단독 개최나 개최지 결정의 연장, 또는 중국 개최의 가능성이 대두될 수도 있었으므로 울며 겨자 먹기로 그 제안을 받아들였다. 한편 당시 국내 경제가 급속도로 악화일로를 걷던 한국은 일본의 공조 없이는 월드컵을 개최할 수 있는 상황이 아니었다.

이처럼 여러 가지 이해득실이 얽히고설킨 가운데, 1996년 5월 31일에 2002년 월드컵은 한일 양국에서 공동개최한다는 결정이 정식으로 발표되었다. 한국우정이 이 결정을 기념하는 '월드컵-2002년' 우표를 발행한 것은 1996년 8월 1일의 일이다.

한글 전용파와 한자 부활파의 대립

육군사관학교 개교 50주년 기념우표

　한국우정은 1996년 5월 1일 육군사관학교 개교 50년 기념우표를 발행했다. 육군사관학교는 각계각층에서 활약하는 지도급 인사를 다수 배출해온 교육기관으로, 한국우정이 기념우표를 발행한 것은 당연한 일이라 하겠다. 그런데 당시 우표에는 한 가지 주목해야 할 점이 있었다. 바로 우표에 새겨진 '智·仁·勇'이라는 한자다.

　1948년 대한민국 정부가 성립됨과 동시에 한국에서는 한글전용법이 시행되었고, 공문서 작성은 한글로 한다는 것이 상식으로 되어 있었다. 그렇다고는 해도 자유주의 국가의 정부가 국민의 한자 사용을 금지한다는 것은 무리가 있었으므로, 그 사용은 묵인되었다. 대신 한자 교육을 배제해 한자를 모르는 세대를 육성하자는 방침이 정해졌다.

　그러나 1990년대가 되면서, 막상 국민 다수가 한자를 모르는 상황이 닥치자 그 폐해를 지적하는 목소리가 심심찮게 등장하기 시작했다. 이런 상황에서 전 육군참모총장 이재전과 서울대 교수 정병학이 중심이 된 한자교육진흥회(1998년에 전국한자교육추진총연합회로 변경)는 한자부활운동을 전개했다. 그 결과 도로와 역, 버스 정류장의 표식에 한자가 병기되었고, 주민등록증의 성명 난에도 한자를 병기하는 등의 성과를 거두었다. 그러므로 육군사관학교 개교 50주년 기념우표에 한자가 등장한 배경에는 이재전 총장의 의중이 자리 잡고 있었다고 보는 것이 자연스럽겠다.

　한편 한국우정은 이 우표에 대한 한글전용파의 반발을 고려해, '≪독

립신문≫(서울에서 발행된 순 한글로 된 신문)
창간 100년'과 '한글 550년'을 기념하는 우
표를 발행했다.

한글전용파의 조직으로는 1921년 조선
연구회란 이름으로 발족한 한글학회를 들
수 있다. 원래는 한글의 보급을 목적으로
한 학술단체였는데, 식민지 치하에서 민족
운동과 밀접하게 연관을 맺게 되었고, 해방
후에는 한자 폐지를 주장하는 압력단체가
되었다. 그 과정에서 이들의 논리가 교육계

'한글 550년'(위)과 '≪독립신문≫
100년'(아래) 기념우표

에 퍼졌고, 교육부에 커다란 영향을 미치게 되었을 뿐만 아니라 전국교
직원조합이 "한자 교육은 아동·생도의 부담을 가중시키기만 하는 것으
로, 한국어에 한자는 필요치 않다"고 주장하도록 만들었다.

또 1987년의 6·29선언 이후, 군정의 언론 통제에 반대하다 해직된 기
자들이 중심이 되어 설립한 ≪한겨레신문≫이 민족주의적 입장을 견지
히며, 일체의 한자 사용을 배세하는 것을 득색으로 내세웠다. 통일보다
는 반공을 우선시하는 보수층(그 다수는 한자부활파이다)을 비판하는 논진
으로 부수를 확장하는 등 한글전용파는 '혁신' 세력과 관계를 맺으며 사
회적 영향력을 강화시켜나갔다.

한글전용파와 한자부활파 간의 이러한 대립은 정당 간 대립과 연결되
면서 사회적으로 섬세한 대응을 요구하는 문제가 되었다. 행정기관이 그
사이에 끼어 안절부절못하게 되는 경우도 심심찮았는데, 기념우표 또한
이러한 한국사회의 조류에서 벗어날 수 없었던 것이리라.

OECD 가입과 저작권 문제

'세계 저작권의 날' 기념우표

한국이 '경제개발협력기구(OECD)'에 정식으로 가입한 것은 1996년 12월의 일이다.

냉전시대까지만 해도 OECD는 서방측 '선진국' 그룹이 주축이 되었다. 그러나 1990년대 들어 동서냉전이 막을 내리면서 동구의 각국과 신흥공업국들도 가입하게 되었고, 한국도 가입에 박차를 가했다.

한국이 OECD에 가입, 명실공이 '선진국'으로서 세계의 인정을 받게 되자 그간 한국에서 상식으로 여겨지던 것이 국제사회에 의해 비상식적인 것으로 지적당하게 되었고, 시정까지 요구받게 되는 경우 또한 적지 않았는데 저작권을 둘러싼 갈등이 그 전형적인 예이다.

한국에서는 지금도 일부 시민단체들이 "저작권이라고는 해도 그것은 문화 속에서 탄생하고 자란 것으로 모든 사람이 풍부한 문화의 산물을 이용할 수 있도록 해야 한다"고 주장하는 사실에서 볼 수 있듯이 특정의 개인이나 단체에 저작권이 귀속되는 것에 대한 사회적 합의가 뿌리내리지 못하고 있다. 특히 1980년대까지 '복사가 왜 나쁜가'라는 논리가 당당하게 통했으며, 이른바 위조 브랜드 상품이 지금도 대낮의 서울 중심부에서 버젓이 판매되고 있는 실정이다.

한국사회의 이러한 실상은 일본과 유럽의 비난을 불러일으켰고, 한국에서는 서울올림픽을 앞둔 1987년 7월부터 늦게나마 본격적으로 저작권법이 시행되기 시작했다.

그러나 그 후에도 일반 국민의 의식이 답보 상태를 벗어나지 못하는 가운데, 1990년대에 이른바 '건담(Gundam) 사건'이 발생했다. 이것은 1993년에 일본의 소츠(創通)에이전시가 한국에서 애니메이션 '간담(ガンダム, Gundam의 가타카나 식 표기)'의 상표등록을 했음에도 한국의 완구업체가 이것을 무시한 채 '간담'이란 명칭을 무단으로 사용해 상품을 제조·판매한 것이 문제가 된 사건이다. 당시 이 기업은 '간담'이 공상세계 로봇의 일반명사로 로봇에 '간담' 이외의 명칭을 붙이면 소비자의 오해를 불러일으킬 수 있다는 논리로 대항했고, 한국 특허청이 1998년에 이것에 대해 타당성이 있다고 손을 들어주었다(그해 이 결정은 번복되었다).

이러한 한국의 상황은 당연히 '선진국' 일원으로서 용납될 만한 것이 아니었으므로, 한국정부도 국민을 상대로 계몽에 팔을 걷어붙이게 되었다. 1997년 "청소년을 일본의 문화영향으로부터 보호한다"는 명목('일본인의 권리를 보호하기 위해서'라고 정면 돌파할 경우 일부의 반발이 예상되었으므로 이런 명목이 채택되었다)으로 시행된 일본 만화 해적판에 대한 대규모 검거에서는 100만 부를 넘는 해적판이 적발되었다.

1997년 4월 발행된 '세계 저작권의 날'이라는 제하의 우표도 이러한 사회적 흐름에 따른 것으로, 우표를 통해 저작권 보호의 중요성을 국민에게 알리겠다는 정부의 의지가 반영된 것이다.

아무튼 이런 계몽활동이 충분한 효과를 거두었다고 말하기에는 아직 부족한 점이 있지만, 전보다 개선된 것은 분명하다. 그러나 지금도 일본과 유럽 각국이 한국의 '짝퉁' 제품으로 골치를 앓고 있는 상황은 여전하며, 이 문제를 둘러싼 한국과 국제사회의 틈새를 메우기가 쉽지만은 않다는 사실을 한 번 더 실감하게 된다.

광주비엔날레

1997년 광주비엔날레 기념우표

1997년 9월 1일부터 11월 27일에 걸쳐 제2회 광주비엔날레가 개최되었다. '비엔날레(biennale)'란 이탈리아어로 '2년에 한 번'이란 뜻으로, 2년에 한 번씩 열리는 국제미술전을 지칭한다. 한국에서는 1995년 광주에서 개최된 것이 최초이며, 지금은 부산에서도 열린다.

제1회 광주비엔날레가 거행된 1995년은 1980년에 발생한 광주 항쟁 무력진압의 책임자 추궁이 시작된 시기와 궤를 같이한다. 광주시민은 자신들의 문화적 전통(광주는 서화로 알려진 문인의 도시)을 자랑하기 위해 수도 서울을 제치고 국제미술전을 기획하게 되었고, 비엔날레는 그 시작이었다.

당시 광주 시내 각지에는 비엔날레의 로고와 함께 '민주주의의 성지, 광주' 등의 표어가 걸렸으며, 김영삼 대통령은 반(反)중앙 정서가 강한 광주 시민의 '반발'을 우려해 시찰 일정을 여러 번 바꾸다가 결국은 개회식에 참석하지도 못했다.

그러나 1997년 제2회 비엔날레 때는 광주가 도청소재지인 전라남도에 기반을 둔 야당 후보 김대중의 기세를 잠재워야만 했던, 연말의 대통령 선거를 의식한 정부로서는 이 지역 민심을 달래기 위한 유화조치를 취할 수밖에 없었다. 비엔날레 개최 2개월을 앞두고 한국우정이 기념우표를 발행하며, 사전 홍보에 협력한 것도 이러한 노림수가 있었기 때문이 아닐까 추측된다.

제2회 광주 비엔날레는 중외공원 안에 마련된 비엔날레 전시관을 중심으로 광주시립미술관, 교육홍보관 등 시내 곳곳에서 열렸다. 시내의 모든 곳에 포스터가 붙여졌으며, 교통표식에도 비엔날레장 순례를 위한 도로 순서가 걸렸다. 또 오프닝 전날에는 시내 번화가에서 퍼레이드가 펼쳐지는 등 광주시 전역이 이벤트장이었다.

당시 비엔날레의 종합 테마는 '지구의 여백'이었다. 메인 회장이었던 비엔날레 전시관에서는 음양오행설에 기초해 '속도/수', '생성/토', '혼성/목', '권력/금', '공간/화'의 다섯 가지 테마를 정하고, 이에 맞춰 세계 각국 102개 그룹 아티스트의 작품이 전시되었다. 이 밖에도 광주시립미술관에서는 해방 후의 한국의 시각문화의 궤적을 훑는 '일상, 기억 그리고 역사'전과 샤머니즘과 현대미술의 관계를 생각하는 '삶의 경계'전, 또 교육홍보관에서는 한국의 젊은 작가들 작품을 모은 아페르토전(Aperto展, 35세 미만의 젊은 예술가들을 위한 작가전)이 각각 펼쳐졌다.

그런데 회장을 방문한 관람객들 가운데는 작품에 마구 손을 댄다든지, 영상물 앞에서 춤을 춘다든지 하는 사람들이 적지 않았던 모양으로, 미술전 그 자체가 일반 한국인에게 익숙한 것은 아니지 않았나 하는 느낌이 들기도 했다.

덧붙이자면 비엔날레 개최는 본래 2년에 한 번이 원칙이나, 제2회 비엔날레가 끝난 지 얼마 지나지 않아 한국에 IMF 위기가 들이닥치는 등의 이유로 1999년 대회가 미뤄지고 말았다. 제3회 대회가 이듬해인 2000년에 무사히 개최된 이후 2년에 1회라는 비엔날레 본래의 페이스는 잘 지켜지고 있다.

금융위기

한성은행 설립 100년을 기념하는 우표

뒷날 IMF 위기로 불리는 경제위기는 1997년 1월 23일 대형 철강업체인 한보철강이 약 5조 원의 부채를 안고 쓰러진 것이 직접적인 도화선이 되었다. 그 후 삼미철강, 대농식품, 진로주조, 기아자동차, 쌍방울, 태일(정밀기기) 등의 대기업이 차례로 도산상태(거액의 부도를 냈으나 은행이 일정 기간 그 처리를 유예시켜주고 있는 상태)에 빠짐으로써 한국경제는 문자 그대로 패닉상태가 되었다.

당시 한국의 거대기업 대부분은 전형적인 재벌기업으로서, 소유와 경영의 분리가 이루어지지 않았기 때문에 오너 일가가 경영의 실권을 장악하고 있었다. 이들 재벌기업은 정권에 거액을 헌납하고 그 대가로 특혜성 융자를 얻어냈으며, '문어발식 경영'으로 사업을 다각화시켰는데, 이 과정에서 발생한 부채는 그들의 변제능력을 넘어서 있었다. 기아와 진로가 주사업부문에서 커다란 이익을 내지 못하면서도 은행으로부터 융자를 받아 특수강과 유통업 등 비전문업종에까지 경영을 확대한 것이 원인이 되어 도산한 것이 그 전형적인 예다.

한편 금융기관도 인사 등 전 분야에서 정부의 통제를 받고 있었기 때문에 재벌기업의 경영에 대해 공정한 심사를 하기 어려웠고, 이는 기업의 경영실태를 무시한 무모한 융자의 원인이 되었다. 당시 한국 금융기관의 불량채권은 전체 대여자금의 약 17%로, 일본의 경우 심각한 금융위기를 겪던 시기조차도 불량채권 비율은 3%를 넘지 않았다는 사실을 상기해볼 때 사태의 심각성을 짐작하기란 어렵지 않을 것이다.

이런 상황 속에서 1997년 5월 헤지펀드(소수 투자가로부터 사적으로 대규모 자금을 모아서 운용하는 투자단체)가 타이의 바트화를 대량으로 투매하자, 타이 당국은 외환시장에 개입하여 헤지펀드의 공세에 대항했다. 그러나 외화준비금이 바닥을 드러내면서 결국 타이에 통화위기가 들이닥쳤다. 이것을 기화로 동남아시아 각국의 통화가 크게 하락하고 아시아 경제는 커다란 타격을 입었다. 아시아시장에서의 이변에 촉각을 곤두세우고 있던 국제신용평가회사 무디스는 7월 들어 한국의 신용등급을 A1에서 A3로 하향시켰고, 이것을 신호로 주가가 급락하고 기업이 줄줄이 도산하면서 한국경제는 더 깊은 나락으로 곤두박질치기 시작했다.

설상가상으로 9월 말 시점으로 1,200억 달러였던 한국의 외채 가운데 55%에 달하는 660억 달러가 1년 이내에 만기가 돌아오는 단기채무였기 때문에 국제시장에서는 한국의 단기채무에 대한 러시가 발생했다. 그 결과 한국의 외화보유고는 200억 달러를 밑돌았다(장부상의 금액으로, 실제로는 더 적었다). 11월에 들어서자 무디스는 한국의 신용등급을 Baa2로 하락시켜 한국에 대한 시장의 신용은 완전히 추락하고 말았다.

한국정부는 11월 21일, IMF(국제통화기금)에 200억 달러의 지원을 요청했고, IMF는 재벌해체 등 한국경제에 대한 근본적인 구조개혁에 칼을 빼들었다. 1997년은 한국 최초의 근대은행인 한성은행이 창립(1897년)된 지 100주년이 되는 해로, 2월에는 이것을 기념하는 우표가 발행되기도 했는데, 그런 해가 한국의 금융사상 유례없었던 암흑의 해가 되었다는 것, 더구나 한국 금융계의 전근대적인 자본 운용으로 누적된 문제가 한꺼번에 분출됨으로써 역사에 남을 한 해가 되었다는 사실은 아이러니하게 느껴지기까지 한다.

칼럼 한국우표 참고자료 ①

우표의 명칭이나 발행일, 디자인 등에 관한 기본적인 정보를 조사하고자 할 때 없어서는 안 될 것이 우표 카탈로그이다.

우표 카탈로그라고 하면 우표 가격표쯤으로 생각하는 사람이 많은데, 카탈로그의 본래 역할은 참고도서와 같은 것으로, 여행자가 들고 다니는 지도나 외국어 사전에 비견될 수 있다. 그러므로 카탈로그를 통해 우표의 가치를 매기는 것은 어디까지나 부수적인 것이다.

우문관에서 발행한 2008년판 카탈로그

한국의 우표에 관해서 궁금한 점이 있을 때 우선 찾아볼 만한 카탈로그로는 서울의 우문관(Korea Philatelic Company)에서 발행하는 *KPC-Korea Postage Stamp Catalogue*를 권하고 싶다.

이 책은 매년 발행되는 컬러 카탈로그로 조선시대인 1884년에 나온 최초의 우표부터 전년도 12월까지(2008년 판의 경우 2007년 말까지) 발행된 모든 우표와 엽서, 항공서한, 크리스마스실에 대해서 그 명칭과 발행일, 인쇄의 방식, 용지의 종류, 원화작자 등의 정보를 수록하고 있을 뿐만 아니라 우편요금표도 들어가 있다. 본문은 한글 표기를 기본으로 하고 있으나, 우표의 명칭에는 영역이 병기되어 있다.

또, 1999년 이후(이때부터 발행 예정인 우표까지 포함됨)로 발행된 기념우표와 특수우표에 관한 정보는 한국우정(대한민국우정사업본부)의 웹사이트(http://www.koreapost.go.kr)를 방문할 것을 권한다. 이 사이트의 우표 페이지에서는 우표의 화상과 함께 언론에 배포한 보도자료가 그대로 공개되어 있으므로 각 우표의 발행목적이나 디자인과 관련해서 꽤 상세한 정보를 얻는 것이 가능하다.

우문관의 카탈로그를 이용한다면 초창기부터 지금에 이르기까지의 한국 우표에 대한 개요는 충분히 파악할 수 있을 것이다.

제8장

김대중 시대 1997~2002

'한국전통식품 시리즈'의 제1집으로서 2001년
6월 15일에 발행된 김치 우표

1997년 한국, IMF 관리하에

1998년 북한, 대포동 발사

2000년 김대중, 베를린선언 발표, 남북정상회담

        김대중, 노벨평화상 수상

2001년 인천국제공항 개항

2002년 FIFA 월드컵 개최

김대중 정권의 발족

김대중 대통령 취임 기념우표

　1997년 5월 제1 야당인 새정치국민회의(국민회의)의 수장 김대중이 당의 대통령 후보로 선출되었다. 6월에는 제2 야당인 자유민주연합(자민련)이 당대표인 김종필을 대통령 후보로 옹립했다. 한편 여당인 신한국당에서는 7월에 전 국무총리 이회창이 경기도지사 이인제를 결선투표에서 누르고 대통령 후보에 오르면서 본격적인 선거전이 전개되었다.

　이회창은 50%에 가까운 지지율로 타 후보를 크게 따돌리고 있었으나, 7월 말에 두 아들이 '체중미달'로 병역을 면제받았다는 사실이 불거지면서 지지율이 급락했다. 이어 8월에는 서울시장 조순이 민주당의 대통령 후보로 나설 것을 선언했고, 9월에는 이인제가 신한국당을 탈당해 독자적으로 출마할 뜻을 표명하는 등 선거전은 갈수록 혼란을 더했다.

　이런 가운데 선거공시를 앞둔 11월 국민회의와 자민련 간에 김대중을 단일후보로 하고 김종필은 출마를 단념한다는 합의(DJP연합)가 이루어졌고, 이어 여당인 신한국당은 민주당과 합병을 통해 한나라당으로 변신, 이회창이 단일후보가 되었으며 조순은 사퇴했다. 이인제는 이러한 후보자 조정에 가담하지 않고 새로이 국민신당을 창립해 대통령 선거에 출마했다. 결국 대통령 선거는 김대중, 이회창, 이인제의 삼파전이 되었다.

　선거 기간에 김대중은 그간 몇 번이나 대통령 선거에 도전했던 경험을 부각시켜 '준비된 대통령'을 슬로건으로 내세웠다. 그는 자신의 출신지인 전라도와 '동지'인 김종필의 출신지인 충청도 지역의 표심을 굳혔고, 부동표가 많은 수도권 지역에서도 지지를 모아 대통령에 당선되었다. 김대중과 이회창의 득표 차는 약 40만 표로 득표율로는 1.6%에 불과했다.

김대중은 1925년 12월 전라남도 목포 앞바다의 섬인 하의도에서 태어났다. 한국전쟁 휴전 후 얼마 지나지 않은 1954년 국회의원에 당선되어 장면의 인정을 받으면서 두각을 나타냈다. 1960년대 이후로는 박정희 정권이 추진하는 개발독재정책에 반해 민주화를 주장하는 야당정치가로서 활약했다. 1970년 9월 민주당의 대통령 후보에 선출되어 이듬해인 1971년의 대통령 선거에서 박정희와 대적했다. 그는 당시 선거에서 비록 지기는 했지만, 박정희를 불과 97만 표 차까지 압박함으로써 박정희 정권을 위협했다. 그 결과 교통사고로 위장한 암살공작의 표적이 되어야 했다. 1972년 10월 유신 이후 국내 정치활동을 사실상 봉쇄당했으므로 일본과 한국을 오가며 민주화운동에 진력했다. 1973년 8월 도쿄에 체재하던 중 중앙정보부에 의해 납치되어 암살당할 위기에 빠졌다가, 미국의 개입으로 풀려난 후 서울에서 연금 상태에 놓였다.

박정희가 암살된 다음인 1980년 2월 복권이 되면서 정치활동 재개에 나섰지만, 5월에 신군부에 의해 체포되었다. 이에 항의하는 시위를 군부가 진압하면서 유혈 사태로 번진 것이 바로 광주 항쟁이다. 사태가 수습된 후 김대중은 군법회의에서 사형판결을 받았으나 무기징역으로 감형된 다음 형 집행 정지로 풀려나 미국으로 출국했다. 1985년에 귀국한 후 1987년에 복권, 그해 말 대통령 선거에서 노태우에게 도전장을 던졌지만 패배, 1992년 대통령 선거에서는 김영삼에게 고배를 마셨다. 이후 정계 은퇴를 선언했으나 1995년에 새정치국민회의를 결성해 복귀했다. 그리고 선거에서 승리를 거머쥐면서 1998년 2월 25일에 정권을 인수했다.

IMF체제하에서의 개혁

정부 수립 50주년 기념우표

 김대중은 전라도 출신으로서는 처음으로 대통령에 오른 인물이다. 따라서 기득권을 누리고 있던 정치가들 및 고급관료와의 유대가 희박했던 그는 IMF체제라는 '하늘이 준 기회'를 발판으로 한국사회에 대한 근본적인 개혁에 칼을 빼든다.

 김대중 정권의 개혁은 금융의 건전화와 기업경영의 투명성 확보, 공공부문에 대한 규제 완화와 민주화, 건전한 노사관계 등 구조 개혁과 규제 완화를 골자로 하고 있었다. 구체적인 성과로는 방만한 경영으로 위기를 자초한 거대은행을 대통령 권한으로 과감하게 정리·해체했으며(그 결과 금융기관 전체 종업원의 30%가 해고되었다), 연결재무제표로 재벌의 경영 책임을 명확히 했고 족벌경영체제를 개선했다. 정부기관의 정리통합과 통신과 전력부문의 민영화, 외국인의 토지 소유 규제와 투자규제의 철폐 등도 꼽을 수 있다.

 규제 완화의 수행에서 선결되어야 할 과제로는 관료기구의 개혁을 들 수 있는데, 그에 임하는 김대중 정권의 수는 대담했다. 눈물을 머금고 IMF체제를 택해야만 할 정도로 경제가 악화된 요인은 복잡하기 짝이 없겠지만, 관료조직의 무능과 부패가 사태를 악화시켰다는 것은 의심의 여지없는 사실이었다. 실제로 1997년 초에라도 발 빠르게 대책을 강구하기만 했다면 경제위기로 인한 손실을 상당히 경감시킬 수 있었을 것이다. 그러나 당시 김영삼 정권은 재무부로부터 아무런 보고도 받지 못했고,

정신을 차렸을 때는 이미 손 쓸 수조차 없는 단계였다.

새로이 들어선 정권은 이러한 관료의 '무사안일'에 철저히 책임을 물었고, 재무부는 해체되어 경제부와 통합되었다. 동시에 관료 통제의 근간이 되는 인사부문에 대한 개혁 작업도 나서, 관료사회에 깊게 뿌리 내린 경상도 우선주의를 없앴다. 구체적으로는 육군참모총장을 위시한 군, 국가안전기획부, 검찰, 경찰 등의 인사에서 경상도 출신을 배제하고, 비경상도 출신을 정부기관의 주요 포스트에 대폭 등용했다.

육군참모총장은 대통령과 같은 전라도 출신이었으며, 그 외의 인사도 과거와 비교해볼 때 지역적인 균형 면에서 탁월한 것이었다. 이것으로 정부는 경제 위기에 직면, 공정한 일 처리를 하고 있다는 인상을 국민에게 심어주는 등 커다란 효과를 거두었다. 또 새로이 등용된 인재는 그간 관료들이 보여 온 구태의연함과는 거리가 멀었으므로, 민원기관의 대응에서도 커다란 변화가 일어났다. 공무원이 창구를 찾은 시민을 자리에서 일어나 응대하는 장면 또한 종종 눈에 띄게 되었는데 이것은 권위주의로 일관하며 시민을 고압적으로 대하던 종래의 관공서에서는 생각할 수도 없는 변화였다.

김대중 정권의 발족으로부터 거의 반년이 흐른 후인 1998년 8월 14일, 한국우정은 '정부 수립 50년' 기념우표를 발행했다. 우표에는 휘날리는 태극기 아래로 달려가는 사람들의 모습이 그려져 있는데, 국민과 함께 경제재건과 개혁을 위해 매진하겠다는 정부의 의지를 표현하려는 것으로 보인다. 그런 의미에서 김대중 정권의 5년은 착실한 성과를 올렸다는 평가를 받을 만하다.

김대중 정권의 IT전략

'정보문화의 달' 우표

김대중 정권이 야심차게 추진한 정책 가운데 하나는 '정보화 전략'이다. 전임 김영삼 정권 역시 한국사회의 정보화에 남다른 노력을 기울였는데, 이것은 정권 말기에 '정보문화의 달' 기념우표로 '원시인의 러브레터', '파발마와 봉화', '조선 말기의 구형 우체통과 구형 전화', 컴퓨터 네트워크 이미지로 표현된 '미래의 정보문화'가 연쇄 4종으로 기획되었다는 사실에서도 확인된다. 다만 IMF체제 이전의 한국 IT산업은 신흥 벤처사업에 불과했고, 재계의 주류는 여전히 재벌을 중심으로 한 중량감 있는 산업 위주였다. 이런 재계의 주류와 별다른 유대가 없었던 김대중은 경제 위기를 틈타 정보화의 중요성을 역설하며 '지식기반 국가의 건설'을 지속적으로 강조했다. 취임 후 그는 임기 내에 전 국민이 인터넷을 사용할 수 있도록 하겠다는 기본방침을 세우고, 이를 위한 인프라의 정비와 국민 교육에 힘썼다. 한편으로는 IT산업 육성에도 박차를 가했다.

김대중 정권의 경제정책은 기본적으로 정부는 개인과 기업에 대한 지원자이자 협력자(과거와 같은 보호자가 아닌)로서의 역할을 담당해야 한다는 것을 원칙으로 하고 있었다. 정부는 이 원칙에 따라 규제 완화와 구조 개혁을 추진해나가야 한다는 것이다. 그 일환으로 정부는 벤처산업의 육성에 힘을 기울였는데, 이러한 벤처기업 대다수는 IT 관련 기업으로 그들을 보호·육성함으로써 결과적으로 한국사회의 정보화를 앞당기겠다는 것이 정부의 궁극적인 목표였다. 또 벤처기업에 대한 이러한 우대조치에는 이른바 구조조정으로 재벌기업으로부터 해고당한 화이트칼라층을 흡수하는 실업대책으로서의 면도 있었다는 사실을 놓치지 말아야 할 것이다.

사이버 코리아 21을 선전하기 위해 발행한 우표

정보화 정책의 종합적·구체적인 계획으로서 정보통신부가 1999년 3월에 발표한 것이 2002년까지 총 28조 원을 투자하는 '사이버 코리아 21(Cyber Korea 21)' 구상이다. 이 구상은 IT 관련 기업의 GDP 비율을 2002년까지 선진국과 나란한 수준으로 끌어올려, 136조 원의 생산액과 100만 명의 신규 고용(정보통신에서 30만 명, 이와 관련된 신사업에서 70만 명)을 창출하겠다는 구체적인 수량을 목표로 하고 있었다. 또 빼놓을 수 없는 것이 IT 교육에 대한 것으로, 2001년 4월까지 전국의 모든 초·중·고교에 총 100만 대의 컴퓨터를 보급하고 교실에서의 인터넷 접속을 100% 완료했다. 특이한 것은 군대와 소년원에서도 철저히 IT 교육을 시행했다는 것으로, '전 국민'이 인터넷을 사용할 수 있는 환경을 만들겠다는 정부의 강한 의욕을 엿볼 수 있다.

그 후 사이버 코리아 21 구상은 순조롭게 진행되어, 한국의 정보화는 놀라운 속도로 발전했다. 시작된 지 1년 만인 2000년 3월 1일, 김대중 대통령은 3·1절 기념연설에서 "내 임기 중에 전 국민이 컴퓨터를 가지고 인터넷을 사용한다. 한국은 지식 10대 강국이 될 것이다"라고 말했는데, 이 연설의 후반부는 차치하더라도, 전반부에 언급한 내용은 거의 달성되었다는 평가를 받고 있다.

이런 가운데, 구형 미디어인 우표와 우편도 사이버 코리아 21을 선전하는 데 동원되었는데, 2000년 4월 22일에 발행된 우표가 바로 그것이다.

낙선운동

국회 개원 50주년 기념우표

김대중 정권에 의해 추진된 정보화 정책은 산업 전반은 물론 정부·공공기관에도 커다란 영향을 미쳤다. 우선 전자정부시스템이 정비되면서 행정사무처리가 비약적으로 개선되었다. 각종 신청 및 절차가 대폭 간소화되었음은 물론, 민원인은 자신이 신청한 서류의 진척상황을 확인할 수 있게 되었다. 관공서 입장에서도 시민의 요구와 불만을 메일을 통해 접수해 즉각 대응하고 개선할 수 있는 체제가 정비되었다.

또 정보화가 가져온 커다란 혜택 가운데 하나로서 들 수 있는 것이 국회의원 선거에서 커다란 변화가 생겼다는 것이다. 그간 한국국민들은 자신들이 직접 투표해서 뽑는 대통령 선거에 관해서는 비상한 관심을 보였지만 선거구별로 치러지는 국회의원 선거에 대한 열의는 그다지 높은 편이 아니었다. 그런데 인터넷이 발달하면서 의원 개개인의 활동이나 경력을 쉽게 파악할 수 있게 되었고, 나아가 부적격한 의원들에 대해서는 솔직하게 비판할 수 있는 장이 마련되는 등 선거 환경에도 변화가 생기기 시작했다.

이러한 환경의 변화가 표면화 된 것은 2000년 4월의 총선에서다. 당시 총선에서는 460여 시민단체가 '2000년 총선거 시민연대(총선연대)'를 결성, 여·야의 입후보자 114명을 부적격자로 분류하고, 낙선운동을 펼쳐나갔다. 총선연대는 ① 부정부패하거나, ② 과거 선거법을 위반한 경험이 있거나, ③ 군사 쿠데타에 관여했거나, ④ 의정활동을 태만히 했거나,

⑤ 지역감정을 부추기는 등의 항목에 해당하는 행위를 한 후보자를 부적격자로 인정하고, 그 실명을 언론을 통해 공개했다.

원래 총선연대의 주축이 되는 시민단체가 좌파적인 성향이 강했으므로 앞에 기록한 5개의 항목에다가 한자 부활을 주장하는 후보자까지 포함시켰다는 점을 고려해볼 때, 이 운동이 전 국민적인 지지를 받았다고 하기에는 무리가 있겠다.

이런 사정도 있고 해서 총선연대의 낙선운동은 한국의 공직선거법 87조(노동조합 이외 일반단체의 선거운동 금지)에 저촉되는 것이 아니냐는 비판도 국민 사이에서 끊이지 않았으며, 중앙선거관리위원회의 판단 역시 부적격자 명단 공개는 위법이라는 것이었다.

그러나 낙선운동 그 자체에 대해 호의적으로 반응하는 국민도 많았으므로 총선연대는 선거법의 개정을 정부에 요구했고, 대통령 또한 '시민단체의 운동은 시대의 흐름'이라고 발표해 이 운동에 대한 지지를 표명했기 때문에 공직선거법이 개정되어 선거 공시 후에도 인터넷상의 입후보자에 대한 실명비판이 허용되었다.

이렇게 됨으로써 정치가 본인이나 친족의 부정(그 대부분은 병역기피나 부정축재에 관한 고발)을 은폐하는 것이 거의 불가능하게 되면서 2000년 총선에서는 부적격자로 분류된 입후보자의 70%가 낙선하고 만다.

김대중 정권이 발족한 지 얼마 안 된 1998년 5월 30일, 한국우정은 국회 개원 50주년을 맞이해 기념우표를 발행하는데, 이때까지만 해도 많은 국회의원은 다가올 2000년의 총선이 종래와는 완전히 다른 선거전이 될 것이라는 사실을 예상하지 못하고 있었을 것이다.

대포동 발사

북한이 발행한 '대포동' 발사 성공 기념우표

　김대중 정권은 북한에 대해 압력과 제재보다는 대화와 교류를 중시하는 유화정책을 구사했다. 그런데 정권 발족으로부터 약 반년이 흐른 1998년 8월 이러한 대북한정책의 근본을 흔드는 일대 사건이 발생하는데, 이른바 대포동 1호 발사 사건이다. 여담이지만 '대포동'이라는 호칭은 미국의 위성이 이 미사일의 존재를 확인한 곳의 지명으로부터 유래한 코드네임으로, '광명성(1호)'이 북한 측이 붙인 정식 명칭이다.

　1998년 8월 31일, 북한은 사실상 탄도미사일 발사 실험에 나서는데, 인공위성을 운반하기 위한 것이라는 명목으로 3단 로켓을 발사했다. 이 로켓은 쓰가루 해협(津輕海峽) 근처를 지나 일본 열도를 넘어갔으며, 제1단계는 동해에, 제2단계는 태평양에 추락했다. 여기서 미사일과 로켓의 차이를 살펴보자. '비행도구'로서 넓은 의미의 미사일에는 이른바 로켓(좁은 의미로는 '비행도구'의 추진체를 가리킨다)도 포함되지만, 일반적으로 로켓의 앞부분에 폭발물이 탑재된, 군사목적의 '비행도구'를 말한다. 앞부분에 인공위성 등이 탑재되었을 경우 '우주 로켓'이라고 한다. 이처럼 우주 로켓과 미사일은 본질적으로 동일하다. 북한 측이 주장하는 것처럼 인공위성을 쏘아 올리기 위한 평화적 목적의 로켓이므로 주변국가에 위협이 되지 않는다는 설명은 전혀 설득력이 없다.

　또 설사 인공위성을 쏘아 올린 것이라 할지라도 비상하는 도중에 일본

상공에서 로켓의 일부가 추락하는 등 피해를 가져올 가능성은 부정할 수 없는 것이므로 사전에 아무런 통고도 없이 일본 방향으로 발사실험을 한 북한의 행위는 비난받아 마땅한 것이다. 그런데 북한의 발표로는, 광명성 1호는 1998년 8월 31일 12시 7분에 발사된 후 4분 53초 후에 인공위성의 자기 궤도에 정확히 진입하여 「김일성 장군의 노래」와 「김정일 장군의 노래」, 그리고 '주체조선'이라는 모스신호를 지구에 전송했다고 한다.

인공위성은 과학기술 발전이라는 점에서 눈부신 업적임에는 이견이 있을 수 없으므로, 북한 당국이 대포동의 발사 실험에 맞춰 기념우표를 발행하며 그 '성공'을 내외에 알리려고 한 것은 당연하다. 그러나 북한이 주장한 것과 같은 전파를 내보내는 인공위성의 존재는 현재까지 확인되지 않았다. 한·미·일의 전문가들은 대포동 1호가 제3단 로켓의 가속 부족으로 위성을 분리하는 데 실패하고 폭발한 것으로 추측했다.

어느 쪽이든 간에 대포동 1호의 발사로 북한이 다단식 로켓의 분리기술을 확립한 것임에는 틀림이 없고, 이 사실은 그들이 주장하는 '우주 로켓'이 미국 본토까지도 사정거리 안에 두는 '핵미사일'에 전용될 가능성이 생겼다는 의미로, 극동지역의 안정에 대해 매우 우려되는 사태가 아닐 수 없다.

한국은 김영삼 정권하인 1992년 8월 처음으로 위성을 쏘아 올리는 데 성공하는데, 이때 발사된 것이 KITSAT-1이다. 그러나 이것은 과학실험용 저궤도 위성이었으므로 국제사회로부터 제대로 된 위성보유국으로 인정받기에는 무리가 있었다. 한국이 세계 22번째 위성보유국으로 인정받게 된 것은 1995년 8월 5일, 미국 플로리다 주의 케이프커내버럴 공군기지에서 방송통신용 위성 KOREASAT-1(통칭 무궁화 1호)을 쏘아 올리는 데 성공하면서부터다.

OPLAN 5027-98

건군 50주년 기념우표

　김대중 정권은 북한에 대해 유화적인 외교정책(햇볕정책)을 내세우기는 했지만, 그것이 곧바로 북한을 '주적'으로 간주하는 한국의 군사·국방정책에 변화로 이어진 것은 아니었다. 한반도 유사시 한국을 방위하기 위해 한미연합사령부가 수립한 기본전쟁계획을 'OPLAN 5027'이라고 부르는데, 이것은 한미 간의 합의를 거쳐 2년에 한 번씩 갱신되도록 정해져 있다. OPLAN 5027은 원래 북한의 침략을 저지해 비무장지대(DMZ)의 건너편으로 몰아붙이는 것을 기본방침으로 하고 있었다.

　북한이 다시 한국에 대해 전쟁을 도발할 경우, 그들은 한국이 전군을 동원하거나 미국으로부터 증원군이 도착하기 전에 속전속결로 한미연합군을 제압하는 작전을 구사할 것으로 예상된다. 핵문제를 놓고 북·미 간 긴장이 극에 달하면서 '제2차 한국전쟁' 발발 위기가 고조되었던 1994년에 입안된 OPLAN 5027-94에서는 북한이 도발할 경우 한국군은 항공병력을 동원해서 북한의 공세를 일단 둔화시키고, FEBA Bravo(DMZ 남방 32~48km)에서 방위선을 안정시킨 다음 미국으로부터의 증원을 기다려 보복공격에 나선다는 기본방침을 세워놓고 있었다. 이 보복공세라는 것은 동해안에서 북측의 원산에 상륙하는 부대와 서울로부터 북상하는 부대가 동시에 평양을 목표로 진격, 북한을 굴복시킨다는 것이다.

　그런데 1998년 8월에 대포동 1호를 발사하는 등 북한의 핵개발이 극동지역의 안전에 또다시 심각한 위협으로 대두되자 미국은 OPLAN 5027의 기본방침 자체를 수정하게 된다.

즉, 1998년 후반에 변경된 OPLAN 5027-98에서는 북한이 전쟁도발을 준비하고 있다는 증거를 확실하게 포착했을 경우 장사정포 및 공군기지를 포함한 북한의 군사기지에 대해서 선제공격을 가한다는 내용을 담고 있다. 또 일단 전쟁이 발발했을 경우 북한군을 휴전선까지 밀어붙이는 데서 끝내지 않고 북한 그 자체를 완전히 제압해 최종적으로는 한반도를 통일한다는 것으로 방침을 전환했다.

그뿐만 아니라 일본에서 발생했던 옴진리교의 지하철 사린가스 사건을 거울로 삼아 서울에서 생물·화학병기에 의한 공격(한국군은 신경가스를 탑재한 북한의 미사일 50발이면 서울시민 1,200만 명의 약 40% 가까운 인원이 희생될 것으로 추정하고 있다)이 일어났을 경우에 대한 대책을 신중하게 검토하고 있다는 것이 개정된 계획의 특징이다.

1998년 10월에 발행한 건군 50년 기념우표에는 DMZ의 국경경비대와 백두산이 그려져 있는데, 이것은 북한이 휴전선을 넘어 침략을 감행할 경우, 한국은 북한 자체를 섬멸하고 백두산까지 진격, 한반도를 통일할 준비가 되어 있다는 것을 과시하기 위한 것이라 볼 수 있다.

물론 북한은 OPLAN 5027-98을 '북한 침략을 위한 전쟁 시나리오'라며 격렬히 비난했고, 북·미 간에는 긴장이 한층 고조되었다. 그러나 김대중 정권이 햇볕정책이라는 '사탕'을 내밀 수 있었던 것도 결국은 OPLAN 5027-98과 같은 '채찍'이 확보되어 있었기 때문이라는 분석도 가능하다.

금강산 관광개발

정선의 「금강내산도」를 그려 넣은 1999년의 '우표취미주간' 우표

　노태우 정권 때인 1989년에 한국 재계 인사로서 최초로 북한을 방문한 현대그룹의 창업자 정주영은 자신이 강원도 통천군(현재 북한령) 출신이라서 그런지 처음부터 대북 사업에 강한 의욕을 내보였다. 1998년 김대중 정권이 발족하고 그해 6월 정주영은 식량 원조를 위해 소 500마리를 이끌고 판문점을 거쳐서 북한으로 향했다. 이때 북한 당국으로부터 금강산 관광사업에 대한 언질을 받는다.

　그러나 대북교섭은 언제나처럼 지지부진하면서 여간해서 진전을 보지 못했다. 이에 속이 탄 정주영은 그해 10월에 다시 북한으로 들어가 김정일과 직접교섭을 통해 금강산 관광을 약속받는 데 성공했다. 다음 달인 11월 18일 드디어 강원도 동해항에서 금강산 관광을 위한 첫 번째 배가 출항하기에 이른다.

　금강산은 군사경계선(북위 38도 선) 근방인 강원도(북한령) 동해안에 있는 산으로, 최고봉인 비로봉(1,639m)을 시작으로 1만 2,000여 개의 봉우리가 역동적으로 펼쳐지는 계곡지대인데, 그 위용이 동서로는 40km, 남북으로는 60km에 이른다. 장구한 세월에 걸쳐 풍화와 침식을 겪은 기기묘묘한 화강암이 곳곳에서 자태를 뽐내며 예부터 전해지는 수많은 전설의 무대가 되고 있어서, 한민족에게는 단순한 명승지가 아니라 민족의 상징이 되는 산이다.

　현대는 금강산 관광 사업을 시작으로 본격적인 대북한사업에 손을 걸어붙이는데, 1999년 2월에는 대북한사업만을 전문으로 하는 현대아산을 설립했다. 현대 측은 이 사업을 위해 관광객 한 사람당 일정 금액(당시 2박 3일 관광에 80달러)을 받았는데, 그 자금이 결국은 북한의 체제 유지에 사용되는 것이 아니냐는 국내외의 비난도 많았다.

또 현대가 거액의 관광수입을 북한에 제공하는 대가로 금강산 관광에 대한 독점개발권을 얻는 데는 성공했지만, 관광객이 애초 기대한 만큼 모이지도 않았을 뿐더러, 대북한사업을 둘러싸고 현대 내부에서 대립이 일어나면서 순수한 비즈니스로서 평가해볼 때 금강산 관광사업은 성공적이라고 말하기에는 무리가 있다.

2000년도 '우표취미주간' 우표에도 금강산을 소재로 한 정선의 「불정대」가 등장한다.

그렇다손 치더라도 2003년 9월 군사경계선을 직접 넘어서 육로관광이 시작되면서부터는 관광객의 수도 자연스럽게 증가했고, 금강산 지역에서 남북이산가족의 재회사업이 이루어지는 등 금강산 관광의 정치적·사회적 효과는 무시할 수 없는 것이라는 옹호론자도 적지 않다.

한국에서는 지금까지도 매년 8월(1997년 이전에는 11월)에는 '우표취미주간'에 맞춰서 명화우표를 발행하고 있는데, 금강산 관광이 개시된 후 최초로 도래한 1999년의 우표취미주간의 명화우표에는 금강산을 소재로 하는 수묵화가 등장한다. 이 그림을 선정한 것은 햇볕정책을 환기시키기 위해서 금강산 관광사업을 밀어주겠다는 한국정부의 의지가 반영되었다고 보는 것이 자연스러울 것이다.

베를린 선언

한국이 발행한 '남북정상회담' 기념우표

2000년 3월 9일, 김대중 대통령은 외유차 들른 베를린의 강연에서 대북한 정책에 관한 '베를린 선언'을 발표했는데, 그 요점은 다음과 같다.

① 우리 대한민국 정부는 북한이 경제적 어려움을 극복할 수 있도록 도와줄 수 있는 준비가 되어 있다. 본격적인 경제협력을 실현하기 위해서는 북한의 도로·항만·철도·전력·통신 등 사회간접자본이 확충되어야 한다. 이와 같은 사회간접자본의 확충과 안정된 투자환경 조성, 그리고 농업구조 개혁은 지금까지의 민간 경협방식만으로는 한계가 있다. 이제는 정부 당국 간의 협력이 필요한 때이다.
② 한국의 당면한 목표는 통일보다도 평화정착에 있다. 따라서 우리 정부는 화해와 협력의 정신으로 힘닿는 데까지 북을 도와나갈 것이다.
③ 북한은 인도적 견지에서 이산가족문제 해결에 응해야 할 것이다.
④ 이러한 모든 문제를 효과적으로 해결하기 위해서 남북 당국 간의 대화가 필요하다.

베를린 선언에 따라 3월 17일에는 베이징에서 특사급의 비공개 접촉이 이루어졌고, 이때 남북정상회담의 시행을 합의한다. 남북정상회담에서는 1972년의 '7·4 남북공동성명'에서 합의한 조국통일 3대 원칙(자주·평화·민족대단결)을 출발점으로 삼자는 것을 다시 한 번 확인했다.

북한이 남북정상회담을 받아들인 배경에는 한국으로부터의 경제적 지원이 있었다. 또 김대중 정권이 내건 햇볕정책으로 한국 내에서 북한에 대한 유화적인 여론이 형성되었을 뿐만 아니라, 1999년 말부터 2000년 초에 걸쳐 한국을 달구었던 노근리 사건 관련 문제도 영향을 미쳤다.

한국전쟁 발발 직후였던 1950년 7월, 미군 제7기병연대 소속 부대가 충청북도 영동군 황간면 노근리의 경부선 철교 부근에서 한국인 피난민 가운데 북한 병사가 섞여 있다는 명목으로 피난민들을 철교 위에 모아놓고 사살했다는 것이다. 희생자 수는 300명이라고 전해진다. 그 후 이 사건은 은폐되었는데, 1994년 생존자 한 사람이 이때의 체험기를 출판했다. 출판 당시에는 별다른 주목을 받지 못했으나 1999년 9월 AP통신에 의해 사건이 크게 보도되면서 관심이 증폭되었고, 그해 10월에는 주한미군에 의한 현지조사가 시행되었다. 결국 2000년 1월 한미 양국은 이 사건을 미군에 의한 민간인 학살로서 공식적으로 인정했고, 클린턴 대통령이 "노근리에서 한국의 민간인이 목숨을 잃은 것에 대해 깊은 유감을 표한다"는 성명을 발표함으로써 사건은 매듭을 짓게 되었다. 그러나 이러한 일련의 과정에서 한국 내 반미 감정은 과거 어느 때보다도 높아졌다.

2000년 4월, 국회의원 선거에서 여당인 민주당이 햇볕정책에 비판적이었던 한나라당에 119대 133으로 패배하자 여론을 반전시킬 마땅한 카드를 찾고 있던 김대중 정권은 남북정상회담을 국면 전환의 발판으로 삼고자 했다. 물론 북한에 친화적이었던 김대중 정권의 영향력이 약화되는 것을 원할 리 없었던 북한은 남측의 정상회담 제안에 동의했다. 이러한 속셈이 얽히고설키는 가운데 마침내 2000년 6월 13일, 남과 북의 국가원수인 김대중과 김정일의 직접회담이 성사되었던 것이다.

남북정상회담

북한이 발행한 '남북정상회담' 기념우표

2000년 6월 13~15일 김대중 대통령은 평양을 방문해 조선노동당 총서기인 김정일과 남북정상회담을 가졌다. 3일간의 일정을 따라가 보자. 13일 오전 8시 15분, 청와대를 출발한 김대중은 8시 55분에 서울공항에 도착, "만난다는 그 자체가 큰 의미가 있다", "반세기 이상 대결로 일관해 오던 남과 북이 이제 화해와 협력을 위해서 만나는 것만으로도 큰 진전"이라는 내용의 성명을 발표했다. 대통령 전용기는 9시 18분에 서울에서 출발해 10시 30분에 평양 교외의 순안공항에 도착했다. 10시 38분에 트랙을 내려온 김대중 대통령은 김정일과 역사적인 악수를 했다.

대통령과 총서기는 북한군 의병대의 사열을 받았고, 이어 화동(花童)들로부터 꽃다발을 받은 김대중 대통령이 "김정일 국방위원장과 함께 남북의 모든 동포가 평화롭고 행복하게 살 길을 찾기 위해 성의를 다할 것이다", "시작이 반이다. 나의 평양 방문으로 모든 동포가 화해와 협력, 평화통일의 희망을 품을 수 있게 되기를 진심으로 바란다"는 내용의 성명을 발표했다. 10시 50분, 두 사람이 탄 자동차는 대통령이 묵을 백화원 초대소로 향했고, 길가에는 60만 명의 환영 인파가 동원되었으며, 연지동 입구에서는 여성노동자들이 대통령과 부인에게 꽃다발을 증정했다. 11시 45분경 대통령 일행이 초대소에 도착하자 총서기는 "지금, 세계가 대통령은 왜 방북했을까, 김정일 위원장은 왜 방북을 수락했을까 하는 의문 속에 모든 관심을 기울이고 있습니다. 2박 3일 동안에 답을 내야 할 것입니다"라고 발언했다. 그날 오후 대통령은 만수대 의사당에서 김영남 최고인민회의 상임위원회 위원장을 예방했으며, 만수대 예술극장에서 평양시 예술가들의 공연을 관람했다. 오후 7시부터는 인민문화궁전에서 열린 만찬회에 참석했는데, 이 자리는 9시가 지나서까지 이어졌다.

다음날인 14일 오전 중에는 김영남과 남북최고위급 회담을 가진 다음, 만경대 학생소년궁전에서 어린이들의 공연을 관람했다. 점심 후 오후 3시부터 백화원 초대소에서 총서기와의 단독회담에 들어갔는데 도중에 잠깐 휴식 시간을 가진 다음, 6시 50분께 두 정상은 원칙합의에 도달했다. 8시부터는 목란관에서 대통령의 주최로 답례연이 펼쳐졌으며, 11시 20분에 두 정상은 남북공동성명을 선언했다. 공동선언에서는 정상회담이 "조국의 평화적 통일을 염원하는 모든 민족의 숭고한 의지에 의해" 개최된 것임을 명백히 전제하고, ① 통일문제를 자주적으로 해결해나갈 것, ② 통일을 위한 남측의 연합제 안과 북측의 낮은 단계의 연방제 안이 서로 공통성이 있다고 인정하고, 앞으로 이 방향에서 통일을 지향해나갈 것, ③ 이산가족, 친척방문단을 교환하며, 비전향장기수 문제를 해결할 것, ④ 경제협력을 통해 사회·문화·체육·환경·보건 등 제반 분야의 교류를 활성화해나갈 것 등을 제창하고 있다. 또 답례의 의미로 김정일의 서울 방문이 포함되어 있었다.

다음날인 15일 오후 1시에 백화원 초대소에서 총서기가 주최하는 환송연회에 참석한 대통령은 4시 25분께 전용기로 평양을 출발, 5시 27분에 서울로 돌아왔다.

북한은 회담 후인 그해 10월에 악수하는 두 정상의 모습을 담은 기념우표를 발행해 회담이 성공적으로 종료되었음을 알렸다.

비전향장기수의 송환

북한이 발행한 '비전향장기수' 우표 시트에서 신광수는 영웅 취급을 받고 있다.

　김대중과 김정일의 남북정상회담의 바통을 이어 6월 27일에는 평양에서 남북적십자회담이 시행되었다. 남북은 이 회담에서 이산가족 100명씩이 서울과 평양을 8월 15일(광복절)에 교환방문하는 것과 한국에 잡혀 있는 비전향장기수를 9월 2일(일본이 항복문서에 조인한 날로 대일 전승의 날) 북한으로 송환하는 것에 대해 합의했다.

　비전향장기수는 한국 내에서 스파이나 게릴라로 활동하다가 체포되어 정치적인 전향을 거부하며 장기간 복역해온 공산주의자들을 가리킨다. 6월에 있었던 남북정상회담에서 북한이 그들의 신병을 인도해줄 것을 요구함에 따라, 남측은 2000년 9월에 63명을 북으로 송환했다.

　송환된 복역수 중에는 일본인 하라 다다아키(原勅晃)의 납치에 관여했던 북한 공작원 신광수도 포함되어 있었으므로, 당시 일본 내에서는 한국의 조치에 대한 불만의 목소리가 높았다.

　신광수는 일제 치하였던 1929년 일본 시즈오카(静岡) 현에서 태어나 해방이 되자 북한으로 건너갔다. 1950년 한국전쟁이 발발하자 북한 의용군에 자원입대했고, 군에서의 공을 인정받아 휴전 후에는 루마니아의 부쿠레슈티 공업대학에 유학했다. 귀국한 후에는 북한에서 공작원으로서의 훈련을 받았으며, 1973년 이후 노토반도(能登半島)를 통해 일본에 불법 잠입, 도쿄와 오사카, 교토 등지를 거점으로 대남공작을 전개했다. 1980년 6월에는 미야자키(宮崎) 현에서 하라 다다아키를 납치하고 그 행세를 하며 일본 여권을 취득하는 데 성공하여 아시아 각국을 출입하며 활동하다가, 1985년에 서울에서 한국 당국에 의해 체포되었다. 한국 법정에 의해 사형판결을 받은 그는 1999년 말 뉴밀레니엄 특사로 풀려났다가 2000년 9월에 비전향장기수로서 북으로 송환되었다.

비전향장기수 시트의 밑에서 세 번째 열 맨 오른쪽에 있는 신광수의 사진을 확대했다

신광수가 송환될 당시만 해도 북한에 의한 일본인 납치사건이 일본 국내에서조차 '소수의 알 만한 사람만 아는' 것에 불과했는지라, 신광수를 군사독재 시대에 민주화운동을 벌이다가 체포된 활동가로 알고 있던 일본 정치가들도 적지 않았다. 그들은 신광수를 포함한 '재일한국(在日韓國) 조선인 정치범'의 석방을 요구하는 서명을 한국정부에 제출하기도 했다. 그 결과 북한이 일본인의 납치를 인정한 2002년 이후 이들 서명 국회의원들은 국민의 비난을 감수해야만 했다.

북한으로 귀국한 비전향장기수들은 조국의 영웅으로 대접받으며, 전원이 조국통일상을 받았다. 9월 5일 김일성 경기장에서 열린 환영시민대회에서는 수만 명의 평양시민으로부터 환호를 받았다. 2000년 12월에는 비전향장기수의 귀국을 기념하는 우표가 발행되었는데, 그 소형 시트 여백에는 귀국한 장기수들의 얼굴 사진이 인쇄되어 있다. 물론 신광수의 사진도 그 안에 포함되어 있다. 이것으로 북한 당국이 납치사건의 실행범을 '영웅'으로 취급하고 있다는 사실을 다시 한 번 확인할 수 있겠다. 지금 일본 경찰 당국은 신광수를 국제 지명수배 중으로, 북한에 신병인도를 요구하고 있지만 북한은 아직 아무런 응답을 하지 않고 있다.

제3차 아시아유럽정상회의 개최

ASEM 기념우표

　제3차 아시아유럽정상회의(ASEM)는 2000년 10월 19~21일 서울에서 개최되었다. 아시아유럽정상회의는 1994년 10월 싱가포르의 고촉통 총리가 아시아와 유럽의 관계를 강화하기 위한 아시아와 유럽 수뇌 간의 직접대화를 프랑스의 에두아르 발라뒤르(Edouard Balladur) 총리에게 제안한 것이 계기가 되어 탄생했다. 제1차 정상회의는 1996년 3월 타이의 방콕에서 열렸다.

　아시아에서는 ASEAN 7개국과 한·중·일이, 유럽에서는 EU 가맹국과 유럽위원회가 참가했다. 정상회의에서는 '정치 대화의 촉진, 경제 및 금융협력의 강화, 기타 여러 분야에 대한 협력'이라는 주제에 대해 활발한 논의가 이루어졌다. 21세기를 향해서 아시아와 유럽 사이의 협력 강화를 강조한 의장성명도 채택되었다. 특히 중요했던 것은 ASEM의 향후 10년간의 방향성을 나타낸 '아시아유럽협력체2000(AECF2000)'의 채택과 '한반도 평화를 위한 서울선언'이 나왔다는 점이다. '한반도 평화를 위한 서울 선언'은 김대중에게 노벨평화상과 나란히 ASEM 자격으로 남북정상회담의 성과에 대해 훈장을 수여했다. '한반도의 평화를 위한 서울선언'의 골자는 다음과 같다.

① 한반도의 평화와 안정이 아시아·태평양 지역과 나아가 전 세계의 평화와 안정에 밀접하게 연계되어 있다는 데 인식을 같이 한다.

② 한반도의 긴장을 완화하기 위한 남북한의 현재까지의 노력을 상기하며, 6월의 남북정상회담을 환영함과 동시에 그 역사적인 일보를 내디딘 김대중 대통령과 김정일 국방위원장의 용기와 비전을 축하한다.
③ 한반도의 항구적인 평화와 궁극적으로는 통일이라는 목표하에 인도주의적 문제, 특히 이산가족의 상봉, 경제협력, 군사문제에 대한 대화를 포함해 남북공동선언을 이행하는 조치가 이미 취해지고 있음을 평가하고, 이와 관련해서 계속적인 진전이 있기를 기대한다.
④ 남북한 문제해결을 위해서는 지속적인 대화가 중요하다는 인식하에 남북 간의 화해와 협력의 과정을 지지함과 동시에 남북 양국의 평화 및 안전보장을 위해 계속 남북의 대화가 진전될 것을 기대한다. 또 이런 맥락에서 북한과 미국 간의 관계개선 움직임을 환영한다.
⑤ 한반도 역내에서 신뢰를 구축하고, 평화와 안전보장을 촉진하는 데 기여하고자 하는 ASEM 회원국들의 의지를 확인한다. 또 한반도에너지개발기구(KEDO)에 대한 지지를 확인함과 동시에 ASEM과 북한 간, ASEM 회원국과 북한 간의 관계를 개선하는 노력을 강화한다.

　한국우정은 회의를 기념하는 우표를 발행했는데, 우표에 등장하는 것은 이화여대가 소장하고 있는 『기사계첩(耆社契帖)』의 일부이다. '기사'란 조선 초기인 1394년 이후 정이품으로서 70세 이상인 고관을 우대하기 위해서 치러진 행사로, 우표에 나온 것은 1719년에 행해진 행사의 기록이다. 아마 한국의 전통문화를 여러 나라에 소개함과 더불어 각국 요인들을 정성껏 대접하고 싶어 하는 마음가짐까지 담아서 선택한 것으로 여겨진다. 우표가 발행된 날은 회의 첫날이 아니라 '한반도 평화를 위한 서울 선언'이 나온 10월 20일이다.

김대중의 노벨평화상 수상

김대중 대통령의 노벨평화상 수상을 기념하는 우표

    2000년 12월 10일 노르웨이 오슬로 시 청사에서 김대중 대통령에 대한 노벨평화상 수상식이 거행되었다. 노벨상의 다른 부문은 스웨덴 소재 기관에서 결정되는 상인 반면에 노벨평화상은 노르웨이 의회가 선출한 5명으로 구성된 노벨위원회가 동 위원회의 전·현 위원과 고문, 평화상 수상자, 의원 및 법학·정치학·역사학·철학 교수, 국제중재재판소·국제사법재판소의 판사 등의 추천을 받아 지명한다. 위원회는 매년 100건을 넘어서는 추천을 받고 있는데, 외부로부터의 간섭 일체를 배제하며 수상자를 결정한다. 매년 10월 중순경에 발표하고 있다.

    김대중의 경우는 10월 13일에 수상이 발표되었는데, 한국우정은 신속하게 작업을 진행해서 수상식 전날(당일인 10일은 일요일이었다)인 12월 9일에 기념우표를 발행했다. 김대중에게 노벨평화상이 수여된 것은 장기간에 걸친 민주화 투쟁 경력과 2000년 6월의 남북정상회담으로 상징되는 한반도 긴장 완화에의 공헌을 높게 평가했기 때문이다.

    대통령에 취임하기 이전부터 심심찮게 노벨평화상 물망에 올랐던 것도 군사정권하에서 야당 지도자로서 민주화 투쟁을 전개했다는 이유 때문인데, 특히 전두환 치하에서 사형판결이 선고되면서 국제적인 구명운동이 펼쳐졌을 때에는 그의 투쟁을 지원한다는 의미까지 더해지면서, 항간에는 그의 노벨상 수상이 확정적이라는 소문이 돈 적도 있었다.

    야당 지도자로 활동하던 1993~1994년에 김대중은 싱가포르의 리콴유와 '아시아적 가치'에 대한 논쟁을 벌였다. '아시아적 가치'를 내걸고 민주주의를 제한한 결과로 싱가포르는 경제적 발전을 달성했다는 리콴유의 주장에 대해 김대중은 '아시아적 가치'를 이유로 인류 보편의 가치인 민주주의와 인권을 제한하는 것은 용서받을 수 없다고 반론했다. 이 논쟁으로 김대중은 그 '아시아'답지 않은 정치철학·정치자세로 미국을 중심으로 하는 서방세계로부터 높은 평가를 받았다.

이처럼 아시아 지역의 민주주의와 인권의 상징으로 자리매김한 김대중이지만, 대통령에 취임하면서 펼친 햇볕정책의 부작용으로 북한에 대한 비판을 금기시하는 풍조를 가져왔다. 그 결과 대통령 취임 이전까지 세계적인 인권운동가였던 김대중은 북한에서 일어나고 있는 압정과 억압에 눈을 감고, 동포의 인권과 민주주의 문제에 대해 어떤 도움의 손길을 뻗칠 수도, 뻗치지도 않는 지경에 처하고 말았다.

당연한 귀결이겠지만 북한의 인권문제를 진지하게 고민하며 개선의 길을 모색하고 있던 사람들 사이에서는 김대중의 이러한 행동을 '변절'로 보는 시선과 함께, 그를 옹호하듯 수여된 노벨평화상에 대한 불만의 목소리도 끊이지 않는 등 여러 가지 논란이 일어났다. 그뿐만 아니라 김대중의 퇴임 후에 그의 노벨상 수상의 주요 공적 가운데 하나였던 남북정상회담의 시행에 즈음해서 김대중 정권이 현대그룹을 끌어들여서 북한에 부정송금을 했다는 의혹까지 불거지자 노벨평화상을 '돈으로 샀다'는 비난이 더해졌다.

이런 이유로 인해서 한국에서는 김대중의 노벨평화상 수상에 대한 차가운 시선이 늘어갔고, 한국 최초의 노벨상이라는 영광 또한 점차 빛을 잃고 말았다.

인천국제공항 개항

인천국제공항 개항 기념우표

   한국의 하늘을 여는 새로운 관문인 인천국제공항이 개항한 것은 2001년 3월 29일의 일이다.

   김포국제공항은 1958년 대통령령에 의해 국제공항으로 지정되었고, 박정희 시대였던 1971년부터 본격적인 허브공항으로 활용되었다. 그러나 한국경제가 비약적으로 발전하면서 덩달아 급증하는 항공운송량을 소화해내는 데 어려움을 겪고 있었다.

   서울올림픽 개최를 한해 앞둔 1987년부터 김포공항 제2 활주로가 운영을 시작한다. 그러나 김포공항은 수도 근방이라는 한계로 인해 더 이상의 확장이 불가능할 뿐만 아니라, 항공기 소음문제가 심각한 사회문제로 부상하는 등 여러 가지 제약을 안고 있는 상황이었다. 이에 노태우 정권은 1989년 1월에 신공항을 건설하기로 방침을 정했다.

   신공항 건설 후보지를 선정하기 위해서 1989년 6월부터 1990년 4월까지 서울 도심으로부터 100km 이내에 있는 경기도와 충청도 지역 22개소에 관한 예비조사가 시행되었고, 이것이 7개소, 3개소로 좁혀졌다. 국제민간항공기구(ICAO)가 정한 검토기준에 따라 공역, 장해물, 기상, 소음, 토지이용현황, 교통 접근성, 장래 확장성 등의 부문에서 면밀한 조사를 거쳐 1990년 6월 14일 영종도(인천광역시)가 수도권 신국제공항의 최적지로 선정되었다.

   신공항에 대한 기본설계가 이루어진 것은 1990년 11월부터 1991년 12

월 사이로, 당시 대형공항 설계에 대한 경험이 부족했던 한국기업은 해외의 전문기업과 컨소시엄을 구성해 공동으로 작업을 진행했다.

건설계획이 최종적으로 확정된 것은 1992년 2월. 그 후 부지를 매입하고, 공유수면을 메우는 간척사업에 대한 면허를 얻어낸 다음 환경평가 등을 거쳐 그해 11월 마침내 공항부지 1,170ha에 대한 간척작업이 시작되었다. 기본적인 공항시설은 2000년 6월에 완공되었다. 다음 달인 7월부터 시범 운영을 하다가 2001년 3월 29일 개항했다. 공항 건설 중 신공항의 명칭으로 '인천국제공항'이 결정되었고(1996년 3월), 공항의 운영 모체인 인천국제공항공사가 설립되었다(1999년 1월). 인천국제공항은 대한항공 및 아시아나항공의 허브공항으로, 3,750m 활주로 두 곳을 이들 기업이 공유해 사용하고 있다.

한국정부는 이곳을 아시아의 허브로 육성하기 위해 나리타공항만이 아니라 동해에 면한 지방공항과 인천을 잇는 항공편을 적극적으로 취항시키고 있다. 이 때문에 나리타공항이나 간사이공항을 통하지 않고 지역공항에서 바로 인천을 경유, 유럽으로 향하는 일본인들도 적지 않다.

신공항 개항 시 발행된 기념우표에 등장하는 여객터미널은 지상 4층, 지하 2층, 면적 50ha 규모로, 총공사비 1조 3,816억 원이 투입되었다. 건물 외관은 대형선박의 돛을 형상화해 공기와 물의 역학적인 흐름을 표현하고 있다고 한다.

또 인천공항이 개항한 2001년을 기해 김포국제공항은 원칙적으로 국내선 전용공항이 되었으나, 그 후 한일 간의 왕래가 급증하면서 하네다·김포 간의 전세기편 운항이 개시됨으로써 다시 국제공항으로서의 기능을 담당하기 시작했다.

세계도자기엑스포

'세계도자기엑스포 개최' 기념우표

세계도자기엑스포는 2001년 '한국 방문의 해'를 위해 마련된 주요행사였다. 이 행사는 '흙으로 만드는 미래'라는 주제로 8월 10일~10월 28일 경기도 이천(현대 도예의 거점), 여주(한국 최대의 생활도자기 산지), 광주(조선왕조 시대에 왕실관료가 있었던 곳)의 세 곳에서 열렸다.

한반도는 예로부터 중국의 영향 속에서도 독자적인 도자문화를 발전시켜왔다. 그러나 조선왕조의 쇠퇴와 더불어 도자기 제조도 퇴락했다. 그러나 이런 가운데에도 한국의 도자기를 평가하고 가능성을 예견한 사람이 있으니, 바로 야나기 무네요시(柳宗悅)다. 그는 1940년 '일본민예미술관 설립취의서'를 발표하고 민예운동을 전개한 인물이다. 그러나 이런 외부의 평가가 있었음에도 태평양전쟁과 해방, 한국전쟁에 이르는 혼란의 와중에서 한국의 도예는 좀처럼 부흥하지 못했다. 그러다가 1960년대 사회가 어느 정도 안정이 되면서 이천을 거점으로 해방 전부터 활동해온 유해강(柳海崗)이 1959년 고려청자를 재현하는 데 성공하고, 지순택(池順鐸)이 명품 백자를 발표하는 등 도예가 부흥하기 시작했다.

유해강, 지순택 두 거두의 활약이 있었다고는 하지만 산업으로서의 한국의 요업은 영세한 개인의 공방에 의존하는 정도를 벗어나지 못한 채 일본과 같은 대규모의 지장산업(地場産業: 지역중소기업 가운데 그 지역에 뿌리를 내려 지역특성을 강하게 반영하고 있는 중소기업군)으로는 발전하지 못하고 있었다. 그런데 서울올림픽 개최를 한국 도자기를 알릴 절호의 기회로 판단했던 이천시가 7억 원의 사업비를 출자해 '전통도자기촌'(현재의 이천도예촌)의 조성에 나섰다. 이천시는 산재해 있던 도예작가들의 가마를 모았으며, 전시관 등 관광 관련 시설도 건설했다. 이천도예촌은 용인의 한국민속촌과 나란히 서울 근교의 '1일 관광코스'로서 외국인 관광객들에게 대대적으로 소개되면서 국제적인 인지도를 얻었으며, 지장산업으로서의 요업 육성에 커다란 공헌을 하고 있다.

세계도자기엑스포는 한국정부와 경기도의 전폭적인 지원과 국제도예아카데미(IAC)를 비롯한 기타 국제단체의 공인하에 기획되었다. 이 행사의 기획운영을 담당한 재단법인 세계도자기엑스포가 설립된 것은 1999년 3월. 2000년 10월에는 세계도자기엑스포의 프리엑스포로 이천 도자기축제가 열렸고, 이듬해인 2001년 8월 갓 완공된 이천 세계도자센터, 광주 조선관요박물관, 여주 세계생활도자관의 세 곳을 주 회장으로 한 세계도자기엑스포의 막이 올랐다. 개최 첫날에 맞춰 발행된 기념우표에는 한국에서 인기 있는 백자가 아닌 고려청자가 들어가 있는데, 이것은 한국 도예부흥의 발자취를 생각할 때 적절한 선택이라 하겠다. 세계도자기엑스포는 80개 이상의 나라에서 출품한 작품이 전시되는 등 한국에서 처음 열린 세계적인 도자기 행사치고는 성공적이라는 평가를 받았으며, 행사 조직위원회는 2001년 말에 해체되었다.

당시의 경험을 살려 한국요업을 새롭게 발전시키겠다는 비전 아래 2002년 1월에 재단법인의 형태로 세계도자기엑스포가 부활, 2001년의 엑스포를 제1회로 해서, 2년에 한 번씩 경기도 세계도예비엔날레를 개최한다는 방침을 정했다. 그 후 이 비엔날레는 2003, 2005년 순조롭게 회를 더하며 세계 유수의 국제도예전으로서의 지위를 확립해나가고 있다.

제1차 여성정책 기본계획

'여성주간' 우표

한국사회에는 좋은 의미에서든 나쁜 의미에서든 유교적 가치관이 깊이 뿌리를 내리고 있고, 아직 '남녀유별', '여필종부', '부창부수' 등의 남존여비적 사고방식이 존재한다.

민주화의 성과물이라 할 수 있는 1987년의 헌법에는 남녀평등의 원칙에 입각한 조항을 추가했다. "여성의 노동을 특별히 보호하겠다는 취지 아래 여자의 근로는 특별한 보호를 받으며, 고용과 임금 및 근로조건에 있어서 부당한 차별을 받지 아니 한다"(제32조 4항), "국가는 여자의 복지와 권익의 향상을 위하여 노력해야 한다"(제34조 3항), "국가는 모성의 보호를 위하여 노력해야 한다"(제36조 2항) 등의 조항이다. 국가 차원에서 남녀평등을 추진하겠다는 방침을 확실히 한 것이다. 또 1995년 9월 베이징에서 열린 세계여성회의(국제연합 주최)의 결과에 따라 당시 김영삼 정권은 '여성의 지위향상을 위한 10대 과제'를 발표하는데, 주요 포인트는 그해 12월 여성발전기본법으로 제정되어 1996년 6월 30일부터 시행되었다.

이 법은 정부가 5년에 한 번씩 여성정책 기본계획을 책정할 것과 중앙행정기관과 광역자치단체가 매년 계획을 책정하고 시행하는 것을 의무화하고 있다. 헌법에서 정한 남녀평등의 이념을 실현하기 위한 구체적인 시책으로는 가족법(민법의 친족·상속법)에 남아 있는 유교적인 관습에 기초한 불합리한 규정, 여성에게 불리한 규정의 개정작업이 진행되는 등 남녀평등을 제도적으로 실현하기 위한 일정한 성과를 목표로 내걸었다. 그러나 1997년의 경제 위기와 연이은 IMF 관리체제 속에서 기업의 도산이 줄을 잇자, 결국 여성이 먼저 해고대상에 오르는 등의 문제가 빈발해 여성의 취업환경은 극도로 악화되었다.

김대중 정권이 발족하고 난 1998년 2월 28일, 정부조직법이 개정되고 대통령 직속으로 여성특별위원회가 발족하면서 행정기관에는 여성정책 담당 부서가 설치되었고, 정부부처와 지방자치단체가 여성정책에 참가하는 체제가 정비되었다. 또 여성발전기본법에 따라 '제1차 여성정책 기본계획'(1998~2002년)이 책정되었고, 1999년에는 남녀차별금지 및 구제에 관한 법률과 남녀고용평등법이 제정·시행되었다. 관민을 불문하고 고용과 교육, 시설, 서비스 등의 이용에서 차별과 법률과 정책의 집행에 있어서의 차별, 성희롱의 금지와 피해여성의 구제조치를 마련했다는 점에서 획기적인 것으로, 여성을 둘러싼 환경은 크게 개선되었다.

2002년 7월 1일 발행된 '여성주간' 우표는 제1차 여성정책 기본계획의 종료함에 따라 '여성주간'(여성발전기본법에 의해 국민적으로 남녀평등의 촉진 등에 대한 관심을 높이기 위해서 지정할 것을 규정하고 있다)의 기회를 통해 김대중 정권의 여성정책의 성과를 알리기 위해서 발행된 것이다. 그 배경에는 연말의 대통령 선거를 앞두고 여성유권자의 지지를 확보하겠다는 여당 측의 속셈이 있었다고 볼 수 있다.

현재 한국사회에서는 유교적인 여성관이 존재하고 있고, 여러 가지 면에서 여성이 불리한 상황이 있다. 앞으로도 전통적인 가치관과의 조화를 이루면서 남녀평등을 추진해나가는 것이 중요한 과제임은 말할 필요조차 없겠다.

2002 FIFA 월드컵 개최

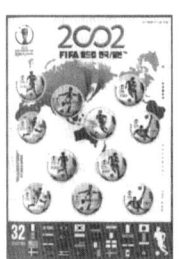

한국과 일본의 월드컵 공동주최 기념우표

2002 FIFA 월드컵은 한일 공동 주최로 양국의 20개 구장에서 5월 31일~6월 30일에 개최되었다. 아시아에서 처음 열린 것이고, 21세기에 들어 처음 개최되는 대회이기도 해서 여러모로 의미가 있는 대회였다.

한일 대회의 개최는 1996년 5월에 결정되었는데, 그 후 한국의 경제 사정이 나빠지면서 일본만의 단독개최 가능성도 없지 않았다. 1997년 후반 한국이 아시아 통화위기에 휘말리면서 경제 위기를 겪게 되었고 IMF 관리하에 들어갔기 때문이다. 그러나 그 후 IMF를 통한 금융 지원과 김대중 정권에 의한 재벌해체 등 구조개혁의 수순을 밟으면서 실업자가 양산되기는 했지만, 어쨌든 경제는 급속히 회복했다. 어려운 가운데서도 한국 개최를 포기하는 일만은 피할 수 있었다.

한국경제 회복의 견인차 구실을 한 것은 미국에의 수출이었다. 그런데 2001년 9월에 미국에서 동시 다발 테러가 발행하자 미국으로의 수출이 급감했고, 한국경제는 다시 추락하게 되었다. 그 결과 한국의 월드컵 경기장 건설은 커다란 곤란에 직면했다.

한국에서 월드컵이 개최된 도시는 총 10개로 일본과 같은 숫자이다. 국내의 대도시(서울특별시와 6개의 광역시)를 망라해 인구가 적었던 강원도만 빠졌을 뿐, 전국 각지에 분산 배치되었는데, 이것은 지역감정을 부추기지 않겠다는 조심스러운 배려의 결과였다.

원래 한국의 국가 규모는 인구로는 일본의 약 40% 정도, GDP(국내총생산)로는 일본의 약 6분의 1에 불과하다. 따라서 일본과 같은 규모의 스타디움을 건설하고 정비한다는 것은 한국경제가 호황이었을 때조차도 부담스러운 일이다. 더욱이 경제가 침체한 상황에서야 객관적으로 생각해볼 때 불가능한 일이었다.

그러나 2001년 9월 동시 다발 테러의 시점에서 대회 개최까지는 1년도 남겨두지 않았을

월드컵을 위해 건설된 울산과 수원 스타디움을 그려 넣은 우표.

뿐만 아니라 이미 입장권 판매까지 시작되었으므로 개최지를 변경한다는 것은 불가능한 일이었다. 이에 일본정부는 한국에서의 대회 개최가 한국경제 회복의 기폭제가 될 것이라는 판단 아래 30억 달러를 한국에 융자해주기로 했다. 그 자금으로 스타디움 건설이 계속될 수 있었고, 한일 공동주최가 실현될 수 있었다.

이렇게 해서 5월 31일 서울월드컵 경기장에서 대회 개회식이 거행되었다. 개회식에 이어 치러진 프랑스와 세네갈의 개막전에서는 처음 출상한 세네갈이 전회 우승국인 프랑스를 1대 0으로 격파하는 전과를 올리는 가운데 1개월에 이르는 드라마가 시작되었다.

한국우정은 개회식이 거행된 5월 31일 월드컵 개최 기념우표를 발행했다. 우표는 축구공을 본뜬 원 안에 각종 플레이를 디자인한 독창적인 것으로, 원형의 우표는 한국에서 이때가 처음이었던지라 화제가 되었다.

이 대회에서 한국대표팀은 4강에 드는 좋은 경기를 펼쳤고, 일본대표팀도 처음으로 16강에 진출했다.

재등장한 독도 우표

'내고향' 우표 가운데 독도를 소재로 한 것(왼쪽)

월드컵이 성공리에 막을 내린 지 얼마 안 된 2002년 8월 1일, 한국우정은 '내고향'이라는 제목으로 전 32종의 대형세트를 발행했다.

월드컵의 그늘에 가려져 일본에는 크게 알려지지 않았지만, 당시 연말로 다가온 대통령 선거 분위기 속에 한국사회는 극도로 술렁이고 있었다. 그 첫 번째 원인으로는 그해 2월부터 표면화한 공공부문 3사(가스·철도·전기) 노동조합의 민영화 저지 파업을 들 수 있다. 이 가운데 가스와 철도조합은 조기에 파업을 종료했지만, 민주노총(전국민주노동조합총연맹) 산하의 한국발전산업노조는 '산개·전격파업'을 속행하면서 정부와 심각하게 대립하고 있었다. 특히 민주노총을 중심으로 여차하면 총파업으로 돌입할 태세에 이를 정도로 노사의 관계가 악화했으므로 한국경제가 입은 손실은 엄청났다.

이어서 월드컵 기간 중인 6월 13일에는 경기도 양주군 광적면 효촌리에서 여중생 두 명이 주한미군의 장갑차에 깔려서 사망하는 사건이 발생했다. 전년도인 2001년 11월에도 경기도 포천군 창수면 국도 87호에서 견인 중이던 미군 전차가 반대차선에 뛰어들면서 트럭과 승용차 등 3대를 들이받아 9명이 중경상을 입은 사건이 발생했던지라 미군에 의한 교통사고(연간 400건이 넘고 있으나 한국 측이 재판권을 행사하는 것은 5%대를 밑돌며, 많은 사람이 억울한 지경을 당하고 있다)에 대한 국민의 분노가 폭발하기에 이르렀다. 정부는 국민여론을 잠재우기 위해 월드컵이 끝나고 난 7월 11일 미국에 재판권 반환을 요청하지만 무시당했다.

더구나 이러한 한국 측의 혼란을 놓칠세라, 6월 29일 서해의 북방한계선(NLL)을 넘어 남진해온 북한 경비정이 남한 경비정을 향해 사전 경고 없이 발포, 한국군 5명이 사망하고 19명이 부상하는 사태가 발생했다.

이처럼 월드컵의 화려한 성공의 이면에서 김대중 정권은 마지막 임기를 맞이해 여러 가지 곤란에 직면하며 그 처리에 애썼으나 원활하게 수습할 길을 찾지 못하고 있었다. 덩달아 국민의 불만은 높아만 갔다.

'내고향' 우표는 이러한 상황 속에서 월드컵의 여운이 아직 식기 전에 지역대립의 묵은 감정을 넘어서 국민의 유화와 단결을 호소하기 위해서 발행된 것이라 볼 수 있겠다. 그런데 '내고향' 우표에는 경상북도의 풍경으로 1954년 이래 약 반세기 만에 독도가 등장했다.

원래 김대중 정권 측도 일본과의 관계를 결정적으로 악화시키는 것은 바라지 않았으므로, 독도 우표에 관해서는 시리즈 1매 정도 대수롭지 않은 것으로 치부하겠다는 생각이었다. 또 일본으로부터의 항의가 있을 경우 독도의 영유권에 관해서는 양보하지 않겠지만, 우표 발행에 관해서는 배려가 부족했다고 하면 그만이라는 의도도 있었을 것이라 짐작된다.

그런데 2002년 9월, 고이즈미 총리의 북한 방문을 위해 분주히 움직이고 있던 일본 측은 독도 우표 발행에 대해 아무런 항의의 제스처도 표시하지 않았다고 한다. 이것이 한국 측에 일본이 독도의 영유권을 실질적으로 포기한 것이 아니냐는 잘못된 신호로 받아들여지는 결과를 불러왔고, 이것은 2004년의 독도 우표 소동으로 이어지게 된다.

고이즈미 총리의 방북

(왼쪽) 북한이 발행한 북일회담 기념우표
(양국 정상이 악수하는 장면)
(오른쪽) 같은 북일회담 기념우표(평양선언
에 서명하는 장면)

2002년 9월 17일, 일본의 고이즈미 이치로(小泉一郎) 총리는 현역 총리로서는 처음으로 북한을 방문하고 김정일 국방위원장과 회담했다. 회담 결과 북한 측은 일본인 납치사건을 시인하고 사죄했으며, 북일평양선언이 조인되었다.

공동선언에서 일본은 과거의 식민지 지배를 사죄하는 한편 북·일 쌍방은 재산권·청구권을 포기한다는 것을 확인했다. 또 일본은 국교정상화 후엔 차관과 무상자금원조 등의 경제협력을 약속했다. 그러나 공동선언에서는 일본인 납치사건에 관해서 직접적인 표현은 없이, "일본국민의 생명 및 안전과 관련한 현안문제"라는 표현으로, 북한 측이 재발방지에 "적절한 조치를 취한다"고 되어 있다.

또 국제적인 현안인 핵문제에 관해서는 ① 해결을 위해 모든 국제적인 합의를 준수한다, ② 핵·미사일을 포함한 안정보장상의 문제 해결을 도모한다, ③ 북한은 미사일 발사동결을 2003년 이후로도 연장한다는 것을 명기하고 있다. 이 사항들은 북한이 그 후에도 핵개발을 계속함에 따라 사실상 사문화되었다고 하겠다.

그런데 북한에서는 2002년 10월 북일회담을 기념해 김정일과 고이즈미가 악수를 하는 장면을 담은 우표를 발행했다. 2000년 김대중과의 남북정상회담 때에 그러했듯 러시아 대통령 푸틴과 중국 국가주석 장쩌민

(江澤民) 등 국가원수가 김정일과 회담을 가졌을 때에도 기념우표에는 악수를 나누는 모습이 등장했다. 일본의 총리는 국가원수와 거의 동급이라는 점을 고려할 때, 고이즈미와 김정일의 악수 장면은 그러한 선례에 따른 것으로 특수한 것은 아니라 하겠다.

덧붙여서 고이즈미·김정일 우표는 2002년 10월에 쿠알라룸푸르에서 양국 외무성이 국교정상화를 위한 사무 레벨의 협의를 가지기 직전에 발행되었다는 점에서, 북한 측이 우표라는 국가 미디어를 통해 일본과의 국교정상화에 진지하게 임하겠다는(여기에는 일본에 북한에 대한 경제지원을 약속한 평양선언을 이행하라는 압박의 의미도 포함되어 있다) 자세를 알리려 한 것이라고 이해할 수 있을 것이다.

한국정부는 고이즈미의 방북 및 북일 평양선언이 양국의 긴장완화에 이바지할 것이라며 환영하는 성명을 냈지만 납치문제에 관해서는 냉담한 입장을 건지했다.

즉, 일본인 납치 피해자가 17명인 데 비해, 한국인 납치 피해자는 정부에 의해 공식적으로 확인된 수만 일본의 수십 배에 달하는 486명에 이른다. 그러나 김대중 정권의 햇볕정책으로 인해 한국정부는 대북 정책에서 북한을 자극하지 않는다는 기조를 유지하기 위해 이 문제에서 한 발짝 물러나서 "일본인 납치 피해자의 문제는 일본의 문제일 뿐"이라는 공식 입장을 반복해왔다.

살펴본 것처럼 김대중·노태우 양 정권하에서는 한국정부가 일본정부와 협력해서 자국민의 납치문제 해결에 나서는 일은 일어나지 않았고, 한국인 피해자의 가족들은 어떠한 구제도 받지 못한 채 방치되었다.

더해가는 반미감정

미국 이민 100주년 기념우표

　대통령 선거를 반년 앞둔 2002년 6월 13일 경기도 양주군 광적면 효촌리에서 여중생 두 명이 주한미군의 장갑차에 깔려 사망하는 교통사고가 발생했다. 한국에서는 미군에 의한 교통사고가 연간 400건 이상 일어나고 있지만, 한국 측이 재판권을 행사하는 경우는 5% 이하에 머무르는 등 피해자 다수가 억울함을 해소할 방법이 없었다. 따라서 여중생이 희생된 사건은 주한미군에 대한 국민의 불만에 불을 댕기는 결과를 초래했다.

　애초에 정부는 대미관계를 고려해 사건을 조용히 수습하려고 했다. 그러나 여론을 이기지 못하고 월드컵이 막을 내린 다음인 7월 11일에 미국에 대해 재판권의 반환을 요청했다. 미국이 한국정부의 요구에 아무런 반응을 보이지 않자, 8월 1일 시민단체들이 들고 일어나 '부시 대통령의 공식 사죄를 요구하는 서명' 운동을 개시하기 시작했다. 8월 3일에는 13명의 학생으로 이루어진 결사대가 의정부시의 미 제2사단 앞 도로에 누워 전차의 통행을 방해하는 등 시위를 벌였다.

　사태가 이렇게 번지자 한국 내의 반미 여론은 더욱 들끓기 시작했고, 이런 가운데 11월 20일 미국의 군사재판에서 관제병 페르난도 니노 병장과 운전병 마크 워커 두 사람에 대한 무죄 판결이 내려졌다. "여중생이 도로의 넓은 좌측으로 걷지 않고, 우측으로 걷고 있었다"며 여중생의 과실을 인정하는 변호인 측의 주장이 인정되었다는 사실이 밝혀지자 한국 내 여론은 격앙했다. 때마침 연말의 대통령 선거를 앞두고 있었으므로 주요 후보들조차 일제히 미군의 대응을 비난했다.

한국 측의 맹렬한 반발에 놀란 미국은 11월 27일 허버드 대사를 통해서 부시 대통령이 "사건에 대해 슬픔과 유감의 뜻을 표하며 재발 방지를 위한 협력을 아끼지 않겠다"며 '간접적인 사과'의 뜻을 전했다. 그럼에도 12월에 들어서면서부터는 사건에 항의하는 '검은 리본 달기 운동'이 퍼져나갔다. 서울의 미 대사관 앞에 2만 명의 시민이 모여 '재판권의 위양' 등을 요구하는 촛불시위를 벌이는 등 한국 내의 반미감정은 여간해서 가라앉을 기미가 보이지 않았다.

지나친 반미는 북한을 이롭게 할 뿐이라며 위기감을 느낀 사람들도 적지 않았는데, 12월 16일에는 전국경제인연합회와 대한상공회의소 등의 경제 5단체가 국민에게 반미 시위를 자제해줄 것을 요청했다. "한국전쟁 당시 자유와 민주주의, 그리고 자유시장경제를 수호하기 위해서 많은 미국의 젊은이들이 피를 흘렸다. 그들의 죽음을 헛되게 해서는 안 된다. 한미 양국의 우호관계는 지속적으로 발전되어야 한다"는 생각으로 "반미 시위는 대미무역에 타격을 주고, 외국인 투자를 위축시켜 일자리를 줄인다"며 설득했다. 그런데 노조와 좌익세력은 "경제성장을 위해서 미국의 횡포를 참으라는 논리는 민중으로서 참을 수 없는 치욕"이라며 반발했고 한국사회의 균열은 심각한 지경에 이르렀다.

이러한 상황 속에서 김대중 정권 막바지인 2003년 1월 13일 미국이민 100년을 기념하는 우표가 발행되었다. 우표에는 여중생 사건 이후로 긴장을 더해가는 한미관계 속에서 다시 한 번 미국과의 동반자적 관계의 중요성을 강조하겠다는 의도를 담았다고 여겨진다. 그러나 한국 내의 반미감정이 여간해서는 진정될 기미를 보이지 않는 가운데 다음 달인 2월에는 노무현 정권이 발족하게 된다.

칼럼 한국우표 참고자료 ②

한국 이외의 국가에서도 외국우표로서 한국우표를 정리해놓은 카탈로그는 여러 개 발행되고 있다.

일본인이 제일 손쉽게 찾아볼 수 있는 것은 (재)일본 우취협회가 간행하고 있는 'JPS 외국우표 카탈로그 한국우표 2005~06'일 것이다.

설명은 일본어로 되어 있으며, 배경이 되는 우편사적인 사항에 대한 주석도 풍부해서 입문서로는 그만이다. 다만, 아쉽게도 2005년 간행의 2005~06년 판 이후 신판이 간행되지 않으므로 최근의 우표에 관한 것

JPS 외국우표 카탈로그
한국우표 2005~2006

은 우문관의 카탈로그나 한국우정의 웹사이트 등에서 정보를 구하는 수밖에 없다.

영국의 스탠리 기번스(Stanley Gibbons)가 간행한 *Stanley Gibbons Stamp Catalogue part 18, Japan and Korea*(5th ed.)는 세계의 우표에 관한 전문카탈로그(전 22권) 가운데 한 권으로 일본·한국·북한의 3개국의 자료가 담겨 있다. 모든 우표의 그림이 실린 것은 아니지만(예를 들어 세트 등은 대표적인 1점의 그림만이 게재되어 있고, 나머지에 대한 것은 문자정보만 들어가 있는 경우가 많다), 일본 식민지 시대에 사용되었던 일본우표며, 북한의 우표를 한 권으로 만날 수 있다는 편리성이 매력적이다. 약 10년에 한 번 개정되며, 얼마 전에는 2008년 판이 나왔다.

전 세계의 우표를 망라해서 매년 신판을 간행하고 있는 미국의 『스콧 카탈로그(James E. Kloetzel, *Scott Standard Postage Stamp Catalogue*)』의 K 항목을 찾아보면 한국우표도 채록되어 있는 것을 발견할 수 있다. 기술이 간략해서 흡족하지는 않지만 전 세계 우표의 취급이 이 카탈로그의 번호를 기준으로 행해지는 경우가 많으므로 무시할 수 없는 존재다. 또 이 카탈로그는 책 말고도 CD-ROM 판으로도 간행되고 있으며, 컴퓨터 특유의 검색기능을 활용할 수 있다는 편리성이 돋보인다.

제9장

노무현 시대 2002~2007

2006년 9월에 발행된 '세계인삼박람회' 기념우표.

2002년 노무현 대통령 당선

2004년 대통령 탄핵소추, 고건 대통령대행 취임

2005년 APEC 부산수뇌회담

2007년 이명박 대통령 선출

노무현의 등장

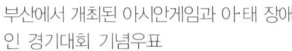
부산에서 개최된 아시안게임과 아태 장애인 경기대회 기념우표

　여당인 새천년민주당(이하 민주당)에게 2002년 연말 대선의 최대 과제는 기반이 취약한 영남을 어떻게 공략할 것인가 하는 점이었다. 2000년 8월 김대중 대통령이 부산을 기반으로 하는 노무현을 해양수산부 장관에 발탁한 것도 영남 출신을 장관에 기용해 다가올 선거에 대비하기 위한 포석으로 전해지고 있다. 당시 노무현은 민주화운동의 투사로서 국민들 사이에 일정한 인기를 얻고 있기는 했지만, 정치가로서는 아직 미숙해서(국회의원 선거에서 여러 번 낙선한 경험 등) 여당의 대통령 후보가 될 것으로 점치는 사람은 거의 드물었다.

　대통령 선거 전년에 치러진 월드컵 시설물을 활용해 같은 해 9월 부산에서 아시안게임이 개최되었고, 10월에는 아시아·태평양 장애인 경기대회가 개최된 것도 정권 차원에서 영남의 표심을 의식한 배려라는 측면이 있었음을 부정하기 어려울 것이다.

　대통령 선거의 민주당 후보를 결정하는 예비선거(국민경선)에 입후보 등록을 마친 것은 김중권, 노무현, 정동영, 김근태, 이인제, 한화갑 등 각 상임고문과 유종근 전라북도지사 등 총 7명으로 사전 여론조사에서는 충청남도 논산 출신의 이인제가 우세한 것으로 나왔다. 이것은 이인제라면 한나라당의 대통령 후보로 지난 선거에서 김대중과 막판까지 접전을 벌인 이회창의 지반인 충청권의 표를 뺏을 수 있을 거라는 선거 전문가들의 판세 분석에 의한 것으로서, 처음에는 '이인제 대세론'이 지배적이었다.

그러나 이인제는 1997년 한나라당 대통령 후보 예비선거에서 패하자 탈당, 국민신당을 결성해서 출마해 고배를 마셨고, 그 후 민주당에 들어왔다는 경력 때문에 철새정치인의 이미지가 강했고, 이회창과의 정책적 차이를 부각시키기에는 어려움이 있는 인물이었다.

이런 가운데 자연스럽게 소거법에 의한 선택으로서 '노무현 대안론'이 부상하게 되었다. 사실 바람을 탄 노무현은 울산과 광주에서 치러진 경선에서 승리, 지역 간 대립의 벽을 극복하고 대통령에 당선될 수 있을지도 모른다는 희망을 주었다.

이인제는 노무현의 좌익적인 사상과 재산문제, 장인이 한국전쟁 당시 북한 측에 서서 양민 학살에 관여했다는 사실 등을 들며 공격에 나섰지만 판세를 뒤엎지는 못했다. 노무현은 4월 27일 민주당의 대통령 후보로 선출되었다.

노무현은 대통령 후보에 선출되자마자 전 대통령 김영삼을 방문(4월 30일)했다. 원래 노무현은 1988년에 통일민주당(당시)의 김영삼에게 발탁되어 국회의원에 당선됨으로써 정계에 입문했다. 그러나 1990년에 민주당의 김영삼파가 노태우의 민정당, 김종필의 공화당과 합당(3당 합당)해 거대여당인 민주자유당을 결성하자 이를 야합이라고 비난하며 야당에 남아서 야당통합 운동을 추진, 김대중의 평민당과 손을 잡고 통합민주당을 발족시킨 경력이 있다. 이후 '김대중의 양자'가 된 노무현과 김영삼은 의절하다시피 했으나, 대통령 선거를 앞두고 노무현 측이 먼저 화해의 손을 내민 것이다. 물론 영남 지방의 표를 의식한 행보였다.

노무현 정권의 발족

노무현 대통령 취임 기념우표

여당인 새천년민주당의 대통령 후보가 된 노무현은 선거전 초반부터 가시밭길을 걸어야 했다. 2002년 5월 김대중 대통령의 차남 김홍걸이 'TPI' 스포츠복권으로부터 13억 4,400만 원에 상당하는 주식을 뇌물로 받은 혐의로 체포되는 사건이 발생한 것이다.

여당은 6월의 지방선거와 8월의 보선에서 참패했고, 이로 인해 대통령 선거 출마 의사를 표명한 정몽준과의 후보단일화를 요구하는 목소리가 높아졌다.

결국 TV 토론에서 둘 중 여론의 지지를 더 많이 획득한 사람이 단일후보가 된다는 방침이 정해졌고, 11월 22일 토론회가 열렸다. 토론회가 끝난 다음 시행한 여론조사에서 노무현의 지지도는 46.8%, 정몽준의 지지도는 42.2%로 나타났다.

노무현의 승리에는 토론회 직전인 11월 20일 주한미군의 군사법정이 6월에 일어난 여중생 사건의 피고인 미군에게 무죄판결을 내린 것으로 그의 지지기반이었던 좌파계가 한층 더 가열 차게 시민운동을 전개해나갈 수 있었다는 배경이 자리 잡고 있다. 미국정부는 사태를 진정시키기 위해 부시 대통령의 사죄성명을 내보내지만, 시위 주동자들은 이것을 기만이라고 규정하고 시위를 계속했다. 이런 상황이 선거전에 적잖게 영향을 미쳤다는 것을 부인할 수는 없다.

대통령 선거의 후보자 등록은 11월 27일과 28일 양일에 걸쳐서 시행되었으며, 4명의 후보가 등록을 마쳤다. 그러나 선거전은 사실상 노무현과 이회창의 2파전이었다.

노무현은 김대중의 햇볕정책(포용정책) 계승, 충청도로의 행정수도 이전, 7%의 경제성장을 공약으로 내걸었고, 이회창은 햇볕정책의 전면적인 수정을 피력했다.

정몽준은 노무현의 지나친 친북·반미성향에 반발, 선거 전날인 12월 18일 그에 대한 지지를 철회하는데, 이것이 오히려 전화위복으로 작용했다. 노무현에 대한 동정표가 늘어나면서 결국 57만 표 차이로 승리하게 되었다.

노무현은 1946년 경상남도 김해시 진영읍 본산리 봉하에서 가난한 농부의 아들로 태어났다. 부산상고를 졸업한 후 '삼해공업'이라는 작은 어망회사에 들어가지만, 사법고시에 뜻을 두고 1개월 만에 퇴직했다. 독학을 하는 중간에 군 복무를 마쳤으며, 1975년 사법시험에 합격, 판사를 거쳐 변호사로 개업했다.

변호사 시절에 다른 변호사를 대신해서 민주화 투쟁을 하다가 체포된 피고의 변호를 맡으면서 인권변호사로 변신했다. 1987년에는 대통령의 직접선거를 요구하는 6월 항쟁의 중심인물로서 체포되기도 했다.

노태우 정권 때인 1988년, 김영삼의 눈에 띄어 정계로 진출했고, 1990년 김영삼·노태우·김종필의 3당 합당에 항의하며 야당에 잔류했다. 이후 김대중과 손을 잡았고 2000년 8월에는 김대중 정권의 해양수산부 장관으로 기용되었다.

2002년 선거에서 대통령에 당선된 노무현은 2003년 1월 20일 대한민국 제16대 대통령으로 취임했다.

대통령 탄핵소추와 독도 우표

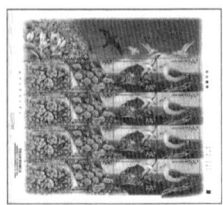

2004년에 발행된 '독도의 자연' 우표 시트

발족 당시 노무현 정권에 대한 국민의 지지는 높았지만, 여당인 새천년민주당은 소수당으로 야당인 한나라당의 공격에 연일 시달렸다. 한나라당은 선거무효소송과 함께 연일 구설에 오르는 대통령의 언어구사 등 자질문제를 거론하며 신랄한 공격을 퍼부었다. 여당 안에서도 주류파(친노계열)와 비주류파가 대립을 거듭하다가 주류파가 새로이 '열린우리당' (이하 우리당)을 결성해 분당함으로써 노무현과 대립각을 세운 새천년민주당은 야당이 되고 말았다. 이로 인해 여당의 의석이 대폭 줄어들었고, 발족 초기부터 대통령은 정권 운영에 극심한 곤란을 겪게 된다.

이런 와중에 대통령 선거에 불법자금이 동원되었다는 사실이 드러났다. 발단은 노무현과 친분이 있는 문명욱이 경영하는 썬앤문사의 탈세사건이었다. 수사과정에서 대통령 선거 기간 중인 2002년 국세청의 특별감사로 71억 원의 추징금을 부과 받은 썬앤문그룹이 대통령 후보였던 노무현에게 국세청장인 손영래에게 압력을 가해 추징금을 25억 원으로 감면해줄 것을 청탁, 그 대가로 노무현 선거캠프에 자금을 제공한 것이 발각된 것이다. 결국 문병욱과 손영래, 안희정 등 관련자가 체포되었고 '정치는 아마추어지만 깨끗하다'라는 노무현의 이미지는 크게 손상되었다.

뒤를 이은 난관은 이라크전 파병이었다. 2003년 3월 미국이 이라크전을 일으키고, 한국에 파병을 요청하자 노무현 정권은 소극적인 자세로 일관했다. 이에 한나라당이 대미 협조노선을 내걸고 파병을 요구하자 마지못해 파병을 결정하는데, 이것이 노무현을 지지했던 젊은 층의 반발을 불러일으켰고, 지지율은 곤두박질쳤다. 궁지에 몰린 노무현 정권은 국민투표로 대통령 재신임을 묻겠다고 제안하나, 각계의 반발로 철회했다.

'독도의 자연' 우표가 붙여진 일본행 우편물

대선 당시의 불법자금과 관련해서는, 한나라당의 이회창 진영에서도 대선 불법자금 수수가 있었다는 점을 들어 "우리가 작년 선거에서 사용한 불법자금 규모가 한나라당의 10분의 1을 넘으면 대통령직을 물러나 정계를 은퇴하겠다"고 선언했다. 그런데 수사 결과 노무현의 불법자금 규모가 한나라당의 8분의 1에 가까운 것으로 밝혀지자, '편향보도'라며 사임할 뜻이 없음을 분명히 함으로써 빈축을 샀다. 사면초가에 빠진 노무현 정권은 국민의 비판을 잠재우기 위한 궁여지책으로 일본과 영유권 다툼을 벌이고 있는 독도 문제를 끄집어내기로 하고 2004년 1월 16일에 '독도의 자연'이라는 이름으로 4종 우표를 발행했다.

물론 독도 영유권을 주장하는 일본은 한국에 항의했고, 한국은 또다시 반일 여론으로 술렁이면서 일본에 대해서 '의연한 태도'로 일관하는 노무현 정권에 대한 국민의 지지율은 일시적으로 반등하기 시작했다. 그러나 정권의 위기를 가져온 불법자금 의혹과 정국의 혼란 및 지지부진한 경제정책, 그뿐만 아니라 4월에 있을 대선을 앞두고 여당을 지지하는 발언을 내뱉음으로써 선거법 위반까지 저지르는 대통령의 처신까지 더해져 3월 12일 야당이 다수를 차지하는 국회에서는 대통령에 대한 탄핵소추를 가결했다. 이로 인해 헌법재판소가 이 소추를 기각하는 5월 14일까지 63일 간 노무현 대통령의 직무가 정지되는 전대미문의 사건이 발생했다.

고건 대통령 권한대행

KTX 개통 기념우표

한국 국회는 2004년 3월 12일 노무현 대통령에 대한 탄핵소추를 가결했다. 이에 따라 대통령의 직무는 정지되었고, 고건 국무총리가 대통령의 권한을 대행하게 되었다. 1938년 서울에서 태어난 고건은 서울대를 졸업한 후 박정희 시대인 1975년에 전라남도 지사에 취임했고, 1980년의 전두환 정권에서는 교통부 장관, 농수산부 장관을 역임했다. 노태우 시절에는 서울올림픽이 개최될 당시 서울시장으로 근무했고, 김영삼 정권 때였던 1997년에서 1998년 사이에는 국무총리를 맡았다. 그 후 다시 서울시장으로 근무하다가 노무현 정권에 의해 한 번 더 국무총리 자리에 오르게 되었다.

노무현 정권의 핵심라인은 주로 운동권으로서 행정경험이 일천한 사람이 대부분이었으므로, 고건은 그들과는 차별화된 실무형의 대형정치가로서 노무현 정권을 발족 초기부터 지탱해온 인물이었다. 그러나 불법대선자금 문제와 관련한 대응부터 시작해서, 대통령 측근의 너무나도 '아마추어'적인 정국운영에 염증을 느낀 탓인지 2004년 4월 15일 총선 후에는 결과와 관계없이 사퇴할 것이라는 의사를 분명히 해두고 있었다.

그런 그가 탄핵소추가 가결되면서 어쩔 수 없이 대통령 권한 대행에 취임하게 되었던 것이다. 대통령 대행으로서 고건은 그 직무를 무난히 수행했다고 할 수 있는데, 재임 중 눈에 띄는 것을 손꼽자면 아무래도 4월 1일의 한국고속철도(KTX) 출범일 것이다.

KTX는 프랑스의 TGV의 기술을 도입해서 개발한 고속철도로 서울과 부산을 잇는 경부선, 서울과 목포를 잇는 호남선, 서울과 행신을 잇는 경의선이 있다. 1992년 6월에 공사를 시작해서 12년의 세월과 22조 원(국가 예산의 20%에 상당)의 경비를 들여 2004년 4월 1일 영업을 개시했다. 기념우표가 발행된 것은 물론이며, 서울역에서 치러진 개업식에는 노무현을 대신해서 고건이 주빈으로 참석했다.

대통령 권한 대행인 고건이 그 직무를 착실하게 수행함으로써 정권은 다시 안정을 회복하기 시작했지만, 국회에서는 여전히 당리당략에 치우친 혼전이 끊이지 않았으므로 국민들의 국회에 대한 염증 또한 갈수록 심해졌다. 이때 여론조사를 살펴보면 70%의 국민이 탄핵을 반대하고 있었다. 그 결과 4월 15일의 선거에서 여당인 우리당은 탄핵반대의 바람을 타고 단독 과반수를 넘어서는 152석을 획득하는 압승을 거둘 수 있었다.

선거결과에 따라 5월 14일 헌법재판소는 탄핵소추를 기각한다는 결정을 내렸다. 헌법재판소는 다음과 같은 판단을 내렸다. ① 노무현 대통령의 일부 발언과 행동이 헌법준수의무에 위배되고 선거법을 위반하고 있는 것은 인정되나, 그것이 바로 파면으로 이어질 만큼 중대한 위반은 아니다. ② 측근의 부정에 대해서는 대통령이 지시·관여했다는 사실이 인정되지 않는다. ③ 경제정책의 실패는 법적 재판의 대상이 아니다.

노무현이 63일 만에 대통령직으로 돌아오면서 고건은 드디어 원하던 대로 사임을 하게 되었다. 그러나 유능한 실무관료였던 고건의 이탈은 노무현 정권에 커다란 손실이었으며, 대통령직을 회복한 노무현 치하에서 정치는 다시 혼란과 복마전으로 돌입하게 되었다.

고구려 동북공정 파문

2005년부터 발행되기 시작한 '고구려 시리즈' 제1집 시트

고구려는 현재의 중국 랴오닝 성 길림과 한반도의 북부를 아우르던 국가로, 『삼국사기』에 따르면 기원전 37년에 건국되었다. 한반도의 북부 지역에서 부족을 통합해서 최초의 국가를 이루었다는 것이 한국의 역사관이다. 따라서 고구려를 중국의 일개 지방정권으로 취급하는 중국 측의 주장은 한국인들로서는 도저히 용납할 수 없는 것이다.

그런데 1996년 중국사회과학원이 중국 동북부(만주)에 관한 역사연구를 중점 연구과제로 하겠다는 방침을 결정하고, 다음 해인 1997년부터 '동북공정'이라는 이름으로 대규모의 역사연구 프로젝트에 착수했다. 그 과정에서 중국은 고구려 전기의 도성과 고분을 세계유산으로 추천하고, '고구려는 역대 중국 왕조와 예속의 관계에 있는, 중국 관할의 지방정권'으로서 고구려를 중국사의 일부로 받아들이는 주장이 강해졌다.

사실 2002년 이전까지 중국 베이징 대학의 역사학과에서는 고구려를 한국사(조선사)의 일부로 다루고 있는 장페이페이(蔣非非), 왕샤오푸(王小甫) 등의 『중한관계사』를 교재로 사용하고 있었다. 이런 사실로 보아 당시까지만 해도 중국이 고구려사를 한국사로서 인식하고 있었음을 짐작하기란 어렵지 않다. 그런데 2004년 7월 1일 쑤저우(蘇州)에서 열렸던 세계유산위원회가 고구려 전기의 도성과 고분을 세계유산으로 등록하자, 다음날 중국의 각 매체가 고구려를 "한과 당 시대에 중국 동부의 지방정권이었다", "역대 중국 왕조와 예속관계를 맺은 지방정권으로 정치와 문화 등 각 분야에서 (중국) 중앙왕조의 강한 영향을 받았다"고 보도했다. 또 중국 외무성 홈페이지의 한국의 지리·역사에 관한 기술에서 고구려라는 단어가 삭제된 사실이 판명되었다. 이에 한국 측은 거세게 항의했다.

1982년에 발행된 '역사화 시리즈' 가운데 1매에는 고구려 장군인 을지문덕이 수나라 대군을 격파한 '살수대첩' 장면이 등장하고 있어, 중국의 침략에 맞서온 한민족의 역사를 엿볼 수 있다.

중국이 갑자기 고구려를 중국사의 일부로서 취급하게 된 이유는 아직 밝혀지지 않았으나 한국 내에서는 북한의 붕괴 가능성이 현실로 다가오는 가운데, 중국이 한반도의 남북통일 후 국경문제 등 영토문제에서 단호한 입장을 취하기 위한 포석이 아닌가 하는 분석이 지배적이다. 어쨌든 한국으로서는 가만히 두고 볼 수는 없는 일이었다.

결국 한국의 거센 반발에 놀란 중국은 한 발짝 물러설 수밖에 없었고, 2004년 8월 한중 양국 정부는 "역사해석의 문제가 정치쟁점화하는 것을 막아야 한다"는 것에 합의하지만, 한국 내 여론은 좀체 가라앉을 줄 몰랐다. 2006년 9월 ASEM 정상회의에서 노무현 대통령이 중국의 원자바오(溫家寶) 총리에게 "학술연구기관의 차원이라고는 하지만 양국관계에 부정적인 영향을 미치는 일은 있어서는 안 된다"고 항변하기에 이른다.

이처럼 고구려의 역사적인 귀속을 놓고 한중이 대립이 첨예화하던 2005년 7월 1일부터 한국우정은 '고구려 시리즈'라는 제목으로 특수우표 발행에 나서는데, 고구려가 한국의 왕조였다는 사실을 다시 한 번 강조하기 위한 조치로 해석할 수 있을 것이다.

시리즈에서 처음으로 등장하는 오녀산성과 백암성 양 지역은 현재의 행정구역상으로는 중국에 속한다.

대일 강경책으로의 전환

광복 60주년 기념우표

　대통령에 취임할 당시 노무현은 미래지향을 주장했으므로 일본과의 우호친선관계가 진전될 것으로 전망되었다. 2003년 6월 6일 노무현이 방일 길에 올랐을 때, 한국에서는 이 날이 나라를 위해 순국한 영령들을 기념하는 현충일이었으므로, 이런 날에 일본으로 가서 일본 천황과의 만찬을 나누는 것을 비판하는 목소리가 높았다. 노무현은 이에 대해 "우리는 언제까지나 과거에 얽매여 있어서는 안 된다"고 응답했다. 또 2004년 12월의 가고시마(鹿兒島) 현 이부스키(指宿)에서 가진 정상회담과 관련해서는 "가고시마는 정한론을 주장한 사이고 다카모리(西鄕隆盛)의 고향이므로 좋지 않다"는 젊은 정치인들과 매스컴의 비난을 받았다. 이때 "사이고를 비판하며 정한론을 누른 것도 가고시마의 오쿠보 도시미치(大久保利通)이므로 문제가 없다"며 외교당국이 측면에서 달랬다는 일화도 전해진다. 이때의 정상회담에서 노무현은 야스쿠니(靖國) 문제와 관련해서 일본의 자주적인 판단을 희망한다며 비교적 차분한 대응을 보이고 있었다.

　그런데 2005년 2월 한국 언론이 일본의 시마네(島根) 현의 '다케시마의 날' 제정 움직임을 비판하는 반일캠페인을 전개하자 이에 이끌리기나 한 것처럼 노무현 정권은 대일 강경노선으로 급선회하는 모습을 보였다. '다케시마의 날'은 다케시마가 시마네 현에 편입된 1905년으로부터 100년째 되는 해를 기념해서 다케시마를 둘러싼 여러 가지 문제를 일본 내에 널리 알리겠다는 취지에서 제정된 것이다.

독도 문제에 관해서는 2004년 1월 탄핵소추 직전의 노무현 정권이 정권부양의 계기로 독도 우표를 발행해 국민의 내셔널리즘에 호소했던 경험도 있었으므로, 대통령은 언론의 캠페인에 동조해 3·1절 연설에서 식민지 지배에 대한 일본의 분명한 사죄와 반성, 그리고 배상을 요구했다.

일본의 고이즈미 총리는 노무현의 발언을 국내용으로 치부했고, 이것으로 일본정부 차원의 '사죄' 성명이 나올 것을 기대했던 노무현의 체면은 크게 손상되었다. 이에 격앙된 노무현은 "외교전쟁도 불사하겠다"는 강경한 표현을 사용하며 일본을 비난, 고이즈미의 야스쿠니 신사 참배를 이유로 정상회담을 중지하기까지 했지만, 한국 측이 기대하는 일본의 '양보'는 없었다. 오히려 일본 국내 여론은 고이즈미의 행동에 대해 "억지를 쓰는 한국에 대해서 의연한 대응을 보인다"며 높게 평가하기도 했다. 이것에 자극을 받은 노무현은 태도가 더욱 강경해졌고, 이후 '반일 4점 세트'(야스쿠니 신사 참배 문제, 역사교과서 문제, 종군위안부 문제, 독도영유권 문제)를 들어 반복적으로 일본을 비난했다.

이처럼 '해방 60년'이 되는 시점에서 한일 양국의 외교적 균열은 결정적인 것이 되었다. 그러나 8월 15일 발행된 '광복 60주년' 기념우표의 디자인은 대한민국임시정부를 중심으로 한 것으로, '항일의사'가 등장하지 않은 비교적 온건한 내용을 이루고 있었다. 한국우정으로서는 2004년의 독도 우표 일도 있고 해서, 일본 측을 더 자극하지 않겠다는 의도로 선택한 디자인일 것이다. 또 이것은 대통령과 그 측근들의 도를 넘는 반일외교에 우려하는 분위기가 있었음을 암시하는 것이라고 추측된다.

APEC 부산정상회담

APEC 부산정상회담 기념우표

아시아태평양경제협력(APEC: Asia Pacific Economic Cooperation)회의가 2005년 11월, 부산에서 개최되었다. APEC은 환태평양지역에 위치한 국가 간에 경제협력을 증진시키기 위한 비공식적인 포럼으로, 1989년 오스트레일리아 호크 총리의 제창으로 구성되었다. 일본·미국·캐나다·한국·오스트레일리아·뉴질랜드 및 동남아시아국가연합(ASEAN: Association of Southeast Asian Nations) 6개국의 12개국으로 발족했다. 수뇌회담 및 외상, 경제담당 장관들이 모이는 각료회의를 1년에 한 번 개최하고 있다.

비공식적인 포럼이라고는 하지만 참가국과 지역이 21개국으로, 이들의 규모가 인구로는 세계의 41.1%, GDP(국내총생산)로는 57.8%, 무역액으로는 47%에 이르렀으므로 그 영향력은 엄청난 것이었다.

APEC의 개최지가 수도 서울이 아닌 부산으로 정해진 것은 경호나 교통 등의 문제도 그렇지만, 부산 지역이 노무현 대통령의 정치적 기반이라는 점과도 관련이 있었을 것이다.

그런데 18일과 19일 양일간 치러진 수뇌회담에서 선진국은 2010년까지, 개발도상국은 2020년까지 무역·투자를 자유화한다는 목표를 향해 ① 공동·개별실행계획을 강화, ② 높은 단계의 지역무역협정·자유무역협정의 추진, ③ 2010년까지는 무역에 따르는 비용의 5%를 삭감한다는 것 외에 반부패 및 투자·교역의 안정 등에 노력을 경주한다는 '부산아젠다' 등을 핵심으로 하는 '부산로드맵'이 채택되었다. 이 밖에도 각국 정상은 위조품과 불법복제상품의 제조 및 판매를 방지하는 APEC 가이드라인을 승인했고, 지적재산권의 보호를 새롭게 논의한다는 것에도 합의했으며, 조류인플루엔자 문제에 대해서도 논의했다.

회기 중에 대통령은 각국 정상과 개별회담을 가졌는데, 주목할 만한 것은 인도네시아의 유도요노 대통령과의 회담으로, 양국의 경제·통상교류를 강화하고 한국과 ASEAN의 자유무역협정(FTA) 타결을 향해 계속해서 협력해 나간다는 데 합의했다. 유도요노가 인도네시아의 인프라, 에너지, 정보기술 분야에 대한 한국기업의 적극적인 투자를 요청해온 데 대해, 노무현은 북한의 개성공업단지에서 생산한 제품을 FTA의 대상품목에 포함시키는 데 대해서 협력해줄 것을 유도요노로부터 약속받는 성과를 올렸다.

한편 일본의 고이즈미 총리와 가진 회담에서는 "일본에 대해서 더 이상의 사죄를 요구하지 않겠다. 또 국가 대 국가의 보상을 요구하지도 않겠다. 다만 개인에 대한 보상은 별개의 문제"라고 말하고, "야스쿠니 신사 참배와 역사교육 문제, 독도 문제에 대한 일본의 입장은 도저히 받아들일 수 없다"고 못 박았다. 이에 대해 고이즈미는 "야스쿠니 신사 참배는 과거의 전쟁에 대한 반성"이라는 종래의 입장을 반복했고, 결국 회담은 평행선을 달리다가 30분 만에 끝나고 말았다. 양국은 서로의 견해 차이가 얼마나 큰 것인가를 한 번 더 확인했을 뿐이었다.

한국우정은 수뇌회담의 개최에 맞춰 11월 18일 기념우표를 발행했다. 우표는 회의장을 그린 것과 소나무와 물, 다섯 개의 산과 태양과 달을 집어넣은 전통화의 두 종류로 디자인되었다. 이 가운데 후자는 전통적인 왕권을 상징하는 것으로 각국 수뇌가 한곳에 모인다는 점에서 착안한 것이라는 설명이다.

황우석 사건

인간복제 배아줄기세포 배양 성공 기념우표

서울대학교의 석좌교수 황우석이 세계 최초로 인간의 클론배로부터 배아줄기세포(ES세포: Embryonic Stem cell)를 만들어 내는 데 성공했다고 ≪사이언스≫에 발표한 것은 2004년 2월의 일이었다.

그는 또 다음 해인 2005년 5월, ≪사이언스≫를 통해 환자의 피부조직으로부터 추출한 체세포를 크리닝한 다음 그것으로부터 환자별로 특성화한 ES세포 11개를 만들었다고 발표했다. 계속해서 역사적인 연구 성과를 발표하는 황우석에게 한국사회는 열렬한 지지를 보내기 시작했다. 한국이 세계의 생화학연구와 재생의학연구를 선도하게 됨으로써 불러일으킬 경제효과와 한국인 최초로 자연과학 분야에서 노벨상 수상이 가능할지도 모른다는 기대감이 더해져 황우석 신드롬이라 할 만한 광풍이 한국사회를 휩쓸었다. 정부는 황우석을 '최고과학자' 제1호로 인정하고, 그의 연구를 돕기 위해 거액의 자금을 지원해주었다. 또 2005년 2월에는 ES세포의 힘으로 척추손상을 입은 환자가 정상인으로 돌아오는 과정을 형상화한 디자인의 기념우표를 만들어 황우석의 연구업적을 기렸다.

황우석은 1952년 충청남도 부여군에서 태어났다. 어려서 부친과 사별한 다음 고학으로 서울대학교 수의과대학을 졸업(1977년), 동 대학원에서 박사학위를 취득(1982년)했다. 1993년에는 한국에서 최초로 소의 인공수정에 성공했고, 1999년에는 역시 한국 최초로 복제소를 탄생시켜 주목을 받았다. 2003년에는 광우병(BES)에 내성을 지닌 소를 생산해서 세계적인 관심을 모았다. 이러한 실적이 있었으므로 2004년 이후 나온 ES

세포에 관한 논문의 신뢰도 수준 역시 높은 것으로 받아들여질 수밖에 없었다.

그런데 2005년 11월 인간 여성의 난자 매매와 불법난자를 사용한 인공수정, 대리모 브로커 등의 문제가 한국 내에서 이슈화되었고, 그 수사 과정에서 황우석의 2005년 논문의 공동저자였던 미즈메디병원 이사장 노성일이 관련되었음이 드러났다. 설상가상으로 2005년 논문의 공저자였던 미국 피츠버그대학의 제럴드 섀튼 교수가 황우석이 난자를 불법적으로 구했다고 공표했다. 다음 달인 12월에는 노성일이 MBC TV와의 인터뷰에서 황우석의 논문이 날조되었음을 시인했고, 사람들은 황우석의 연구 성과에 대해 의혹을 눈길을 보내기 시작했다.

처음 발각되었을 때만 해도 한국 내에서는 이 사건을 믿지 못하고 '적대조직의 음모'라면서 황우석을 열광적으로 옹호하는 사람이 더 많았다(인터뷰를 방송한 MBC 프로그램의 스폰서에 대한 불매운동까지 일어났다). 그러나 ≪사이언스≫의 조사 결과 논문 내용이 허위였음이 확인되었고, 그가 발표한 ES세포에 관한 논문은 삭제되었다. 이와 함께 황우석을 향하던 열렬한 지지도 급속히 수그러들었다.

2005년 2월 발행한 기념우표는 2006년 1월 11일 한국정부가 황우석에게 바친 '최고과학자' 칭호를 박탈하면서 정부와 관련된 모든 공직으로부터 해임 당하자, 우정사업본부에 의해 판매가 정지되었고 잔량은 전부 회수되었다.

과거청산과 '친일파' 처벌

'제주 세계 평화의 섬 지정' 기념우표

노무현 정권의 권력기반은 민주화운동과 학생운동을 경험한 386세대였다. 경력에서 짐작할 수 있듯이, 그들은 '과거 청산'을 중시했고, 노무현 정권은 이 문제에 대해 그 어느 정권보다 더 열심히 매달렸다.

일본에서는 한국의 과거 청산이 식민지 지배에 따른 피해를 명확히 밝히고, 식민지 정권에 협력한 사람을 단죄하는 작업인 것처럼 받아들이는 경향이 있으나, 실제로는 식민지 지배에 관한 문제뿐만이 아니라 민주화가 되기 이전의 시대에 국가권력에 의해 폭력·학살·인권유린 등도 그 대상이 되고 있다. 과거 청산에 관한 최초의 법률은 노태우 정권에서 제정한(1990년) 광주 민주화운동 관련자 보상 등에 관한 법률이다.

그 후 민주화운동의 지도자였던 김영삼과 김대중 정권도 과거 청산에 관한 법률을 여러 가지 제정했는데, 이 법률은 전부 해방 이후에 정부에 의해 자행된 탄압으로 인한 피해자 구제를 대상으로 하고 있어서, 식민지 시대의 '친일파'를 구체적으로 처벌하기 위한 것은 아니었다.

이에 비해 해방 후인 1946년에 태어난 노무현의 과거 청산은 '일제강점기'도 대상으로 하고 있었다는 점에서 과거정권과 다르다. 즉, 2004년 12월에 성립된 「일제 강제 점령하 반민족행위의 진상규명에 관한 특별법」은 1904년의 러일전쟁 때부터 1945년 해방이 될 때까지 일본군이나 조선총독부 등의 행정기관에서 일정 이상의 지위에 오른 사람들과 독립운동가를 탄압하거나 전시에 전의 고양을 위해 활동한 사람을 조사해서 처벌하기 위한 것이었다.

또 2005년 5월에는 「진실·화해를 위한 과거사 정리기본법」이 제정되었고, 그 대상에는 일본 관련만이 아니라 한국군, 북한군, 유엔군, 미군 등이 일으킨 인권침해 사건까지 포함되었다. 1948년 제주도에서 발생한 4·3사건에 관해서는 2006년 1월 정부가 '제주 평화의 섬 선언'을 발표했고, 4월에 치러진 희생자위령제에는 노무현이 대통령으로서는 처음으로 출석해 도민에게 정식으로 사죄한 것도 이러한 흐름에 따른 것이다.

그러나 노무현 정권의 경우 일본과 외교관계 악화 등의 영향 때문에 '친일파'를 과거 청산의 주요대상으로 삼았음이 명백한 것 같다. 2005년 12월에 제정된 「친일반민족행위자 재산의 국가귀속에 관한 특별법」에서는 '반민족행위 인정자'의 후손이 소유한 토지와 재산을 국가가 사실상 몰수할 수 있게 되었고, 2007년 5월에는 한일병합 조약을 체결한 이완용의 자손에 대해서 약 25만 4,906km², 36억 원 상당의 토지를 몰수해 한국 정부에 귀속시키겠다는 취지의 결정도 내려졌다.

다만 과거 청산에 관해서는 과거에 묻지 않았던 죄를 사후법에 의해 재판할 수 없다고 하는 형법불소급의 원칙에 반할 뿐만 아니라 아무런 죄도 없는 자손의 재산을 몰수하는 연좌제도 근대법의 원칙에 어긋난다. 무엇보다도 일본 식민지 시대에 당시의 조선인 다수가 어떤 식으로든 지배기구와 관련을 맺고 살아갈 수밖에 없었고, 그것을 일률적으로 규탄·처벌하려는 것에 대해서는 한국 내에서도 비판의 목소리가 높았고, 사회적인 분열을 심화시키는 결과를 초래했다는 것도 부인하기 어렵다.

한미FTA

8대 수출상품을 선전하는 우표

2006년 3월 한국은 미국과의 자유무역협정(FTA) 체결을 위해 교섭을 개시했다. 한국우정은 3월 15일 자동차, 반도체, 석유화학, 전기, 기계, 조선, 철강, 섬유의 '8대 수출산업'을 소재로 한 우표를 발행했다. 여기에는 무역입국으로서 FTA 교섭의 조속한 타결을 위해 노력하겠다는 의지가 담겨 있었다.

좌파정권으로서 노무현 정권의 경제정책은 기업에 대해서 사회적인 부담을 요구하는 것이었으므로, 국내총생산(GDP)으로 보는 경제성장률은 역대 정권에 비해 크게 떨어졌다. 김영삼 정권 전기(1993~1995년)의 평균성장률은 7.9%, 후기(1996~1997년)는 5.9%, 김대중 시절 전기(1999~2000년)는 9.0%, 후기(2001~2002년)는 5.4%였던 것에 비해 노무현 정권 첫해인 2003년에는 3.1%, 2005년까지의 정권 전기의 3년간 평균을 내도 3.9%에 불과하여, 잠재성장률(4%대)조차 달성하지 못했다.

노무현 정부는 유럽연합(EU), 북미자유무역협정(NAFTA)에 이어 세계 3위의 경제규모가 되는 한미FTA를 실현해서 ① 관세 및 비관세 부문의 장벽을 철폐해 무역을 증대시킴으로써 기업의 수익을 올리고, ② 외국인 투자가의 활동을 보장하고, 한국의 투자환경을 개선시킴으로써 외국인의 신규투자를 늘려 국내에 투자를 증대시키며, ③ 경쟁의 촉진, 신기술의 도입, 시스템의 근대화 등을 통해서 생산성을 높이고 국민소득을 향상시킨다는 구상이었으므로 협상은 빠른 속도로 진행되었다. 2007년 4

월에는 협정을 조인했다. 통상 FTA 교섭이 양국의 관계당사자·전문가 등의 공동연구와 개별 사안에 대한 정부 간 교섭 등으로 최소한 3년은 소요된다는 점을 생각할 때, 이례적으로 빠른 타결이었다고 할 수 있었다.

한미FTA는 양국에서 제조된 공산품의 94%에 대해 3년 이내에 관세를 철폐할 것과 점차적으로 수입을 개방해 약 10년 후에는 전 품목에 대해 완전히 관세를 철폐할 것을 정해놓았다. 그러나 교섭의 조속한 타결에 급급한 나머지 시장개방에 따른 국내기업의 충격을 감당할 수 있도록 도와주는 보호대책과 외국자본으로부터 민족자본을 지켜낼 방어책, 또 미국식 시스템의 도입에 따른 경제·사회의 양극화 현상으로 인한 국민의 불안과 불만을 무마할 수 있는 대책 등 사전 준비가 불충분했다. 전문가들로부터는 FTA의 졸속 타결이 한국경제의 대미 종속을 부채질하는 등 부정적인 영향이 심각하다는 우려 섞인 지적이 나오고 있다.

한편 미국은 한미FTA를 한국과의 무역관계 강화보다는 극동지역 군사전략의 일환으로 보고 있다. 반미좌파 그룹의 지지를 기반으로 '자주노선'을 지향하면서, 중국과 북한에 유화적인 노무현 정권을 FTA 타결을 통해 경제적으로 결속시킴으로써 한미관계를 안보와 경제의 복합동맹으로 끌어올리겠다는 것이 미국의 구상이다.

예를 들어 FTA에서는 한반도의 비핵화가 진전된다는 단서하에 노무현 정권의 대북지원 핵심사업인 개성공업단지에서 생산되는 가공제품을 한국산으로 인정해준다는 길도 열어주고 있는데, 이것은 한국을 통해 북한에 핵 포기 압력을 강화하고 동시에 북한에 대한 중국의 영향력을 약화시키겠다는 의도로 해석할 수 있다. 이처럼 한미FTA는 단지 경제문제에 국한된 것이 아니라 고도로 계산된 미국의 정치적·군사적 전략이라는 사실을 간과해서는 안 될 것이다.

제2차 남북정상회담

한국이 발행한 2007년 정상회담 기념우표

한미FTA 교섭이 개시된 2006년 3월이 되자 경제정책의 실패와 과거 청산을 둘러싼 국내의 혼란, 대일외교의 파탄에서 나타나는 외교 실책 등으로 노무현 정권의 지지율은 곤두박질쳤다. 그해 5월 31일의 지방선거에서 여당인 열린우리당은 참패했다.

김대중 정권 때부터 추진되어오던 대북유화책인 '햇볕정책'도 거액의 원조에 대한 대가로 돌아왔어야 할 북한의 비핵화는 전혀 진척이 없었을 뿐만 아니라, 2006년 7월 5일 북한은 국제사회를 도발하려는 듯 미사일 발사실험을 단행했다. 이에 대해 한국정부는 "이게 우리나라 안보상의 위기였던가", "국민을 불안에 빠트리지 않게 하려고 일부러 느긋하게 대응했다", "일본처럼 새벽부터 소동을 일으킬 이유가 없다" 등의 견해를 발표해 국제사회를 아연하게 만들었다. 게다가 미사일 발사 후인 7월 13일 열린 남북 각료급 회담에서는 "남은 북의 선군정치의 은혜를 입고 있다"는 북한 측의 폭언으로 회담이 결렬되었음에도 노무현은 북한이 과거에 저지른 전쟁과 납치를 용서한다는 연설을 하고, 그때 발생한 북한의 수해복구를 위해 쌀, 시멘트, 중기계 등을 지원했다.

이런 일들이 거듭되는 가운데 2006년 후반이 되면서 정부는 완전히 레임덕에 빠졌고 여당인 우리당에서도 다음 해인 2007년 말에 있을 대통령 선거를 목표로 김근태를 중심으로 과거 결별했던 민주당과의 재통합을 모색하기 위한 움직임이 일기 시작했다. 2007년 2월 28일 노무현은 우리당에서 탈당했다. 사면초가에 직면한 노무현은 8월 8일 북한을 방문, 김정일과 회담할 것임을 발표했다. 회담은 애초 8월 28일에서 30일까지로 예정되었으나 10월 2일로 연기되었다. 전회의 정상회담처럼 당시도 회담 첫날에 기념우표가 발행되었다.

10월 2일 군사경계선을 도보로 건너 북한으로 향하는 퍼포먼스를 벌인 노무현은 4·25문화회관에서의 환영식 후, 만수대 의사당에서 북한 최고인민회의 상임위원장인 김영남과 회담을 가졌다. 3일에는 백화원 초대소에서 김정일과 회담한 후 5·1경기장에서 〈아리랑〉 공연을 관람했다. 마지막 날인 4일에는 평양에서 '남북관계발전과 평화번영을 위한 선언'에 서명했고, 개성공업단지를 시찰한 후 귀국했다.

공동선언에서는 ① 서해에 평화협력 특별지대를 설치한다. ② 11월 중에 남북의 총리, 국방장관급 회담을 개최한다. ③ 한국전쟁 종결선언을 위해 한반도에서 관련 당사국 회담을 개최한다. ④ 경의선에서 화물열차 운행을 개시한다 등의 항목이 들어가 있으며, 한반도의 경제공동체 건설을 향해서 구체적인 협력사업을 벌여나갈 것을 합의했다.

그러나 정작 중요한 핵문제에 관해서는 "남북은 한반도 핵문제 해결을 위해서 6자회담의 공동성명과 합의문이 순조롭게 이행되도록 공동으로 노력하기로 했다"고만 되어 있다. 북한의 비핵화를 향한 의지의 표현이나 구체적인 행동에 대한 내용은 포함되어 있지 않다. 또 한국인과 일본인 납치 문제에 대해서는 언급조차 하지 않았다.

이로 인해 노무현의 방북은 대체적으로 내외의 주목을 받지 못한 편이었으며, 회담을 성공시키며 화려하게 퇴진하고자 했던 그의 의도는 실패로 끝나고 말았다.

이명박 정권의 발족

이명박 대통령 취임 기념우표

2007년의 대통령 선거에서는 노무현 정권의 인기가 땅에 떨어졌으므로 야당인 한나라당의 정권 탈환이 확실시되었다. 대통령 후보로 점쳐졌던 인물은 박정희 대통령의 장녀로 2006년 5월의 지방선거에서 한나라당 대표로 당을 승리로 이끌었던 박근혜였다.

그런데 2002년부터 2006년까지 서울시장을 역임하며 공공교통시스템을 재편하고, 서울숲을 조성했으며, 청계고가로 철거와 청계천 복원 등의 성과로 유럽에서도 높은 평가를 받았던 이명박이 맹렬한 기세로 추격했다. 그는 2007년 8월 20일 치러진 한나라당 당대회에서 근소한 차이로 대통령 후보 자리를 따냈다.

이명박은 1941년 일본 오사카 태생으로 해방 후 가족과 경상북도 포항으로 이주했다. 고학으로 상고를 졸업했으며, 서울 이태원에서 육체노동으로 학비를 벌어가며 1965년 고려대학교 상학부를 졸업했다. 그는 당시만 해도 영세기업이었던 현대건설에 입사했고 거기서 목숨을 걸고 강도로부터 회사 금고를 지켜 창업자인 정주영의 마음을 샀다. 29살에 이사로 발탁되었고 36살에 사장에 올라 현대건설을 한국의 유수기업으로 성장시켰다.

1992년 현대건설에서 물러난 후 국회의원에 당선되었다. 1998년 선거에서는 선거진영에 의한 선거자금 부정으로 의원직을 사퇴, 재계에 복귀했다가 2002년 서울시장에 당선되어 대통령 후보로의 길을 열었다.

한편 여당에서는 전 보건복지부 장관인 김근태와 우리당 의장이었던 정동영이 후보 지명을 놓고 각축을 벌였다. 2007년 10월 15일에 열린 대통합민주신당 대회를 통해 정동영이 대통령 후보로 선출되었다.
　선거전은 내내 한나라당에 유리하게 전개되었다. 그런데 선거 종반 무렵 재계 출신인 이명박이 금전스캔들에 연루되면서 1997년과 2002년의 대선에서 근소한 차이로 떨어진 이회창이 11월 17일 급거 보수계 무소속으로 출마할 뜻을 표명하는 해프닝이 벌어졌다.
　그러나 선거 결과 재계 출신이라는 이력과 실적을 강조하며 경제 재건이라는 실리를 기치로 내건 이명박이 압도적인 승리를 거뒀다. 12월 19일 투표에서 이명박은 1,149만 표를 획득, 617만 표의 정동영과 356만 표의 이회창을 누르고 대통령에 당선되었다.
　2008년 2월 25일 대통령에 취임한 이명박은 18개 정부부처를 15개로 통폐합하는 등 '작은 정부'를 목표로 내세웠으며, 햇볕정책을 재검토하는 등 노무현 시대의 청산에 임하겠다는 자세를 견지했다. 또 대통령 취임 직전에 가진 외국 언론과의 회견에서는 "나는 새롭고 성숙한 한일관계를 위해 사죄나 반성은 요구하지 않겠다", "일본은 형식적이라 할지라도 사죄와 반성을 이미 했다", "이쪽이 요구하지 않아도 일본은 성숙한 외교를 할 것이다"고 말해 미래지향적인 관계 구축을 위해 역사인식 문제로 일본에 사죄를 구할 생각이 없음을 확실히 했다. 또한 양국 우호관계를 촉진하기 위해 일본 측도 자발적으로 임할 것을 촉구했다.

칼럼 우편요금의 변천

연월일	편지 기본요금	엽서요금
1945.08.15	10전	5전[1]
1946.08.12	50전	25전
1947.04.01	1원	50전[2]
1947.10.01	2원	1원
1948.08.01	4원	2원
1949.05.01	15원	10원
1950.05.01	30원	20원
1950.12.01	100원	50원
1951.11.06	300원	200원
1952.09.20	1,000원	500원
1953.02.15	10환	5환[3]
1955.01.01	20환	10환
1955.08.09	40환	20환
1955.09.08	20환	10환[4]
1957.01.01	40환	20환
1962.06.10	4원	2원[5]
1966.01.01	7원	4원
1969.12.27	10원	5원
1975.07.01	20원	10원
1980.01.10	30원	15원
1981.06.01	40원	20원
1982.01.01	60원	30원
1983.06.01	70원	40원
1984.12.01	70원	50원
1986.09.01	80원	60원
1990.05.01	100원	70원
1993.02.10	110원	80원
1994.08.01	130원	100원

1994.10.01	130원	100원[6]
1995.10.16	150원	120원
1997.09.01	170원	140원[7]
2002.01.15	190원	160원
2004.11.01	220원	190원

[1] 해방 시의 요금
[2] 1원=100전
[3] 100원=1환으로 화폐개혁
[4] 대통령의 지시로 인하
[5] 10환=1원으로 화폐개혁(새로운 원의 도입)
[6] 제도개혁으로 정형의 통상우편물의 경우 엽서를 포함한 5g 미만의 것과 5~50g의 봉함우편물로 분류함.
[7] 5~50g라는 중량제한이 5~25g과 25~50g의 2단계로 세분화됨.

주요 참고문헌

(지면이 한정된 관계로 특별히 참조하거나 인용한 자료를 제외하고는 일본어 단행본 위주로 소개했음을 밝힌다)

饗庭孝典·NHK取材班. 1990. 『朝鮮戰爭』. 日本放送協會.

天野安治·內藤陽介(構成). 2006. 『切手と郵便に見る1945年』. 日本郵便協會.

李敬南. 姜向求 譯. 1988. 『盧泰愚: 壁を越えて和合と前進』. 冬樹社.

李景珉. 1996. 『朝鮮現代史の岐路 8·15から何處へ』. 平凡社.

李桂洙. 徐勝 譯. 2002. 「韓國の軍事法と治安法: 軍事と治安の錯綜と民軍關係の顚倒」. 『立命館法學』, 年5号.

李庭植. 小此木政夫·古田博司 譯. 1989. 『戰後日韓關係史』. 中央公論新社.

李鐘昇. "韓國カトリック敎會史と現狀". ≪東京正平委ニュース≫, 1999.11.15.

李昊宰. 長澤裕子 譯. 2011. 『韓國外交政策の理想と現實: 李承晩外交と美國の對韓政策に對する反省』. 法政大學出版局.

李泳采·韓興鐵. 2006. 『なるほど! これが韓國か: 名言·流行語·造語で知る現代史』. 朝日選書.

伊藤亞人. 1996. 『韓國(もらしがわかるアジア讀本)』. 河出書房新社.

_____. 1997. 『もっと知りたい韓國 1』. 弘文堂.

_____. 1997. 『もっと知りたい韓國 2』. 弘文堂.

伊藤亞人·大村益夫·梶村秀樹·武田幸男(監修). 2001. 『朝鮮を知る事典』(增補版). 平凡社.

伊藤亞人(監譯). 川上新二(編譯). 2006. 『韓國文化シンボル事典』. 平凡社.

大藏省印刷局. 1971~1974. 『大藏省印刷局百年史』. 大藏省印刷局.

小倉紀藏. 1998. 『韓國は一個の哲學である: 「理」と「氣」の社會システム』. 講談社現代新書.

_____. 2001. 『韓國人のしくみ: 「理」と「氣」で讀み解く文化と社會』. 講談社現代新書.

_____. 2004. 『韓國, 愛と思想の旅』. 大修館書店.

小此木政夫. 1986. 『朝鮮戰爭: 美軍の介入過程』. 中央公論社.

小此木政夫(編著). 1997. 『北朝鮮ハンドブック』. 講談社.

小此木政夫·小島朋之(編著). 1997.『東アジア危機の構圖』. 東洋經濟新報社.

小此木政夫·徐大肅(監修). 1998.『資料北朝鮮研究 1: 政治·思想』. 慶應義塾大學出版會.

嚴相益. 金重明 譯. 1997.『被告人閣下』. 文藝春秋.

學研·歷史群像シリーズ. 1999.『朝鮮戰爭(上)ソウル奇襲と仁川上陸』. 學研.

_____. 1999.『朝鮮戰爭(下)中國軍參戰と不毛の對峙戰』. 學研.

神谷不二. 1966.『朝鮮戰爭: 美中對決の原型』. 中公新書.

神谷不二 編. 1976~1980.『朝鮮問題戰後資料』. 日本國際問題研究所.

B·カミングス. 1989~1991.『朝鮮戰爭の起源: 解放と南北分斷体制の出現 1945~1947年』. シアレヒム社.

H·カン. 桑畑優香 譯. 2006.『黑い傘の下で日本植民地に生きた韓國人の聲』. ブルースインターアクションズ.

姜在彦. 2006.『歷史物語 朝鮮半島』. 朝日選書.

康明道. 1995.『北朝鮮の最高機密』. 文春春秋.

菊池正人. 1987.『板門店: 統一への對話と對決』. 中公新書.

金一勉. 1982.『韓國の運命と原点:米軍政·李勝晩·朝鮮戰爭』. 三一書房.

金元龍. 1976.『韓國美術史』. 名著出版.

金思燁. 1976.『朝鮮の風土と文化』六興出版 1976

金正廉. 1991.『韓國經濟の發展:「漢江の奇跡」と朴大統領』. サイマル出版會.

金星煥·植村隆. 2003.『マンガ韓國現代史—コバウおじさんの50年』. 角川ソフィア文庫.

金聖培. 1982.『韓國の民俗』. 成甲書房.

金學俊. 1997.『北朝鮮五十年史 金一成王朝の夢と現實』. 朝日新聞社.

金浩鎭著. 小針進·羅京洙 譯. 2008.『韓國歷代大統領とリーダーシップ』. 拓植書房新社.

木村幹. 2003.『韓國における「權威主義的」体制の成立: 李承晩政權の崩壞まで』. ミネルヴァ書房.

_____. 2008.『民主化の韓國政治: 朴正熙と野党政治家たち 1961~1979』. 名古屋大學出版會.

黑田勝弘. 2004.『韓國は變わったか?: ソウル便り10年の記錄』. 德間文庫.

_____. 2005.『韓國は不思議な隣人』. 産經新聞出版.

_____. 2006.『"日本離れ"できない韓國』. 文芸新書.

軍事史學會 編. 2000.『軍事史學 第36卷 第1号(特集·朝鮮戰爭)』. 錦正社.

五石敬路. 2001. 1. 「都市,貧困,住民組織: 韓國經濟發展の裏側」.『大原社會問題研究所雜誌』, 第506号.

高峻石. 1972.『朝鮮 1945~1950: 革命史への証言』. 三一書房.

_____. 1991.『朴憲永と朝鮮革命の詳細』. 社會評論社.

高秉雲·鄭晋和 編. 1981.『朝鮮史年表』. 雄山閣.

兒島襄. 1984.『朝鮮戰爭』. 文藝春秋社.

D.W. コンデ. 1971.『現代朝鮮史 全3冊揃』. 太平出版社.

小林慶二. 1992.『金泳三 韓國現代史とともに步む』. 原書房.

櫻井浩 編著. 1990.『解放と革命: 朝鮮民主主義人民共和國の成立過程』. アジア經濟研究所出版會.

重村智計. 1997.『北朝鮮データブック』. 講談社現代新書.

(財)自治体國際化協會. 1999.『韓國の女性政策について』. (財)自治体國際化協會 CLAIR REPORT NUMBER 188(October 29, 1999).

篠原宏. 1980.『大日本帝國郵便始末』. 日本郵趣味出版.

朱榮福. 1992.『朝鮮戰爭の眞實』. 修思社.

朱健榮. 1991.『毛澤東の朝鮮戰爭: 中國が鴨綠江を渡るまで』. 岩波書店.

申大興 編. 1994.『最新 朝鮮民主主義人民共和國地名事典』. 雄山閣.

杉本正年. 1983.『韓國の服飾』. 文化出版局.

鐸木昌之. 1992.『北朝鮮: 社會主義と傳統の共鳴』. 東京大學出版會.

I·F ストーン. 1966.『秘史朝鮮戰爭』. 青木書店.

關川夏央. 1996.『退屈な迷宮:「北朝鮮」とは何だったのか』. 新潮文庫.

關川夏央·惠谷治·NK會 編著. 1998.『北朝鮮の延命戰爭: 金正日·出口なき逃亡路を讀む』. 文藝春秋.

徐仲錫. 文京洙 譯. 2008.『韓國現代史60年』. 明石書店.

徐大肅. 1970.『朝鮮共産主義運動史: 1918~1948』. コリア評論社.

_____. 1991.『金日成:思想と政治休制』. 御茶の水書房.

_____. 1996.『金日成と金正日: 革命神話と主体思想』. 岩波書店.

蘇鎭轍. 1999.『朝鮮戰爭の起源: 國際共産主義者の陰謀』. 三一書房.

高崎宗司. 1996.『檢證日韓會談』. 岩波新書.

高砂晴久. 2002.「大藏省印刷局製造の外國切手」.《郵趣》, 2002年 12月号.

玉城素. 1978. 『朝鮮民主主義人民共和國の神話と現實』. コリア評論社.
_____. 1996. 『北朝鮮 破局への道: チュチェ型社會主義の病理』. 讀賣新聞社.
田村哲夫. 1984. 『激動ソウル1500日: 全斗煥政權への道』. 成甲書房.
池東旭. 1997. 『韓國の族閥・軍閥・財閥: 支配集團の政治力學を解く』. 中公新書.
_____. 2002. 『韓國大統領列傳: 權力者の榮華と轉落』. 中公新書.
池明觀. 1995. 『韓國民主化への道』. 岩波新書.
張師勛. 1984. 『韓國の傳統音樂』. 成甲書房.
趙甲濟. 淵弘飜 譯. 2006. 『朴正熙,最後の一日: 韓國の歷史を變えた銃聲』. 草思社.
鄭銀淑. 2005. 『韓國の「昭和」をあるく』. 祥傳社新書.
鄭雲鉉. 武井一 譯. 1999. 『ソウルに刻まれた日本: 69年の事蹟を步く』. 桐書房.
鄭箕海. 1997. 『歸國船: 北朝鮮 凍土への旅立ち』. 文春文庫.
鄭大均・古田博司 編. 2006. 『韓國・北朝鮮の嘘を見破る: 近現代史の爭點30』. 文春新書.
通商産業省 編. 1987. ≪通商白書(昭和六十二年版)≫.
內藤陽介. 2001. 『北朝鮮事典・切手で讀み解く朝鮮民主主義人民共和國』. 竹內書店新社.
_____. 2003. 『外國切手に描かれた日本』. 光文社新書.
_____. 2006. 『反美の世界史』. 講談社現代新書.
_____. 2006. 『これが戰爭だ!』. ちくま新書.
日本郵趣協會. 『JPS外國切手カタログ 韓國切手 2005-06』. 日本郵趣協會.
河信基. 1996. 『韓國を强國に變えた男 朴正熙: その知られざる思想と生涯』. 光人社.
萩原遼. 1997. 『朝鮮戰爭 金日成とマッカーサーの陰謀』. 文春文庫.
_____. 1999. 『北朝鮮に消えた友と私の物語』. 文藝春秋.
林建彦. 1986. 『北朝鮮と南朝鮮 38度線の100年』(增補版). サイマル出版會.
韓洪九(高崎宗司). 2003. 『韓洪九の韓國現代史: 韓國とはどういう國か』. 平凡社.
_____. 2003. 『韓洪九の韓國現代史(2): 負の歷史から何を學ぶのか』. 平凡社.
白善燁. 2000. 『若き將軍の朝鮮戰爭: 白善燁回顧錄』. 草思社.
平松茂雄. 1988. 『中國と朝鮮戰爭』. 勁草書房.
古田博司. 2002. 『韓國學のすべて』. 新書館.
_____. 2005. 『朝鮮民族を讀み解く: 北と南に共通するもの』. ちくま學芸文庫.
眞鍋祐子. 2000. 『州事件で讀む現代韓國』. 平凡社.
水原明窓. 1993. 『朝鮮近代郵便史』. 日本郵趣出版.

光盛史郎. 2004. 「アジアで存在感を示し始めた韓國の宇宙開發」. ≪技術と經濟≫, 2004年 9月号.
三野正洋. 1999. 『わかりやすい朝鮮戰爭: 民族を分斷させた悲劇の構圖』. 光人社.
閔寬植. 1967. 『韓國政治史: 李承晩政權の實態』. 世界思想社.
文京洙. 2003. 『濟州道現代史: 公共圈の死滅と再生』. 新幹社.
_____. 2005. 『韓國現代史』. 岩波新書.
文石柱 編著. 1981. 『朝鮮社會運動史事典』. 社會評論社.
文明子. 阪堂博之 譯. 2001. 『朴正熙と金大中: 私の見た激動の舞台裏』. 共同通信社.
鄭文館 編. 2007. 『韓國郵票圖鑑』(第29版: 2008版). 郵文館.
尹景徹. 1986. 『分斷後の韓國政治 1945~1986』. 木鐸社.
陸戰史研究普及會 編. 1966~1973. 『朝鮮戰爭』(全10卷). 原書房.
渡辺利夫 編著. 1997. 『北朝鮮の現狀を讀む』. 日本貿易振興會.
和田春樹. 1992. 『金一成と朝鮮戰爭』. 平凡社.
_____. 1992. 『金一成と滿洲抗日戰爭』. 平凡社.
_____. 1995. 『朝鮮戰爭』. 岩波書店.
_____. 1998. 『北朝鮮 遊擊隊國家の現在』. 岩波書店.

이 밖에도 잡지 ≪우편≫의 새 우표 보도기사, 한국과 일본의 주요 신문(≪아사히신문≫, ≪요미우리신문≫, ≪마이니치신문≫, ≪산케이신문≫, ≪니혼게이자이신문≫, ≪조선일보≫, ≪중앙일보≫, ≪동아일보≫), 연합통신의 웹사이트, 위키피디아 외 각종 참고도서류도 적절히 이용했음을 밝혀둔다.

지은이

나이토 요스케(內藤陽介)

1967년 도쿄 출생. 도쿄대학교문학부 졸업. 우편학자, 일본문예가협회 회원. 우표박물관 부관장. 우표 등 우편자료를 통해 국가나 지역의 역사를 해석하는 '우편학'을 제창하며 연구와 저술에 전념하고 있다.

주요 저작으로는 ≪解說·戰後記念切手≫ シリーズ(日本郵趣出版, 全7卷+別册), 『北朝鮮事典』(竹內書店新社), 『外國切手に描かれた日本』(光文社新書), 『切手と戰爭』(新潮新書), 『反美の世界史』(講談社現代新書), 『皇室切手』(平凡社), 『これが戰爭だ!』(ちくま新書), 『滿洲切手』(角川選書), 『香港歷史漫郵記』(大修館書店), 『タイ三都周郵記』(彩流社), 『韓國現代史』(福村出版), 『大統領になりそこなった男たち』(中公新書ラクレ), 『切手が傳える佛像』(彩流社), 『トランシルヴァニア/モルダヴィア歷史紀行』(彩流社) 등이 있다.

옮긴이

이미란

1966년 경남 마산 출생. 마산여고 졸업. 이화여대 신문방송학과 졸업.
1989~1992년 기술신용보증기금 사보 제작
2002~2004년 황앤리 출판사 편집장
1996~1997년, 2005~2008년 일본 도쿄 거주

한울아카데미 1447
우표로 그려낸 한국현대사
한 일본인 우표수집가의 눈에 비친 역사의 순간 181장면

ⓒ 이미란, 2012

지은이 ǀ 나이토 요스케
옮긴이 ǀ 이미란
펴낸이 ǀ 김종수
펴낸곳 ǀ 도서출판 한울
편집책임 ǀ 김현대
편집 ǀ 박근홍

초판 1쇄 인쇄 ǀ 2012년 5월 15일
초판 1쇄 발행 ǀ 2012년 5월 31일

주소 ǀ 413-832 파주시 문발동 535-7 3층 302호(본사)
    121-801 서울시 마포구 공덕동 105-90 서울빌딩 1층(서울 사무소)
전화 ǀ 영업 02-326-0095, 편집 02-336-6183
팩스 ǀ 02-333-7543
홈페이지 ǀ www.hanulbooks.co.kr
등록 ǀ 제406-2003-000051호

Printed in Korea.
ISBN 978-89-460-5447-9 03910

* 책값은 겉표지에 표시되어 있습니다.